건건록蹇蹇錄

무쓰 무네미쓰 초상(1893·메이지 26년 촬영)

건건록蹇蹇錄

일본의 청일전쟁 외교비록

무쓰 무네미쓰 지음/ 나카쓰카 아키라 교주/ 이용수 옮김

범례(교주자 나카쓰카 아키라)

본서의 저본은 이와나미 문고 구판 『蹇蹇錄』(1941년 7월)이다. 읽기 쉽도록 다음과 같이 정리하였다.

1. 저본의 구자체와 역사적 가나 쓰기를, 원칙적으로 신자체와 현대 가나 쓰기로 고쳤다.
1. 其·此·於·雖 그 외 몇 개의 한자어를 히라가나로 바꾸고 오쿠리가나送り仮名를 정리했다.
   * 오쿠리가나: 한문을 훈독하기 위하여, 한자의 오른쪽 아래에 다는 가나
1. 저본에는 약간의 예외를 제외하고는 구독점이 없으나 편의에 따라 새로 붙였다. 다만 저본의 독점을 중점으로 바꾸거나 삭제한 경우도 있다.
1. 후리가나振り仮名는 저본에 있는 것을 재현하면서 편의에 따라 새로이 붙였다.
1. 저본의 명백한 오기와 오식을 바로 잡았다.
1. 저본의 인명과 지명 등에 붙어 있는 「」는 생략했으나, 신문 잡지명은 새로이 『』로 붙였다.
1. 교주자에 의한 주기注記(교주범례 참조)는 본문에 *로 나타내고 권말에 보였다.
1. 본서의 간행은 일본국립국회도서관의 승인을 얻었다.

[편집부기]
1988년 5월 간행된 제2쇄 판에서 새로이 「일청전쟁외교비록」이라 부제를 붙였다.

일러두기(옮긴이)

1. 이 역서의 저본은 이와나미분코岩波文庫 青114-1, 무쓰 무네미쓰 저陸奧宗光 著, 나카쓰카 아키라교주中塚明校注『新訂蹇蹇錄- 日淸戰爭外交秘錄』(東京: 岩波書店, 2018年 4月, 第14刷)다.
2. 일본어의 한글 표기는 국립국어원에서 정한 외래어 표기법에 따랐다.
3. 모든 서명은 처음 나올 때는 원서명 다음에 한글 발음을 적었으며, 다시 나올 경우 한글로만 표기했다.(예:『蹇蹇錄건건록』→『건건록』)
4. 인명 및 지명 표기에서 일본의 인명과 지명은 모두 일본어 발음대로 적었다. 중국의 경우는 우리말 발음대로의 한자 표기를 대원칙으로 했으나(예: 이홍장李鴻章, 산해관山海關 등) 단, 현대에 상용되는 중국어 발음 표기(예: 위안스카이袁世凱, 베이징北京, 텐진天津, 상하이上海 등)는 그것을 따랐다.
5. 인명 및 지명 뒤의 부기 한자는 모두 현대 일본식 한자표기법을 따랐다.(예: 國→国)
6. 국명을 나란히 적을 경우, 우리나라의 모든 출판물과 미디어에서는 통상적으로 한일, 청일, 한중일 등으로 표기하나, 원서를 따르는 것이 저자의 의도 및 당시의 상황 등을 그대로 전달할 수 있다고 판단하여 원서대로 표기했다.(예: 일청, 일한)
7. 원문에 일본을 지칭하는 '우리' 혹은 '우리나라'로 쓴 것은 대부분 그대로 따랐고, 문맥상 '일본'으로 표기해야 그 의미가 분명해지는 곳은 '일본'으로 수정했다.
8. 본문의 각주는 모두 역자주다. 그 중 필요한 내용은 국내 포털사이트와 Yahoo Japan 및 https://ja.wikipedia.org, 한국민족문화대백과 등에서 인용했다. 그 경우에도 그 내용의 오류에 대한 재검증을 거쳤다.
9. 교주자의 교주는 해당하는 곳의 글자(고딕체) 위에 숫자를 붙여 미주로 처리했다.
10. 본문의 년도 표기와 관련하여, 독자의 이해를 돕기 위해 일본 연호를 서력으로 환산하여 ( ) 안에 넣고 이어 고종 재위 중 해당연도를 부기했다.(예: 메이지明治 27년 (1894, 고종31)
11. 본서가 당시 일본 천황에게 청일전쟁의 경과를 정리, 보고하는 성격도 있으므로 본문 중의 천황에 대한 상투적 존댓말은 그대로 살렸다.
12. 나카쓰카 아키라의「해설」에서는 인용 부분을 ( ) 속에 넣었으나, 가독성 편의를 고려하여 이를 다시 각주로 정리했다. 설명이 더 필요한 부분은 역자의 "/역주"로 처리했다.

서언

  1. 이 글은 메이지明治 27년(1894, 고종31) 4, 5월 무렵, 조선에서 동학당의 난=동학농민운동/동학혁명이 발생한 이래, 청나라 정벌[征淸] 거사의 공을 상주하고 그 사이의 러시아, 독일, 프랑스의 3국간섭이 있었으나, 마침내 다음 해인 메이지 28년 5월의 일청강화조약日淸講和條約에 대한 비준교환이 이루어지기까지의 외교 정략의 개요를 서술하는 것을 목적으로 한다.

  2. 나는 금년 6월 이래 요양을 목적으로 휴가를 얻어 오이소大磯에 와 있었는데, 10월 중순, 어쩔 수 없는 급무로 일시 귀경한 사이에 병세가 또 도져서, 의사가 매우 엄중히 경고하여 다시 이 곳에서 요양하게 되었다. 이 글은 다시 온 다음, 병중에 초안을 잡고서 오늘 저녁에야 겨우 탈고한 것이다. 기록한 글의 다수는 기억에 의존하고 있어서 일일이 증거를 인용할 겨를이 없었다. 따라서 간간이 오류가 있을 수밖에 없다. 그러나 중요한 문제에 대한 기사는, 당시 내가 직무를 지킴에 충성을 다해 내 이해를 돌보지 않고 고심하여 경영해 온 바가 뇌리에 깊이 각인되어 아직까지도 사라지지 않는 상황에서 실제 겪은 일과 실제 본 바를 서술했다. 혹여 옆에서 바라보는 이들이 수긍할 수 없는 것도 있을 테지만, 덩달아 남의 견해에 동조하는 따위는 결코 있을 수 없다.

  3. 이 글은 본래 서술 중심이지 논의 위주가 아니다. 그러나 서술한 바의 사실이 어떤 원인에서 나오게 된 것인가를 명료히 하기 위해 사

이사이에 다소의 논의가 있는 것도 사실이다. 즉 이 글 중의 논의는 해당 내용의 주석으로 보아주기 바란다.

4.이 글*에 쓴 바가 대체로 외무성의 공문기록을 기초로 하고 있음은 물론이다. 단지 모든 외교상의 공문은 대개 일종의 함축 위주여서 그 진의가 밖으로 잘 노출되지 않는다. 따라서 이를 평이하게 읽으면 무미건조한 곳도 다소 있다. 때문에 본편에서는 모든 사실의 진상을 해부하여, 다시 그 깊숙이 숨겨진 것을 덮지 않았다. 이를 비유하자면, 공문 기록은 더욱이 실측도면 같아서 산천의 높고 낮음과 깊고 얕음이 다만 그 척도가 틀리지 않기를 기할 뿐이다. 만약 산수의 모양과 형태의 진면목을 다시 알고자 한다면 별도의 사생화를 그려야 할 것이다. 이 글이 목적하는 바는 곧 당시 외교의 사생화를 그리고자 함에 있다. 만일 독자가 공문 기록을 읽고 이 글과 피차를 대조하게 되면, 산수의 척도와 그 진면목을 아울러 보게 되어 충분히 짐작할 수 있을 것이다.

메이지 28年(1895) 제야除夜, 오이소에서

저자 씀.

---

*   이 부분을 무쓰 무네미쓰는 '건건비궁蹇蹇匪躬'으로 표현하고 있다. 이 책의 서명이 『건건록』인 연유가 여기에 있다. '건건'은 『易經역경』 39번째 괘인 '蹇卦'의 '왕신건건, 비궁지고王臣蹇蹇 匪躬之故'에서 따온 말이다. 즉 '왕과 신하가 함께 절뚝거리니 어려워도 자기 몸을 돌보지 않기 때문이다'라는 의미이다. 후에 '비궁'은 자기 몸을 돌보지 않고 임금에 충성을 다한다는 뜻으로 그 의미가 조금 바뀌었다.

차례

을 열 것을 제의해 옴 ▪ 청국 정부, 장張·소邵 두 사절을 전권위원으로 임명하여 일본에 파견한다는 뜻을 통첩해 옴 ▪ 강화 조건에 대한 우리나라 조야의 희망 ▪ 우리 정부가 청국에 요구한 강화 조건을 구미 각국에 예고할 것인가에 관한 각의 ▪ 강화조약에 관한 히로시마 대본영에서의 어전회의 ▪ 이토 내각총리대신의 주언奏言 ▪ 이토 내각총리대신과 내가 전권변리대신에 임명되다

『건건록』 외무성 제2차 간본(1896·메이지 29년)

제1장

동학당의 난

동학당의 난[1]

조선 동학당에 대해서는 내외국인의 여러 해석이 있다. 누구는 유교와 도교를 혼합한 일종의 종교 단체라 하고, 혹은 조선 국내에서 정치 개혁을 희망하는 자들 일파의 단체라 하며, 또는 단순히 질서를 어지럽히는 흉악한 무리들의 집단이라 한다. 그러나 지금 여기서 그에 대한 성격과 본질을 따져 규명할 필요는 없기 때문에 이에 대한 설명은 생략한다.

요컨대, 이 같은 명칭을 가진 일종의 난민亂民들은 메이지明治 27년 (1894, 고종31) 4, 5월 무렵부터 조선의 전라도·충청도의 각 곳에서 봉기하여, 주민들의 집을 약탈하고 지방 관리를 쫓아내면서 점점 그 선봉 본부가 경기도 쪽으로 진출하고, 전라도 수부首府인 전주全州도 한

---

1 한국에서는 동학혁명·동학농민운동·동학운동 또는 동학농민혁명·갑오농민전쟁이라 한다. 동학교도들이 스스로를 '동학당'이라 칭한 역사적 사실은 없다. '동학당'은 당시 이들에 대해 무지하거나 호칭이 애매할 경우, 그리고 동학교도와 싸웠던 조선 관군과 일본이 불렀던 명칭이나, 원서의 의미를 살리기 위해, 그리고 역서의 성격상 원저자의 '동학당의 난'을 그대로 인용하여 쓰기로 했다. 왜냐하면 이 말 하나에 무쓰 무네미쓰를 비롯한 당시 일본의 대조선 인식이 그대로 들어 있다고 생각하기 때문이다.

때 그들 손에 들어가는 등 세력이 상당히 창궐한 것이 사실이다. 그리고 일청日淸 양국이 각각 그 주장하는 바의 권리와 지론에 따라 서로 그 군대를 조선에 파견하게 된 것도, 그 이후 몇 번인가 형세가 바뀌는 과정을 거쳐 일청 양국의 해전·육전으로 된 것도, 우리 군軍이 연전연승한 후 청국 정부가 두 차례에 걸쳐 우리에게 사신을 보내 강화講和를 요청하여, 마침내 시모노세키조약下ノ関条約[2]으로 인해 종래 일청 양국의 외교관계가 일변하여 세계가 일본을 동양의 우등국으로 인정하게 된 것도, 가까운 원인으로는 청한淸韓 양국 정부가 동학당 반란에 대한 내치와 외교의 길을 그르쳤기 때문이다. 나중에 누가 만약 일청 양국 사이의 당시의 외교 역사를 쓰게 된다면, 반드시 그 책의 첫머리에 동학당의 난을 한 장으로 두어야 할 것이다.

동학당은 날로 달로 그 세력이 강대해졌으며, 조선 관군은 이르는 곳마다 패주敗走했고 난민이 마침내 전라도 수부首府 전주를 함락시켰다는 소식이 우리나라에 전해지자, 우리나라 신문사들은 앞 다투어 이를 전했는데 갖가지 의견이 분분했다.

어떤 신문은 조선 정부의 힘으로는 도저히 이를 진압할 수 없으므로 우리가 이웃나라의 우의로써 파병하여 이를 평정해야 한다고 하고, 다른 신문은 동학당은 조선 정부의 폭정 아래에 신음하는 인민을

---

2 청일전쟁의 전후 처리를 위해 1895년 4월 17일 일본과 청국이 일본 시모노세키에서 체결한 강화조약. 양국의 회담 대표는 일본은 이토 히로부미伊藤博文, 청나라는 이홍장李鴻章이다. 본서 후반부에 이 조약 체결의 과정이 상세히 서술되어 있다. 동조약 체결의 주된 내용은 다음과 같다. ① 청국은 조선국이 완전한 자주독립국임을 인정한다, ② 청국은 요동반도遼東半島와 대만臺灣 및 팽호도澎湖島를 일본에 할양한다, ③ 청국은 일본에 전쟁배상금 2억냥을 지불한다, ④ 청국의 사시沙市·중경重慶·소주蘇州·항주杭州의 개항과 일본 선박의 양자강揚子江 및 그 부속 하천의 자유통항 용인, 그리고 일본인의 거주와 영업·무역의 자유를 승인할 것 등이다. 이로써 일본은 한반도를 그 세력권에 넣어 대륙진출의 기반을 확고히 다지게 된다.

도탄에서 구출하려는 진정한 개혁당이므로 기꺼이 이를 도와 폐정弊政을 개혁하려는 목적을 달성시켜야 한다고 했다. 특히 평소 반정부적 정당들은 이 기회를 틈 타 당국을 곤혹스럽게 만드는 것이 시의적절한 정략으로 생각했음인지 빈번히 여론을 선동하여 투쟁적 기세를 확장시키는 데 힘을 쏟는 것 같았다.

당시 조선 주재 공사였던 오토리 게이스케大鳥圭介[3]는 휴가를 얻어 본국(일본)으로 돌아와 현지에 없었고, 임시 대리 공사 스기무라 후카시杉村濬[4]가 조선에 근무한 것이 전후 수[2]년이 되어 조선 국정에 상당히 밝았기 때문에 정부는 어디까지나 그 보고를 꽤 신뢰하고 있었다. 스기무라는 5월경에 다음 내용의 보고서를 보내왔다.

동학당 난은 근래 조선에서 보기 드문 사건이기는 하지만 현재 이들 난민이 정부를 전복할 만한 정도의 세력을 갖고 있다고는 할 수 없음. 또 그 난민들이 진행하는 방향에 따라 혹시 우리 공사관과 영사관 및 거류민을 보호하기 위해 본국에서 다수의 군대를 파견해야 할 필요가 있을지도 모르지만 지금으로서는 경성京城은 물론 부산, 인천 등도 그 정도로 염려할 바는 아니라고 할 수 있기 때문에, 우리 정부가 지금 출병 문제를 논의하는 것은 약간 시기상조일 것임.

3　오토리 게이스케大鳥圭介(1833~1911). 에도시대 후기의 막신幕臣, 의사, 난학자, 군사학자, 공학자, 사상가, 발명가였고 메이지 시대에서는 교육자, 외교관, 정치가였다. 아코군赤穂郡(지금의 효고현兵庫県) 출신. 1889년(메이지22) 주駐청국 특명전권공사에 임명되고, 1893년에 조선 공사를 겸임하여 다음해에 조선에 부임한다. 대원군에게 조선의 근대화를 건의했으나 조선내 반일파로부터 총격당하는 등 청일전쟁 직전의 곤란한 외교적 상황을 맞기도 했다. 1895년 조선공사직 해임. 이토 히로부미伊藤博文의 사위.

4　스기무라 후카시杉村濬(1848~1906). 메이지 시대의 외교관. 1895년(메이지28) 명성황후 시해 사건 주모자. 무쓰陸奥(지금의 이와테현岩手県) 출신. 1899년(메이지32) 통상국장이 되어 해외이민을 계획한다. 1906년 브라질 공사, 현지에서 병사한다.

그러나 늘 난잡한 조선의 내치와 자칫하면 궤도 밖으로 달려 나가려는 청국의 외교에 대해서는 미리 이에 대한 대책을 세워 두어야 한다고 생각하여, 나는 스기무라에게 은밀히 훈령[內訓]하여, 동학당의 움직임을 충분히 주목함과 동시에 조선 조정[韓廷]의 대처가 어떤지 그리고 조선 정부와 청국 사신과의 관계가 어떤지를 태만하지 말고 관찰하도록 했다.

이때 우리나라는 마침 의회 회기 중으로, 중의원衆議院에서는 의례히 정부에 반대하는 자가 다수를 점해 여러 가지 분쟁이 일어났으나, 정부는 가급적 관용적인 자세로 충돌을 피하려 했다. 6월 1일에 중의원이 내각의 행위를 비난하는 상주안上奏案[5]을 의결하였기 때문에 정부는 어쩔 수 없이 최후의 수단으로써 의회 해산의 조칙詔勅[6]을 내릴 것을 건의하지 않을 수 없게 되었다. 그리하여 다음 날인 2일, 내각총리대신 관저에서 내각회의를 열었는데, 때마침 스기무라가 전신電信으로 조선 정부가 청국에 원병을 요청했다는 보고를 해 왔다.

이는 실로 심상치 않은 사건이었다. 만약 이를 묵시할 경우에는 이미 기울어진 일청 양국의 조선에 대한 권력 관계가 한 층 더 심각해지고, 우리나라는 향후 조선에 대해 청국이 하는 대로 맡겨 둘 수밖에 없으며, 일한조약의 정신도 그 때문에 혹시 유린될 우려도 없지 않았다. 그래서 나는 그 날의 회의에 참석하여 회의가 시작될 때 각료들에게 스기무라의 전신을 먼저 보여준 뒤, 내 의견으로 만약 청국에서 어떤 명분이든지 간에 조선에 군대를 파견할 때에는 일본 또한 그에 상당한 군대를 조선에 파견함으로써 뜻밖의 변화에 대비하고, 일청 양국

---

5 내각의 결정을 군주에게 올리는 안. 이 때는 이미 도쿠가와德川 막부가 무너지고 메이지 시대로 접어들었기 때문에 메이지 천황에게 보고하는 내각의 안을 말한다.

6 조서詔書. 즉 군주의 명을 일반에 알리고자 적은 문서.

이 조선에 대해 권력을 나란히 유지해야 한다고 주장했다.

각료 모두가 이 의견에 찬성함으로써 이토伊藤 내각총리대신은 곧바로 사람을 보내 참모총장인 다루히토熾仁 친왕親王신노 전하[7]와 참모본부차장인 가와카미川上[8] 육군중장의 임석을 요청했고, 이들이 출석하자 바로 금후 조선에 군대를 파병한다는 내부 의안을 협의, 내각총리대신은 본건 및 의회해산의 각료회의 내용을 휴대하고 곧바로 입궐하여 식에 따라 성재聖裁(군주의 재가를 높여 부르는 말)를 요청했고 재가를 얻어 이를 집행했다.

조선국 파병의 내각 회의 결정

이렇게 조선에 군대를 파견하는 의안이 결정되었으므로, 나는 바로 오토리 특명전권공사로 하여금 부임하는 데 차질이 없도록 준비시키고, 또 해군대신과 숙의하여 오토리 공사를 군함 야에야마八重山[9]호에 승선하도록 했다. 특히 동 군함에는 해병 약간 명을 증원하여 승선시키는 한편 동함 및 해병은 모두 오토리 공사의 지휘를 따르라는 훈령을 내렸다. 참모본부에서는 제5사단장에게 은밀히 훈령을 내려 동 사단에서 약간의 군대를 조선에 파병하기 위한 지급 출병 준비를 하도록 명령하고, 또 비밀리에 우편선郵便船 회사 등에 운수

---

7 다루히토 친왕(1835~1895).에도시대 후기~메이지 시대의 일본의 황족, 정치가, 군인. 아리스가와노미야 다루히토신노有栖川宮 熾仁親王라 부름. 친왕(일본어 발음은 '신노')은 일반적으로 동아시아에서 적출嫡出의 황자나 최고위 황족의 남자에게 부여된 칭호. 일본과 조선(대한제국)에도 존재했다. 일본의 황실 전범에 따르면 친왕은 천황 적출의 황자와 적남계嫡男系 적출의 황자계 남자를 말한다.

8 가와카미 소로쿠川上操六(1848~1899). 사쓰마번薩摩藩 출신의 화족華族, 관위는 참모총장, 육군 대장.

9 일본 해군의 통보함通報艦. 1887년 요코스카橫須賀 해군조선소에서 기공에 착수하여 1890년에 준공했다. 청일전쟁 때 조선 파견 육군의 양륙을 지원했고, 대련大連·여순旅順·위해위威海衛 공략작전에 참가했다.

와 군수 징발을 은밀히 명령하는 등 여러 사안을 아주 민첩하게 다루었다.

이런 국가 정책[廟算]은 외교 및 군사 기밀에 속하기 때문에 세간에서는 아직 그 누구도 이를 알아챌 수 없었다. 그러나 반정부 측은 국가 정책[廟議]이[10] 이미 이렇게 진행된 사실을 모르고, 빈번히 그들의 기관신문이나 혹은 유세위원을 통해 조선에 군대를 파견하는 것이 급무임을 통론痛論하며 열렬히 정부의 태만을 책망함으로써, 넌지시 의회 해산에 대한 분풀이를 했다.

국가 정책은 이미 이렇게 결정되었다. 하지만 실지로 이를 집행하기에 이르러서는 때에 임하여 기회를 타서 국가의 대계를 그르침이 없도록 하지 않으면 안 된다. 그러므로 정부는 신중히 의논하여 다시 그 방침을 정했다.

즉, 일청 양국이 각각 그 군대를 파견하는 이상 언제 충돌하여 서로 싸우는 빌미가 될지 예측할 수 없고, 혹시 이런 사태가 닥치면 우리나라는 전력을 다하여 당초의 목적을 관철해야 함은 물론이지만, 가급적이면 평화를 깨트리지 않고 국가의 영예를 보전하며 일청 양국의 권력 균형을 유지해야 한다. 또 우리는 될 수 있는 대로 피동자의 위치에 있도록 하고 항상 청국이 주동자가 되도록 하여야 한다. 그리고 이러한 중대 사건이 발생하면 외교의 속성상 반드시 제삼자인 구미 각국 중에서 찬성과 반대의 방향을 정해야 하겠지만, 사정이 만부득이할 경우 이외에는 절대로 일의 국면을 일청 양국 사이만의 것으로 한

---

10 무쓰는 내각회의와 어전회의 등에서 논의 결정된 사항을 '묘산廟算' 또는 '묘의廟議'라는 단어를 사용했으나, 한국어판에서는 이를 모두 '국가정책'으로 바꾸었다. 묘의는 묘당廟堂에서 열리는 회의라는 뜻으로 조정의 회의를 가리키는 말이다. 다른 말로는 묘론이라고도 한다.

정하고, 무리하게 제삼국이 관계하지 않도록 해야 한다는 것이 그 요령이었다. 이 국가적 계책은 당초 이토 총리와 내가 숙의한 결과이나, 특히 대부분은 이토 총리의 의견으로서 당시의 각료는 모두 이에 찬성하여 성재聖裁를 기다렸기 때문에, 일청 교전 중에 우리 정부는 시종 이 취지로써 일관하게끔 노력했다.

일청 양국의 조선에서의 권력다툼

우리 정부의 결심은 이와 같았다. 그런데 상대편인 청국 정부가 과연 우리와 같은 결심을 하고 있는지 매우 의심스러운 점이 있었다. 본래 조선에서의 일청 양국의 권력다툼은 그 유래가 오래지만 여기에 그에 대해 자세히 기술할 필요는 없다. 그러나 일청 양국이 조선에서 각자의 권력을 어떻게 유지시키려고 하였는가 하는 점에 이르러서는 거의 얼음과 숯처럼 서로 용납하지 못하는 상태였다.

일본은 당초부터 조선을 하나의 독립국으로 인정하여 종래 청한淸韓 양국 사이에 있었던 애매한 종속宗属 관계를 단절시키고자 했다. 그와 반대로 청국은 과거의 관계를 근거로 조선이 자신의 속국임을 세상에 표방하고자 했는데, 실제로 청한 관계는 보통 공법상으로 확정되어야 하는 종주국[宗国]과 속방의 관계에 필수적 요소가 결여되어 있었음에도 불구하고 억지로 명의상으로나마 조선이 그들의 속방으로 인정되도록 힘썼던 것이다.

특히 메이지 17년(1884, 고종21)의 경성변란京城变乱[11] 이후 조선에서

---

11   김옥균, 박영효 등의 개화파가 1884년 10월의 우정국 낙성식을 기화로 일으킨 갑신정변甲申政變을 말한다. 개화파는 민씨 일파를 제거, 축출하고 고종 중심의 신정부를 조직하여 개혁을 꾀했으나 정변 진행 과정에서 일청 양군이 충돌하여 일본이 패하고 물러남으로써 정변은 삼일천하로 끝나고 김옥균 등은 일본으로 망명한다.

청국의 세력이 현저히 확대된 것은 틀림없다. 그러나 개인이든 국가 든 이미 권력을 쥐게 되면 거기서 만족하지 않고 점점 더 이를 강대히 하고 싶은 것이 일반적인 속성이다. 그리고 청국은 조선에서는 종속 관계라고 외치지만, 조선국 그 조차 아직 완전무결한 속방으로 기꺼 워하지 않음을 알고 있을 뿐 아니라, 항상 이를 방해하는 동쪽 이웃에 한 강국이 존재하고 있기 때문에 어떻게 해서든지 이를 제거하는 것이 청국 정부로서는 또한 자연스러운 일이었다. 즉 당시 경성 주재관인 위안스카이袁世凱[12] 같은 젊고 왕성하며 날카로운 기백이 있는 자들이 이를 열망하고 있음은 사실 어떻게 보면 당연한 일이었다.

위안스카이袁世凱, 왕봉조王鳳藻[13] 등의 오판

위안스카이는 메이지 17년 이래 조선에서의 일본의 세력이 어쩐지 미약해지고 있고, 또 메이지 23년(1890, 고종27)의 헌법 실시 이후 일 본 정부와 의회 사이에 항상 상호 알력이 있는 상황을 보고, 일본 정부 가 다른 나라에 군대를 파견하는 큰 결단을 내릴 수 없다고 판단하고 이 기회에 편승하여 조선에 대한 청국의 세력을 확대하고자 했다. 우 리나라 주재 청국 공사 왕봉조 또한 우리 관민의 분쟁이 날로 심해지 는 것을 보고 일본은 도저히 다른 나라에 대해 일을 꾸밀 여력이 없을

---

12 위안스카이(1859~1916). 청말민초清末民初의 정치가이자 군사가. 1882년의 임 오군란 때, 당시 청나라 실권자이던 이홍장의 명으로 조선정세 안정을 빌미로 조 선에 부임하여 군란 주동자 대원군을 납치, 청나라로 압송한다. 이후 1884년의 갑신정변 대처 과정에서 일본과 대결하며 고종을 개화파와 격리시키기도 했다. 청일전쟁 패전 후 서양식 군대를 훈련시켜 북양군벌의 기초를 마련했다. 의화단 의 난을 제압했으며 신해혁명 때 청조의 실권을 잡고 임시총통이 되고 스스로 황 제라 칭하였다가 반발에 부딪혀 실패했다.

13 왕봉조(1851~1918). 청일 전쟁 당시 주일 청국특명전권공사. 한족漢族으로 강소 성江蘇省 소주부蘇州府 출신.

것이라 잘못 단정하고 각각 그 소견을 청국 정부에 통보하였는데, 두 사람의 의견은 예기치 않게 서로 맞았다. 이는 청국 정부가 애초부터 피아의 형세를 오판한 원인의 하나였다.

또 당시 조선 조정의 상황을 보면, 세상은 왕비의 일족인 이른바 민씨 일가가 전횡하고 있었고 그 중에서도 더욱이 붕당이 서로 싸우고 있는 것은 숨길 수 없는 사실이었다.

조선 국왕, 청국에 원병을 청함

민영준閔泳駿[14]은 왕실의 외척으로서 세도를 누리는 직책에 있었고 그 권력이 정점에 올랐음에도 불구하고 동학당 난이 일어나 관군이 번번이 패하게 되어 안팎의 공격이 자신의 한 몸에 집중되면서 괴롭고 힘들게 되자, 한편으로 활로를 찾아 청국 사신 위안스카이와 결탁하여 청국 군대의 파출을 요청하는 미봉책을 꾸몄다. 들리는 바에 의하면, 당시 조선 정부 대신 중에 특히 국왕까지도, 청국 군대가 조선에 들어오게 되면 이에 대해 일본 또한 출병하게 될 것이므로, 청국의 원조를 구하는 것은 아주 위험한 길이라며 민영준의 건의를 비난하는 자가 있었다고 한다. 그렇다고 해서 따로 스스로 나아가 책임지고 감히 난국을 맡겠다고 할 정도의 용기 있는 자도 없어서, 민영준은 마침내 (조선)국왕으로 하여금 청국에 대해 신하라 칭하고 출병을 간청하도록 하게 되었다고 한다.

이상과 같은 사실들은 동학당의 난에 관하여 청국 조정이 외교를 그르쳤다는 것과 조선 조정의 내치가 그 방향을 얻지 못한 첫째 단계

---

14 민영준(1852(철종 3년)~1935). 서울 출생. 1901년에 민영휘閔泳徽로 개명했다. 대표적 친일 매국반민족행위자.

[第一段]다. 요컨대 일본 정부는 처음부터 피동자의 위치에 있었어도, 만부득이할 경우에는 최후의 수단을 쓰는 데 주저하지 않을 결심이 있었음에도 불구하고, 청국은 먼저 소리부터 질러 일본 및 조선을 위협하고 그 다음에 모양을 갖추면 충분하다고 했고, 일청 양국 사이의 분쟁이 해결되지 않을 시에는, 도저히 이를 무력에 호소하지 않으면 안 될 그런 결단은 부족한 것 같았다.

청국은 이미 그러했다. 또 조선 조정 같은 경우는 사대 관념에 사로잡혀 어떤 경우라도 일본이 청국을 이긴다는 것은 꿈에도 생각하지 않았고, 속담에 이른바 큰 배에 올라탄 것과 같은 편안한 마음으로 청국만을 의지하고 있는 것 같았다. 대체로 이와 같은 잘못된 인식에 빠져 있으면서 청한 양국 조정이 공히 평양과 황해 전투가 끝날 때까지 추호도 이를 깨달을 수 없었던 것은 참으로 어쩔 수 없는 바라 하겠다.

제2장

일청 양국 군대의 조선 파견

그 후 정부는 6월 4일, 스기무라杉村 임시대리공사가 경성에서 보내
온 전신에 의하여, 스기무라 공사가 위안스카이와 만나 조선 정부가
마침내 청국에 원병을 요청했고 청국 정부도 그 요청을 받아들여 어
느 정도의 군대를 파견한다는 사실을 확실히 들었음을 알게 되었다.
또 6월 5일경부터 톈진天津 주재 아라카와荒川 영사[1]는 외무성으로,
베이징 주재 공사관부公使館附 무관 가미오神尾 육군 소좌[2]는 참모본
부로, 청국 정부가 톈진에서 출병 준비하는 양상을 각각 전보로 보내
왔다.

　또한 청국 군대 약간은 모일을 기하여 대고大沽[3]에서 인천으로 직항

1　아라카와 미노지荒川巳次(1857~1949). 메이지 시대 외교관. 가고시마현鹿児島県
　출신. 청일전쟁 당시 대본영부大本營附의 행정청 지사로 요동반도의 금주성金州
　城 행정을 담당했다. 그 후 톈진 일등영사, 소주蘇州, 항주杭州 일등영사, 런던 총영
　사, 멕시코, 스페인, 포르투갈 공사 등을 역임했다.

2　가미오 미쓰오미神尾光臣(1855~1927). 화족. 메이지~다이쇼大正 시대 일본 육군
　군인. 청도수비군 사령관 등을 역임. 최종 계급 육군대장. 제1차 세계대전 당시 청
　도공략青島攻略작전을 지휘한 것으로 유명하다.

3　하북성河北省 동부의 항구도시. 발해만에 면해 있는 톈진天津의 외항이다. 청국이
　포대를 설치했던 곳. 애로우호 사건(1856) 때 영·프연합군과 교전한 곳이다.

할 것이라 하고, 혹은 곧바로 산해관山海關[4]을 거쳐 육로로 갈 것이라고 하며, 또 약간의 군수를 탑재한 청국 운송선은 현재 대고에서 출범하고 있다는 등, 대체로 이 같은 류의 전신이 하루에 수차례 접수되었다. 특히 베이징 주재 임시대리공사 고무라 쥬타로小村壽太郞[5]로부터 청국 정부가 드디어 조선국에 출병할 뜻을 결정한 모양이 확실하다는 전보가 도달했으므로, 조선 정부가 그 내란을 진압하지 못하여 외부로부터의 도움[外援]을 청국에 청했고, 청국 정부는 시기를 놓치지 않고 출병 준비를 하고 있거나 혹은 이미 다소의 군대를 파견했을지도 모른다는 사실에 대해서는 벌써 추호도 의심할 수 없었다.

따라서 이에 대한 외교 및 군사상의 움직임은 잠시도 게을리 하지 않고, 먼저 청국 정부가 과연 텐진조약[6]에 의거하여 조선에 파병할 것을 우리나라에 공문으로 통보하여 알릴 것[行文知照] 인가, 아니면 이번의 출병은 전적으로 조선 국왕의 요청에 의한 것이라는 구실을 만들어 조약을 지키지 않고 자의로 출병한 것인가의 사실을 확인하려 했다.

물론 청국 정부가 텐진조약에 따라 조선에 파병할 것을 우리 정부에 공문으로 통보하는지의 여부와 관계없이 적어도 청국 정부가 조선

---

4 하북성 북동쪽 끝, 발해만 연안에 있는 도시. 만리장성의 동쪽 끝에 있는 관문으로, 예로부터 군사 요충지였으며, 특히 명대 이후 베이징이 수도가 되면서 인근한 산해관의 군사적 중요성이 더욱 강조되었다.

5 고무라 쥬타로(1855~1911). 외교관, 정치인, 외무대신, 중의원의원. 규슈九州 휴가노구니日向国(지금의 미야자키현) 번사藩士 출신. 제1회 문부성 해외유학 장학생으로 하버드대에 유학하여 법학을 전공했다.

6 1884년 갑신정변 후 1885년 일본과 청국 사이에 체결된 조약. 주요 내용은 조선에서 "청·일 양국 군대는 동시 철수하고, 동시에 파병한다"는 것이다. 이 조약이 청일 전쟁의 구실이 되었다. 무쓰의 기록대로 1894년 동학 농민운동이 발생하자 조선 정부는 청에게 원군을 요청했고, 이에 일본 군대는 텐진조약에 의거해 군대를 조선에 파병할 명분을 얻게 된다. 일본은 갑신정변 후 청나라에 빼앗긴 조선에서의 정치적 주도권을 만회하여 조선을 지배할 목적으로 군대를 파병했다.

국에 군대를 파병함이 확실한 이상은, 일본 또한 조선에서의 일청 간의 권력의 균형 유지를 위해 당연히 그에 상당하는 군대를 조선에 파견한다는 것은 내각 회의에서 이미 정해진 바였다. 그러나 동시에 우리는 항상 피동적인 위치에 있고자 했고, 또 청국 정부가 과연 톈진조약에 대해 어떠한 방향으로 태도를 취해 올 것인가를 확실히 아는 것이 무엇보다 필요했기 때문에 주야로 청국의 거동을 예의주시하고 있었다.

톈진조약

여기에서 무슨 이유로 청국 정부가 조선에 군대를 파견할 때 과연 톈진조약을 실행하는가 아닌가를 의심했는가 하면, 본래 조선에서의 일청 양국의 관계는 종래 거의 서로 용납하지 못하는 빙탄불상용氷炭不相容 주의가 밑바닥에 깔려 있기 때문이었다. 메이지 6년(1873, 고종10), 당시 외무경外務卿 소에지마 다네오미副島種臣[7]가 특파전권대사로 청국에 파견되어 베이징에 있을 때, 청한 종속 관계에 대하여 총리아문의 왕대신 등과 한두 차례 담화를 교환한 적이 있기는 하지만, 일청 양국 정부 사이에 효력을 갖는 명약明約한 공문 같은 것은 하나도 없었다.

또 메이지 9년(1876, 고종13)에 구로다黑田 전권변리대신全權弁理大臣[8], 이노우에井上 부대신[9]을 조선에 파견하여 지금의 일한수호조

---

7 소에지마 다네오미(1828~1905). 사가번佐賀藩 번사 출신. 에도시대 말기에서 메이지 시대의 정치가, 외교관.

8 구로다 기요타카黑田清隆(1840~1900). 사쓰마번薩摩藩 번사 출신. 메이지시대 육군 군인, 정치가, 최종계급은 육군 중장. 개척開拓 차·장관으로 홋카이도 개척을 주도했다. 1888년 제2대 내각총리대신을 지냈다.

9 이노우에 가오루井上馨(1835~1915). 조슈번長州藩 출신. 청일전쟁 때 특명전권공사로 조선에 다시 부임한다. 위의 구로다 내각 때 농무대신, 이토 2차 내각 때 내무대신을 역임했다.

약[10]을 체결했을 당시 우리나라는 곧바로 조선을 하나의 독립국으로 확인하고 조선 또한 이에 응하여 스스로 독립국으로서 그 조약을 체결했다. 그러나 일본 정부는 청국과 조선 사이에 존재하는 애매한 종속관계를 분명히 할 필요를 느꼈기에, 이보다 앞서 특명전권공사 모리 아리노리森有礼[11]를 베이징으로 파견할 때, 동 공사에 훈령하여 취임 후 이 일에 관해 총리아문과 상의하도록 했다. 그 사이에 피차간에 오고 간 문서는 책을 만들 정도로 쌓였다. 그러나 그 결과는, 청국 정부가 한편으로 조선의 내치와 외교 공히 그 자주自主에 맡겨야 하므로 조선에서 일어나는 사건에 관해서는 직접 그 책임을 지지 않는다고 하면서도, 다른 한편으로는 조선은 아직도 중국의 속국이며 결코 독립한 하나의 왕국으로 인정할 수 없다는, 전후 모순되는 속방론属邦論을 주장할 뿐이었다.

당시 우리 정부는, 바로 이 때문에 청국과 갈등이 생기는 것을 피하고, 다만 국제공법상의 보편적 견해에 따른 이른바 종국宗国과 속국과의 관계를 설명했다. 청국이 조선국을 속방이라 하면서 그 내치와 외

---

10 1875년 강화도 앞바다에서 발생한 운요호雲揚號 사건 처리를 위해 1876년 2월 체결된 일명「강화도조약」을 말한다. 일본의 군사력을 동원한 강압에 의해 체결된 대표적인 불평등조약이다. 조약의 정식명칭은「조일수호조규」. 다른 말로「병자수호조약」이라고도 한다. 조선이 외국과 맺은 최초의 조약이다. 일본은 미국의 페리 제독 내항으로 인해 체결한 미일통상수호조약 과정을 그대로 본떠 조선을 개국시키게 된다.「조일수호조규」는 총 12개 조항으로, 주요 내용은 ▲조선은 자주국으로 일본과 평등한 권리를 갖는다 ▲20개월 이내에 부산·인천·원산항 개항 ▲일본의 치외법권 인정 ▲자유로운 조선의 연안 측량 ▲조일 양국은 수시로 외교 사절을 파견하고 일본 화폐의 통용과 무관세 무역의 인정 등이다.

11 모리 아리노리(1847~1889). 사쓰마번 번사 출신. 메이지 시대 초 외교관, 정치가. 계몽사상가. 제1차 이토 내각 때 문부대신을 지내며 전전戦前 일본의 학교제도를 확립했다. 후쿠자와 유키치福沢諭吉 등과 함께 메이로쿠샤明六社를 설립하여 계몽운동을 벌였다. 현재 히토쓰바시一橋 대학 전신인 상법강습소를 창립한 것으로 유명하며, 메이지 시대 6대 교육가로 꼽힌다.

교에 간섭할 수 없다는 것은, 필경 속방이라는 허명을 껴안으면서 종국의 책무를 피하고자 함에 있었기 때문에, 우리나라는 조선국을 하나의 독립국으로 확인하고 모든 책임을 그 나라 정부에 지우지 않으면 안 된다고 주장했다.

그러나 원래 청국 정부와 일을 협상하는 것은 일찍이 영국 공사 해리 파크스 경[12]의 비유처럼 밑 빠진 두레박으로 우물물을 긷는 것과 같아 언제나 그 효과가 없었는데, 본 건의 상의도 마침내 어떤 결과를 보지 못하고 이른바 결말 없는 논쟁 형태가 되어, 여전히 끝나지 않을 문제로서 헛되이 공문만 서로 남기게 되었을 뿐이다.

그러니까 메이지 17년(1884, 고종21)의 경성변란(갑신정변) 다음 해, 지금의 이토伊藤 내각총리대신이 당시 참의겸궁내경參議兼宮內卿[13]으로 특파전권대사로서 청국에 파견되어 이른바 톈진조약을 체결하기까지는 조선에 관한 일청 양국의 권리에 대해 양국 사이에 어떤 약정도 없었다. 일본은 메이지 9년(1876, 고종13)의 일한수호조약에 의하여 조선이 하나의 독립국이라 주장하고, 청국은 여전히 조선은 중국의 속국이라 고집하여 서로 물러나지 않는 모양이었다.

톈진조약은 물론 당시 조선에서의 일청 양국의 군사적 충돌의 선후책善後策이었기 때문에 이에 의거하여 청한 종속 관계를 확정할 명백한 조항[条款]은 없었다. 그러나 이 조약에서 일청 양국은 조선에 주재하는 군대를 동시에 철수하기로 약속하고 또 장래에 조선에 사변이 일어나 일청 양국 중 누구라도 조선에 군대를 파견할 때는 서로 공문

---

12 Sir Harry Smith Parkes(1828~1885). 영국의 동방 전문 외교관. 광둥(1860)과 상하이를 거쳐 1865~1883년 사이의 주일 영국 공사, 1883~1885년 주중 영국 공사를 지냈으며 이때 한영조약을 체결했다. 한자로 파하례巴夏禮로 표기한다.

13 이 당시 이토 히로부미의 직책은 참의겸공부경參議兼工部卿이다. 참의겸궁내경은 무쓰의 잘못된 기억이거나 오자로 보인다.

으로 통고하도록 정한 것은 어쨌든 양국의 조선에 대한 균등한 권력을 보여주는 유일한 명문明文이었다. 이를 제외하고서는 조선에 대한 권력 균형과 관하여 일청 양국 사이에 어떤 보장도 없었다.

본래 이 톈진조약에 대해서는 그 후 우리나라에서 다소 비난하는 논자가 없지는 않았다. 그러나 청국 정부가 항상 자기의 속방이라 칭하는 조선에 주재하는 군대를 조약상 철수시키지 않을 수 없게 되었을 뿐 아니라, 장래 어떠한 경우에서도 조선에 군대를 파견하려 할 때에는 먼저 일본 정부에 공문으로 통보해야 하는 조항이 있는 조약을 체결한 것은 청국으로서는 거의 하나의 큰 타격을 받은 것이었다. 종래 청국이 외쳐왔던 속방론 논리가 이 때문에 그 힘이 크게 약해진 것은 한 점의 의심도 없었다.

그러므로 이번 조선 사건이 진행됨에 따라 영국 정부가 최초에 중간 입장에서 조정[居中調整]을 시도하고자 했을 때에도, 또한 나중에 일청 양국 정부 사이에 일단 결렬되었던 공동위원설의 재론을 종용해와서 우리 정부가 이에 대해 장래는 차치하고 오늘날까지 이미 일본 독자의 힘으로 조선 정부에 권고하고 동 정부도 이에 동의를 표하고 있는 개혁사항에 대해서는 이미 청국과 어떤 협의를 할 필요가 없다고 대답했을 때에도, 영국 정부는 마치 조선의 사안에 관해서는 일체 일청 양국 간에 평형을 유지하는 것이 톈진조약의 정신이라고 인정하고 있었던 것 같았다. 그러나 다음 단계의 제국정부의 회답에 대해서는 톈진조약의 정신을 도외시하는 것이라고 심히 질책했다.

또 그 뒤에 재한在韓 일청 양국 군대가 조선의 남북부를 공동 점유하여 서서히 일청 양국이 조화를 꾀해야 할 것이라고 권고해 온 것 또한 동일한 근거에서 나온 것 같다. 이는 톈진조약의 정확한 해석으로서는 완전히 잘못되었지만, 조선에서의 일청 양국의 권력 균형에 관한 동조약을 여러 외국 정부가 어떻게 중시하고 있는가는 이로써 충분히 살필 수 있는 것이다.

내가 이번 사건과 관련하여 파병에 대해 상호 공문으로 사전 통보해야 한다는 규정 외에 별도로 어떤 직접적인 관계가 없는 톈진조약의 해석을 이렇게까지 자세하게 서술하는 것은, 동조약 체결 후 일청 양국 정부가 조선에 군대를 파견하게 된 것은 실로 이번 사건이 그 처음이고, 그리고 청국 정부가 과연 이 톈진조약에 따라 우리 정부에 공문으로 통보할지의 여부를 확실히 아는[確知] 것이 현재 및 장래에 대비하여 우리가 청국에 대한 외교상 가장 긴요하다고 생각했기 때문이다.

청국 정부가 조선국에 파병함을 우리 정부에 공문으로 통보함

이와 같이 우리 정부는 한편으로는 언제라도 조선에 군대를 파견하는 데 차질이 없도록 출병 준비를 서두르면서, 다른 한편으로는 청국 정부가 어떻게 톈진조약을 실행하는가를 살피고 있었다.

그런데 도쿄東京 주재 청국 특명전권대사 왕봉조는 메이지 27년 (1894, 고종31) 6월 7일자 공문에서 청국 정부의 훈령이라면서 청국이 조선 국왕의 요청에 따라 동학당 진압을 위해 약간의 군대를 조선에 파병한다고 통보해 왔다. 출병의 공문 통보로서는 쓸 데 없는 글을 쓰고, 그 사이에 약간 오만한 언사言辭가 있었는데 그 글 중에 '우리 조정이 속방을 보호하는 구례我朝保護属邦旧例'라는 한 구절을 제외하고는 지금 그 문구를 가지고 다툴 때가 아니었다.

청국 정부의 공문에 있는 '보호속방'이라는 말에 대한 제국 정부의 항의

그리하여 우리 정부는 곧바로 이에 회신하여 다음과 같이 부언하여 항의했다.

청국 정부가 톈진조약 제3조에 따라 조선에 군대를 파견하기 위해 공문으로 통보하는 취지를 제국정부로서는 곧바로 이를 인식했다. 다만 그 글 중의 '보호속방'이라는 말이 있는데, 제국정부는 아직 일찍이 조선국을 청국의 속방으로 인정하고 있지 않다.

제국 정부가 청국 정부에 대해 조선국에 파병한다는 공문 통보

바야흐로 정부는 청국 정부가 톈진조약을 준수해 나가고 있음을 보았다. 이제는 한시라도 기다릴 필요가 없었다. 나는 그날 밤 베이징 주재 임시대리공사 고무라 쥬타로에게 전보로 훈령하여 다음과 같이 말하도록 했다.

조선국에 현재 중대한 변란 사건이 발생하였으므로 일본에서 약간의 군대를 조선에 파견하고 톈진조약의 규정에 따라 이를 공문으로 통보한다.

우리 정부의 통보는 단순히 톈진조약의 규정에 따라 파병할 것을 통보함에 그치는 것이기 때문에 청국 정부가 우리 정부에 보낸 통보와 비교하면 지극히 간단명료했다. 그럼에도 불구하고 총리아문은 위 통보에 대해,

청국은 조선의 요청에 의해 원병을 파견하여 그 내란을 평정하기 위해, 즉 속방을 보호하는 구례에 따르는 것이므로 내란이 평정된 뒤에는 바로 철수한다. 그러나 일본 정부의 파병 이유는 공사관·영사관 및 상민을 보호하는 데 있으므로 반드시 다수의 군대를 보낼 필요가 없고, 또 조선 정부의 요청에 의한 것이 아니기 때문에 일본 군대를 조선 내지에 진입시켜 결코 인민을 놀라게 해서는 안 된다. 또 만일 청국 군대와 서로 마주치게 될 때에는 언어가 통하지 않아 혹시 불상사가 생길 것을 우려하기 때문에 이 뜻을 일본 정부에 전신으로 보내주기 바란다.

는 뜻을 동 대리공사에게 요구했고, 고무라는 곧바로 이 취지를 전보로 품신[電稟]해왔다.

그런데 우리 정부는 톈진조약의 규정에 따라 조선에 출병함을 공문으로 통보하는 것 외에 청국으로부터의 어떠한 요구에도 응해야 할 이유가 없었기 때문에 다시 고무라로 하여금 청국 총리아문에 대해, 다음과 같은 요지의 회답을 하게 했다.

첫째, 조선에의 청국군 파견이 속방 보호를 위한 것이라지만 우리 정부는 지금까지 일찍이 조선을 청국의 속국으로 인정한 바 없다. 그리고 이번에 우리 정부가 조선에 군대를 파병하는 것은 제물포조약[14] 상의

---

14 1882년(고종19), 한성에서 임오군란壬午軍亂이 발생한다. 이 난이 발생하자 위안스카이는 청나라 군사 3천여 명을 끌고 들어와 난을 진압하였고, 대원군을 납치하여 압송했다. 일본은 조선 개항 이후 조선에서 자신들의 정치적·국제적 세력을 확장해 나가던 중, 이 사건으로 후퇴하고 청국에 밀리는 결과를 맞고 말았다. 이 사건으로 인해 일본이 무력을 내세워 일본 측의 일련의 피해 보상과 거류민 보호 등 정치적, 경제적 이득을 챙기기 위해 조선과 조약을 체결한 것이 제물포조약이다. 일본 측 대표는 초대 주경성 일본공사였던 하나부사 요시토모花房義質다. 6개조의 본 조약과 2개조의 수호조규속약修好條規續約으로 되어 있다.

권리를 따른 것이며, 또 이 파병에 관해서는 톈진조약에 따라[照準] 공문으로 통보하는 것일 뿐이다. 우리 정부는 스스로 행하고자 하는 바를 행함에 그 군대의 많고 적음 및 진퇴 동정動靜에 대해서는 추호도 청국 정부의 제약을 받아야 할 이유가 없다. 그리고 가령 일청 양국 군대가 조선국에서 서로 마주쳐 말이 통하지 않는다 해도, 우리나라 군대는 항상 기율과 절제에 따라 행동하기 때문에 결코 함부로 충돌할 우려가 없음은 우리 정부가 믿어 의심치 않는 바이다. 그러므로 청국 정부 또한 자신의 군대에 훈령하여 사단이 벌어지지 않도록 주의해 주기 바란다.

이는 단지 일청 양국이 이미 정해진 조약에 따라 조선에 군대를 파견한다는 공문 통보일 뿐이다. 그러나 그들의 공문에 있는 '보호속방'이라는 문자를 우리는 이미 묵과할 수 없었다. 그리고 우리가 보낸 공문에 대해서는 저들 또한 많은 힐문을 시도하려 했다. 평화가 아직 파[7]탄나지 않았고 전쟁이 아직 시작된 것도 아닌데도, 겨우 한 장의 공문 중에 이미 피차가 그 보는 바가 같지 않고, 갑론을박의 상태가 드러남

이 조약은 임오군란의 뒤처리를 위한 것이었지만, 조선에서의 정치적 입지와 경제적 이득을 보다 확고히 다져두고자 하는 일본의 야심과 요구가 관철된 대표적 불평등조약이다. 조약의 구체적 내용은 다음과 같다.
① 지금부터 20일을 기하여 조선국은 흉도를 체포하고 수괴를 가려내 중벌로 다스릴 것.
② 일본국 관리로서 피해를 입은 자는 조선국이 융숭한 예로써 장사를 지낼 것.
③ 조선국은 5만 원을 지불하여 일본국 관리 피해자의 유족 및 부상자에 지급할 것.
④ 흉도의 폭거로 인하여 일본국이 받은 손해 그리고 공사公使를 호위한 육해군의 군비 중에서 50만 원을 조선이 부담하되, 매년 10만 원씩 5년에 걸쳐 완납 청산할 것.
⑤ 일본 공사관에 군인 약간 명을 두어 경비하게 하며, 병영의 설치와 수선은 조선국이 책임을 지고, 만약 조선국의 병·민이 법률을 지킨 지 1년 후에 일본 공사가 경비가 필요하지 않다고 인정할 때에는 철병을 해도 무방함.
⑥ 조선국은 일본에 대관大官을 특파하고 국서를 보내어 일본국에 사죄할 것.
그 결과 김옥균, 박영효 등이 일본에 사죄사로 파견되었으며, 일본은 공사관 경비를 명분으로 1개 대대 병력을 한성에 파견한다.

이 벌써 이와 같았다.

　종류가 다른 전기電気를 머금은 두 구름이 이미 정면으로 서로 부딪쳤다. 그것이 뇌성벽력으로 바뀌는 형세는 이미 분명해졌다. 그러나 우리 정부는 더욱 이 위기일발의 순간에도 가능한 한 현재의 평화를 깨트리지 않고 국가의 명예를 보전하는 길을 구하고자 오직 이에 급급했다.

제3장
오토리 특명전권공사의 귀임 및 취임 후 조선의 형세

일본 정부는 외교상으로는 항상 피동자의 위치를 고수하려 했으나,
일단 일이 벌어지는 날에는 군사상의 모든 면에서 기선을 제압하려고
했기 때문에, 이미 청국이 조선에 군대를 파견한다는 사실이 명확해
진 이상 새삼 저들이 형식상 톈진조약에 의거하여 공문 통보를 해 오
기를 기다리는 것은 사정상 매우 곤란했다. 이에 반해 청국이 그 군대
를 진퇴시키는 것은 우리보다 훨씬 자유로웠다. 단순히 조선에 대한
저들과 우리의 거리부터 보아도 산해관山海關 또는 대고大沽로부터 상
당한 속력의 증기선이 인천으로 직항할 경우에 겨우 열두세 시간 안
에 그 목적을 달성할 수 있는데, 우리는 히로시마현広島県 아래의 우지
나宇品 항에서 인천으로 직항하면 거의 사십여 시간이 걸리는 차이가
있다.

오토리 특명전권공사의 귀임
그야 어찌되었든 당시 조선의 형세는 이미 하루라도 오토리 공사의
귀임을 미룰 수 없었기에, 나는 청국 정부로부터 공식 출병 통지를 받
은 날보다 이틀 앞 선 6월 5일에 오토리 공사로 하여금 군함 야에야마

八重山에 탑승하여 요코스카橫須賀[1]를 출범토록 하였다. 더욱이 군함 야에야마에는 이번에 새로이 거의 백 명 가까운 해병이 증원되었고, 다행히 먼저 지나해支那海 및 남양南洋을 순시한 우리 군함 수척이 마침 부산항에 귀항해 있어서, 나는 해군대신과 협의하여 그 군함 중 몇 척을 조속히 인천으로 회항시켜 인천항을 수비하도록 했다. 그와 동시에 오토리 공사가 인천에 도착하여 경성에 들어갈 때 다소의 병력을 인솔할 필요가 있을 때에는 동 공사의 요청에 따라 야에야마함에 승선해 있는 해병에 다른 군함에 있는 해병 약간을 보태 그에 응하도록 할 것을 요청했다.

이렇게 함으로써 적어도 3백 내지 4백 명의 해병은 언제라도 오토리 공사를 따라서 동 공사가 경성에 귀임하는 데에 불편함이 없도록 했다. 이는 우리 정부가 오토리 공사가 조선에 부임하는 순간, 이미 조선에 와서 주둔하고 있을지도 모를 청국군에 대해 세력 균형을 잃지 않도록 대비한 조치이다.

그러나 우리 정부는 적어도 국가의 명예를 훼손하지 않는 한 어디까지나 평화적 수단을 통해 사태를 종결시키고자 했다. 그래서 나는 오토리 공사가 도쿄를 출발할 때 가장 상세한 몇 건의 훈령을 내리는 가운데, 차후의 조선 정세와 관련하여 정부는 상당한 군대를 조선에 파견할 일이 있겠지만, 그러하지 않을 수 없는 극한의 경우에 처하기까지는 평화적 수단으로써 사태를 종결시키는 것이 최우선임을 명심해야 한다는 것을 그 요지로 했다.

---

1 가나가와현神奈川県 남동부의 미우라三浦 반도에 있는 도시. 막말幕末인 1853년에 미국 메튜 페리 제독의 구로후네黒船가 내항한 곳(우라가浦賀 항)으로도 유명하다. 쇼와昭和 시대에는 일본 해군의 일대 거점지였으며, 패전 후에는 미군 및 자위대 주둔지로 바뀌었다.

어쨌든 당시의 형세가 이미 절박했음에 따라, 더구나 그 훈령 중에 만약 시국이 아주 급박하여 본국 정부의 훈령을 요청할 틈이 없을 경우, 오토리 공사가 적당하다고 생각하는 임기응변의 처분을 할 수 있다는 항목 하나를 추가했다.[8] 대체로 이 훈령 중에는 마치 표리부동한 두 개의 주의가 내포되어 있다는 시각이 없지 않겠지만, 이런 형세에 즈음하여 외국으로 보내는 사신에게 비상한 권력을 부여하는 것은 실로 불가피했다.

오토리 공사, 해병을 인솔하여 경성에 들어가다

6월 9일 인천에 도착한 오토리 공사는 즉시 우리 여러 군함에서 소집된 해병 3백 명을 인솔하여 경성에 귀임했으며 잇달아 제5사단에서 파출된 이치노헤一戸 소좌[2]가 인솔하는 1대대大隊의 육군이 경성에 도착했다. 그리고 우리 정부가 미리 정한 혼성混成 여단 전부를 순차적으로 조선에 파견하기로 했다.

그런데 오토리 공사가 경성에 귀임했을 때, 청국 군대는 이미 조선으로 진주하여 충청도의 아산牙山에 진을 치고 있었다. 또 조선 관군은 최근에 약간 용기를 회복한 모양새였다. 때문인지 동학당은 그 기세가 크게 꺾여 진행을 거의 멈추었다. 경성, 인천 등지는 본래 평온했었는데, 청한 양국 정부는 그 예상과는 달리 오토리 공사가 대군을 이끌고 귀임한 것을 보고 함께 깜짝 놀라 여러 구실을 만들어 오토리 공사가 군대를 대동하고 입경하는 것을 막으려 했다.

그러나 일청 양국 간에는 이미 톈진조약에 의거하여 상호 공문 통첩

---

2 이치노헤 효에一戸兵衛(1855~1931). 히로사키번弘前藩 번사의 장남으로 태어나 육사 생도가 된다. 메이지, 다이쇼 시대의 육군 군인. 청일, 러일 전쟁 등에 종군. 군사참의관, 사단장, 육군대장으로 예편한다. 학습원원장을 지냈다.

이 종료되었다. 일한 양국 간에는, 우리는 제물포조약 제5조에 의해 조선국에 군대를 파견할 수 있는 조약상의 권리를 갖고 있었기 때문에 그들은 결국 표면적으로는 어떤 항의도 제기할 수 없었지만 갖가지 간계와 음모를 다해 우리 군대를 하루라도 빨리 조선으로부터 철수시키려고 애썼다. 그리고 그 진의가 어떠한지는 헤아릴 수 없으나 청국 정부는 위안스카이에게 훈령하여 일청 양국 군대가 서로 조선에서 물러날 것을 오토리 공사와 내밀히 회담하도록 하기에 이르렀다.

조선국에서의 구미 각국 관민官民의 정황

한편 조선에 주재하는 외국 관리 및 상인들의 정황을 살펴보면, 그들은 겉으로는 아닌 척 하면서도 내심 조선이 청국의 속방임을 묵인하고 있었다. 그리고 이번의 청국 출병이 조선 국왕의 요청에 의한 것으로 믿으면서도, 일한 양국 사이에 제물포조약이 존재한다는 사실을 아는 자는 적었다. 또 그들은 만약 일청 양국이 교전하게 되면 그 승패도 처음 한 두 번의 전투는 모르겠으나 최후의 승리는 청국에게 돌아갈 것이라 예상했다.

그러나 우리 군대는 그 곳에서도 기율과 절제를 잘 지켜 추호도 어기는 바 없는 미풍을 드러내어 외국인 등이 아주 경탄했다. 그러나 군인은 아무리 평화적으로 행동해도 역시 군인인지라 경성과 인천 사이에 거의 7천여 명의 군대가 진을 치고 있는 것은 그들의 눈에도 심히 괴이하게 보였고, 또 이를 위험하다고 여겼다. 그들은 인천과 경성 사이에 아침저녁으로 다수의 일본 군대가 돌아다니는 것을 목격했지만, 저 아산에 있는 청국 군사의 거동이 어떠한지는 애초부터 조금도 보고 듣지 못했다.

이를 개괄하여 말하면 그들은 우리 정부 출병의 명분 및 그 진의가 어떠한지를 불문하고, 일본 정부가 평지풍파를 일으켜 시의에 따라 조선을 침략할 뜻이 있다고 망상하고 있었다. 따라서 그들은 일본보다는 청국에 대해 더 많은 동정심을 보였다. 이에 따라 그들 즉 조선 주재 구미 외교관, 영사관들은 자신들이 추측하는 바를 각자 본국 정부에 보고할 수 있는 대로 했고, 또 그 상인들은 더욱더 삿된 추측과 망단을[邪推妄斷]을 마음대로 하여 그들 본국의 여러 신문에 알렸음이 틀림없었다. 이것이 일청 사건 발생 초기 구미 각 강국의 감정을 움직였음은 의심할 바 없다.

오토리 공사는 귀임한 직후 이 실상황을 관찰하는 데 추호도 그릇됨이 없이 했다. 오토리 공사가 경성에 들어가자, 이미 본국을 출발할 때의 예상과 달리 조선은 의외로 평온했고 청국이 파견한 군대도 아산에 진을 치고만 있고 아직 내지內地로 진군하지 않고 있었다. 그러나 제삼자인 외국인의 정황은 이미 앞에서 서술한 대로임을 알고 있었기 때문에 오토리 공사는 빈번히 정부에 전보를 보내, 당분간은 너무 많은 군대를 조선에 파견하여 조선 정부 및 인민에 대해 특히 제삼자인 외국인에게 말로 표현 못할 의심을 갖게 하는 것은 외교상 상책이 아니라는 취지를 권고해 왔다.

그러나 한편 우리나라의 내부 사정은 벌써 호랑이 등에 올라탄 형편[騎虎之勢]이라 이미 정해진 병력 수를 도중에 변경할 수 없는 것은 물론, 종래 청국 정부의 외교를 살피건대 그 사이에 어떠한 속임수와 권모술수의 계책을 노골화하여 최후에는 우리를 속일지도 모를 일이었다. 또 최근 톈진 및 베이징에서의 전보에 따르면 청국이 오히려 많은 군대를 조선에 보내기 위해 출사 준비를 굉장히 서두르고 있다고 하기 때문에, 일면으로는 오토리 공사의 요청이 아주 타당하다고 생각하면서도 다른 한편에서 볼 때, 언제 어떠한 생각지 못한 변화가 발생할지 예측하기 어려웠다. 그리고 만약 위기일발의 경우 승패의 수는 오직 병력의 우열에 있었기 때문에 어쨌든 당초 국가 정책으로 예정한 혼성여단은 신속히 조선에 파견해 두는 것이 만전을 기하는 것이라 생각했다.

그래서 나는 오토리 공사에게, 만약 외교상 다소 분분한 의론이 있어도 오시마大島 소장少將[3]이 이끄는 본대(즉 혼성여단) 전부를 경성에 주둔시키고 또 조선 정부에 속히 그 내란을 진압하는 것이 상책임을 설명하여 이를 위해 우리 군대가 일시 원조하겠다고 제의하라고 훈령했다.

이상에서 약술한 대로 우리 정부의 방침은 외교에서는 피동자의 위치를 취하고 군사에서는 항상 기선을 제압하고자 했기 때문에, 이런 긴박한 시기에도 외교와 군사의 관계상, 보조를 서로 맞추어 나가기 위해 각 당국자가 정말 참담한 고심을 한 것은 지금에 와서 이를 되새겨 보아도 여전히 송연竦然하다.

바야흐로 일청 양국의 군대가 모두 조선 국내에 주둔한다 해도, 주둔지가 서로 떨어져 있어 순간적으로 충돌할 우려는 없는 것 같았고, 또 저 동학당도 표면적으로는 우선 진정된 모양인 듯 했지만, 일청 양국 군대는 아직도 예의주시하며 대치하고, 각자 서로 시기 의심과 희망을 지니고 있었기 때문에 외교적 담판[樽俎之間]으로써 피아가 깨끗하게 그 파견한 군대를 조선국에서 함께 철수한다는 것은 거의 바랄 수 없었다.

그렇다고 해서 당장 급박한 원인과 이유도 없이 또는 외관상으로 지당한 구실도 없이 서로 교전해야 할 이유도 없었다. 그러므로 이러한 내

---

3   오시마 요시마사大島義昌(1850~1926). 죠슈번 번사 출신의 메이지·다이쇼 시대 일본 육군 군인. 화족華族. 군사참의관, 3사단장을 거쳐 육군대장으로 승진한다. 아베 신조安倍晋三 전 일본총리가 그의 고손자다.

외의 정세와 형편에 대해 그 조치를 다하고자 한다면 도저히 무언가 일종의 외교적 정략으로써 사태의 국면을 한 번 바꾸는[一轉] 길을 강구하는 것 외에는 대책이 없는 상황이 되었다.

제4장
조선국 내정 개혁을 위한 일청 양국 공동위원 파견 제안

일청 양국 정부가 상호 조선에 군대를 파견한다는 취지의 공문을 통보한 후 겨우 열흘이 지난 사이에 조선에서의 양국 관계는 매우 위태로워졌다. 그리고 늘 이러한 사태에 수반되는 자연스러운 결과로, 상호 서로 자신이 옳고 상대는 그르다며 시의猜疑와 질투가 점점 많이 늘어나고, 유언비어가 백출百出하여 멈추지 않음이, 마치 울퉁불퉁한 거울 면에 난사하는 몇 줄기 광선이 서로 굴절되어 천태만상을 나타내는 것 같았다.

그리고 상호 대치가 양자 사이에서만 그런 것이 아니라 직접 관계가 없는 제삼자의 평론도 시비是非가 엇갈려 때때로 당국자의 골치를 아프게 했기 때문에 사태를 점점 더 번잡스럽게 하는 일이 없지 않았다.

즉 저 구미 여러 강국처럼 언제 어떤 구실을 만들어 어떤 일에든 말 참견하고 간섭해 올지 몰랐다. 그러나 일청 양국 군대는 서로 떨어진 곳에 주둔하고 있었으므로 순식간에 충돌할 모양도 아니었다. 청한淸韓 정부는 음으로 서로 결탁하여 여러 음모를 꾸며 암암리에 구미 강국의 원조를 구하는 상황이었으나 아직 어떤 흔적도 드러나지 않았다. 실로 구름은 짙은데 비는 내리지 않는 날씨와 같았다.

일청 양국 공동위원의 조선 파견에 대한 각의

나는 이 즈음 뭔가 일종의 외교상의 수단에 의하지 않고서는 이 얽히고설킨 형국을 풀 수 없다고 판단하여 이토 총리와 자주 협의했다. 이토 총리 또한 내 의견을 전적으로 수긍했다. 어느 날 내각회의 석상에서 이토 총리는 친히 한 장의 종이에,

> 조선의 내란은 일청 양국 군대가 공동으로 힘을 합해 속히 이를 진압한다.
> 난민이 평정된 후에는 조선의 내정을 개혁하기 위해 일청 양국에서 상설위원 약간 명을 조선에 파견하여 동국의 재정을 대략 조사한다.
> 중앙정부 및 지방관리의 부정 여부를 가리며, 필요한 경비병을 설치하여 국내의 안녕을 유지한다.
> 조선의 재정을 정돈하고 가능한 만큼의 공채를 모집하여 국가의 공익을 일으킬 목적에 사용케 한다.

는 등 몇 개의 항목을 적고, 이를 우리 정부가 제안하여 청국 정부와 상의하면 어떻겠는가를 각료들에게 제시했다. 각료들은 이에 찬성했다.

나도 이에 대해 굳이 이의가 없었지만, 첫째 이 일은 우리 외교의 위치가 일시에 피동자의 위치에서 주동자로 바뀌는 결과를 초래하게 될 것이며 또 지금의 시세에서 청국 정부가 우리의 제의에 쉽게 동의하지도 않을 것이라 보았고, 그리고 만약 청국 정부가 이에 동의하지 않으면 우리의 장래 외교 정책을 어떻게 계속 추진할 것인가를 숙고했다. 그리고 또한 이토 총리가 각의 석상에서 공공연히 언명하지는 않았지만 총리가 이 제안을 기초起草했을 때에는 가슴 속 깊이 별도로 결정한 바가 있음을 짐작했다.

그리하여 나는 이에 대한 가부간의 확답을 위해 하루 동안[10] 고려할

시간을 줄 것을 요청하고 퇴청한 뒤 밤새도록 숙고했다. 즉, 제국 정부는 이미 외교상 권모술수의 방향으로 이동하지 않으면 안 되는 시기에 이르렀고, 또 청국 정부는 십중팔구 우리의 제안에 동의하지 않을 것이다. 그러나 청국 정부의 동의가 없다 해서 우리가 공허하게 우리 제안을 휴지통으로 던져버릴 수 없음은 물론이다. 따라서 대략 총리의 제안에 따르는 것 외에 별도의 좋은 방책이 있다고는 생각되지 않았다. 그리고 만약 청국 정부가 우리의 제안에 동의하지 않을 경우, 우리 정부 스스로가 단독으로 조선의 내정 개혁을 담당해야 한다는 결심을 해 두지 않으면 후일 혹시 피차의 의견이 충돌할 때에는 우리 외교상의 진로가 저해될 우려가 있다고 판단했다.

나는 다음날의 내각회의에서 이토 총리의 제안에 있는 조항 외에, 다시

청국 정부와 상의의 성립 여하에도 불구하고 그 결과가 어떠한지를 알 때까지는 현재 조선에 파견되어 있는 우리 군대는 결코 철수하지 않는다.

또 만약 청국 정부가 우리 제안에 찬동하지 않을 경우 제국 정부는 독자적 힘으로써 조선 정부로 하여금 전술한 개혁을 이루도록 하는 임무를 맡아야 한다.

는 두 개의 항목을 첨가하고, 이를 각의에 제출하여 결정한 뒤 내각총리대신이 상주하여 재가를 얻었다.

바야흐로 우리 외교는 백척간두百尺竿頭의 일보를 내디뎠다. 향후 한 가닥 희망은 다만 청국 정부가 과연 우리의 제안에 찬동할 것인가의 여부에 달려 있었다. 만약 청국 정부가 어떤 처치處置를 하더라도 혹여 우리 제안을 거절한다면 우리 정부는 물론 잠자코 지켜볼 수 없다. 따라

서 장래에 어쩌면 일청 양국은 충돌을 피할 수 없게 될 것이고 우리는 마침내 부득이한 최후의 결심을 실행하지 않을 수 없게 될 것이다. 그러나 이런 결심이야 최초 제국 정부가 조선에 군대를 파견했을 때 이미 결정되었기 때문에 지금에 이르러 추호도 주저할 까닭이 없었다.

일청 양국 공동위원회의 조선국 파견에 대해 청국 특명전권공사 왕봉조를 거쳐 동 정부에 공문으로 통보함

나는 6월 16일에 우리나라 주재 청국 특명전권공사 왕봉조를 불러 들여, 먼저 각의에서 결정된 조건 중 내가 말단에 첨부한 두 가지 항목을 제외한 전부를 구두로 설명하고, 동 공사가 이를 본국 정부에 전달하여, 청국 정부로 하여금 신속하게 우리의 제안에 동의하는 한편 일청 양국 사이에 조선의 선후책善後策을 강구하여 서로 동양 전체 국면의 평화를 유지하는 데 전념토록 할 것을 요구했다.

왕봉조는 나의 설명을 듣고 약간 의외라는 생각이 들었던지 매우 난색을 표했다. 그러나 또한 정면으로 이를 거절할 수는 없어서 여러 가지 지엽적 논서論緖를 열거하고 우리의 제안을 본국 정부에 통지할 것을 꺼렸다. 그리고 그가 오로지 주장하는 논점은, 조선의 선후책을 강구하기 이전에 일청 양국이 각각 그 군대를 조선 국내에서 철수하고 서서히 차후책을 협상하여 정하자고 하는 데 있었다.

따라서 나는,

조선의 현재의 형세를 살피건대, 화란禍亂이 잠복하고 있는 본원本源이 매우 깊어, 지금 그 근저에서부터 악정惡政을 개혁하지 않으면 결코 장래의 영구한 안녕을 추구할 수 없다고 확신한다. 때문에 지금 겨우 구차한 고식적 술책을 실시하여 단순히 일시적 평화를 미봉彌縫하는 것은 우리 정부가 영토를 가까이 하는 이웃나라의 우의에서도 하루도 안도安堵할 수 없다. 제국 정부는 확연히 이 안도할 수 있는 지경에 이르게 되기전까지는 어떤 사정이 있어도 지금 조선에 주둔하고 있는 군대를 철수할 수 없다. 그러나 청국 정부가 만약 우리 정부의 진의가 어디 있는가를 살펴 능히 우리의 제안에 찬동한다면, 이는 지금 내가 말한 안도를 제국 정부에 주는 데 큰 도움이 될 것은 물론이다. 그러나 어쨌든 이 제안은 일청 양국이 그 군대를 조선국에서 철수하는 문제와는 자연히 별개의 문제로 상의해야 할 것이기 때문에, 본 제안은 반드시 동 공사(=왕봉조)가 본국 정부에 통보하고, 이에 대한 동 정부의 의견이 어떠한지를 알고 싶다.

는 뜻을 구구절절이 설명하였다.

이 담판이 그날 오후 8시부터 거의 다음날 새벽 1시까지 이어진 뒤 왕봉조는 겨우 제국 정부의 제안을 본국 정부에 통지할 것을 응낙했다.

그러나 나는 아직도 그가 과연 우리 제안의 의미를 잘 이해했는지, 또 가령 그가 이를 이해했다 해도 과연 그 이해한 것과 같이 이를 본국 정부에 통보할 수 있을지 의심스러웠다. 그리하여 다음날 17일에 다시 공문 하나를 작성하여, 어젯밤 담판한 바의 제국 정부의 제안을 열거하여 쓰고 이를 동 공사에게 보냄과 동시에 베이징 주재 임시대리공사 고무라 쥬타로에게 전신으로 훈령하여 위 제안을 총리아문에 제출하고 속히 회답을 요구하도록 했다. 또 톈진 주재 아라카와 미노지 영사에게 전훈하여 해당 제안을 직례총독直隷總督[1]인 이홍장李鴻

---

1 청조의 지방장관의 관직. 직례성·하남성·산동성의 총독으로, 직할지역의 군정과 민정 모두를 총괄했다. 지방장관의 최고위에 해당하는 총독 중에서도 특히 베이징 부근을 통괄한 직례총독은 그 필두격이었다. 1870년부터는 화북의 외국무역항의 감독도 직례총독의 관할이 되었기 때문에 직례총독이 북양통상대신을 겸임하게 되었다.

章[2]에게 보여 주고, 이홍장으로 하여금 청국 정부에 종용하여 속히 이에 동의하도록 진력할 것을 요청하게 했다.

일청 공동위원 설립 제안에 대한 청국 정부로부터의 이의

도쿄 주재 청국 특명전권공사 왕봉조는 본국 정부의 훈령에 따라 광서[11] 光緒[3] 20년 5월, 즉 우리 메이지 27년(1894, 고종 31) 6월 27일자 공문으로 우리 제안에 회답했다. 그는 그 제안에 동의할 수 없는 이유로서 세 가지 조항의 제의를 했다.

첫째, 조선의 내란은 이미 평정되었고 바야흐로 청국 군대가 조선 정부를 대신하여 이를 토벌할 필요가 없게 되었으므로 이제는 일청 양국이 상호 협력하여 이를 진압할 필요가 없다,

둘째, 조선국에 대한 일본 정부의 선후책善後策은 그 뜻은 좋다 해도 조선의 개혁은 조선 스스로 행해야 한다. 중국조차도 오히려 내정에 간섭하지 않는데 일본국은 본래 조선이 자주국임을 인정하고 있어 더더욱 그 내정에 간여할 권리가 없다,

셋째, 사변이 평정되면 각각 군대를 철수해야 하는 것은 톈진조약이 규정하고 있고, 차제에 서로 철병해야 하는 것은 물론 새삼스레 의

---

2 이홍장(1823~1901). 청나라 말기의 관리이자 정치가. 안휘성安徽省 합비合肥 출신. 증국번曾國藩의 제자. 태평천국의 난(1851~1864)을 진압하며 공을 세웠고, 그 과정에서 양무운동을 주도했다. 이후 북양군을 창설하여 막강한 권력을 휘둘렀으나, 청일전쟁 당시 황해 전투에서 패해 북양군을 잃었으며 평양 전투에서도 패배하여 위축되었다. 청일전쟁에서 청나라가 패하자 그 수습을 위해 1885년, 전권대사로 일본에 건너가 이토 히로부미와 시모노세키조약을 체결했다. 한편 그는 청나라 말의 외교문제를 거의 전적으로 처리했는데, 그 과정에서 본서 1, 2장에 언급된 위안스카이와 독일의 묄렌도르프 등을 조선에 파견하여 일본의 조선 진출을 견제 내지 억제하려는 등 조선의 내정과 외교에 깊숙이 개입했다. 무쓰가 기록한 이 책에 등장하는 청국의 최주요 인물이다.

3 청나라의 제11대 황제 덕종德宗 광서제光緒帝의 재위(1875~1908) 때의 연호.

론할 필요가 없다고 하여 우리의 제안을 거절했다.

이 회답의 취지는, 본래 이홍장의 의견으로서 이홍장이 총리아문을 거쳐 왕봉조[12]에게 훈령하게 한 것임은 거의 의심할 여지가 없었다.

그리고 그 첫째로 조선의 내란이 이미 평정되었다는 것은, 이 때 단순히 피상적 현상으로 볼 때 조선 국내는 평온함을 회복한 상황이었고 따라서 그들이 정말 그렇게 생각했는지도 몰랐다. 그들이 이미 조선의 내란이 평정되었다고 인식한 이상, 세 번째에서 이른바 톈진조약의 규정에 따라 일청 양국이 서로 그 군대를 조선국에서 철수해야 한다는 의견은 이론상 군이 모순되지 않는다고 할 수 있다. 그러나 우리 정부의 소견은 처음부터 조선의 내란은 그 근저에 서려있는 화禍의 원인을 제거하지 않고서는 안도할 수 없다는 데 있었기에 지금 갑작스럽게 일시의 치장된 평화에 만족해서 성급하게 장래의 형세가 위태로울 우려가 없다고 단정할 수 없었다.

이는 양국 정부가 각각 그 견해를 달리하는 것뿐으로 그 속에 별도로 어떤 격의가 없는 것처럼 볼 수도 있다. 그러나 두 번째의 이른바 조선의 개혁은 조선 스스로 행해야 한다는 것은 사람들이 받아들이기 쉬운 의론을 빌어 자신의 책임을 회피하고자 하는 것이다. 뿐만 아니라 그 중국조차 오히려[尙] 내정에 간여하지 않는다고 하여 '오히려'라는 한 글자[尙]로써 자신의 위치를 확고히 점하고 일본은 조선이 자주국임을 인정하기 때문에 더욱이 그 내정에 간여할 권리가 없다면서 통렬히 우리나라의 권리를 억누르려 했다. 이는 청국 정부[13], 특히 이홍장이 평소의 거만한 태도에서 벗어나지 못한 것이며, 이 때 일본 정부가 이미 최후의 결심을 확정하고 있었음을 깨닫지 못하고 더욱 더 당초의 망상과 미몽에 빠져 이러한 중대한 일을 허언장담 하는 사이에 종결할 수 있다고 속단하는 어리석음을 보여 준 것이라 할 수 있다.

저들은 원래 조선의 일을 다룰 때 모두 이른바 속방론에 의지하여 일체의 사건에 관해 자신들만 일등의 위치에 있고 다른 나라들은 감히 자신들과 어깨를 나란히 해서는 안 된다는 주의를 유지하기에 급급했었다. 그런데 지금 느닷없이 일청 양국이 군대를 연합하여 조선의 내란을 진정시키자든가 또는 일청 양국이 공동위원을 파견하여 조선을 위한 선후책을 강구하자는 것은, 이를 요약하면 일청 양국이 조선 국내에서 평등한 권력을 갖는 결과를 초래하는 제안이 되기 때문에 안의 가부는 여하튼간에 이와 같은 제안에 따른다는 것이 그들로서는 매우 난처한 일임에 틀림없었다. 이것이 내가 처음부터 청국 정부는 십중팔구 우리 제안에 동의할 수 없을 것이라 판단한 까닭이었다. 그것은 옳았다.

청국 정부에 대한 일본 정부의 제1차 절교서

그러나 우리 정부는 이 회답에 대해 물론 침묵할 이유가 없었다. 그리하여 다음날인 22일, 나는 그들이 열거한 조항에 대해 하나하나 논박한 공문을 왕공사汪公使에게 보냈다.

그 취지는,

현재의 조선 정세와 관련하여 일청 양국의 소견이 다른 것은 심히 유감스러운 일이다. 그러나 이를 기왕의 일의 자취[事跡]에 비추어 보건대, 조선반도는 항상 붕당 투쟁과 내홍 및 폭동이 빈번하고 사변이 자주 일어나는 것은 오로지 그 독립국으로서의 책무를 다 할 요소를 결여하고 있기 때문이라 확신한다. 그리고 우리나라와 저 나라는 좁은 바다를 사이에 두고 국토가 근접하여 피차 교역상 중요함은 물론이며, 일본 제국帝国의 조선국에 대한 각종의 모든 이해는 아주 긴절하고 중대하다.

때문에 지금 조선에서의 참상을 수수방관하여 이를 바로 잡을 모책謀策을 시행하지 않은 것은 이웃 나라의 우의를 저버리는 것일 뿐만 아니라, 실로 우리나라의 자위의 길과도 어긋난다는 비난을 면치 못할 것이다. 그러므로 일본 정부는 조선국의 안녕과 평온을 구할 계획을 담당함에 추호도 의심하여 주저할 바가 없다. 이로써 일본 정부는 장래 이 나라의 안녕과 평온을 온전하게 유지하고 올바른 정도政道의 정착을 보증하기에 충분한 규범을 확정하지 않고서는 현재 이 나라에 주둔하는 제국 군대를 철수하는 것이 상책이 아님을 확신한다. 이는 단지 톈진조약의 정신에 따르는 것일 뿐만 아니라 또한 조선국의 선후책에 있어서도 부득이하기 때문이다.

라고 통렬히 논박하고, 그 말미에 한 단락의 문구를 넣었다.

본 대신이 이와 같이 흉금을 터놓고 성충聖衷을 토로하는 것이 혹시 귀국 정부의 소견과 다르다고 해도, 제국 정부는 결단코 현재 조선국에 주둔하는 군대를 철수하는 명령을 내릴 수 없다.

이는 우리 정부가 이미 청국 정부와 보조를 맞출 수 없고, 앞으로 저들이 어떤 방향을 취하든지 우리는 단독으로 우리가 자신하여 가리키는 길로 곧장 갈 것이며, 일청 양국이 서로 제휴한다는 것은 이미 우리가 바라지 않는 것이라는 결의를 보여주는 선언으로서 이는 청국 정부에 대한 일본 정부의 제1차 절교서라 할 수 있다.

제5장

조선 개혁과 청한 종속 문제에 관한 개설

조선 내정 개혁과 청한 종속 문제 등은 필경 그 근본으로 거슬러 올라가면 조선에서의 일청 양국의 권력 경쟁의 결과이기 때문에, 지금 이 문제가 어떻게 진행되고 있는가를 궁구하기 전에 종래 일청 양국의 관계가 어떠했는지를 대략 설명할 필요가 있다.

본래 일청 양국은 이웃의 우방국으로서 서로 왕래 교제해 온 햇수가 상당히 오래되었다. 정치·전례典例·문학·기예·도의·종교 등 모든 문명의 기본 요소[元素]는 거의 그 원류를 같이 하고 있고, 또 옛날 우리나라는 늘 저 나라의 문명에 유도되어 많은 혜택을 입었으며 저들은 저절로 선진국의 지위를 점했고 우리는 스스로 후진국 같은 상태에 있었다.

그런데 최근 유럽 각국이 점차 그 세력을 동양으로 전개하여 이른바 서구적 문명의 원소 또한 극동 지역으로 유입되었다. 특히 우리나라는 유신維新 이후 지금까지 27년간 정부도 국민도 악착같이 서구적 문명 채용에 힘썼다. 이로써 많은 분야에서의 개혁을 수행하여 급속히 그리고 크게 진보를 이루었고 옛 일본의 면목이 거의 바뀌어 신일본의 발흥을 보게 되자 지금의 선진국인 서구 각국이 경탄하게 되었다.

그러나 청국은 여전히 옛 습성을 말없이 지켜 추호도 내외의 형세에 대응하여 옛 관습을 고쳐 바꾸는 일이 없었다. 때문에 겨우 한 줄기 바다가 가로 놓인[一衣帶水] 양국이, 하나는 서구적 문명을 대표하고 다른 하나는 동아東亜의 보통의 관습을 보전하여 지키는[保守] 다른 모습을 드러내게 되었다.

일찍이 우리나라의 유학자 무리들은 항상 저 나라를 중화 혹은 대국이라 칭하여 자국을 대단히 굴욕스럽게 함을 생각지 못하고 계속 저쪽을 숭모한 때도 있었다. 그러나 지금은 벌써 우리가 저들을 칭하여 완고하고 우매한 거대한 보수국保守國이라 멸시하고, 저들은 우리를 가리켜 경망하고 방정맞으며 조급하여 함부로 구주 문명의 겉모양을 본뜨는 일개 작은 섬나라 오랑캐라 조롱하니, 양자의 감정은 얼음과 숯처럼 서로 용납 못 하는[氷炭不相容] 상황이어서 언젠가는 여기서 일대 논쟁이 야기되지 않을 수 없었던 것이다.

서구적 신문명과 동아적 구문명의 충돌

그리고 밖으로의 논쟁이 어떤 형태로 나타나든 간에, 그 논쟁의 원인이 반드시 서구적 신문명과 동아적 구문명의 충돌이라는 것은 지식인이 아니더라도 알 만한 사실이었다. 이에 더하여, 영토가 인접하고 국력이 다소 균등한 이웃나라 사이에 항상 존재하는 상호 공명심과 상호 시기심은 나날이 서로의 증오와 질투를 낳아, 피차 서로 괴이하다고 할 필요가 없는 것을 괴이하다 하고 피차 서로 경멸하지 않아도 될 것을 경멸하여, 표면적으로는 아직 아무런 다툼의 징조가 드러나지 않았으나 그 화근은 어느 때 어느 곳에서 폭발할지 알 수 없었다.

저 류큐琉球 및 대만台湾 문제[1]는 여기서 자세히 설명할 필요는 없지만, 메이지 15년(1882, 고종19) 이후 일청 양국은 그 경쟁의 초점을 오로지 조선 국내로 집중하는 모양이었다. 그 이후 조선에 관한 일이라면 피차 서로 질투의 눈초리로 흘겨보는 상황이었다. 즉 이번 사건 같은 경우도 당초 조선의 내란을 계기로, 피차 공히 그 권력을 이 나라로 뻗쳐서 자신들의 공명심을 만족시키고자 한 것은 감출 수 없는 사실이다.

그런데 청국은 제국 정부의 공동위원설說 제안을 거절했다. 우리 정부는 혼자의 힘으로 조선을 개혁하는 임무를 담당해야 하는 형편이 되었다. 이것이 결국 충돌의 단서가 되리라라는 것은 미리 각오한 바였으나 이미 기호지세騎虎之勢라 이를 어찌할 수 없었다.

본래 일청 양국의 쟁점은, 첫째로 조선 내정의 개혁을 실행할 수단과 방법, 둘째로 청한 종속의 결정 여하 문제였다. 그리고 종속 관계는, 아산전첩戰捷[2] 이후 조선 정부는 우리 정부의 권고에 따라 스스로 독립국임을 언명하고 또 아울러 그 독립의 자격에 방해가 되는 청한통상장정清韓通商章程[3] 등의 여러 약정을 공식적으로 폐기한다고 선언했기

---

1 1871년(메이지 4) 10월, 대만에 표착했던 미야코지마宮古島(지금의 오키나와현沖縄県 미야코지마시) 주민 54명(류큐인)이 대만 원주민에게 참살당한 사건(미야코지마도민島民 조난사건)이 일어난다. 이 사건과 관련하여 청조는 대만은 청국이 실효적으로 지배하지 않는[化外之民] 곳이라며 책임을 회피했고, 메이지 정부는 범죄 수사 등을 명목으로 경찰이 아닌 군을 1874년(메이지 7)에 대만에 출병시킨다. 메이지 정부 최초의 해외 출병으로 대만사건이라고도 한다. 일청 양국이 이 사건의 사후 수습 과정에서 류큐인은 일본인이 되었고, 류큐의 일본 귀속이 국제적으로 승인되게 되는 결과를 가져왔다.

2 1894년 7월 25일, 충청도 아산만의 풍도風島 앞바다에서 일본 군함이 청국 군함을 공격하면서 일으킨 사건. 공식적으로 이 전투가 청일전쟁의 시작이다. 그러나 이틀 전인 7월 23일의 경복궁 점령사건에서 청일전쟁이 시작되었다. 다른 말로 풍도 해전이라고도 한다. 7월 28일의 '성환전투'를 '아산전투'라고도 하는데, 굳이 세분하면 '아산전첩'은 풍도 해전을 말한다.

3 1882년(고종19)에 일어난 '임오군란'을 계기로 조선에 대한 내정간섭을 강화했던 청나라와 맺은 불평등조약.

때문에 문제가 이미 사멸死滅된 상태였다. 더욱이 시모노세키조약에서 청국 정부 스스로 조선을 하나의 독립국으로 확인했기 때문에 이 점에 대해서는 우리 정부가 온전히 당초의 목적을 달성하여 명백히 그리고 사소한 의심도 허용하지 않게 되었다. 그러나 조선 내정의 개혁과 관련하여서는 종래 각종의 분분하고 복잡한 사정이 있어서 지금도 만족할 만한 결과를 얻을 수 없는 상황이었다.

조선 내정 개혁 문제에 대한 우리나라 조야朝野의 여론

당초 우리나라의 힘만으로 조선 내정 개혁을 담당해야 한다는 논의가 항간에 표명되자 우리 조야의 의론은 실로 화합하여 일치했다. 그 주장은 대체로, 조선은 우리의 이웃 나라이며 우리나라가 다소 곤란을 겪더라도 이웃 나라의 우의에 대해 이를 돕는 것은 의협국인 제국으로서 회피해서는 안 된다는 것이고, 그 후 양국이 이미 교전하게 되자 우리나라는 강한 자를 억누르고 약한 자를 돕는 인의의 군사[師]를 일으키는 것이라 하여 거의 성패成敗 여하를 도외시하고 있었다. 이는 마치 일종의 외교문제에 대해 정치적 필요보다도 오히려 도의적 필요에서 나온 것과 같은 견해였다.

본래 이런 의론을 하는 사람들 중에도 그 속마음을 들여다보면, 음[14]으로 조선의 개혁을 명분삼아 점차 우리 판도의 확장을 기도企圖하고, 그렇지 않아도 조선을 완전히 일본의 보호국으로 삼아 항상 우리 권력 하에 굴복시키고자 기도하는 자도 있었으며, 또 실로 조선으로 하여금 적응할 수 있는 개혁을 단행하게 하여 적으나마 하나의 독립국으로서의 체면을 갖추게 해 후일 우리나라가 청국 혹은 러시아와 일이 벌어질 때에는 중간에서 보장을 해주어야 한다고 판단하는 사람도 있었다. 또는 아주 경솔하게도 이때 곧바로 우리나라가 열국회의를 소집하여 조선을 구주 대륙의 벨기에[白耳義], 스위스[瑞西]처럼 열국이 보장하는 중립국으로 해야 한다는 등의 여러 가지 의견이 있었다. 그러나 이는 모두 대개 개개인의 대화나 사사로운 이야기에 그치고, 공적으로 세간에 표명되는 견해는 사회 범속의 여론이라 칭하는 이른바 약한 자를 돕고 강한 자를 누르는[强抑弱扶] 의협론에 지나지 않았다.

나는 본래부터 조선 내정 개혁은 정치적 필요 외에는 어떠한 의미도 없는 것이라 했다. 또 의협義俠 정신으로서 십자군을 일으킬 필요가 추호도 없다고 보았기 때문에, 조선 내정 개혁은 무엇보다도 우리나라의 이익을 주안점으로 하는 정도에 그치고, 이를 위해 굳이 우리의 이익을 희생할 필요가 없다고 했다.

또 이번 사건에 대해 이를 논하면, 필경 조선 내정 개혁은 본래 일청 양국 사이에 번거롭게 얽혀서 풀기 어려운 난국을 조정하기 위해 제안된 하나의 정책인데, 상황이 일변하여 결국 우리나라 혼자 힘으로 이를 담당하지 않으면 안 되게 되었기 때문에, 나는 처음부터 조선 내정의 개혁 그 자체에 대해서는 각별히 무게를 두지 않았다. 또 조선 같은 나라가 과연 능히 만족스러운 개혁을 잘 완수할 수 있을지의 여부를 의심했다.

그러나 조선 내정 개혁은 지금은 외교상 일종의 긴급 현안이 되어 우리 정부는 어떻든 간에 이 실행을 시도하지 않을 수 없었다. 때문에 우리나라 조야의 의론이 어떠한 사정과 원인에 근거한 것인가와 같은 것은 물을 것도 없고, 어쨌든 이 일치 협동한 여론을 보이는 것이 내외에 대해 매우 안성맞춤이라 생각했었다.

나는 이 좋은 기회를 빌어서, 이미 한 번 결렬된 일청 양국 관계를 다시 조화롭게 할 수 있을 것인지, 또 만약 끝내 이를 조화할 수 없다면 오히려 이로써 그 결렬의 계기를 더 밀고 나갈 것인지, 어쨌든 음산하게 흐린 날씨가 변하여 일대 호우를 내릴 것인지 아주 쾌청하게 될 것인지의 풍우계로 이를 이용하려고 했다.

우리 정부는 일찍이 조선국을 하나의 독립국으로서 이를 세계 열국에 소개하고, 이번의 사태에 즈음해서도 물론 결코 이 나라의 독립을 손상시키지 않겠다고 각국에 선언했다. 그러므로 지금 그 내정 개혁을 권고함에 표면상 너무 거친 방법을 취할 수 없음은 당연했다. 구미 여러 강국이 장래 우리 정부가 조선에 대해 어떠한 계획을 실시할 것인지 제각기 눈을 크게 뜨고 둘러서서 보고 있는데, 만약 우리가 한 걸음이라도 잘못 내디디면 사면초가의 위험에 빠지게 되는 그런 상황이었다. 따라서 조선 정부에 대해 내정 개혁을 권고하는 것도 내외의 형세를 깊이 살펴 항상 너그럽고 사나움이 마땅함을 잃지 않도록 주의하고 유념했다.

이 때문인지 그 수단은 자연히 활발하고 민첩하지 못했다. 뿐만 아니라 조선처럼 그들 스스로 그 나라의 적폐積弊가 얼마나 심한지를 깨닫지 못하고, 따라서 또 스스로 이를 교정하고 개선할 필요성을 느끼지 못하는 나라 모양에 대해, 다른 나라에서 이를 권고하고 장려하는 것은 마치 엄청난 홍수를 취약하고 허물어진 제방으로 막으려는 것과 같아, 겨우 한 귀퉁이를 복구하면 금세 다른 한 쪽이 범람하게 되어, 모처럼 우리 정부가 달래어 권[慫慂]한 개혁안도 그 정신은 항상 똑같지만 그 모양은 때때로 변경되지 않을 수 없게 된 것이다.

조선 문제에 관한 주제와 객제의 관계

또 이 사업이 단순히 일한 양국 사이에만 국한되고 다른 나라의 의향이 어떠한지를 전혀 고려하지 않아도 되는 사항이었다면 어떤 어려운 일도 쉽게 끝날 수 있었을 터였다. 그러나 대개 조선 문제와 관련해서는 처음부터 내친걸음으로서, 그 명의상에서야 항상 조선이 주제임에도 불구하고 거의 사사건건 제삼자인 여러 강국의 의향이 어떠한지를 짐작하지 않을 수 없는 사정이 생겼다. 그리고 이런 사정이 까딱하면 본건의 부제가 되어 주제와 부제 사이의 관계를 조화시키기가 아주 곤란했다. 또 주제와 부제의 중요 정도가 매우 현격하기 때문에, 주제인 조선 문제가 오히려 중도에 방만해져서 때때로 거의 성취된 효과가 일시에 무너지는 일도 적지 않았다.

요컨대, 공동위원 설치 건이 결렬되어 우리 정부의 힘으로써만 조선의 개혁을 맡아야 한다는 말이 나온 후 지금까지 아직 전혀 그 사안이 종결되지 않은 까닭은 위에서 말한 이유 때문이었다. 또 조선 개혁의 전말은, 사건의 단초[事端]가 매우 번잡하고 기록해야 할 것[記事] 또한 길어서 도저히 이를 한 장章에 다 서술할 수 없기 때문에 우선 이를 몇 기期로 나누고 그 장을 각기 달리하여 서술할 수밖에 없다.

즉, 일청 양국 간 공동위원 설치 안이 결렬된 후, 아산 전투 승리까지를 제1기로 하고, 아산 전투 승리 후 이노우에井上 백작이 특명전권공사로 오토리 공사를 대신하여 조선에 파견될 때까지를 제2기로 하며, 이노우에 공사가 조선에 부임한 후 일청강화조약이 성사되기까지를 제3기로 한다.

제6장

조선 내정 개혁 제1기

청국 정부, 특히 이홍장은 얼마 후 겨우 우리 정부의 결심을 깨닫고 매우 당황했던 것 같았으며 어떻게든 우리나라가 조선의 내정에 간여하는 것을 방해하려 했다. 그는 전에 우리 정부에 대해 조선의 변란이 이미 평정되었다고 명백하게 말하면서도 여전히 그것이 분명하지 않은 것이 마음에 걸렸는지 갑자기 위안스카이에게 다음의 내용을 전신으로 훈령하여 조선 정부를 힐책하도록 했다.

앞서 조선 정부는 이미 비적들이 평정되었다고 통보했지만 무수한 난민亂民들이 도망쳐서 지금은 종적을 감추었고, 그 우두머리조차 아직 체포하지 못했기 때문에 변란이 어떻게 진정되었다 해도 이를 믿을 수 없을 뿐만 아니라, 그로 인하여 다른 나라[=일본]에게 군대를 주둔할 구실을 주게 되었다. 그러므로 이 때에 신속히 청한淸韓의 군대를 합해 나아가 잔적殘賊을 토벌하여 화란禍亂을 숙청하는 결실을 드러내어 중국의 우려를 없애고, 다른 나라가 입을 대는 것을 막아야 한다.

청장清将 섭지초葉志超[1]가 위안스카이에게 보낸 전보

아산에 주둔하고 있던 청나라 장수 섭지초는 잔적 토벌을 위해 그 병력 일부를 내지에 파견했는데, 조선 지방관이 여러 계획을 방해했다고 매우 불평을 토로하며 진중에서 위안스카이에게 전보를 보내,

> 조선 조정은 국내의 비적을 우려하지 않고 오로지 일본군만을 꺼려서 그들과 어떤 일을 협의해도 전혀 결말이 나지 않는다. 만약 이대로 내버려둔다면 좋고 나쁨[良莠양유]을 구별할 수 없게 되어 토벌의 공도 필경 기하기 어렵다. 조선 조정과 준엄한 담판을 해야 한다.

고 보고했으므로, 위안스카이는 이를 곧바로 조선 조정에 통보했다고 한다.

그러나 조선 정부는 그냥 비적이 이미 평정되었기 때문에 청국의 원군을 원치 않는다고 담담하게 답하며 청국의 원조를 사절했다. 이는 청국 장군이 추측한 것과 같이, 조선 조정은 지금은 그 내란보다도 오히려 일본군을 꺼려 청군이 내지로 진입하면 일본군 또한 그렇게 할 것이므로 결국 국내에 한 바탕 아수라장이 벌이질 것을 우려하여 수서양단首鼠両端[2]의 계책을 낸 것임에 틀림없었다. 이는 약소국이 그럴 수밖에 없는 일반적 형태라 하겠지만, 그들[조선 조정]은 역시 처음부터 국가 계책을 잘못 세워 분별없이 바깥의 원조를 구함으로써 결국 저절로 후회가 남을 것을 깨닫지 못했던 것이다.

또 이 무렵 도쿄 주재 왕汪 공사는,

---

1   섭지초(1838~1901). 청나라 말기의 장수. 안휘성安徽省 합비合肥 출신.

2   구멍 속에서 목을 내민 쥐가 나갈까 말까 망설인다는 뜻으로 거취를 결정하지 못하고 망설이는 모양, 혹은 어느 쪽으로도 붙지 않고 양다리를 걸치는 것의 비유.

일본이 조선국의 내정에 간여하는 것은 조선 스스로 이를 개혁할 수 없다는 데 기인하므로, 지금 청국이 먼저 조선 국왕을 종용하여 속히 그 내정을 정리해 둔다면 일본이 어떻게든 (청한 사이의) 불화의 단서[釁端]를 찾으려 해도 그 구실이 없을 것이다.

는 의미의 전신을 이홍장에게 보냈다고 들었다.

　이러 저러한 것들을 참고하면 청국의 내정을 충분히 살필 수 있었다.

조선 내정 개혁에 관한 기밀 훈령

청국의 내정內情은 이미 이와 같았다. 이 때 우리 정부가 어떤 진로를 취했는가 하면, 나는 이미 일청 양국 사이의 공동위원 안이 결렬된 후 우리 정부가 장차 채택해야 할 정책의 개요를 전부 오토리 공사에게 훈시해 두고, 또 조선 내정의 개혁안을 기초起草하여 각의에서 결정한 다음 6월 28일에 이를 기밀훈령으로 오토리 공사에게 발송했다.

　그 대략은,

일본은 일찍이 조선과의 오랜 교제와 선린을 중시하고 또한 동양의 대국에서 생각하는 바 있어 다른 나라에 우선하여 수호조약을 체결하여 하나의 독립국임을 열국에 명백히 밝혔다. 그러나 조선은 헛되이 옛 제도와 문물에 매달려 아직도 오랜 폐단을 제거하지 못하고 있고, 내란이 연속하여 일어나 마침내 자주독립의 근간이 와해되어, 자주 그 누累가 이웃 나라에까지 미치게 되고 나아가 동양 전체 국면의 평화를 소란스럽게 할 우려가 있다. 이에 우리나라는 이웃 나라의 정의情誼를 생각해서도 또한 자위自衛의 방도에서도 이를 수수방관할 수 없다. 따라서 조선 정부는 잘못된 정치를 개혁할 길을 강구하여 속히 자주 독립의 실적을 거양하고 왕국의 영광을 영원히 유지할 장구한 계획을 모색해야 한다.

는 의견을 권고하고,
　　그리고 그 개혁의 요령으로서

　　　ㅇ 관청의 직분을 명백히 하여 지방관리의 정실로 인한 폐습을 바로
　　　　잡을 것
　　　ㅇ 외국과의 교섭의 마땅함을 중시하여 직분을 지킬 인물을 발탁할 것
　　　ㅇ 재판을 공정히 할 것
　　　ㅇ 회계 출납을 엄정히 할 것
　　　ㅇ 병제를 개량하고 경찰 제도를 설치할 것
　　　ㅇ 화폐제도를 개정할 것
　　　ㅇ 교통의 편의를 도모할 것

등의 몇 가지 조항을 제시하라는 것이었다.
　　또한 오토리 공사의 이해의 편의를 위해 위의 각 조에 대해 하나하[16]
나 상세한 주해를 달아두었다.

조선 내정 개혁에 관한 오토리 공사의 건의

그런데 돌이켜서 오토리 공사의 위치에서 보면, 그는 바야흐로 조선의 형세가 날로 틀렸음을 목격하고, 또 앞서 나의 훈령을 접수했을 때이미 대체로 우리 정부가 장차 취해야 할 방침을 깨닫고 있었기 때문에, 그는 내가 마침 위의 훈령을 발송한 그날(즉 6월 28일), 장문의 기밀문서를 작성하여 이미 스스로 실행하고 또 장차 시행하고자 할 방책

을 품신해 왔다.

그 대략은 다음과 같다.

조선 정부는 오로지 일청 양군의 철수를 희망하여 일찍이 이를 위안스
카이와 모의하였지만 힘이 모자란 것을 알고 곧바로 이홍장에게 전신
으로 청원하여 그 힘을 빌리고자 했음. 또 경성 주재 각국 외교관에게 의
뢰하여 그 주선을 구하는 등 백방으로 고심하고 있을 무렵에, 위안스카
이는 줄곧 호언장담 하며 가령 일본과 청나라가 교전하더라도 최후의
승리는 청국으로 돌아갈 것이라 하고, 또 갖가지 전신電信을 위조하여 일
본은 전적으로 조선을 침략할 야심을 갖고 있다고 무고하면서 조선 조
정을 협박하여 점차 그들이 일본을 기피하고 청국에 의지할 마음을 갖
게 하려는 것과 같은 간악한 계책이 미치지 않는 곳이 없음. 그러므로 이
제는 여기에서 일청 양국 사이에 충돌을 한 번 일으켜 이런 상황을 타파
한 다음이 아니면 조선의 개혁 또한 기대난망일 것임. 이미 (나는) 지난
26일 조선 국왕을 알현하여 직접 잘못된 정치를 개혁할 필요성을 역설
하고, 또 이를 위해 조선 정부가 특별위원을 임명하여 개혁 조항을 조사
해야 할 것이라고 건의했음.

또 오토리 공사는 앞으로 시행해야 할 방책으로서 갑을甲乙의 두 가
지 문제를 설정했다.

즉, 갑 안은 청한 종속관계를 분명히 하기 위해 저 왕봉조 공사의 공
문 중의 '보호속방' 및 아산에 머물고 있는 청국 장군 섭사성聶士成[3]의

---

3   섭사성(1836~1900). 청말의 군인. 안휘성安徽省 합비合肥 출신. 직례제독을 지냈
    다. 태평천국의 난 때 공을 세웠다. 1884년 청불전쟁 때 대만에 파견되어 싸웠으
    며, 1894년 청일 전쟁 때 섭지초를 따라 조선에 와 아산에 주둔하여 싸웠다.

격문 중의 '애휼속국愛恤屬国' 혹은 '보호번국保護藩国' 등의 문자를 거론하여 조선 정부가 승인한 것인지의 여부를 따져 묻고, 이와 같은 명분으로 파견된 청국 군은 조선의 독립을 침해하고 아울러 일한조약에 분명히 규정된 내용을 멸시하는 것이므로 속히 청국 군대를 국경 밖으로 철수시킬 것을 엄중히 담판하려는 것이고,

을 안은 우리 정부가 권고하는 제안에 대해 조선 정부의 결정적 답변을 촉구하고, 만약 우리 권고에 응하지 않으면 조리条理가 허락하는 한 모든 위협수단을 써서 반드시 실행토록 재촉한다는 것이었다.

내가 각의를 거쳐 오토리 공사에게 보낸 훈령과 이를 비교하면 그 정신은 차이가 없으나 외형은 다소 과격했다. 그러나 형세가 아침저녁으로 바뀌어 달라지는 비상한 시기에, 외국 주재 사신使臣이 그 책임상 응분의 처치를 하는 것은 실로 부득이한 일이기 때문에 나는 적어도 대체적 주의에서 이미 확정된 국가적 방침과 어긋나지 않는다면, 그 수단과 방법은 당분간 오토리 공사의 판단에 맡기고 향후의 진행을 보아 어떤 계책을 시행할 수밖에 없다고 결심했다.

조선 국왕, 스스로 죄가 있다는 조서를 발포発布함

오토리 공사는 전술한 방침에 따라 이를 착착 실행에 옮겼다. 당시 조선 조정은 사대당事大黨의 세력이 왕성하여 밖으로는 청국의 의지를 두려워했고 본래 내정 개혁을 달가워하지 않았다. 그렇기는 하지만 일본 공사의 배후에 강력한 병력이 있고 또 그 권고하는 것 또한 조리에 지극히 합당하여 이를 준엄히 거부할 기력이 없었다.

결국 조선 국왕은 스스로에게 죄가 있다는 조서를 발포하여, 해를 거듭하여 쌓인 비정秕政을 후회하고 내란이 연속하여 일어남을 통탄하였으며 또 그 원인이 모두 국왕 자신의 부덕不德과 관료들의 직분 망

각에 있다고 했다. 특히 그 조문 말미에,

> 무릇 정부의 득실得失은 관료들이 각각 이를 상주上奏하고 은폐하지 말
> 아야 한다. 상주해야 할 것을 상주하지 아니한 죄는 관료에게 있고 말
> 함에도 듣지 않은 것은 곧 짐의 과오다.

라고 했다.

또 조선 정부는 중신 가운데 신정희申正熙, 김종한金宗漢, 조인승曹寅
承[4]을 개혁위원으로 뽑아 일본 공사와 개혁 사항을 협의할 것을 임명
하는 등 외면적으로는 개혁에 매우 열심인 양 포장하였으나, 이 역시
저 사대당이 은밀히 청국 사신 위안스카이와 협의하여 우리나라의 예
봉을 일시나마 피하려는 고식책에 불과하였다.

그러므로 그 후 오토리 공사가 동 위원 및 외무독판外務督辦에게 계
속 서로 간에 간곡히 책선責善하여 격려하고 힘쓰고자 했으나[切切偲]

---

4 신정희(1833(순조33)~1895(고종32)). 자는 중원中元, 호는 향농香農. 본관은 평
산平山. 조선 후기 좌우포도대장. 어영대장御營大將, 한성부윤漢城府尹, 독판내무
부사督辦內務府使 등을 역임한 무신. 신헌申櫶(1810(순조10)~1884(고종21))이
그의 부친이다. 다산茶山 정약용丁若鏞의 실학사상의 영향을 받은 초기적 개화론
자에 속한다. 1894년 동학농민군 봉기 사건 해결과 관련하여 독판내무부사로
서 내무협판協辦인 위 김종한·조인승 등과 함께 3인위원단을 구성해 노인정老
人亭(민영준의 별장명) 회담에 참여하였다. 이 때 일본공사 위 오토리가 제시한
강압적이고 일방적인 내정 개혁안의 세목과 실시 방안에 강경한 반대의사를 표
시하였고, 주둔 중인 일본군의 철수를 요구하였다. * 노인정회담: 1894년(고종
31) 대군을 출병시킨 일본이 조선 측의 철병 요구를 거부하면서 조선의 내정 개
혁을 요구한 회담.
  김종한(1844(헌종10)~1932): 경기 수원생, 본관은 안동. 조선후기 문신, 조선말
기에 이조참판과 사헌부 대사헌. 대한제국 초기 함경남도 관찰사 역임, 한성은행
장, 친일반민족행위자.
  조인승(1842(헌종8)~1896(고종33)): 조선후기 문신. 본관은 창녕昌寧. 이조참판,
대사간, 대사헌, 춘천부 관찰사 등을 역임했다. 도승지 조석원曹錫元의 아들이다.

偲[5] 저들은 어느 것도 상의하고 정하여 결단할 힘이 없었고, 늘 애매한 말로써 일을 좌우로 미루고 우유부단하여 헛되이 시일을 미루어 갈 뿐이었다. 그리고 조선 정부가 우리 정부의 제의에 대하여 외견상 어느 정도 합당하다고 보이는 유일한 변명은,

내정 개혁은 이미 수년 이래 스스로 그 필요성을 느끼고 있기 때문에 굳이 이의는 없지만, 지금 일본 정부가 강대한 병력을 경성에 주둔시키고 또 개혁 실행 기간을 엄히 재촉하는 모양은 필경 내정간섭의 혐의가 있다.

고 하고, 또 우리 정부가 경부 간 전신電信을 수리 복구하는 것은 조약상 의무로서 조선 조정이 맡아야 하지만 만약 역부족이라서 급히 이를 처리할 수 없다면 일본 정부가 잠시 이를 대신하여 담당하겠다고 절실히 한 말에 대해 저들은,

경부 간 전신은 천재天災로 인해 지금 끊어졌지만, 이를 수리 복구하는 것은 국가가 스스로 행할 권리다. 그러므로 다른 나라가 대신 이를 처리하도록 허락하는 것은 국권을 해칠 우려가 있다.

고 하고 마침내 오토리 공사에게,

---

5 원서의 '切切偲偲절절시시'는 『論語』「子路篇」에 나오는 말로, 자로가 선비에 대해 공자에게 물었을 때 공자가 답한 말이다. "子路問曰, 何如斯可謂之士矣. 子曰, 切切偲偲, 怡怡如也, 可謂士矣."(자로가 "어떠해야 선비라 이를 수 있습니까"라고 물었다. 공자께서 "간곡히 서로 선을 권하고 잘못을 고치도록 애쓰고, 함께 화목하고 즐기면 선비라 할 수 있다"고 답하셨다). 절절은 지극히 간절하다는 뜻이고, 시시는 서로간에 올바르기를 힘쓰는 뜻(주자의 주[朱註]는 다음과 같다 즉, 胡氏曰, 切切, 懇到也, 偲偲, 詳勉也, 怡怡, 和悅也).

차제에 일본 정부가 군대를 먼저 철수하고 또 내정 개혁에 관한 공공연한 공문 통보를 철회한다면 조선은 반드시 자진하여 개혁의 성과를 거두어 일본 정부의 호의에 사의를 표할 것이다.

라며 다소 완강한 회답을 보내왔다.

조선 경성에서의 사태가 위에서 말한 것과 같았을 때, 도쿄에서는 앞서 청한 양국이 각국에 의탁한 결과로서 구미 각국이 충고, 조정 혹은 중재 등의 명분으로 이미 간섭의 서막이 열리고 있었다. 그 중에는 대단히 과격한 용어도 포함되어 있었으나 나는 이미 정해진 국가 방침에 따라 사태가 가급적 일청 양국 밖으로 일탈되지 않도록 노력하고, 항상 조리와 사정을 다하여 외교적 담판[樽俎之間]에 의해 그 간섭이 극단으로 치닫지 않도록 할 수 있었다.

그 전말은 다음 장에서 상세히 서술한다. 여기서는 다만 피차 양쪽의 사태를 조회해 보고, 이 때 우리 정부가 얼마나 외교상의 조종에 고심했는가를 보여주는 것으로써 족하다고 생각한다.

오토리 공사에게 최종 수단을 취하라는 전훈電訓

그런데 이 무렵 마침 베이징 주재 영국 대표자의 중재를 청국 정부가 일단 거절했고, 다른 여러 강국도 잠시 사태의 추이를 방관하고 있는 듯한 자세를 보였다. 하여 나는 언제까지나 이 부정확한 상태가 지속되어서는 안 된다고 판단하고, 오히려 이 때에 어떻게 해서라도 일청 사이에 어떤 충돌을 촉발하는 것이 최선책이라고 느꼈다. 그리하여 7월 12일 오토리 공사에게 다음과 같이 전신으로 훈령했다.

베이징에서의 영국의 중재는 이미 실패했다. 지금은 단호한 처지를 해야 할 필요가 있다. 적어도 외부에서 심하게 비난하지 않는 한은 어떤 구실을 써도 상관없으니 속히 실제로 행동을 시작하라.

오토리 공사, 조선 정부에 최종 공문을 보냄

오토리 공사도 이 때 마침 조선 조정의 우유부단함에 답답했고, 이제는 어떤 고단수의 방책을 취할 필요성을 느끼고 있던 차이기 때문에 곧 그달 19일자로 조선 정부에 통보하기를,

(1) 경부간 군용 전신 가설은 일본 정부 스스로 착수한다.[18]

(2) 조선 정부는 제물포조약을 준용하여 신속히 일본 군대를 위해 그에 상당하는 병영을 건축한다.

(3) 아산 주둔 청국 군대는 본래 그릇된 명분으로 파병되었으므로 속히 이를 철수시키도록 한다.

(4) 청한수륙무역장정淸韓水陸貿易章程[6] 등 그 외 조선의 독립에 저촉되는 청한 간의 모든 조약은 모두 폐기토록 한다.

고 압박하고 또 오는 22일까지 이에 대해 회답하라는 최후통첩을 보냈다. 조선 정부는 이와 같은 중대한 문제에 대해 쉽게 응낙 여부의 회답을 할 수 없었음은 물론이므로, 대신들은 빈번히 회의에 회의만 거듭했고 또는 철야 궁중회의를 해도 결정되는 바는 없었다.

6　우리 측의 명칭은 「조청상민수륙무역장정朝淸商民水陸貿易章程」이다. 1882년 8월 임오군란 후 조선에서의 청나라의 영향력이 확대되어 가는 과정에서 체결되었다. 본래 명칭은 「중국조선상민수륙무역장정」이며, 조선을 청국의 속방으로 명기하고 조선에 대한 청의 경제적 침투를 노골화한 불평등조약이다. 청나라에 의존한 민씨 정권에 의해 체결된 이 조약은 이후에 체결되는 통상조약, 특히 조선과 일본 및 영국과의 조약개정에도 막대한 영향을 미쳐 불평등조약의 체계 확립에 결정적 역할을 한 것으로 평가된다.

위안스카이, 돌연 귀국

이렇게 되자 청국 사신 위안스카이는 드디어 시세가 어찌할 수 없음을 깨달았는지 돌연 귀국길에 올랐다. 그리고 이 소식이 일단 조선 조정에 전해지자 모든 대신은 모두 당황하여 거의 어찌할 바를 몰랐다고 한다.

이는 오토리 공사가 표면적으로 조선 조정에 대해 취한 조치였다. 그러나 조선의 일반의 인기人氣는 실제로 대원군에게 있었고, 또 그의 공명심이 크다는 것을 알기 때문에 오토리 공사는 이면적으로는 조선 인으로는 개화당 또는 일본당日本党이라 칭하는 김가진金嘉鎮, 안경수安駉壽[7] 등을 이용하고 일본인으로는 오카모토 류노스케岡本柳之助[8] 등에

---

7 김가진(1846(헌종12)~1922). 호는 동농東農, 본관은 안동. 구한말 및 대한제국 때의 문신, 독립운동가. 주일 판사대신공사判事大臣公使로 수년간 도쿄에 체재했으며 귀국 후 갑오개혁 때 군국기무처의원으로 활동, 독립협회 창설에 참여했고 대한협회회장으로 일진회와 대립했다. 후에 상하이로 망명하여 임시정부에 참여했다.
안경수(1853(철종4)~1900(고종37)). 구한말 관료이자 정치가. 본관은 죽산竹山. 일찍이 일본의 개화문물에 눈을 떠 전환국錢圜局에서 신화폐를 주조했고, 1894년 동학농민군 봉기로 청일전쟁이 발발하자 핵심적인 친일개화파 관료로 등장, 제1, 2차 김홍집 내각에서 일했다. 독립협회 조직에 참여하고 회장을 지냈으며 고종의 양위를 음모하다 망명하여 귀국 뒤 사형되었다.

8 오카모토 류노스케(1852~1912). 기슈번紀州藩 출신의 국수주의자. *대륙낭인大陸浪人. 무쓰 무네미쓰가 절친한 그의 고향 선배다. 구성旧姓은 스와諏訪. 오카모토가의 양자가 되어 성이 바뀐다. 세이난전쟁西南戰爭에 참모로 활약한 뒤 전쟁 후 육군소좌. 일본 최초의 근위군 사병 반란인 다케바시竹橋 사건에 연루되어 퇴역한 뒤 우연히 후쿠자와 유키치福沢諭吉의 문인이 되었고, 그 과정에서 갑신정변의 주역인 김옥균, 박영효와 친분을 쌓았다. 1894년 무쓰와 함께 조선에 건너 온 뒤 위 본문에도 적혀 있는 청일전쟁 발발 5일 전인 7월 22일 대원군 옹립 쿠데타 성공 후 조선궁내부겸군부고문을 맡아 조선 내정 개혁에 간섭 개입한다. 1895년 10월의 을미사변을 주도한 인물로도 유명하다.
* 대륙낭인: 메이지 초기부터 제2차세계대전 종전까지 중국·유라시아대륙·시베리아·동남아시아 지역에서 거주·방랑하면서 각종 정치활동을 했던 일군의 일본인. 지나 낭인이라고도 하나, 그 활동 범위는 중국에 한하지 않고 한반도와 만주, 시베리아 등 후일 일본의 세력이 진출하는 무대가 되었던 지역과 중복된 경우가 많다. 초기 대륙낭인의 루트는, 정한론 등으로 대륙에서의 군사적 행동이 처음 논의된 시기에 청나라와 조선으로 건너 온 불평 사족士族과 상인에 의해 이루어졌고, 갑신정변과 조선 말기의 정쟁에 이들이 관여함으로써 주목을 받았다.

게 지시하여 은밀히 대원군을 설득하도록 했다.

용산 주둔 제국군대가 경성에 들어감

이윽고 22일의 기한이 되었으나 조선 정부의 회답은 의례히 막연할 뿐더러 요령부득이었다. 오토리 공사는 이제는 촌각을 지체할 수 없었고, 한편으로는 외무독판外務督辦 조병직趙秉稷[9]에게 통지하기를,

> 조선 정부는 일본 정부의 권고에 대해 기일이 다 되도록 만족할 만한 회답이 없으므로 이에 일본 정부는 당연히 스스로 해야 할 바를 하는 수밖에 없다. 사정에 의해서는 우리의 권리를 신장하기 위해 병력을 사용하는 것도 어쩔 수 없다.

고 언명해 두고, 다른 한편으로는 오시마大島 여단장과 협의를 거듭하여 다음 날인 23일 새벽을 기하여 용산[19]에 주둔하고 있는 약간의 병력을 급히 입경入京케 하였을 때 왕궁 근방에서 갑자기 조선 병사가 먼저 발포함에 따라 우리 군은 이를 추격하여 성문을 밀어 열고 궐내로 진입했다.

대원군의 입궐

조선 정부의 낭패는 이루 말할 수 없었다. 민씨들과 사대당은 어디론가 도망쳐버렸다. 이른바 개화당은 득의만면한 안색을 보였고 대원군은 왕의 칙명으로 입궐했다.

---

9 조병직(1833(순조33)~1901)). 구한말의 문관. 본관 양주楊州. 호는 창혜蒼惠. 경기도 광주 출신. 일본의 침투 저지에 노력하는 한편으로 사대당의 중진으로 활약했다.

조선 국왕, 오토리 공사의 참내參內 요청

이어서 조선 국왕은 칙사를 보내 오토리 공사의 참내를 요청했다. 대원군은 국왕을 대신해 오토리 공사를 접견하여 지금부터의 국정을 총재하라는 칙령을 받들었음을 말하고, 내정 개혁 사항은 반드시 오토리 공사와 협의할 것이라 약속했다.

조선 개혁의 단서는 이로써 열리게 되었다. 그리고 조선은 공식적으로 청한조약을 폐기한다는 뜻을 선언했다. 또 국왕은 다시금 오토리 공사에게 아산에 주둔하고 있는 청군을 구축하기 위한 원조를 의뢰했다. 이어 일본 군대는 아산牙山과 성환成歡에서 청군을 크게 격파하고 이를 도주케 했다.

선전宣戰의 조칙

이에 앞서 아산 앞바다의 풍도風島 근방에서 일청 양국 군함이 우연히 마주쳐, 청나라 배가 먼저 전투를 시작했지만 승리는 일본 해군에게 돌아갔다. 일청 양국의 평화는 이미 깨지고 말았다.

8월 1일, 우리 천황은 선전의 대조칙을 발포했다. 이제부터 조선 내정 개혁사업은 전적으로 일한 양국의 사업이 되었다. 조선 내정 개혁의 제1기는 여기에서 마무리하고, 이후의 성과가 어떠한지는 다른 장에서 서술한다.

조선에서 동학당이 일어나기 시작했을 무렵에 구미 각국 정부는 이에 대해 각별한 주의를 기울이지 않았던 것 같았다. 실제로 오토리 공사가 귀임했을 때 도쿄 주재 러시아 공사 히트로보[1]는 나에게, "요즘 일본에서 군대를 파견한다는 소문을 여러 번 들었다. 알지 못하는 적이 과연 어디에 있는가"라고 물어온 적이 있었다.

이는 말할 것도 없이 한바탕 농담을 빌어 암암리에 우리 정부의 저의를 탐색하려는 것이었겠지만 그렇다고 해서 이를 중대한 일로 생각하는 것 같지는 않아 보였다.

그런데 그 후 구미 각국에서는 일찍이 예상했던 것보다 훨씬 많은 군대를 일청 양국이 속속 조선으로 파견한다는 것을 보고 들었고, 또한 앞서 말했던 것처럼 당시 조선에 주재하던 구미의 관리 및 상민들은 굉장히 놀랐다. 게다가 그들은 처음부터 일본에 대해 동정심을 그다지 갖고 있지 않았다. 종종 허실虛実이 섞인 의견을 각각 그 정부 혹

---

1 히트로보Mikhail A. Khitrovo(1837~1896). 러시아 제국 외교관. 도쿄 주재 러시아 공사를 역임했다(1892~96).

은 고향에 보고한 것이 이 무렵 그들 나라에 도달했고 구미 각국 정부가 점차 그 눈을 조선의 내란 특히 일청 양국의 분쟁으로 돌릴 때, 한편으로는 때마침 청한 양국 정부가 빈번히 구미 각국에 원조를 요청한 것이다. 그 결과 6월 중순경부터 구미 정부는 바야흐로 우리 정부를 향해 간섭의 조짐을 보이기 시작했다.

러시아의 권고

우리나라에 대한 간섭의 단서는 러시아로부터 시작됐다. 들리는 바에 의하면, 이 무렵 베이징 주재 러시아 공사 카시니 백작[2]이 마침 본국 정부의 허락을 얻어 귀국 길에 톈진에 왔을 때, 이홍장이 카시니 공사에게 의뢰하기를, 러시아 정부가 일청 양국 사이에 서서 지금의 분쟁을 조정해 주기 바란다고 했다는 것이다.

이홍장과 카시니 백작의 담판

러시아 공사는 당연히 이를 본국에 보고하여 그 지휘를 요청했고, 러시아 정부는 이 기회를 틈타 청국의 환심을 사려고 노력했던 것이다. 즉 한편으로는 카시니 백작으로 하여금 톈진에 머물도록 하여 이홍장과 담판하게 하고, 다른 한편으로는 도쿄 주재 러시아 공사 히트로보에게 훈령하여 우리 정부에 권고하도록 하였다.

러시아 정부의 권고

즉, 6월 25일 히트로보는 나에게 면회를 요청하고, 본국 정부의 훈령

---

2 카시니Arturo Paul Nicholas Cassini(1836~1919). 러시아 제국 외교관, 귀족. 청일전쟁 당시 주 청국 러시아 공사. 3국간섭에 관여했으며, 루즈벨트 대통령 재임시 주미 러시아 대사를 역임했다.

이라면서 다음과 같이 질문했다.

청국 정부가 일청 사건에 관해 러시아의 조정을 요청했다. 러시아 정부
는 일청 양국의 분쟁이 속히 평화로 귀결되기를 희망하므로 만약 청국
이 조선에 파견한 군대를 철수시키면 일본 정부도 똑 같이 그 군대를 조
선으로부터 철수하는 데 동의할 것인가.

러시아 정부의 권고에 대한 우리 정부의 회답
나는 이 질문에 다음과 같이 답했다.

그 의견에 대해서는 대체적으로 이의가 없는 것 같지만 지금 양국이 대
치하여 피차 서로 시기하는 마음을 갖고 있는 때에, 이를 석연히 얼음 녹
듯 풀리는 것은 대단히 어려운 일이다. 그리고 이런 사정이 존재하는 것
은 일청 양국에서만 그런 것이 아니고 구주 강국 사이에서도 때때로 그
렇다. 뿐만 아니라 청국이 종래의 음험한 수단으로써 조선의 내정에 간
섭하며 표리부동한 술책으로 항상 일한 양국을 기만한 사례가 너무 많
다. 때문에 지금 우리 정부가 청국의 언행을 쉽게 신뢰할 수 없다는 것 또
한 전혀 근거 없는 시기와 의심이 아니다. 그러므로 만약 청국 정부가,
(1) 조선의 내정 개혁을 완결하기까지 일청 양국이 서로 함께 이를 담당
　　하는 데 동의하는가
(2) 만약 청국이 어떤 이유와 상관없이 조선의 개혁에 관하여 일본과의
　　협동을 원치 않는다면, 일본 정부가 단독으로 이를 실행해도 청국
　　정부는 직접적이든 간접적이든 이를 방해하지 않을 것인가.
라는 둘 중 어느 한쪽을 보증한 다음에 그 군대를 철수한다면 일본 정부
도 또한 군대를 철수할 것이다.

또 계속 다음과 같이 말했다.

그러나 나는 여기에서 러시아 공사에게 다음의 두 가지 사항을 주저 없이 증언할 것이다.
(갑) 일본 정부는 조선의 독립과 평화를 확립시키고자 하는 희망 외에 결코 다른 뜻이 없다.
(을) 향후 청국 정부의 어떤 거동에도 일본 정부는 공격적인 교전을 시도하지 않을 것이고 만약 불행히도 후일 일청 양국 사이에 교전하지 않을 수 없는 경우에도 일본은 방어적 입장에 있을 것이다.

러시아 정부, 일청 양국 군대가 함께 철수하라는 권고

그런데 그 달 30일에 러시아 공사는 다시 정부의 훈령이라며 공문 하나를 갖고 와서 나에게 직접 주었다. 그 개요는 다음과 같다.

조선 정부는 그 나라의 내란이 이미 진정되었다는 뜻을 조선 주재 각국 사신에게 공식적으로 알렸고, 또 일청 양국 군대가 함께 철수해야 할 것에 관해 각국 사신들에게 원조를 구했다. 따라서 러시아 정부는 일본 정부가 조선의 요청을 받아들일 것을 권고한다. 만약 일본 정부가 청국 정부와 함께 그 군대를 철수하기를 거부하면 일본 정부 스스로 중대한 책임을 지지 않으면 안 될 것임을 충고한다.

러시아 정부가 이 같은 준엄한 공문을 발송해 온 저의가 어디에 있는지는 물론 쉽게 그 깊이를 헤아리기 어려웠다. 그리고 일본 정부는 어떤 이유를 불문하고 지금의 사단事端이 국외局外로 퍼지는 것이 결코 상책이 아님을 익히 알고 있었으나, 물러나 안으로 돌이켜 보면 당시의 사태는 이미 국면이 크게 변화 진척되어 가고 있었다. 예를 들어 청국이 조선으로부터 그 군대를 철수한다 하더라도 우리가 아무 것도 이루지 못한 채 우리 군을 철수하기는 어려운 입장이었다. 나는 이 두 가지 어려운 문제를 정리하기 위해 아주 고심을 거듭하여 마음속으로는 거의 최종적 판단을 내렸지만 이토 총리가 과연 이 문제를 어떻게 생각할지를 몰랐다.

그리하여 나는 러시아 공사와 헤어진 다음, 곧장 이사라고伊皿子[3]에 있는 이토 총리 사저를 방문하여 한 마디도 하지 않고 먼저 러시아 공사의 공문을 보이고 총리의 의견이 어떠한지를 듣고자 했다.

이토 총리는 한 번 읽고 난 뒤 가만히 오랫동안 생각한 다음 조용히 입을 열어,

우리가 지금에 와서 어떻게 러시아의 권고에 응하여 우리 군대를 조선에서 철수시킬 수 있겠는가.

라고 확실히 말하였다. 나는 이 말을 듣고,

존의尊意는 바로 제 견해와 부합합니다. 장차 벌어질 일의 형편이 쉽고 어려움은 오로지 우리 두 사람의 책임에 속하며 또한 긴 말이 필요 없겠습니다.

고 하고 인사하고 총총히 물러나왔다.

그날 밤 나는 러시아 주재 공사 니시 도쿠지로西德二郎[4]에게 급히 전

---

3   지금의 도쿄도東京都 미나토구港區 다카나와高輪에 있던 지명.
4   니시 도쿠지로(1847~1912). 사쓰마번薩摩藩 출신. 외교관, 추밀고문관. 일찍이 러시아 상트페테르부르크에 유학했고, 그 뒤 러시아와 중국권 사이에 낀 중앙아시아를 조사한 경력이 있다. 일본과 러시아의 조선 문제를 조정한 것으로 유명하다.

보를 보내, 러시아의 권고에 대해 어떻게 회답할지는 아직 각의를 거치지 않았지만 나와 이토 백작은 오늘, 러시아의 권고에 응하여 우리 군대를 조선에서 철수해야 할 시기가 아니라는 의견이라고 했다.

또 혹시 향후 영국으로 하여금 러시아를 견제하게 하려면 러시아에서 선입견 위주의 주장을 주입하지 않기 전에 조용히 영국 정부에게 우리의 의향을 흘려 두는 것이 긴요하다고 생각했으므로, 영국 주재 공사 아오키青木[5] 자작에게도 니시 공사에게 보냈던 것과 같은 내용의 전훈을 보냈다.

아아, 나는 지금도 당시의 사정을 회상하면 송연히 온 몸에 소름이 돋는 느낌을 지울 수 없다. 확실히 당시 이토와 나의 사리 밝은 대화는 실로 두 마디 말로 결정되었다. 말없이 머리를 끄덕이는 사이에 피차 의견이 같음을 알았다. 그러나 시험 삼아 생각해 보자. 만약 당시 나와 이토의 의견이 서로 달랐다든지 혹은 그 의견을 달리하지 않았다 해도 만약 피차 공히 반대 방향으로 판단을 내렸다든지 했다면 당시 사태의 국면이 어떻게 변했겠는가. 오늘날 우리나라가 세계에 자랑할 만한 빛나는 업적과 영광을 더구나[20] 얻을 수 있었겠는가.

러시아의 권고에 대한 우리 정부의 회답

나와 이토 총리의 의견은 정확히 부합했다. 나는 잠시라도 기회를 잃지 않고자 미리 영·러 양국 주재 공사에게 적당한 전신 훈령을 발송하

---

5 아오키 슈조靑木周藏(1844~1914). 메이지·다이쇼 시대의 외교관, 정치가. 죠슈長州 출신. 의학 수업을 위해 번藩 유학생으로 1868년 독일에 유학했으나, 현지에서 정치, 경제학으로 전공을 바꾼다. 구미 각국과의 조약 및 개정을 통해 근대 일본의 틀을 세우는 데 결정적 역할을 한 독일통 외교관. 독일 문화의 일본 전파에 많은 역할을 했다. 제1, 2차 아리토모 내각의 외무대신(제3·10대)으로 무쓰 무네미쓰는 아오키 슈조의 후임 외무대신이다.

고, 그 다음날 즉 7월 1일 러시아 정부에 대한 회답안을 작성하여 각료들과 협의한 다음 폐하의 재가를 받아 그 다음날 2일에 러시아 공사에게 보냈다. 그 개요는 다음과 같다.

러시아 특명전권공사가 보내온 공문은 사안 자체가 매우 긴요하므로 제국 정부는 자세히 숙독하였다. 그러나 이 공문 중에, 조선 정부가 자국의 내란이 이미 진정되었다는 뜻을 자국 주재 각국 사신에게 통고했다고 되어 있다. 그러나 제국 정부가 최근 접수한 보고에 의하면 금번 조선 사변을 양성한 근본 원인이 아직 제거되지 않았을 뿐 아니라 지금 일본 군대를 파견하게 한 내란조차도 아직도 끊이지 않은 것 같다. 본래 제국 정부가 조선에 군대를 파견한 것은 실로 현재의 형세에 대해 부득이한 것이지 결코 강토 침략의 뜻을 가진 것이 아니다. 그러므로 만약 조선의 내란이 완전히 평온을 회복하고 장래 어떤 위험과 두려움[危懼]이 없어지게 되면, 조선에서 군대를 철수할 것이 물론임을 거리낌없이 러시아 특명전권공사에게 분명히 말한다. 제국 정부는 여기서 러시아 정부의 우의 깊은 권고에 대해 심심한 사의를 표함과 동시에, 다행히 양국 정부 사이에 현존하는 신의와 우의로 인하여 그 언명한 바에 관해 러시아 정부가 충분히 신뢰해 주기를 희망한다.

이 회답은 외형으로서는 추호도 모순을 나타내지 않았지만, 마침내는 외교적 필법으로써 러시아 정부의 권고를 완곡히 거절하는 것이었으므로, 러시아 정부가 과연 이것에 만족할 것인지의 여부는 또한 기다려야 할 터였다.

일본 정부의 회답에 대한 러시아 정부의 공문

7월 13일, 러시아 공사는 위의 회답에 대해 다시 나에게 서면을 보내왔다. 그 개요는 다음과 같았다.

러시아 황제폐하는, 일본 황제폐하 정부의 선언에서 조선에 대한 침략의도가 없고 또 조선의 내란이 완전히 평온을 회복하여 화란이 재발할 우려가 없게 되면 신속히 그 군대를 조선으로부터 철수한다는 의사임을 알고 크게 만족하였다. 다만 이럴 경우에는 일청 양국 정부가 신속히 협의를 개시하여 평화 국면이 하루라도 빨리 맺어지게 되기를 절실히 바란다. 그리고 러시아 황제폐하 정부는, 이웃 나라인 까닭에 조선국의 사변을 방관할 수 없지만, 이번의 경우는 순전히 일청 양국의 갈등을 예방하고자 하는 희망에서 나온 것임을 양해해 주셨으면 한다.

러시아 정부의 이 공문도 마찬가지로 외교적 문서인 까닭에 언뜻 보기에 아주 온화한 것 같지만, 일본 정부의 선언 가운데 조선에 대한 침략의 의도가 없고 또 조선의 내란이 완전히 평온을 회복하여 변란이 재발할 우려가 없게 되면 신속히 그 군대를 조선으로부터 철수한다는 의사를 인지하였으므로 매우 만족한다는 말은, 이렇게 함으로써 일본 정부가 그 언명했던 범위 밖으로 일탈하는 것은 수긍할 수 없다는 뜻을 나타낸 것이다.

또 러시아 정부는 그 이웃 나라인 까닭에 조선의 사변을 수수방관할 수 없다고 함으로써 은근히 조선 국내의 일에 대해서는 또한 언제라도 참견할 수 있는 위치를 확보하려는 것 같았으며 그 저의를 아직 헤아려 알 수 없었지만, 나는 어찌 되었든 러시아 정부가 일단 발설했던 이의를 잠시나마 철회했기 때문에 약간 안심이라고 생각했다.

러시아 정부로부터 일본 제국의 조선에 대한 요구 중 적어도 조선과 열국 사이에 체결한 조약을 위배하는 조건이 있을 경우 러시아 정부는 결코 이를 유효한 것으로 인정할 수 없다는 주의注意

그러나 금후 일청 양국의 갈등에 관해, 특히 조선의 내부 문제에 대해 러시아가 결코 시종 침묵하지는 않을 것으로 추측했는데, 과연 7월 21일 러시아 공사는 다시 본국 정부의 훈령을 칭하며 나에게 공문 하나를 보내왔다. 그 개요는 다음과 같은 뜻이었다.

> 일본이 지금 조선에 대해 요구하고 있는 양여讓与는 과연 어떤 것인가. 또 그 양여가 어떠한 것이든 간에 적어도 조선국이 독립국으로서 열국과 체결한 조약과 배치될 때에는 러시아 정부는 결코 이를 유효한 것으로 인정할 수 없다. 향후 필요치 않은 분쟁을 피하기 위해 이에 우의상 재차 이를 일본 정부에 통고하고 주의를 촉구해 둔다.

이는 마치 앞의 공문에서의 이른바 조선국에서의 사변을 수수방관할 수 없다는 언급에 대해 주해를 달고 엄중하게 그 의미를 확정한 것이었다. 그리고 러시아가 이 공문을 보내온 후 머지않아 일청 양국의 평화가 깨지고 육지와 바다에서 전쟁이 연이어 벌어지자, 제삼자인 열국은 쉽게 그 사이에서 참견할 기회를 얻지 못하게 되었고 러시아 또한 다른 열국과 마찬가지로 우선 방관하는 위치에 서게 되었다.

그러나 러시아가 늘 예리한 시각으로 일청 교전의 추이를 주시하여 적어도 자신의 이익을 꾀할 기회를 엿보는 데 태만하지 않았던 것은, 그 후 러시아 주재 니시 공사의 보고에 의해서도 또한 히트로보가 때때로 나와 면담했을 때의 여러 가지 질문에 의해서도, 터럭 끝만큼도 그 집념 깊었던 처음의 의지가 변치 않았던 것이 역력한 증거다. 즉,

시모노세키조약 체결 순간에 러시아가 최초로 간섭의 장본인이 되어 독일·프랑스 두 나라를 끌고 동반해 온 것은 결코 우연한 한 때의 일이 아님을 알 수 있는 것이다.

영국의 중재

조선 사건이 발생했을 당시 영국의 거동은 어쩐지 청국에 동정을 표하는 듯이 보였고 자연히 우리 국민은 이를 혐오하게 되었다. 그러나 구체적으로 그 속사정을 관찰해 보면, 영국은 지금 바야흐로 극동의 양 대국이 교전하게 될 것으로 보고, 그 결과가 마침내 자신의 정략 상 및 통상 상의 이해에 거대한 영향을 미칠 것임을 깨달았으며 또 종래 역사적 관계에서 자연스럽게 청국을 중시하지 않을 수 없는 경향이었던 것 또한 부득이했다. 뿐만 아니라 영국도 처음에는 여타의 방관자와 마찬가지로 최후의 승리는 청국으로 돌아갈 것이라는 억측을 하고 있었음에 틀림없다.

그러므로 일청전쟁이 개전되기 전후에 영국의 동양함대 사령장관 프레맨틀처럼 때때로 해괴하다고 할 수 있는 거동이 적지 않았다. 이는 순전히 그의 사려 깊고 분별있는 움직임에서 나오지 않았다고는 지금 다시 변명할 수 없을 것이다. 그렇다고는 하지만 이로써 영국이 우리나라에 대해 악감정을 품고 적의를 갖고 있었다고 하는 것 또한 성급한 비난이다. 여하튼 영국은 철두철미하게 어떤 원인과 이유에서든지 간에 동양의 평화가 요란하지 않기를 절실히 바라고 있었던 것 같다.

베이징 주재 영국 특명전권공사 오코너[6]와 총리아문의 협의

베이징 주재 영국 특명전권공사 오코너가 기민한 외교가였음은 근래 영국 정부가 계속 그를 중용하고 있는 것만 보아도 충분히 알 수 있다. 그는 지금 톈진에서의 이홍장과 카시니 백작과의 관계를 알면서도 이를 구름과 연기가 눈앞에서 지나가는 듯[雲烟過眼]이 보고 자국의 이익과 명예를 돌보지 않는 등의 우매한 외교관이 아니었다. 그는 바로 총리아문의 왕王대신에게 일청 양국 사이에 조속히 평화적 협의가 이루어져 최후의 충돌을 피하는 것이 상책임을 권고했다.

그러나 당시의 총리아문은 이홍장과 러시아 공사 사이의 담합이 성공할 것이라고 굳게 믿고 있었으므로 영국 공사의 충고에 그다지 귀를 기울이는 모양은 아니었다. 그러나 당시 마침 청국 정부 내부에서 비전론非戰論을 주장하며 이홍장을 비난하는 자들이 무리지어 일어나자, 총리아문은 우선은 영국 공사의 충고에 따라 이홍장이 대규모 병력을 조선에 연이어 보내자는 건의를 일시 보류하고, 마침내 영국 공사를 통해 우리나라와 평화 협상을 시작하려는 기색을 보였다.

영국의 중재

영국 공사는 이런 기회를 놓치지 않고 재일본 영국 임시대리공사 파젯[7]과 수차례 전신을 주고받았다. 그 후 영국 임시대리공사는 우리 정

---

6 오코너Sir Nicholas Roderick O'Conor(1843~1908). 청국 주재 영국 공사로 외교관 업무 시작, 1892년에는 경성 주재 영국 대사를 역임했다.

7 파젯Sir Ralph Spencer Paget(1864~1940). 주 덴마크 영국 대사였던 부친의 영향으로 1888년부터 외교관으로 발탁되어 아프리카, 워싱턴을 거쳐 1893년 주일 공사(부대사)로 부임, 6년을 도쿄에서 근무한다. 이후 태국, 세르비아, 덴마크 대사를 거쳐 주 브라질 초대 영국 대사를 역임했다.

부에, 청국 정부는 지난 번 일본 정부가 보낸 제안에 대해 조건을 붙여 재협상하고자 할 뜻이 있을 터이므로 이에 대한 일본 정부의 응낙 여부를 듣기 원한다고 알려왔다.

따라서 나는 파젯과 여러 번 회담한 뒤 다음과 같이 대답했다.

청국 정부의 제의가 과연 참된 뜻[誠意]에서 나온 것인지의 여부는 의심하지 않을 수 없지만, 일본 정부는 결코 의도적으로 평화를 어지럽히려는 것이 아니다. 만약 청국 정부가 조선의 내정 개혁을 위한 일청 양국의 공동위원 파견을 승낙하고, 또 그런 주의에 입각하여 먼저 제의해 오면 우리 정부는 재협상을 거절하지 않을 것이다.

이에 파젯은 곧바로 나의 답변을 오코너에게 전보로 보냈다.

오코너의 거중居中 주선에 따라 고무라小村 대리공사가 총리아문을 방문하였으나 청국 정부는 어떤 새로운 안을 제시하지 않음

오코너는 이 전신을 받자 한편으로는 총리아문의 왕대신을 종용하고, 다른 한편으로는 고무라 임시대리공사와 협의하여 백방으로 거중 주선의 노력을 기울였다. 그 뒤 총리아문의 왕대신은 오코너 공사에게 모일을 기해 일본공사와 총리아문에서 만나 청국 제안의 기초를 상의할 것을 약속했다. 오코너는 이를 곧바로 고무라 임시대리공사에게 통지했기에 고무라는 약속 날짜에 총리아문을 방문하고 먼저 그들이 말하고자 하는 바를 듣고자 했다. 그러나 그들은 어떤 새로운 안도 제시하지 않았을 뿐 아니라, 단순히 청국 정부는 일본이 그 군대를 조선에서 철수한 다음이 아니면 어떤 제의도 할 수 없다는 데 그쳐, 전혀 요령을 알 수 없었다.

고무라는 의외로 이 말을 들었지만 그들과 논변하는 것이 무익하다는 것을 깨닫고 돌아오는 길에 오코너 공사를 면담하고 총리아문의 위약을 힐책했는데, 오코너 공사도 크게 놀라서 이렇게 된 이상 이제는 다른 날의 기회를 기다릴 수밖에 없다고 했다는 뜻을 나에게 전신으로 자세히 보고해왔다.

나는 당초부터 청국의 성의를 의심했다. 그러나 아무 이유 없이 영국 공사의 중재를 거절하는 것은 타당하지 않기 때문에 잠시 일이 되어가는 형편이 어떠한지를 냉정하게 보고 있었다. 따라서 이 중재의 실패로 인해 오히려 우리나라의 향후 행동이 점차 자유롭게 될 것이라 보고 좋게 여겼다.

제국 정부, 고무라 대리공사에게 전훈하여 청국에게 일본 정부의 제2차 절교서를 선언하게 함

또한 최근 조선의 시국은 일청 양국이 협상을 위해 헛되이 시간을 끌수 없을 정도로 절박했기[21] 때문에, 이 기회에 편승하여 일단 청국과의 관계를 단절하는 것이 상책이라 확신하여 내각 동료들과 협의한 다음 바로 고무라에게 전신 훈령하여 청국 정부에게 다음의 뜻으로 선언하도록 했다.

조선의 내홍과 변란이 누차 일어남은 필경 그 내정을 다스리지 못한 것이 주된 원인이다. 그러므로 제국 정부는 조선에서의 이해관계가 밀접한 일청 양국이 그 내정 개혁에 힘을 보태는 것이 필요하다고 믿어 일찍이 청국 정부에 제의했으나 청국 정부는 이를 자르듯이 물리쳤다. 또 최근에는 귀국 주재 영국 공사가 일청 양국에 대한 우의를 중시하여 호의로 거중 주선에 노력하고 일청 양국의 분쟁을 조정하려 애썼다. 그러나 청국 정부가 여전히 우리나라의 군대를 조선에서 철수해야 한다는 주장 외에 어떤 협의도 하지 않는 것은 곧 청국 정부가 쓸 데 없이 일을 벌이는 것을 좋아하는 것이 아니고서야 무엇이겠는가. 사태의 국면은 이미 이에 이르렀다. 장래에 예측할 수 없는 변고가 생겨도 일본 정부는 그 책임을 지지 않을 것이다.

이는 청국 정부에 대한 일본 정부의 2차 절교문서라 할 수 있다. 내가 오토리 공사에게, 영국의 중재는 실패했고 지금은 결연한 처치를 시행할 필요가 있다고 운운한 전훈을 보낸 것은 바로 이 날의 일이었다.

청국 정부가 러시아의 중재에 중점을 두었던 이유

아무리 표리부동함이 상습적이지 않은 총리아문의 왕대신 무리들이라지만 지금 일단 영국 공사와 약속했던 것을 갑자기 잊어버린 것과 같은 행동거지는 실로 매우 이상한 일이었다. 그러나 곰곰이 그 이면의 속셈을 헤아려 보니 그들은 장래의 결과 여하를 고려하지 않고 생각 없이 베이징과 톈진에서 별개로 게다가 거의 동시에 영·러 양국 대표와 협상을 벌이고 있었던 것이다. 그리고 그들은 처음부터 톈진에서 러시아 공사와의 협상 성공을 의지하여 믿고 있었을 뿐만 아니라, 진심으로 이를 갈망하고 있었다. 왜냐하면 조선의 내정 개혁에 관해 다시 일청 양국이 협상하여야 한다는 영국 대표자의 의견보다는, 일청 양국이 동시에 각자의 군대를 조선에서 철수해야 한다는 러시아의 권고가 그들로서는 물론 좋은 제안이었기 때문이었다.

그러나 도쿄 주재 러시아 공사 히트로보가 일본 정부에 철군 권고안을 제시한 것은 6월 30일이었고 일본 정부가 완곡하게 이를 사절했던 것은 7월 2일이었다. 그리고 러시아 정부의 저의가 어떠한지는 몰랐지만, 어쨌든 일본 정부의 회답에 만족을 표시했던 것은 7월 13일이었다.

그러므로 7월 9일 고무라 임시 대리공사가 총리아문의 왕대신과 협상했던 시기는, 이홍장도 총리아문도 아직 여전히 러시아의 강력한 원조를 기대하고 있었던 것은 물론, 톈진에 있던 러시아 공사 카시니 백작 자신조차도 아마 본국 정부가 이왕 어떤 방침으로 나올 것인가를 알지 못한 채 계속 빈번히 좋은 미끼를 던져 이홍장의 마음을 잡아두고 있었을 무렵이었다. 사정이 과연 이러했기 때문에 총리아문의 왕대신 등이 일시적으로는 영국 공사의 의견을 받아들이는 듯한 가면을 쓰고, 따로 은밀히 기대하는 바가 있었음은 또 부득이했던 것이다.

원래 청국 정부는 처음부터 외교상의 필수인 신의를 지킬 줄 몰랐고 자신들의 초미焦眉의 위급함을 구하기에만 급급했다. 때문에 마치 딸 하나에 사위 둘을 들이려는 것과 같은 졸렬한 외교 수단을 고집하여 마침내 스스로 혈혈고립孑孑孤立의 경지로 빠지는 것을 깨닫지 못했다. 다른 하잘 것 없고 평범한 이들은 그렇다 치더라도 경험과 식견이 풍부하다는 이홍장 또한 이와 같았던 것은 상당히 애석하다고 하겠다.

영국 정부의 2차 중재

청국은 그 후 일본에 대한 러시아의 거동을 보고 용두사미라 유감스러워 하며 매우 실망한 것이 틀림없다. 오코너는 이 기회를 놓치지 않고 은밀히 자신의 통역관 모某씨에게 밀지를 주어 톈진으로 보내 이홍장과 비밀 회담을 하게 했다. 이에 따라 이홍장은 또 베이징 정부에 재차 영국 공사에게 중재를 의뢰할 것을 종용했다.

영국 임시 대리공사 파젯은 다시 나에게 면회를 요청하고, 재베이징 영국공사의 전보 공문이라면서 다음과 같이 말했다.

청국 정부는 고무라 공사가 이번 달 14일에 보내온 공문을 접하고 매우 격분했지만(고무라의 14일 공문은 즉 내가 12일에 고무라에게 보낸 전훈으로, 고무라는 이를 총리아문에게 14일에 보냈다. 또 그들이 매우 격분했다는 것은 위 공문 말미에 "청국 정부가 쓸 데 없이 일을 벌이는 것을 좋아하는 것이 아니고서야 무엇이겠는가. 사태의 국면은 이미 이에 이르렀다. 장래에 예측할 수 없는 변고가 생겨도 일본 정부는 그 책임을 지지 않을 것이다"라고 한 바를 가리킨다), 일본 정부가 여전히 평화의 의향이 있다면 청국과의 담판 재개의 희망이 없지는 않으므로 일본 정부의 결의가 어떠한지를 알고 싶다.

나는 이미 이 때 조선 사태의 국면이 매우 절박하여 오토리 공사가 조선 조정에 최종적 공문을 제출하고 그 목적을 달성하기 위해서는 어쩌면 병력을 사용할 것이며, 따라서 조선²²에 있는 일청 양군이 어느 때 교전할지 헤아릴 수 없는 형세였으므로 청국과 한가로이 외교 연회석상에서 담소하듯 다시 협상할 겨를이 없다는 것을 알고 있었음은 물론이었다. 그렇다고 하여 영국에 대해 딱 잘라 이를 거절하는 것은 진정 외교상의 예의를 결여할 우려가 있으므로 청국 정부가 도저히 승낙할 수 없는 조건을 제시함으로써 자연히 이를 중지시킬 수밖에 없다고 생각했다.

영국 정부의 2차 중재에 대한 우리 정부의 회답

따라서 나는 즉시 파젯에게 다음과 같이 말했다.

조선 문제도 지금은 그 상황이 크게 진전되어 사태의 국면이 결코 옛날 같지 않고, 일본 정부는 이제는 이전에 청국과 협상하겠다고 약속한 조건에 따를 수 없게 되었다. 그러므로 가령 청국 정부가 조선 내정 개혁을 위해 공동위원을 파견하겠다고 해도 일본 정부가 이미 오늘까지 독자적 힘으로 착수해 온 사항에 대해서는 군이 간섭하지 않겠다고 약속해야 할 것이다. 그리고 조선의 형세가 이렇게까지 절박해지게 된 것은 필경 청국 정부가 음험한 수단과 고리타분한 방법으로 매사를 지연시켰기 때문이다. 그러므로 우리의 이번 제의에 대해 청국 정부가 오늘부터 5일을 기한으로 적당한 경로를 통하여 응낙 여부를 알려오지 않으면 일본 정부는 다시는 이에 응대할 수 없으며, 또 만약 청국이 차제에 다시 조선에 군대를 증파한다면 일본 정부는 바로 이를 위협적 조치로 간주할 것이다. 청국 정부가 정말 이런 취지로 일본과 협상하려 한다면 일본 정부는 군이 이를 거절하지 않을 것이다.

이런 절박한 요구에 대해 청국처럼 완만하고 의심 많은 정부가 물론 가벼이 응낙할 리도 없어 마침내 그들로부터 아무런 회답도 오지 않았고 일은 완전히 종료되었다.

영국 정부, 일본 정부의 금번 청국 정부에 대한 요구는 일찍이 담판의 기초로 삼겠다고 확언한 바와 모순되고 또 그 범위를 벗어났으므로, 만약 이런 정략을 고집하여 일청 양국이 개전하게 되면 일본 정부는 그 책임을 질 수밖에 없다고 선언

그러나 영국 정부는 청국에 대한 일본 정부의 위 회답을 말없이 지켜보려 하지 않았다. 즉 7월 21일, 영국 외무대신은 일본 주재 임시대리공사에게 전훈하여, 각서 하나를 일본 정부에 제출토록 했다. 그 개요는 다음과 같은 의미였다.

이번의 청국 정부에 대한 일본 정부의 요구는 일찍이 일본 정부가 담판의 기초로 삼겠다고 확언한 바와 모순되고 또 그 범위를 벗어났다. 일본 정부가 이미 단독으로 착수한 일이라 하더라도 청국 정부로 하여금 조금도 참견이나 협의를 하지 못하도록 하는 것은, 참으로 톈진조약의 정신을 도외시한 것이다. 따라서 만약 일본 정부가 이 같은 정략을 고집하여 이 때문에 개전하게 된다면 그 결과에 대해 일본 정부는 책임을 질 수밖에 없다.

표면적으로 그 외관이 엄격한 것은 러시아 정부가 6월 30일에 보내온 공문과 차이가 거의 없는 것 같았으나, 당시의 사태는 러시아 정부가 최종 공문을 발송한 때와 같지 않았을 뿐 아니라, 나는 당초부터 영국 정부의 결심이 러시아 정부의 결심보다 견고하지 않다고 믿는 이유가 있었다.

이에 대한 제국 정부의 회답

그리하여 바로 다음날인 7월 22일 영국 임시대리공사에게 각서 하나를 직접 전해 주고 이를 본국 정부에 전신으로 보낼 것을 요구했다. 그 개요는,

일본 정부가 청국 정부에 요구하는 바는 결코 영국 외무대신이 힐책할 만한 일이 아니며, 금번 일본 정부의 요구는 일찍이 담판의 기초로 삼겠다고 확언했던 범위를 벗어난 것이 아니다. 왜냐하면 청국의 제의는 일본 정부가 이미 일찍이 제시했던 조건에 비해 서로 어긋나는 점이 매우 많으며, 또한 톈진조약은 단순히 일청 양국 군대의 조선 파병 수속에 대한 규정 외에는 다른 어떤 약정이 없다. 그러므로 만일 영국 정부가 이번의 갈등으로 인하여 생기는 결과에 대해 일본 정부 홀로 그 책임

을 져야 한다고 해도 일본 정부는 감히 이에 해당하지 않는다고 믿고 있다. 다만 처음에 청국 정부가 일본의 제의를 받아들였다든지 또는 청국 주재 영국 공사가 중재했을 때 일본 정부와 협상을 재개했더라면 이처럼 중대한 사태에 이르지 않았을 것이다.

라는 내용이었다.

이 회답에 대해 영국 정부는 다시 어떤 다른 말이 없었고, 속담에서 말하는 '울며 겨자 먹기' 모습으로 중지되고 말았다.

여기에서 간단히 당시의 사정을 회상하여, 영·러 양국 정부의 공문이 외형적으로 거의 동일한데 왜 일본 정부가 이에 대해 대응 정도를 달리하여 회답 했는가. 러시아 정부의 저의는 처음부터 매우 위험하다고 추측했고, 또 그들이 한 번은 당기고 한 번은 푸는[一弛一張] 외교 정략을 취하고 있으나, 그 궁극의 뜻은 어떤 수단을 써서라도 자기의 이해에 관한 사항에 대해서는 결코 포기하지 않는다는 결심을 하고 있는 것이라 판단했기 때문이었고, 그러나 영국 정부는 오로지 동양의 평화가 깨지는 것을 두려워하여 열심히 이를 조정하는 데 진력을 다할 뿐으로, 만약 자기의 주장이 통하지 않으면 병력으로써 간섭하기까지의 결의를 갖고 있는 것으로는 보이지 않았기 때문이었다. 이는 단순한 우리들의 상상이 아니었고, 당시에 드러난 사실 또한 이를 증명할 수 있는 것이 있다.

영국 정부, 향후 일청 양국 간에 전쟁이 벌어져도 청국의 상하이 및 그 근방에서 전쟁적 활동을 하지 않겠다는 약속을 받아두고 싶다는 공문 통보

즉, 내가 7월 22일 영국의 저 최종적 공문 통보라 할 수 있는 엄정한 공문에 대해 일본 정부의 답안으로서 각서를 발행한 다음날인 7월 23일, 파젯은 다시 본국의 훈령이라면서 향후 일청 양국 사이에 전쟁이 벌어져도 청국 상하이는 영국 이익의 중심지로서 일본 정부는 상하이 및 그 인근에서 전쟁적 활동은 하지 않겠다는 약속을 받아 두고 싶다는 말을 전해 왔다.

이는 영국 정부가 철두철미하게 어떤 수단에 의해서라도 동양의 평화를 유지시키겠다는 결심을 갖고 있다기 보다, 오히려 일청 양국의 교전은 도저히 피할 수 없고, 또 이를 제지할 수 없다는 생각을 하고 있다는 하나의 증거라 하겠다.[23] 그리고 일본 정부는 흔쾌히 영국의 요구를 수락했다.

영국 정부, 일청 양국 군대가 각각 조선을 점령하고 서서히 양국이 협의할 것을 권고

또 7월 22일에 영국 주재 공사 아오키 자작子爵은, 영국 외무대신이 일청 양국 군대가 각각 조선을 점령하고 그 사이에 서서히 양국이 협의하도록 하라는 영국의 제의에 대해 청국 정부가 이미 동의했고 따라서 일본 정부도 이 주의에 바탕을 둔 선후책善後策을 강구해야 할 것이라는 권고가 있었다는 취지의 전신 보고를 해 왔다(나는 고무라 임시 대리공사에게 전훈으로, 이른바 공동점령이란 어떤 의미인지를 베이징에 있는 오코너에게 묻도록 했다. 오코너는 예를 들면, 일본군은 경성에서 물러나 어느 남부 지방을 일시 점령하고, 청군은 아산에서 평양으로 이동함으로써 당장의 충돌을 피하고 잠시 담판의 시일을 벌고자 하는 뜻이라고 답했다. 공동점령이라는 영국의 이 제안이 어떤 뜻인지 아직도 나는 이해할 수 없지만, 내가 이 제안을 접한 때는 오토리 공사가 이미 조선의 궁성을 포위하여 쳐들어가 조선으로 하여금 우리 요구를 받아들이게 한 날이다. 물론 이 같은 협의에 간여할 길도 없었고 따라서 별도로 일본 정부가 어떤 확답도 주지 않은 사이에 일청 교전이 시작됐다).

본래 영국 정부는 일단 우리 정부에게 최종적으로 엄정한 공문을 발송한 때를 전후하여 다시 상하이의 중립을 요청했던 것이다. 또 애매한 공동점령을 권고해 온 것을 보더라도, 그들의 본심은 부득이하다면 단연코 고차원적 처분으로 나오겠다는 결의가 있었다고는 생각되지 않았다.

이로써 러시아 정부가 헤아릴 수 없는 큰 뜻을 품고 있는 것처럼 보는 것에 비하면, 우리 정부는 양국에 대해 자연히 그 경중을 참작하지 않을 수 없었다. 이를 요약하면, 러시아의 의사는 처음부터 일정하여 움직이지 않았던 것 같고, 영국의 의사는 임기응변식이었던 것 같다.

그 뒤 영국에서 발행된 『블랙우드^{블랙·우드/Blackwood}』라는 잡지에, 청국의 죽은 세력死勢力, 러시아의 잠재적 세력潛勢力 및 일본의 살아 있는 세력活勢力이 신기한 연예演芸를 합주하고 난무하는 가운데 유럽의 여러 강국을 몰아서 동양의 무대로 끌어들였다는 기사가 있었는데, 이는 그 진상을 상당히 꿰뚫어 본 것이라 하겠다. 나에게 이를 말하라면, 일청 양국이 이 비극의 무대에서 연기하는 동안 러시아는 처음부터 끝까지 무대 한 귀퉁이에 숨어 있는 일개 연기자로서 활동했지만 영국은 무대 밖에서 연예에 대해 여러 비평을 하는 데 열심인 **구경꾼**²⁴[看客]에 불과했다고 할 수 있다.

이후 영·러 정부는 모두 동양의 정세가 변화 진행되어 가는 것을 면밀하게 관찰하고 주시하기를 게을리 하지 않았다. 그런데 그 속사정을 자세히 말하면 다음과 같다. 즉, 러시아는 적어도 자국의 이익을 확대시키거나 혹은 이익에 장애가 되는 것을 제어하기 위해서는 마침내 적극적 수단을 사용하기를 마다하지 않았다. 영국은 동양에서의 상업상 이익이 흔들리는 것을 우려한 나머지 시기가 허락되면 일청 양국이 서로 평화를 회복하도록 노력했으나 과연 러시아처럼 대담하고 강력한 방책을 실행할 결심이 있는 것 같지는 않았다.

그러나 어쨌든 이 두 나라는 일청 교전이 진행되는 동안 언제 어디서든 각각 그 목적을 달성할 기회가 있을까를 엿보고 있었음에 틀림없었다. 우리나라에 대한 간섭 행위는 양국이 그 취지는 좀 달랐지만 필경 자기들의 특별한 이익을 보호하려는 점에서는 마찬가지였다.

이후 우리나라와 영·러 양국 사이에 생긴 관계는 위에서 서술한 것에 그치지 않지만, 하나의 관계가 생김은 반드시 동시에 다른 사항과 관련되기 때문에 각각 그 해당하는 장에서 상세히 서술한다.

미국의 충고

미국의 충고

미국 또한 다른 나라와 마찬가지로 조선 정부로부터, 조선의 내란이 이미 진정되었기 때문에 일청 양국 군대를 철수시키기 위한 원조를 구하는 나라의 하나였다. 7월 9일, 미국 정부는 우리나라 주재 공사 에드윈 던[8]에게 전훈하여 다음의 내용을 우리 정부에 충고하도록 했다.

조선의 변란이 이미 진정되었음에도 불구하고, 일본 정부가 청국과 함께 그 군대를 조선에서 철수하기를 거부하는 한편 조선의 내정에 대해 급격한 개혁을 실시하고자 하는데 미국 정부는 이를 아주 유감스럽

---

8   에드윈 던Edwin Dun(1848~1931). 미국 오하이오 출신의 수의사. 메이지 정부의 개척사開拓使(북방 개척을 위해 1869~1882년까지 설치된 관청)에 고용되어 홋카이도의 농축산업 발전에 크게 기여했다. 고용계약 만료 후 1883년 미국으로 돌아갔으나 미국 정부가 홋카이도에서의 업적을 높이 평가, 1884년 주일 공사관 이등서기관으로 다시 일본에 부임했다. 1893년 공사로 승진, 1894년 청일전쟁이 발발하자 평화교섭 실현을 위해 노력했다.

게 생각한다. 미국 정부는 일본 및 조선 양국에 대해 두터운 우의를 갖고 있기 때문에 일본 정부가 조선의 독립 및 주권을 중시해 주기를 바란다. 만약 일본이 명분 없는 군대를 일으켜서, 미약하고 방어할 능력이 없는 이웃 나라를 병화兵火의 아수라장으로 만든다면, 합중국 대통령은 크게 애석해 할 것이다.

미국은 종래, 우리나라에 대해 가장 우의가 두텁고 호의적인 나라이고, 특히 저 나라 고유의 정략에서 보아도 극동 지역에서 발생한 사태의 국면에 간섭하는 것을 달가워하지 않았다. 필경 인간 보통의 항심인 평화에 대한 희망과 조선의 간청을 거절하기 어렵다는 것 외에 어떤 의사가 없었음은 분명했다.

이에 대한 우리 정부의 회답

그래서 나는 미국 공사에게 조선의 현재의 사정을 다음과 같이 자세히 설명했다.

조선의 내란이 외면적으로 진정된 것 같아도 화근은 아직 완전히 제거되지 않았다. 특히 청국은 상습적으로 속임수와 음험한 수단을 쓰기 때문에, 장래의 형세가 어떠할 것인지를 살피지 않고 일본 정부가 그냥 그 군대를 철수하는 것은 도리어 동양의 평화를 보호하려는 까닭이 아니다.

미국 공사 또한 이미 일·청·한 삼국의 현재 상황을 눈으로 보고 잘 이해하고 있었기 때문에 내 말을 즉시 시인하고 이를 본국에 전신으로 보고하겠다고 했다.

이번 사건에 대해 미국이 약간이나마 간섭하는 태도를 보인 것은 실로 이 하나에 그쳤다. 이후 미국이 간절히 일청 양국 사이에 서서 평화를 회복할 매개의 노력을 취한 것은 다음 장에서 상술한다.

다른 열국과의 관계

다른 열국은 앞의 세 나라처럼 우리 정부에 대해 공연한 조정을 시도하려 하지 않았다. 다만 이탈리아 공사는 시종일관 영국 공사를 지원했고 나에게 권고를 시도한 적이 있었다. 또 독일과 프랑스 두 공사는 처음에는 표면적으로는 신속한 일청 양국의 분쟁 타결이 동양의 평화 유지를 위한 상책이라 했지만, 나와 개인적으로 만났을 때는 청국의 예로부터의 미몽을 각성시키려면 도저히 누군가가 이에 일대 타격을 가하지 않으면 안 된다면서 암암리에 우리나라의 뜻으로 기울어지는 모습을 보였다.

특히 프랑스 공사 아르망[9]은 장래 일·불 동맹이 동양의 대국적 평화를 보호 유지하는 데 필요하다고 했다. 나중에 이 양국이 갑자기 표변하여 러시아와 동맹을 맺고 요동반도 문제를 제기해 오기까지는 어쨌든 일본과 우호적인 위치에 있었다.

구미 각국의 국외 중립

일청 양국 사이는 이미 불화가 시작되어 교전하게 되었고 나는 이 일을 일본에 주재하고 있는 각국 대표자에게 통지했다. 구미 각 국 중, 영국·독일·이탈리아·미국·네덜란드·스페인·포르투갈·덴마크·스웨

---

9 쥘 아르망Jules Harmand(1845~1921). 프랑스의 의사, 정치인, 외교관, 탐험가. 베트남을 프랑스 보호령으로 인정한 불평등조약 즉, 아르망조약이라 불리는 「제1차 후에조약(Traité de Hué)」을 베트남과 체결한 것으로 유명하다.

덴·노르웨이는 모두 국외 중립자임을 분명히 말했다. 러시아·프랑스·오스트리아는 공식적으로 중립을 포고하지 않았지만 사실상 이를 지킬 의사임을 공문으로 통보해 왔다.

제8장

6월 22일 이후 개전까지의 이홍장의 위치

이홍장의 외교 방책과 군사 전략

이홍장은 6월 22일부로 내가 왕봉조에게 보낸 공문을 접하고 비로소 우리 정부의 결심을 알았고, 그 허장성세의 공갈 수단으로 일한 양국을 위협하는 것이 효과가 없음을 깨달았는지 정략을 조금 바꾸었다. 즉, 한편으로는 외교상 방책으로서 빈번히 구미 강국에게 의뢰하여 조정 주선에 애써 줄 것을 청했고 다른 한편으로는 군사적 전략으로서 한층 더 우세한 병력을 조선에 증파하려 했다.

이홍장의 이 군사상 계략이 과연 그의 헛된 공갈 수단을 바꾸어 단연코 최후의 승패를 결정짓겠다는 생각을 확정한 것인지, 아니면 아직도 당초의 계획처럼 목소리를 높인 위세로 우리나라를 위협하기 위해 사뭇 겉모양을 부풀리고자 한 것인지를 분명히 추측하기는 어려웠다. 그러나 작년 6, 7월경 이홍장이 조선에 대군을 증파할 것을 베이징 정부에 재차 건의한 것은 사실이다. 즉 그는 베이징 정부와 미리 짜고 영국과 러시아 공사에게 각각 조정에 힘써 줄 것을 부탁했을 뿐 아니라 독일·프랑스·미국 공사에게도 똑같이 거중居中 주선을 의뢰했다.

그러나 그들은 이런 의뢰가 유럽의 여러 강국 사이에 그저 존재하는 시기심과 공명심을 도발하여 결코 계획대로 되지 않고 오히려 서로 이를 방해하는 결과를 낳게 될 것임을 몰랐다. 그렇기 때문에 당시 독일·프랑스·미국은 거의 청국의 요구에 성실하게 응하지 않았고, 다만 영국과 러시아는 동양에서의 이해가 특히 큰 나라들이므로 어느 정도 일청 양국 사이에 서서 조정하려고 노력했다. 그러나 이 또한 각자가 자신의 편의만을 꾀했을 뿐, 결코 일치하여 움직인 흔적 없이 결국 각각 간섭의 손을 떼게 된 것이다.

그러나 청국 정부 특히 이홍장은 간절히 외부의 도움을 바라마지 않았다. 그는 톈진에서 손수 카시니 백작과 수시로 협상하는 데에 만족하지 않고, 멀리 도쿄의 왕봉조와 전신을 주고받으면서 일본 정부가 도쿄 주재 러시아 공사의 권고에 어떻게 응하는지를 확인하고자 했다. 러시아 공사 역시 그 무렵 나와 담판했던 전말을 은밀히 왕봉조에게 알렸음은 의심할 바 없다.

들은 바에 따르면, 6월 26일 이홍장은 왕봉조에게 다음과 같이 전훈했다 한다.

[25] 러시아 황제가 이미 일본 주재 공사에게 명하기를 '일청 양국이 동시에 조선에서 철수하는 것으로 하고 그런 다음 선후善後의 변법弁法을 상의할 것을 일본 정부에 권고하라'고 했다 한다. 따라서 은밀히 그 내용 여하를 탐색하여 보고할 것.

또 위안스카이는 조선에서 왕봉조에게 타전하여,

도쿄의 형세는 어떠하며 또 러시아 공사의 조정 상황은 어떠한지를 속히 알려주기 바란다.

고 문의했다고 했다. 그리고 6월 27에 왕봉조가 이홍장에게 전신으로

> 러시아 공사가 어제 일본 외무대신을 면담하고 철병한 뒤에 선후 방법
> 을 협상할 것을 권고했음.

이라 보고했다고 하며, 6월 30일 다시 이홍장에게 타전하여,

> 러시아 공사의 말에 의하면, 일본 외무대신에게 두 차례 권고했으나 늘
> 구실을 붙여 철병할 것을 받아들이지 않았고, 다만 일본 정부는 공격적
> 으로 단서를 만들지 않겠다는 한 마디 말을 들을 수 있었다고 함. 또 그
> (=러시아 공사)가 어제 밤 러시아 수도로부터 재차 일본 정부에게 권고하
> 라는 명령의 전보를 받았기 때문에 오늘 또 일본 외무대신을 면담할 예
> 정이며 그 내용을 다시 통보할 것임.

이라는 뜻(이는 내가 6월 25일, 히트로보와 회담한 전말을 히트로보가 왕봉
조에게 말했던 것이다)을 품의 보고해야 한다고 했다.
　　또 7월 4일에는,

> 러시아 공사가 그 관원을 보내 알려준 바, 일본 정부에 극력 권고한 뒤
> 에 어제 그 회답이 왔는데, '(일본은)선후책을 강구한 뒤에 병력을 철수
> 할 것이다'고 했다 함. 이에 이미 그 뜻을 러시아 정부에 전보로 보내
> 훈령을 기다리고 있다고 함. 이로써 생각해 보면 일본은 자신들에게
> 얼마간의 이익되는 바가 없으면 도저히 손을 떼지 않을 것이고, 그렇
> 다면 러시아에만 의뢰하는 것도 각별한 효과가 없을 것임.[26](이는 7월 2
> 일, 내가 러시아 공사에게 보낸 일본 정부의 회답을 왕봉조에게 은밀히

알린 것임에 틀림없다.)

이라고 건의했다고 한 것처럼, 이 무렵에 이홍장이 어떻게 러시아 및 다른 나라의 조정에 기대어 사태를 종결하고자 했는가를 알 수 있다.

또 그의 군사상의 전략, 즉 대병 증파의 건에 대해서는 6월 26일, 왕봉조가 이홍장에게 다음의 내용을 전신 보고했다 한다.

탐문한 바에 의하면, 일본군은 아직 증파하지 않았음. 저들은 정예병이 없고, 숫자는 많아도 우려할 바는 아님.

또, 7월 15일에는 다음의 내용을 타전했다 한다.

탐정자의 보고에 의하면, 전날 오토리大鳥가 '조선 정부가 일본의 요구를 모두 받아들였기에 이제는 철병하는 것이 어떠하겠는가'라고 전신 보고했는데 이에 이토伊藤, 가와카미川上는 '우리 목적이 이미 달성되었기 때문에 속히 철병해야 한다'고 했지만, 무쓰陸奥와 이노우에井上 등은 자유당의 주장을 받아들여, '조선은 겨우 보는 앞에서만 순종[面從]했을 뿐이므로 지금 철병하는 것이 상책이 아니다'고 반대하여, 이토도 구태여 이와 다투지 않았고 앞의 논의는 마침내 그치게 되었음(왕봉조는, 당초 일본 정부는 재야 반대당과 알력이 있었기 때문에 외국에 대병을 파병할 수 없다고 본국에 전신 보고한 바 있었지만, 지금은 어느 정당 때문에 정부가 철병하려 해도 이를 할 수 없다고 추측하는 것 같아 전후가 모순된 듯이 보인다. 이는 요컨대 왕봉조의 신분으로서는 그가 주재駐在하는 나라 정부의 진의의 여하를 탐지해내는 것은 어려운 것 중에 가장 어려운 일일 터이므로, 그 잘못된 견해와 억측을 또 나무랄 수는 없다.)

그 다음날인 16일에는,

탐정자의 보고는, 일본은 청국이 완만하기 때문에 더욱 그 뜻을 마음대로 하여 최근 또 조선에게 청국의 속방이 아니라고 선언해야 한다고 협박했다고 하는데, 관련하여서는 속히 병력을 진출시키지 않으면 사태를 종결하기 어려울 것임.

이라고 전신 보고했다고 하고, 또 22일에는,

일본은 청국이 병력을 진출시킨다는 소식을 듣고 내심 이미 그 기운을 잃었다고 함.

이라 통보했다고 한다.

여기에 웃을 수밖에 없는 이야기가 하나 있다. 즉, 이 무렵 왕봉조는 본국 정부의 훈령에 따라, 어떻게 해서든지 일청 양국의 군대를 조선으로부터 철수할 것을 주선하는 데 너무 열심이었던 나머지, 나에게 자주 회담을 요청했을 뿐 아니라, 스스로 이토 총리 댁에 가서 같은 모양의 담판을 되풀이 한 일이 있었다. 그런데 이토 총리[27]는 매번 그가 말하는 바를 듣고 대체로 너그럽게 큰 틀을 보여주었지만, 나는 직책상 그가 우리 정부의 의향을 오해하도록 해서는 안 될 책임이 있었기 때문에, 그의 제언에 대하여 적어도 우리 정부안과 서로 용납되지 않는 것은 하나하나 설파하여 가차 없이 대했다. 이 때문에 그는 나와 이토 사이에 너그러움과 엄함으로 그 의견을 달리하고 있다고 억측했던 모양이다.

그래서 6월 17일 이홍장에게 다음과 같은 내용을 타전했다고 한다.

일본의 의지는 (조선에서) 병력을 유지함으로써 선후책善後策을 압박하려고 하는 데 있으므로 이에 대해 적극적으로 항의한 바, 이토는 특별한 이의가 없는 것 같았으나 외무대신은 이를 탐탁지 않게 생각하며 물리치고 받아들이려 하지 않았음. 이로써 살피건대, 일본은 청국이 여러 번 철병 제의를 하는 것을 보고 (청국이) 겁먹은 것이라 생각하고 이를 틈타 그 위치를 점유하고자 꾀하고 있으므로, 청국으로서는 모름지기 바로 이 때에 병력을 크게 모아 정돈된 위용을 보임으로써 일본의 계교를 쳐야 할 것임. 그리고 조선의 내란이 완전히 진압되기를 기다려 다시 철병을 제의하면 성사될 것임.

이 전문의 전반부는 어리석은 자의 꿈같은 이야기에 지나지 않지만 후반부는 일본은 청국이 철병을 서두르는 것을 보고 겁내고 있다고 생각하고 있기 때문에 지금 대병을 증파하여 우선 그 계략을 쳐야 한다고 권고하는 뜻인 것 같았다.

이상 그들 사이에 오고 간 내용을 통해 이를 보더라도, 그들은 아직도 군대를 증발增発하여 외형을 과장하면 실지로 전쟁에서 피를 흘리지 않고 난국을 종료시킬 수 있다는 한가닥 희망을 걸고 있는 것 같았다.

그러므로 뒷날 러시아와 영국의 조정이 중도에 무효로 돌아가고 평양과 황해에서 해륙전의 실제 전투가 벌어짐에 따라 그들의 계략이 크게 어긋나, 결국 외교적·군사적으로 미증유의 실패를 보게 된 것은, 처음부터 자신들이 입각할 땅을 확보하지 않고 단순히 남의 힘에 따른 원조에만 의지하여 일시의 요행을 바랐기 때문이었다.

이는 필경 청국 정부의 평소대로의 관용적 정략政略이며, 일이 이 지경에 이르게 된 것을 두고 오직 이홍장 만을 탓하는 것은 지나치게 가혹하다 할 것이다. 게다가 이런 다사다난한 시국에 처하게 된 이홍장은 결국 예상할 수 없는 액난에 빠지게 된 것이다.

이홍장의 출신과 경력

청국 정부에서의 이홍장의 위치는, 과거 막대한 군공이 있었고 또 그 타고난 기질도 여타 동료들보다 훨씬 뛰어났기 때문에 그 혁혁한 권위는 거의 그 누구도 이에 비견될 자가 없었던 것 같았다. 이에 간단히 그의 인품과 자질에 대해 설명을 덧붙인다.

그에 대해서는 호쾌 담대하고 재주가 뛰어났으며 비상한 판단력을 가졌다고들 한다. 그러나 그 보다는 오히려 영리하고 기지가 있으며, 묘하게 일이 되어가는 기틀의 이해득실을 잘 판단하여, 쓸 데는 쓰고 버릴 데는 버리며 나아가고 감추는[用捨行藏] 재기가 있다고 함이 적당할 것이다. 단지 그가 평소에 외부의 타인을 만날 때, 다른 일반적인 청국 사람이 어떤 것에든 구구한 허례의식에 얽매여 좌고우면하는 것과 달리, 항상 거리낌 없어 얽매이지 않고 대범하게 말하고 싶은 것을 말하고 가고 싶은 곳에 가는 그런 풍채가 있었기 때문에, 구미 외국인 중에는 그를 지목하여 세상에 드문 큰 인물이라고 과찬하는 사람이 있을 정도였다.

필경 그 비범한 용모와 기발한 언행으로 인해 세상 사람들이 자주 그를 우러러 존경하고 믿게 되었다고 하지만, 그와 대치하여 서로 양보하지 않고 만일 틈이 보이면 타격하여 배척하려는 강적이 생긴 것도 이 때문일 것이다(메이지 초년, 우리나라에서 청국에 사절을 파견했을 때, 증국번曾国藩[1]은 그에게 서신을 보내, 일본 사신의 인물이 어떠하든 경卿의 용모와 언행은 일본 사신을 압도하기에 족하다고 했다 한다. 아마도 그가 용모와 언행

---

1 증국번(1811~1872). 청나라 말기의 정치가, 문학가, 군사가. 증자曾子의 70대 손이라 한다. 호남湖南 장사부長沙府 상향현湘鄉縣 사람. 상군湘軍을 창립하여 태평천국의 난을 평정한 것으로 유명하다.

으로 사람들을 압복하려는 버릇이 있음을 증국번이 일찍이 알고 있었던 바가 아니었을까).

또 그는 군사적 공훈이 현저했는데 이는 물론 그만의 전유물은 아니었다. 대저 근래 청국에서 이름 높고 명망이 있는 인물은 대개 도광道光, 함풍咸豊, 동치同治 년간²에 내란 평정에서 군공을 세운 사람들이었다. 그 또한 물론 이 중에서 손꼽히는 사람이었다.

장발적長髮賊

즉 장발적의 난³ 시대에 이홍장은 증국번의 오른팔 격 장수將帥로, 상하이를 거점으로 하여 강소江蘇 회복의 임무를 전적으로 완수했는데 이는 실로 그의 커다란 공적이다. 그러나 그가 세운 공도 그의 동료들인 증국전曾國荃, 좌종당左宗棠⁴ 등에 비하면 훨씬 운이 좋은 경우라 할 수 있다. 즉, 상하이는 외국인 거류지여서 장발적의 족적이 아직까지 여기에 이르지 못하였고, 때마침 강소의 거족부호巨族富豪들이 난적들

---

2 도광은 청나라 선종宣宗 때의 연호로 1821년부터 1850년까지다. 선종을 도광제道光帝라 함. 함풍은 선종의 뒤를 이은 문종文宗 함풍제 때의 연호로 1851~1861년까지 썼다. 동치는 목종穆宗 동치제 때의 연호로 1862~1874년 사이다.

3 태평천국의 난을 말한다. 아편전쟁(1840~1842) 이후 쇠퇴기에 접어 든 청나라에 대해 광동廣東의 기독교도 홍수전洪秀全(1813~1864) 등이 중심이 되어 멸만흥한滅滿興漢을 기치로 일으킨 중국 혁명운동이 장발적의 난이다. 1851년 홍수전이 이끄는 상제회上帝會는 사회 전반의 개혁을 요구하며 광서성廣西省에서 봉기하여 국호를 태평천국이라 정하고 남경南京을 수도로 삼아 급속히 세력을 확장하였으나, 내분 등으로 위축되면서 증국번과 이홍장 등의 반혁명군에 의해 14년만에 평정되고 만다. 태평천국 혁명을 일으킨 농민의 광범한 투쟁은 근대 중국 농민 전쟁의 출발점이었으며, 또 그 한漢민족주의는 손문孫文 등 동맹회의 혁명운동으로 이어진다.

4 증국전(1824~1890). 청나라 말기의 군사가이자 정치가. 증국번의 아홉 번째 동생. 태평천국의 난 평정에 큰 활약을 했다.
   좌종당(1812~1885). 청나라 말기의 군사가, 정치가. 역시 태평천국의 난 평정에 공을 세웠고 특히 해군의 중요성을 인식하여 프랑스로부터 기술을 이전 받아 조선소를 세웠으며 양무운동에 앞장선 인물이다.

을 피해 이 곳에 많이 모여 있었으므로, 군자금과 기타 군수용품의 조달이 여유로웠고 편했다. 또 그 무렵 마침 이 곳 거류지의 외국인들은 자위 차원에서 의용병을 소집하던 시기였기 때문에 그는 이를 자기 휘하에 합병할 수 있었을 뿐 아니라, 저 유명한 영국 장수 고든[5]과 해후하여 시종 그의 크나큰 도움을 얻게 되었던 것이다.

즉, 그가 장발적 토벌의 공적이 현저하기는 하지만, 증국전이 당시 더욱이 적의 근거지였던 남경南京을 공격하여 함락하였고, 좌종당은 적군賊軍의 세력이 가장 강했던 강서江西, 절서浙西 지방을 옮겨 다니며 싸워 이를 진압하고, 또 복건福建에서 적이 재차 흥기한 것을 절멸시킨 것에 비하면 그 쉽고 어려움은 아주 달라서 비교할 수 없다.

염비捻匪

또 후일 산동성山東省에서 봉기한 염비[6]가 평정되었을 때에도 세상 사람들은 그 모든 공적을 거의 이홍장 한 사람에게 돌렸다. 그러나 당시 그가 증국번을 대신하여 토벌의 명을 받은 뒤, 그는 더욱이 증국번의 유계遺計를 이용하여 적군이 곤궁해짐을 기다려 진멸할 수 있었다. 그러므로 그 군공은 실은 증국번과 서로 나눠져야 할 것이며, 좌종당이 홀로 회비回匪[7]를 토벌한 것에 비하면, 물론 같이 논할 바가 아니다(증

5　고든Charles G. Gordon(1833~1885). 영국의 군인. 1860년 제2차 아편전쟁 때 청국에 부임하여 1862년까지 베이징에 있었으나 태평천국의 난 때 상하이에 파견되었고 민병조직인 상승군常勝軍을 따라 활약했다.

6　'捻'은 소금 밀매와 부호습격 등을 주업으로 하는 일종의 유랑 의협단이다. 재해와 중과세로 신음하던 농민들을 규합하여 세가 확장되었으며, 특히 태평군이 북벌을 계획했을 때 소집단을 규합하여 1855년 장락행張洛行을 맹주로 하여 청나라 하남河南, 안휘安徽, 산동山東 지역을 중심으로 폭동을 일으킨 농민 반란군을 청조에서 '염비'라 불렀다.

7　'回'는 회교를 말한다. 중국 서북 변경지대 타림분지(지금의 신강위구르 지역)에서 이슬람교도가 반란을 일으켜 1865~1877년간 이슬람 국가를 세웠다.

국번은 염비가 자주 기병으로 돌진해 오는 것을 우려하여 대비책 하나를 세웠다. 즉, 황하를 옆으로 흐르게 하여 적의 기마 돌격을 차단함으로써 서서히 잔적이 쇠퇴하기를 기다려 이를 전멸시키려 계획했었다. 그런데 그러던 차에 베이징 정부는 증국번의 토벌 작전이 늦어진다며 다시 이홍장으로 하여금 이를 대신하도록 했다. 이 때 증국번의 계략이 들어맞아 적군이 바야흐로 분열하여 괴멸되려는 기회를 틈타 이홍장이 이를 타격하여 모든 공적을 거두게 된다.)

그러므로 그는 그 공적의 현저함에 비해 애쓴 바가 비교적 적다고 할 수 있다. 이 역시 그가 군공을 세운 동료들 사이에서 다른 말이 나오게 된 이유일 것이다. 그러나 그의 공적이 그로 하여금 지금의 자질과 인망, 세력을 얻게 하기에 부족함이 없었던 것은 논란의 여지가 없다 하겠다. 그리고 그가 증국번을 대신하여 직례총독直隸總督에 임명되었을 때에도 불가사의한 호운을 만나게 된다.

톈진 소동

증국번이 직례총독의 말년 무렵에 톈진소동이라는 일종의 민란이 톈진 시내에서 발생했다. 유럽인歐洲시이 세운 야소교당耶蘇敎堂을 파괴하고 여세를 몰아 프랑스 영사를 살육하고, 영국·미국·러시아 등 3국 사람들에게도 큰 피해를 입혔다. 이에 이 네 나라 정부는 각각 그 공사들에게 훈령하여 청국 정부에 대해 엄중한 항의를 하도록 했다.

증국번은 이 외교 절충의 임무를 맡으면서 처음부터 자국 난민의 비행을 인정하였을 뿐 아니라, 지금 4대 강국을 적으로 하여 사단事端을 벌이는 것은 결코 국가의 이익이 아님을 알고 있었기에 백방으로 힘을 다해 타협 국면을 맺고자, 우선 난민의 수괴를 체포하고 바로 이를 엄벌에 처하려고 했다. 이런 경우에 어떤 나라든 그러하듯이, 몽매하고 무책임한 여론은 그 처리를 격렬하게 비난했고 수없는 비방론이

나와 그칠 줄 몰랐다. 베이징 정부 내부에서도 저 어사御史들이 쉴 새 없이 증국번을 외적에 아부하여 국욕을 조장하는 자라며 탄핵하기에 이르러 마침내 이홍장이 이를 대신하게 되었다. 그런데 그 뒤 얼마 있지 않아, 유럽 대륙에서는 마침 독일과 프랑스 사이에 전쟁이 벌어져 현재 대적對敵하는 양국은 물론이고 다른 각국도 지금은 청국과의 외교문제를 중시할 경황이 없어, 요행히도 지극히 어려운 문제가 무사히 해결되게 되었다.

이처럼 증국번이 사방의 비난의 초점이 되었던 이전과는 달리 지금의 이홍장은 흡사 군예群譽의 본존처럼, 그가 외교상으로 비할 바 없는 기량이 있다고 칭송된 것이 대략 이 무렵부터다. 그는 이렇게 행운에 행운이 겹쳐 연이어 공적을 세우는 사이에도 결코 자기 세력을 확장하는 기회를 잃지 않았다.

그는 그 임지가 베이징의 빗장과 자물쇠라 불리는 그의 고향인 안휘安徽의 용병, 즉 회군淮軍[8]을 톈진에 집합시키고 북양함대北洋艦隊를 크게 확장시켰다. 또 구라파의 신식 학술을 널리 닦은 신진 소년들을 자신의 휘하에 불러들이고 이들을 다시 안팎의 요지에 배치시켜 그 권세가 때로는 베이징 정부를 기울게 하기에 이르렀기 때문에 겨우 피상적으로만 보는 외국인들이 그를 청국에 둘도 없는 일대 정치가로 평한 것도 크게 의심할 바 없는 것이다.

그러나 그의 정적政敵들은 그의 일파가 강대한 것 이상으로 한층 더 강대했다. 각 성省에 할거 중이던 숙장宿將(경험과 공로가 많고 군사 지식이 풍부한 노련한 장수/역주)들과 노신들은 그의 세력이 왕성해지는 것을 항상 질시하고 미워했으며, 그가 갑자기 신진 소년들을 등용하여 서구풍의 신

8 증국번, 이홍장 등 지방의 한인漢人 관료들이 조직한 민간군.

식 사업을 기도하는 것을 보고 이를 달가워하지 않았다. 특히 베이징 정부 내에서 지금 황제의 신임이 깊은 옹동화翁同龢, 이홍조李鴻藻[9]일파의 완고한 보수당은 항상 그를 경멸했고 또한 적대시했다.

그러므로 이번 조선 사건의 시초에 조선 국왕으로부터 원병 요청을 받았을 때, 그는 곧 바로 부하의 군대를 조선에 파견할 것을 베이징 정부에 청했고 베이징 정부는 그의 건의를 수용하는 동시에 그 일의 결과 여하를 살피지 않고 그가 요청하는 바에 맡겨 단순히 그가 성공하기를 바라고 있었던 것이다.

청국 황제, 이홍장의 실책을 문책하여 그 득실을 조사하기 위한 위원회 설치를 명함

그러나 그 후 사태의 국면이 점점 어려워지자 갑자가 그를 비난하는 목소리가 아주 커졌다. 특히 그가 다시 대군을 조선에 증파해야 한다고 건의했을 때에는 마침 영국 공사 오코너가 대병 증파는 일청 양국의 충돌을 촉진할 것이라고 총리아문의 왕대신을 설득하던 때였다. 게다가 베이징 정부 내부에서 마침 비전론자非戰論者 일파가 생겨 기염을 토하며 계속 이홍장의 실책을 책망하자, 청국 황제는 이홍장의 평생의 정적政敵인 호부상서戶部尙書 옹동화, 예부禮部상서 이홍조를 주임으로 기용하고 군기처 및 총리아문의 왕대신 등과 회동하여, 먼저 이홍장의 종래의 조치에 대해 그 득실을 조사하게 하고 더 나아가서 조

---

9 옹동화(1830~1904). 청나라 말기의 정치가, 서가書家. 강소성江蘇省 상숙常熟 출신. 청일전쟁시 주전론을 주장, 시모노세키조약 조인에 반대했다. 변법운동 때는 강유위康有爲를 광서제光緖帝에게 추천하여 정치개혁을 꾀했으나 서태후의 미움을 사 축출된다.
이홍조(1820~1897). 청말의 정치가. 직례성直隸省 고양高陽 출신. 청나라 10대 황제 동치제同治帝(=목종)의 제사帝師. 역시 청불전쟁, 청일전쟁 때 주전론을 주장, 이홍장과 대립했다.

선 사건의 이해를 분명히 따져 밝히게 하였다. 그 결과 결국,

첫째, 신중하게 숙의하지 않고 일본의 제안(공동위원의 제안을 가리킨다)을 무턱대고 거절한 것,

둘째, 오랜 교제가 있는 일본과 관계된 사건을 멋대로 먼저 러시아 공사와 모의한 것,

셋째, 올해는 황태후 회갑의 큰 의식[還曆大典]이 있는 해인데 상서롭지 못한 전쟁을 야기하게 한 것, 등으로써 그를 문책하려 하였다.

이와 같은 죄명은 위후衛侯가 미자하彌子瑕의 복숭아를 벌한다[10]는 것과 같아, 실로 앞뒤가 모순되어 포복절도하지 않을 수 없는 일인데, 베이징에서는 이런 유례가 정말 적지 않았다. 이홍장 또한 마침내 액난을 만나 대군 증파 계획도 내부에서 저지되어 7월 22일에 이르기까지 이를 실행할 수 없게 되었다(풍도에서 우리 군함 나니와浪速에 포격 당한 영국 선박 고승호高陞號에 타고 있던 청병淸兵은 곧 이 증파병의 일부였기 때문에, 만약 청국 조정이 신속하게 이홍장의 건의를 받아들여 군병 증발 계획을 실행했더라면 고승호의 기화奇禍도 피할 수 있었을 것이고, 또 아산과 성환에서의 섭葉과 섭聶 두 장군은 개전시에 더 우세한 병력을 가질 수 있지 않았겠는가).

이홍장은 청국에서 이번 조선 문제부터 일청의 분분한 의론을 일

---

10 『韓非子한비자』「說難篇세난편」 미자하 고사에 나오는 이야기. 춘추시대 위나라에는 왕의 수레를 몰래 타면 발뒤꿈치를 자르는 형벌이 있었다. 미자하는 위나라 영공의 총신인데, 어느 날 왕명이라며 왕의 수레를 타고 나갔다. 위령공이 이를 문책하자 미자하는 어미가 급한 병이 나서 부득이하였다고 변명했고, 위령공은 효자라 칭찬하고 죄를 묻지 않았으며, 또 어느 날 위령공과 복숭아밭을 거닐다가 복숭아 하나를 따서 먹고서는 맛이 좋다며 먹던 복숭아를 임금에게 주었는데, 임금이 "오죽이나 자기를 사랑하면 먹던 것을 그대로 권하겠는가" 하고 그의 충성심이 가상하다고 칭찬했다. 세월이 지나 미자하의 미색이 없어지자 총애도 식었는데, 미자하가 조그만 죄를 짓자, 미자하는 본래 그랬다며, 옛날에 수레를 허락 없이 타고 나갔던 일과 먹던 복숭아를 그대로 주었던 것을 다시 책망하여 내쳤다는 고사에서 나온 말이다.

으킨 장본인이자 주모자다. 그 공과 죄가 다 같이 그에게 있음은 물론이다. 그러나 지금은 사태의 국면이 진행 중이고 특히 국운의 사활이 마침 눈앞에 닥친 이 때, 베이징 정부는 헛되이 당쟁만 키워 이 어린이들 장난 같은 견책을 가함으로써 그가 자신의 그 계략을 충분히 펼칠 수 없게 했다. 그 뿐만 아니라 아울러 그들의 책임도 면하고자 한 것이 이홍장의 불행임은 물론이고 청국 정부 스스로 그 국가를 죽인 것이라 할 만하다.

이처럼 베이징 정부와 이홍장의 싸움이 계속되는 사이에 조선에서는 사태가 이미 절박하게 되어 아산, 풍도의 육·해전이 일어나 일청 양국은 선전의 조칙을 반포하여 평화가 깨지고 전쟁이 시작되었다.

아무리 완고하고 사리에 어두우며 세상물정 모르는 베이징 정부라도 이 때가 이홍장의 과실을 적발하여 스스로 즐거워할 시기가 아님을 깨달았는지 아니면 누구도 그를 대신하여 중책을 맡을 사람이 없었는지, 이홍장은 이런 액운 속에서도 더욱 스스로 일청 교전의 국면에 서서 주야로 외교와 군사에 부지런히 힘썼는데, 그 심사 또한 동정할 만하다 하겠다.

제9장

조선 사건과 일영조약 개정

오토리 공사가 경성에서 조선의 내정 개혁을 제의하고 우리 군대 또한 속속 조선에 파견되어 드디어 아산과 풍도에서 전쟁이 벌어지기를 전후하여 우리의 외교 및 군사 행동으로 인해 청한 양국 정부와 허다한 분쟁이 생기리라는 것은 정부도 예상하고 있었다. 그러나 그 여파가 제3자인 조선에 머물고 있는 구미 각국의 관민官民에까지 퍼지게 되어 여러 가지 물의를 일으키게 되었다.

경성에 주재하는 각국 대표자는 일청 교전이 일어나면 인천항의 안녕이 방해되기 때문에 인천항을 국외중립지局外中立地로 해야 한다고 주장한 일이 있었다. 인천에 주둔하고 있는 우리 군대 중에 외국인 거류지 내의 일본인 가택에 기숙하는 자가 있는 것을 보고 자주 불평하는 일도 있었다. 우리 육군이 경성과 인천 사이에 군용 전선電線을 가설했는데 그 선로가 외국 거류지를 관통하고 있다고 그 철거를 요구한 일도 있었다. 그 외에도 사소한 일을 거론하자면 한두 가지가 아니다.

그리하여 우리 정부는 처음부터 사태를 일청 양국 밖으로 파급되지 않게 하는 정책을 취했다. 또 일청 양국이 바야흐로 각각 구미 각국의 동정을 얻으려 노력하고 있을 때, 우리 관민의 행동 때문에 그들로

하여금 우리를 등지고 적으로 만들게 하는 것은 최선책이 아니었다. 이들 외국인과의 분쟁에 대해서 나는 적어도 우리나라의 위신이 손상되지 않는 한, 가령 조금 감정을 억누르고 뜻을 굽히더라도 제반 사안을 타협의 국면으로 처리하려고 했다.

다행히 조선에 주둔하고 있는 우리 군인은 기율과 절제를 잘 지켜 아직까지 위법행위가 있었다고는 듣지 못했으나, 언제 개전될 것인지의 명령만을 기다리던[30] 군인들이었기 때문에 이것이 낯선 사람들에게는 살기등등하여 근접할 수 없는 분위기였을 터이다.

그리고 경성과 인천 사이에 거주하는 우리나라 사람은 또 청국인이 발호하는 것을 보고 질투 분개하여 마지않았던 것이, 지금은 하루 아침에 자기들의 배후에 강력한 원군을 얻은 기분과 같이 되어 어떤 일이든 나는 옳고 상대편은 그르다는 교만함으로 다른 사람을 능멸하기에 이르게 된 자도 있었다. 그들은 정부가 구미 각국의 관민에 대해 온화한 조치를 취하는 것을 보고 그 중에는 마음이 바뀌어 이를 달가워하지 않았으며, 경솔 조급하고 포악한 무리들은 어떤 반동적 행동을 꾀하여 국가의 대사를 그르치게 될지도 몰랐다. 이 무렵[31] 나는 늘 개미구멍 하나가 제방을 무너뜨릴 수 있다는 불안감을 갖고 있었다.

이는 우리나라와 조선에 거류하는 일반 외국인 사이에 도사리고 있는 분란인데 이런 분란은 특히 일·영 양국 사이에서 가장 심했다. 조선 사건의 초기부터 영국 관민, 특히 동양 각지에 체류하는 영국 관민은 일본보다도 청국에 대해 더 동정적이었다. 경성에 있는 영국 총영사가 그의 아내와 딸과 함께 산책할 때, 그 스스로 우리 병영의 초병선 안으로 침입하였으면서도 오히려 우리 당번병이 그에게 무례를 저질렀다고 질책하여, 당시 경성에 주재하던 양국 대표 간에 쟁의가 벌어진 일도 있었다(이 사건은 당시 런던에서도 다소 물의가 있었던 것으로 보여, 아오키 공사로부터 "조선 주재 영국 총영사 건에 대해 신속히 영국 정부를 만족시킬 만한 처분을 해야 함. 그렇지 않으면 매우 위험한 결과를 초래할 위험이 있음"이라는 전신 품의가 있었을 정도였다. 그러나 나는 재차 아오키 공사로 하여금 이 사건에 관한 쌍방의 시비곡직이 귀결하는 바를 상세히 변명하도록 했다. 그 뒤 영국 정부도 스스로 그 일의 진상을 알아냈는지 다만 아무 말 없이 재한在韓 영사를 교체했고, 암암리에 우리 정부에 사과의 뜻을 표했다).

또 이 무렵의 풍문에는, 영국 동양함대의 여러 군함이 항상 우리 함대 뒤를 쫓아 정찰한 바를 청국에 내통한다고 하고, 지금 사령장관 프리맨틀Edmund R. Fremantle은 이른 새벽에 대양大洋에서 우리 함대와 만났을 때 일부러 축포를 발사하여 우리 함대의 위치를 청국 함대에게 은밀히 알린다는 말도 있었다.

또 일·청 정부가 개전을 포고하고 영국 정부가 국외 중립의 성명서를 낸 뒤, 프리맨틀은 우리 함대 사령관 이토 스케유키伊東佑亨[1]에게 서한을 보내, 영국 상선은 영국 군함이 보호하기 때문에 일본 군함이 만약 이를 조사할 때는 예측할 수 없는 사변이 일어나게 될 것이므로 후일의 갈등을 피하기 위해 이를 예고해둔다고 하여, 교전국인 우리의 권리를 방해하려 한 적이 있었다(이 일에 대하여 나는 즉시 영국 주재 아오키 공사에게 전보로 훈령하여, 영국 외무대신에게 영국 정부가 이미 국외 중립을 선언했으면서도 함대 사령장관이 교전국의 권리를 방해하는 것 같은 거동이 과연 영국 정부의 의지인지를 따져 묻도록 했다. 이에 영국 외무대신은 그것은 완전히 프리맨틀의 오해에서 나온 것이라고 사의謝意를 표했고, 또 영국 해군대신은

---

1 이토 스케유키(1843~1914). 사쓰마薩摩 번사藩士 출신. 메이지·다이쇼大正 시대의 해군 군인(해군대장)이자 화족. 일본 해군의 초대 연합함대사령장관을 지냈다. 가이세죠開成所(도쿄대학 전신)에서 영국 학문을 배웠다. 무쓰 무네미쓰와도 교분이 깊었다.

즉시 프리맨틀에게 급전을 보내 훈계했다고 한다).

　위와 같은 사건들은 그 허실이 어떠한지 또 과연 그들의 고의인지 혹은 의도치 않게 발생한 것인지를 파고들어 규명할 필요는 없었다. 그러나 이런 종류의 유언비어 때문에 일영 양국 사이에 대단히 좋지 않은 감정이 생긴 것은 사실이다. 또 그 대부분은 이런 경우에 있기 쉬운 사소하며 지엽말단적인 것이지만, 여기에 또 의외의 한 점 불티가 튀어 대평원을 하루아침에 불태워버리는 것 같은 중대한 사건으로 변화되어 당시 런던에서 진행 중이던 일영조약 개정 사업을 일시에 거의 수포로 돌아가게 하지 않을까 하는 생각을 갖게 했다.

　본래 일본 제국이 구미 각국과 현행 조약을 개정하기 위해 협상하는 사업과 지금 내가 글로 쓰고 있는 조선 사건은 물론 원래 하등 관계가 없다. 그러나 일반적으로 열국의 외교 관계는 서로 그 감촉이 상당히 과민해서, 겨우 손가락 끝의 한 부분에 조금만 닿아도 금세 여타의 관계가 저 먼 한 구석에서 메아리쳐 울리는 예도 허다하다. 즉 조선 사건이 한 때 얼마나 일영조약의 개정 사업에 중대한 영향을 미쳤는가 하는 것은, 내가 여기서 잠시나마 갈림길로 빠져 서술한다 해도 또한 본편에서 빼 놓을 수 없다.

조약개정의 역사

본래 조약개정의 대업은 메이지유신 이래 국가의 숙원이었고, 이를 완수하지 못할 경우 유신의 홍업鴻業도 아직 절반밖에 완수하지 못한 것이나 다름없다는 것이 우리나라 조야의 오랫동안 일치된 뜻이었다. 그리하여 메이지 13년(1880, 고종 17), 당시 외무대신 이노우에井上 백작이 처음으로 조약개정안 하나를 작성하여 조약 체결 각국과의 담판의 단서를 열고 오랜 기간 동안 백방으로 계획하고 노력했으나 불행히도 그 사업은 중도에 실패했다. 그 뒤 역임한 당국자는 모두 이른 바 이노우에 안에 대해 그 때에 상당하는 수정안으로 각국 정부 대표자와 협상했는데, 그 중에서도 오쿠마大隈 백작[2] 같은 이는 종횡으로 일을 형편에 따라 잘 처리하는 재주[權變]를 발휘하여 당시 여론이 거꾸로 흐르는 것에 저항하여 그 뜻을 달성하고자 했으나 마침내 실패로 끝났고, 조약개정의 역사는 거의 실패의 역사가 되었다.

조약개정안 조사위원에 내린 조칙

메이지 25년(1892, 고종 29) 4월에, 당시 정부의 중신 몇 명을 조약개정안 조사위원에 칙선勅選하고 특히 위 조사위원에게 (천황은)다음의 조서詔書를 내리셨다.

> 짐이 즉위한 이래, 내치의 대부분은 어느 정도 실마리를 잡았으나, 외정外政은 아직까지 성과를 거양하지 못하고 있다. 생각건대 조약개정은 중흥의 홍업에 수반되는 국권의 대본과 관계되는 일이다. 짐은 우리 신민과 함께 조약개정의 성취를 간절히 바란다(하략).

그러나 어떤 까닭인지 모르겠으나 이 조사위원회는 그 뒤 겨우 한 번의 회의만 열었을 뿐 어떤 결과도 내지 못하고 활동이 거의 중지된

---

2   오쿠마 시게노부大隈重信(1838~1922). 사가번佐賀藩 번사 출신의 정치가, 교육자. 메이지 유신기에 외교 등에서 수완을 발휘한 결과 중앙정부에 발탁되어 참의 겸 대장경을 맡는 등 메이지 정부의 최고 수뇌가 되었다. 메이지 초기의 외교·재정·경제 정책 수립에 큰 역할을 했다. 제8, 17대 내각총리대신을 지냈으며, 제3, 4, 10, 13, 28대 외무대신, 제11대 농상무대신, 제30, 32대 내무대신을 역임했다. 와세다早稲田 대학 설립자로도 유명하다.

상태였다. 그 사이에 때마침 마쓰카타松方 백작[3]을 수반으로 하는 내각 의원 다수가 사직했고 조사위원들의 진퇴에도 여러 가지 변천이 있어 그 사업 또한 흐지부지되고 말았다.

이어 그해 8월 이토伊藤 백작이 대명大命을 받들어 내각을 조직하게 됨에 따라, 여러모로 모자란 내가 외무의 중책을 맡게 되었다. 나는 친히 위의 조서를 배람拜覽하고, 깊이 성려聖慮의 절실함에 감격하여 외람되게도 미력함을 돌보지 아니하고 국가의 이 대업을 성취하여 신금宸襟(군주의 마음/역주)을 편안히 해드리지 않으면 안 되겠다고 결심했다. 그리고 이토 총리와도 자주 심의를 다하여 마침내 조약개정안을 하나 만들어 체결했던 각국과 다시 협상하기에 이르렀다.

무릇 역대 당국자들 각자의 조약개정안은 전후로 그 시기가 서로 다르고 그 형식이 제각기 달랐다. 대개 후자의 개정안을 전자와 비교하면 진보된 측면이 다소 없지 않았으나, 이는 요컨대 모두 이노우에 백작이 기초한 개정안의 계통을 답습하는 반면적半面的 대등조약의 범위를 벗어나지 못했다.

반면적 대등조약안 계통의 변경

그런데 지금 우리나라가 이미 입헌 제도를 확정하고 나라와 주민 또한 장족의 발전을 한 때에, 이런 반면적 대등조약개정안에 어떤 개량과 수식을 가한다 해도 도저히 입헌 제도의 대본과 병립할 수 없고 따라서 국민 일반의 희망을 만족시킬 수 없었다. 만약 무리하게 이를 결

---

3 마쓰카타 마사요시松方正義(1835~1924). 사쓰마薩摩 번사 출신의 메이지기 정치가. 메이지기 때 두 차례 내각총리대신(4, 6대)을 역임했다. 아울러 대장경大藏卿과 대장대신(초대, 3, 5, 8대)으로 장기간 일하면서 일본은행을 설립했고, 금 본위제를 확립하는 등 재정통으로서 일본 경제계에 많은 업적을 남겼다.

행한다면 때때로 다시 실패를 거듭하는 데 불과함이 명백했다.

그러므로 나는 오히려 외국에 대해 한 층 더 곤란해지더라도, 국내의 물의 때문에 재차 실패하는 것을 예방함이 상책임을 확신했다. 그래서 단연코 이노우에 백작 이래 역대 당국자가 답습한 반면적 대등조약안의 계통을 근본부터 변경하여, 순수한 전면적 대등조약안을 각 체결국에 제의하고 그들이 이에 어떻게 응하는지를 알아보고자 했다.

우리 정부, 영국 정부와 조약개정의 담판을 재개

즉, 메이지 26년(1893, 고종 30) 7월 5일, 위와 같은 뜻에 의거하여 통상항해조약안通商航海条約案 하나를 초안하여 각의에 제출하고 천황의 재가를 얻은 다음, 먼저 이를 영국 정부에 제의코자 당시 독일 주재 특명전권공사인 아오키 자작으로 하여금 다시 영국 주재 공사를 겸직토록 할 것을 주청奏請하고 아오키 자작을 런던으로 보내 외교담판을 절충하는 대임을 맡겼다.

영국 정부는, 일본 정부가 종래의 현안인 조약개정에 대해 근본적으로 비상한 변경을 가한 신조약안을 제의한 것을 보고 처음에는 이를 쉽게 받아들이려 하지 않았으나, 우리 정부의 요지부동의 태도와 아오키 공사의 주선이 마땅하였던 까닭에 마침내 신조약안을 기초로 하여 협상을 재개하는 데 수긍했다.

양이적攘夷的 보수론의 유행

그런데 이 무렵 우리 국내에서 여러 가지 원인으로 양이적 보수론 일파가 크게 유행했고, 평소에 적어도 반정부가 본색인 정당들은 갑자기 이에 부화뇌동하여 백방에서 이를 성원했다. 그 중에서도 일본 내지에서의 (외국인과의) 잡거雜居가 안 된다거나[非內地雜居]나 혹은 현행 조약 준수 같은 우매한 주장이 일시 의회의 다수를 제어코자 하는 세력으로 등장했다. 또 이런 경우에 늘 수반되는 허다한 사소한 일들이 끝까지 하나라도 런던에서의 조약개정 사업에 방해되지 않는 것이 없었고, 양국의 전권위원이 수개월 동안 몸과 마음을 다해 나라를 위해 이바지한 노고[鞠躬盡瘁]도 거의 그림의 떡이 될 뻔한 적이 한두 번이 아니었다.

다행히 우리 정부는 유신 이래의 숙원을 성취하기 위해서는 어떤 어려움도 피하지 않겠다는 초지初志로 일관하여 세간에서의 이른바 다수의 여론과 열심히 싸워 나갔다. 그 결과 의회가 한 번 해산되었고 어떤 정당과 사회단체들은 활동이 금지되었으며 많은 신문들의 발행이 정지되었다. 이와 같이 런던에서의 조약개정 사업은 수백 가지 난관 속에서 겨우 한 가닥의 활로를 열고 진행되는 중에 지금은 점차 완결할 시점에 도달했다.

즉 메이지 27년(1894, 고종 31) 7월 13일, 아오키 공사가 나에게 전신으로,

　본 공사는 내일, 신조약에 조인하게 될 것임.

이라고 보고했다.

그런데 내가 이 전신을 받은 날은 본래[32] 어떤 날이었는가. 계림팔도鷄林八道(=조선)의 위기가 바로 경각[므싀]에 임박하여 내가 오토리 공사에게,

　지금은 단호한 조치를 취할 필요가 있다. 어떤 구실을 사용해도 관계없으니 실제로 움직임을 개시하라.

는 최종적 전훈을 보낸 뒤 겨우 이틀이 지났을 뿐이었다.

　나의 그 동안의 참담했던 고심과 직무 경영에 매우 바빴던 것은 실로 이루 말로 표현할 수 없었다. 그러나 지금 이 기쁜 낭보를 접하니, 순식간에 그 때까지 쌓였던 피로가 씻은 듯 가시게 되었다.

영국 정부로부터 조선 정부가 고용한 칼드웰 건 및 일본 군용 전신이 인천의 외국인 거류지를 관통하여 가설된 사건에 대해 만족할 만한 설명을 얻기까지 신조약의 조인을 거절한다는 통첩

그런데 어찌 생각이나 했으랴. 다음날인 15일, 다시 아오키 공사의 전보가 도착했다(이는 14일에 발송한 것이다). 그 전보의 내용은 다음과 같다.

　　모든 준비가 완료되어 오늘 조약에 조인하도록 되어 있었으나, 영국 외무대신이 갑자기 이를 엄정히 거절했음. 그 이유는 '조선 주재 일본공사가 조선 정부에 조선 해군의 영국인 교사敎師 칼드웰Benjamin Caldwell을 해고하라고 요구했다'는 전보 및 '일본 군용전신이 인천의 외국인 거류지를 관통하여 가설되었다'는 보고를 접했기 때문임. 영국 외무대신은 특히 칼드웰 사건에 대해 만족할 만한 설명을 요구함. 귀대신(= 무쓰 무네미쓰/역주)이 조선 정부에 대한 요구를 신속히 철회하지 않으면 신조약 조인은 어려울 것이며, 영국 정부는 이 통보에 대해 월요일(아오키가 발신한 날로부터 이틀이 지나, 내가 접수한 때부터 겨우 하루를 남기고 있을 뿐이었다)을 기한으로 회답을 희망함.

　이 때 나의 실망은 이루 말로 표현할 수 없을 정도였다.
　나는 오토리 공사에게 조선의 개혁이 어떤 방향으로 나가더라도 제3자인 구미 각국의 감정을 건드리지 않도록 극력 주의하라고 자주 훈령해 두었다. 그러나 최근 재한在韓 영국 관민들이 빈번히 우리나라의 정략에 대해 여러 가지 방해를 하려 도모하는 자가 많다고 들었기 때문에, 이 칼드웰이라는 자도 혹시 그 중의 한 사람이고, 오토리 공사는 이것이 해고를 요구할 수밖에 없었던 이유였는지도 알 수 없었다. 나는 물론 지금 해외에서 일어나고 있는 일을 앉아서 관측할 수 있는 능력이 없었다.

다만 일의 경중을 논하자면, 조선 땅에서 어떤 사정이 있었어도 일개 영국인의 해고 때문에 지금 런던에서 거의 성사된 대업을 하루아침에 파기할 이유가 없었다. 게다가 영국에 회답해야 할 시기가 매우 촉박했기 때문에 도저히 오토리 공사와 전신을 주고받아 그 허실을 규명할 겨를이 없었다.

이에 대한 우리 정부의 회답

따라서 나는 이 일이 과연 사실이라 해도 오토리 공사로 하여금 다시 어떤 모양의 수단을 취해도 괜찮으며, 영국 정부에게는 오히려 조금도 주저하지 말고 이 사건이 근거 없다고 단언해 두는 것이 상책이라 결심하고, 곧바로 아오키 공사에게, "제국 정부는 일찍이 조선 정부에 대해 칼드웰의 해고를 요구한 바 없다"는 전보를 보냈다. 그 때 마침 오토리 공사로부터 한 통의 전보를 받았다. 그 내용은 영국 정부의 의심을 상당히 풀 수 있을 만한 것이었다. 그리하여 다시 아오키 공사에게 다음과 같이 전신 훈령했다.

앞서 이미 전신으로 알린 것처럼 제국 정부는 일찍이 조선에 영국인을 해고하라는 것 같은 어리석은 요구를 한 적이 없다. (중략) 내가 보기에 영국 외무대신이 받은 전보 중에는 허구의 풍문에 관련된 것이 많지 않은가 의심스럽다. 지금 경성에는 여러 가지 유언비어를 헛되이 만들어 고의로 이를 퍼뜨리려고 하는 자가 많다고 듣고 있다. 실제로 지금 재한在韓 오토리 공사로부터 다음과 같은 전보를 받았다. 내용은 '조선 주재 영국 총영사가 위안스카이 편에 서서 그 힘이 닿는 한 우리나라의 지위를 곤란하게 하려고 도모하는 것 같은데, 이것이 과연 영국 정부의 방침인지를 탐문한 뒤 전보해 달라'고 하는 것이다. 이로써 살피건대, 당시 경성에서 런던으로 보낸 전보에는 진위가 섞여 있는 것이 많이 있을 것이다. 귀관(아오키)은 영국 정부에게 '일본 정부는 다른 사건에 대해서는 어떻게든 처리할 것이므로, 조약 조인은 별개의 문제로 신속히 종결지을 것을 바란다'고 하라.

나는 이 두 번의 전신을 발송한 뒤에도, 일영조약 개정 사업은 더욱 백척간두에서 겨우 한 걸음을 남기고 실패했다고 생각하니 서운하여 심사가 매우 불편했다.

일영조약의 조인
그 후 17일 새벽에 외무성 전신과장이 내 숙소로 한 통의 전신을 들고 왔다. 역시 아오키 공사의 전신이었다.

이번의 어려움이 점차 해소된 뒤 신조약은 7월 16일을 기해 조인을 마쳤음. 이에 본 공사는 삼가 천황폐하께 축하의 말씀을 드리는 바이며, 아울러 내각의 여러분께도 축의를 표함.

나는 즉시 목욕재계하고 궁성으로 달려가, 어전에서 문안드리고 일영조약의 조인이 완료되었다고 엎드려 상주하고, 이어 아오키 공사에게 다음과 같은 전신을 보냈다.

천황 폐하는 귀관의 성공을 기뻐하셨다. 이에 나는 내각 동료를 대표하여 귀관에게 축하의 뜻을 표한다. 귀관은 영국 외무대신에게 신조약 체결에 관하여 영국 정부의 호의에[33] 감사의 뜻을 전하라.

이상 기술한 것으로 조선 개혁 사건이 일영조약 개정 사업에 어떠한 관계가 있었는가를 충분히 알 수 있을 것이다. 그리고 나의 붓끝이 이미 여기에 다다른 이상, 내친 김에 다시 일청 교전 중에 일어난 사건 하나가 또 일미日米조약 개정 문제에 얼마나 방해되었는가를 약술한다.

미국은 우리나라에게 가장 호의를 갖고 있는 나라다. 종래 조약개정 사업처럼 다른 나라에서 허다한 이의가 있었을 때에도, 오직 미국만은 항상 우리의 요청을 가능한 한 너그럽게 받아들이려 했다. 특히 메이지 27년(1894, 고종 31), 워싱턴[華盛頓]에서 피아彼我 양국 전권위원이 조약개정 협상을 개시한 이래 어떤 중대한 걸림돌 없이 착착 진행되어 마침내 그해 11월 22일에 조인하게 되었다. 그런데 미국 헌법에 따르면 외국과의 모든 조약은 원로원(=상원)의 찬동을 받아야 한다는 규정에 따라 미국 정부는 이 신조약을 원로원에 송부했다.

여순旅順 학살사건과 일미조약과의 관계

그 뒤 얼마 있지 않아 불행히도 저 여순구旅順口 학살사건[4] 보도가 세계 각국의 신문 지상에 오르게 되었다(이 사건의 허실이나, 또 가령 그런 사실

---

4 청일전쟁 중이었던 1894년(메이지 27) 11월, 일본군의 요동반도 여순 공략 시, 여순 시내 및 부근에서 일본군의 청국군 잔병 소탕 과정에서 벌어진, 민간인이 포함된 대규모의 학살 만행 사건. 미국의 저널리스트인 죠셉 퓰리처Joseph Pulitzer의 『뉴욕월드』 특파원 제임스 크릴맨James Creelman 등이 보도하여 구미 각국에 알려지게 되었다. 중일전쟁 때의 남경대학살 사건과 함께 일본의 중국에 대한 참혹했던 양대 만행 중의 하나다.

이 있다 하더라도 그 정도가 어떠했는가는 여기에서 그 근본을 캘 필요는 없다. 그러나 특히 미국의 신문 중에는 일본 군대의 폭행을 통렬히 비난하며 일본국은 야만의 뼈대에 문명의 껍질을 덮어 쓴 괴상한 짐승이라 하고, 또 일본은 바야흐로 문명의 가면을 벗고 야만의 본체를 드러냈다며, 암암리에 이번에 체결한 일미조약에서 치외법권을 완전히 포기하는 것은 위험하다는 뜻을 풍자하기에 이르렀다. 그리고 이 비탄할 사건은 특히 구미 각국의 일반 신문지상에서 통렬히 거론되는 데 그치지 않고 사회지도자인 지식 높은 석학들의 주목도 끌게 되었다. 당시 영국에서 국제공법학公法学의 거두로 알려진 T.E.홀랜드(=Sir Thomas Erskine Holland) 박사 같은 사람은, 이번 일청 교전 사건에 대해 처음부터 일본의 행동에 대해 매사 칭찬을 아끼지 않았던 인물임에도 여순구 사건에 대해서는 통탄해 마지않았다. 그는 「일청전쟁에서의 국제공법」이라는 논설에서 "당시 일본 장졸의 행위는 실로 정상적 법도를 벗어난 것이다. 그리고 그들은 설사 여순구의 루외壘外에서 그들 동포의 절단된 사체를 발견하고 청국 군병이 먼저 이 같은 잔인한 행위를 했다지만, 여전히 그들의 폭행에 대한 변명이 되지 않는다. 그들은 전승의 첫날을 제외하고 그 다음날부터 나흘 동안은 잔학하게도, 싸우지 않은 사람들과 부녀, 어린이 등을 살해했다. 당시 종군한 구라파 군인 및 특별통신원은 이 잔학한 상황을 목격했지만 이를 제지할 까닭이 없어 그냥 수수방관했고 그 참혹상은 구토를 참을 수 없을 정도였다고 한다. 이 때의 살육을 면한 청국인은 전 시내에서 겨우 36명에 지나지 않았다. 그나마 이 36명의 청국인은 모두 그 동포들의 사체를 매장하는 사역에 동원하기 위해 구조된 자들로, 그들의 모자에 '이 사람은 죽이지 말 것'이라는 표찰이 부착되어 겨우 보호되었다"고 했다. 이는 과대한 혹평이다. 그러나 이 사건이 당시 얼마나 구미 각국 사회에 충격을 주었는가를 알 수 있을 것이다).

무엇이든 여론의 향배를 보고 신속히 나아가고 물러나는 미국의 정치가는, 이 경악할 보도를 신문에서 보고난 후 결단코 강 건너 불구경하듯 좌시할 수 없었기에 원로원은 일미조약에 찬성하기를 좀 주저했다.

같은 해 12월 14일, 미국 주재 구리노栗野[5] 공사는 나에게 전신 품의하여 말하기를,

미국 국무대신이 본 공사에게 이르기를, 만약 일본 병사가 여순구에서 청국인을 잔학하게 살해했다는 풍문이 사실이라면, 필시 원로원에서 지대한 곤란을 야기하게 될 것이라 했음.

이라 했다. 나는 즉시 구리노 공사에게 전신으로,

여순구 사건은 소문만큼 과대하지 않지만 다소 무익한 살육이 있었던 것 같다. 그러나 제국 병사들의 여타 지역에서의 행동은 이르는 곳마다 항상 널리 칭찬받았다. 이번 사건은 뭔가 격분을 일으킨 원인이 있어서 이렇게 되었다고 믿는다. 피살자 다수는 무고한 평민이 아니고 군복을 벗은 청국의 군인들이라 한다. 이 사건으로 다시 허다한 유언비어가 발생하기 전에 귀관은 민첩한 수단을 취하여 하루 속히 신조약이 원로원을 통과하도록 진력하라.

---

5 구리노 신이치로栗野慎一郎(1851~1937). 후쿠오카번 출신. 메이지·다이쇼 시기의 일본 외교관. 초대 주프랑스 특명전권대사(1906). 1875년 후쿠오카 번비藩費 유학생으로 선발되어 미 하버드대에서 법률을 전공했고 1881년 귀국 후 외무성에 입성했다. 불평등조약 개정을 둘러싸고 아오키 슈죠青木周蔵 외무차관과 충돌, 외무성을 나온다. 에노모토 다케아키榎本武揚 체신장관 비서관으로 전직, 도쿄우편전신학교를 설립, 초대 교장을 맡기도 했다. 그 후 무쓰 무네미쓰 외무대신에게 발탁되어 1894년, 주미공사 겸 주 멕시코 공사직을 맡아 미국으로 건너가 일미개정신통상조약 조인을 성사시킨 인물이다.

고 훈령했다.

그런데 원로원은 신조약 찬성에 다소 시간을 끈 다음 얼마 후 겨우 한 부분을 수정했다. 그리고 그 수정 문자는 몇 자 되지 않았으나 이 때문에 조약 전체를 파기하는 결과를 초래했다. 이에 나는 구리노 공사에게 전훈하여 다시 미국 국무대신과 충분한 협의를 다하라고 했고 또 원로원의 유력한 의원들에 대해 여러 수단을 취하게 하여 겨우 올 해 2월 초순에 원로원은 이를 재론에 부칠 것을 긍정적으로 받아들여 마침내 피차 공히 만족할 만한 재수정안을 의결하게 되었다. 이것이 곧 지금의 일미신조약이다.

청나라 정벌 전쟁은 바다와 육지에서 크고 작은 전투가 수 없이 많았다. 오직 아산 전투만이 외교가 선구가 되어 전쟁의 단서를 열었고, 풍도 전투는 제3국과 곧바로 외교상 중대한 갈등을 야기하게 되었다.

　아산 전투는 어떻게 하여 시작되었는가를 보자.

　표면적으로는 우리 정부가 조선 조정의 의탁依託을 받고 이 나라를 위해 청국 군대를 국경 밖으로 몰아내고자 (전쟁이)일어났으나, 실제로는 필경 일청 양국 사이에 문제가 된 청한 종속논쟁이 그 주된 원인이었음은 다툴 여지가 없다.

　본래 처음에 우리 정부가 청국 정부로부터 조선에 출병한다는 공문 통보를 받았을 때, 나는 그 공문 중에 '보호속방'이라는 글귀가 있었으므로 즉시 이것을 쟁점의 하나로 삼으려 했다. 그러나 당시 내각[34]의 동료들은 종속 문제를 이 때의 일청 양국의 외교적 쟁의로 삼는 것에 동의하지 않았다. 그 이유는 다음과 같았다.

　청한 종속 문제는 그 역사가 아주 깊고, 지금 새삼스럽게 이를 외교적 쟁점의 근거로 삼는 것은 너무도 진부하여 세상 사람들이 관심을 갖지 않을 것이다. 또한 오늘 이 문제를 실제로 결정하고자 하는 것은 청국 정부에게 창칼을 서로 겨누는 계기를 재촉함에 다름 아니다. 이렇게 되어 전쟁이 벌어지면 제3자인 구미 각국은 이를 보고, 일본 정부는 지금 부득이한 사활의 문제 때문에 청국과 쟁의爭議를 일으킨 것이 아니라 일부러 오래된 옛 상처를 찾아 분란의 씨앗을 뿌린다는 비방을 면할 수 없을 것이다.

이런 의견들은 실로 일리가 있었기에, 내가 당시 왕봉조에게 회답한 공문에는, "제국 정부는 아직까지 일찍이 조선을 귀국의 속방으로 인정하지 않고 있다"는 간단한 항의에 그쳤다. 그런데 이런 항의조차도 이홍장 등은 이를 등한시 할 수 없는 듯 했다. 그 무렵 이홍장은 왕봉조에게 다음과 같이 전신 훈령했다 한다. 즉,

> 우리 조정(=청국)에서 속방을 보호하는 구례旧例는 그 증거가 역력하여 천하 각국이 이를 알고 있다. 설령 일본이 조선을 중국의 속방으로 인정하지 않아도 우리는 우리 법을 집행함에 스스로 관례를 파기할 수 없기 때문에, 일본이 이를 인정하는지의 여부는 본래 물을 바가 아니다.

라는 내용이었다. 그리고 그의 말은[35] 반드시 헛된 가공架空의 상상물을 그려 스스로를 위안하는 것만은 아니었다.

즉, 메이지 9년(1876, 고종 13), 우리나라가 처음으로 조선과 수호조약을 체결한 후, 구미 각국도 잇달아 조선과 조약을 체결했다. 지금 그 각국의 조약문을 보면, 어느 하나도 조선을 하나의 독립국으로 인정하지 않은 것이 없지만, 당시 청국 정부는 급히 조선 국왕을 다그쳐, 조약을 체결한 각국 정부에게 새로 하나의 변명성 공문을 보내게 하여 음으로 청한 종속관계를 유지하려 했다.

청한 종속 관계에 관하여 조선 정부가 구미 각국에 보낸 공문

그 공문의 내용은 이러했다.

> "朝鮮素爲┤中国属邦┤, 而內治外交, 向来均由┤大朝鮮国主自主┤. 今大朝鮮国与┤某国┤, 彼此立ㇾ約, 俱属┤平行相待┤, 大朝鮮国主, 明允┬将ㇾ約內各款┤, 必按┤自主公例┤, 認ㇾ真照弁. 至┬大朝鮮国為┤中国属邦┤, 其分內一切応ㇾ行各節┴. 均与┤某国┤, 毫無┤干涉┤. 除┤派ㇾ員議┤立条約┤外, 相応┤備ㇾ文照会┤, 須至┤照会者┤"[1](물론 우리 나라에 대해서는 이 같은 공문을 보내온 적이 없다)

그리고 이 공문 끝에 조선 개국 모년某年 즉, 광서光緖 모년이라 적어 일부러 청국력淸国曆을 덧붙인 것을 보면, 이 공문은 청국 정부가 초안 를 작성하여 조선에 교부한 것임이 틀림없다 하겠다. 그런데 각국 정 부는 이 앞뒤가 맞지 않는 공문을 접하고서도 어떤 항의도 하지 않았 다. 또한 이를 돌려보낸 나라도 없어 오늘까지 말없이 인정한 상태기 때문에, 이홍장이 조선은 청국의 속방임을 천하 각국이 모두 승인했 다고 생각하는 것도 크게 무리가 있는 것은 아니었다.

---

1 위 문장의 내용은 다음과 같다.
조선은 본래 중국의 속방이나, 내치와 외교는 종래 모두 대조선 국주의 권한 아래 집행되어 왔다. 지금 대조선국이 모국某国과 서로 맹약을 체결하고자 할 경우, 두 나라 사이의 외교는 모든 면에서 서로 대등하다. 대조선 국주는 조약 각각의 조항 이 반드시 독립국가 공통의 공례에 의거하여 참되이 처리될 것임에 성실하다. 대 조선국은 중국의 속국이며 그 종속 관계의 결과로, 조선이 중국에 대해 당연히 다 해야 할 어떤 사항[応行各節]도, 지금 맹약을 체결하려는 모국과는 모두 관계 없 다. 따라서 관원을 파견하여 조약을 교섭 의정하는 것은 물론이고 그 외에 상응해 야 할 문서를 갖추어 통첩하라. 이상, 이 공문을 송부하는 바다.

거문도巨文島 사건

여기서 다시 하나의 실례를 들어 보자. 그 뒤 1885년(메이지 18, 고종 22)에 영국 정부가 조선 영토에 있는 거문도를 점령한 사건이 있었다. 당시 영국·러시아·청국·조선 네 나라 사이에 여러 가지로 얽힌 복잡한 관계가 발생하여 서로 의심과 삿된 추측에 의해 분쟁이 오랫동안 풀리지 않았는데, 그 뒤 영국과 러시아 양국은 각각 그 요구하는 보증 조건을 청국으로부터 얻은 다음, 일단 무사히 그 국면이 타결되었다.[2] 이 중대한 외교 문제를 담판하는 중에도 영·러 양국은 마치 조선은 안중에도 없는 듯이 항상 청국만을 상대하고 청국을 책임 당사자로 여겼다(영국이 돌연 거문도를 점령했다는 신문 기사가 전파되자 특히 러시아는 이에 대해 강력히 이의를 제기했고, 청한 양국은 한편으로는 영국에 대해 항의를 일삼는 사이에 다른 한편으로는 러시아로부터 엄중한 비난을 받는 등, 피차 쌍방의 담판이 오랫동안 지속된 후에야, 영국 정부는 마침내 청국 정부에, "만약 러시아가 장래 결코 조선 영토를 침략하지 않겠다는 보증을 한다면 거문도로부터 군대를 철수하겠다"고 단언했다. 이에 청국은 다시 러시아 정부와 수차례의 협상을 거듭했고, 러시아 정부는 청국에 "러시아는, 만약 영국이 거문도에서 군대를 철수한다면 장래 어떤 사정이 있어도 조선의 어떤 지방도 점령하지 않겠다"고 증언했다. 이에 청국은 다시 이를 영국에 전보로 알렸는데, 그 뒤 영국은 거문도를 조선국에 곧바로 돌려주지 않고 오히려 청국에 인도했고, 다만 조선의 관리는 겨우 이를 인수 인도할 때 입회만 시켰을 뿐이다. ◎올해 저 요동

---

2 당시 극동 아시아에서의 영국과 러시아 양국의 관계는 미묘했다. 당시 조선 조정은 독일 영사 묄렌도르프의 거중 조정과 러시아의 대조선 적극 외교로 친러 정책을 펼쳤고, 러시아의 부동항 획득의 남하 정책을 막기 위해 노심초사 하던 영국은 1885년 4월 동양함대를 앞세워 거문도를 점령하고 군사시설을 구축했다. 영국은 청나라의 중재로 협상을 벌인 끝에 러시아가 조선을 점령하지 않겠다는 확답을 받은 뒤 1887년 물러났다.

반도 문제[3]가 발생한 다음에는, 러시아가 언제 조선 문제를 제기해올지도 알 수 없는 일이어서, 영국에 주재 가토加藤 공사에게, "영국 정부에게, 동 정부는 오늘도 러시아의 증언을 유효한 것으로 인정하고 있는지를 질문하라"고 전훈한 바, 영국 정부는 지금도 물론 유효하다는 증언을 확인한다는 회답이 있었다).

그러므로 당시, 영·러 양국이 모두 은근히 청한 종속 관계를 묵인하고 조선과 교섭하는 안건에 대해서는 오직 청국에 무게를 두고 있었던 것은 분명한 사실이다. 특히 영국은 그 동양정략에서 최근까지 조선이 하나의 독립국이라기보다는 오히려 영구히 청국과 종속 관계를 유지하는 것이 자신들의 이익이 된다고 단정했음에 틀림없다. 이번 일·청 양국 사이의 거중 주선을 했을 때에도 여전히 청국을 위해 이 종속관계가 손상되지 않도록 노력한 흔적이 역력히 드러났던 것이다.

이와 같은 사정이었으므로 지금 다시 청한 종속 문제를 제기[37]하는 것은 참으로 진부하기 이를 데 없음이 틀림없었다. 그러나 바야흐로 조선에서의 일·청 양국 관계는 도저히 한 바탕 충돌이 일어나지 않을 수 없는 시기에 닥쳤기에, 오토리 공사는 현재 이런 난국에서는 어찌되었든 종속 문제를 빙자하여 파탄내는 것 외에 다른 방책이 없다고 꾸준히 주장했다. 그러나 나는 아직 내각의 논의가 확정되지 않았기 때문에 오토리 공사에게 전신 훈령하여, 청국 사신에게 이 문제를 곧바로 제기하는 것을 당분간 미루도록[38] 했다.

그러나 이 무렵 조선의 형세는 이미 회복할 수 없는 시기에 다다라, 오토리 공사는 마침내 최종 통보에서 그 종속 문제를 제기하게 되었

---

3   청일 전쟁에서 청나라가 패한 뒤 일본과 체결한 시모노세키 강화조약 중 요동반도를 할양한다는 내용에 대한 러시아·프랑스·독일 세 나라의 간섭을 말한다.

다. 다만 동 공사는 나의 지난번의 훈령과 정면으로 위배되는 것을 피하고자, 경성 주재 청국 사신에게 청국이 조선의 종주국인가를 추궁하지 않고 도리어 조선 정부에 조선은 청국의 속방인가를 힐문하는 교활[狡獪교회]한 수단을 썼다.

즉, 이 힐문에 부연하여 과연 그렇다면 일한조약 중 "조선은 자주국으로 일본과 평등한 권리를 보유한다"는 취지와 모순된다 하고, 나아가 또 그 뜻을 확충하여 '보호속방'을 명분으로 아산에 주둔하는 청국 군대는 곧 일한조약의 조문을 유린하는 것이라 결론지어, 마침내 7월 23일 사변[4]에 편승하여, 아산에 있는 청국 군대[39]를 나라 밖으로 몰아내는 위탁을 조선 조정으로부터 강압적으로 받아내게 된 것이다. 따라서 그 본원을 거슬러 올라가 살피면 필경 일청 양국의 교전은 청한 종속 관계에 기인한 외교문제가 선구가 되었고 마침내 포화로 최후의 비극이 전개되기에 이르렀다 해도 결코 틀린 말이 아니다.

---

4   1894년 7월 25일 풍도전투를 시작으로 청일전쟁이 벌어지기 이틀 전인 7월 23일 새벽, 일본이 용산에 있던 1천여 명의 병력을 경복궁으로 진군시켜 포위하고 공격한 사건(본서 제6장 「조선내정 개혁 제1기」의 ▲용산 주둔 제국군대가 경성에 들어감 ▲대원군의 입궐 참조)을 말한다. 대원군은 이 때 일본의 친일내각 수립 과정에서 반강제적으로 일본 세력과 손잡게 된다. 모든 정황으로 미루어 보아 이 사건은 무쓰 무네미쓰의 지시에 의한 것이 명백하다. 그 스스로 오토리 공사에게, "지금 단호한 조치를 취할 필요가 있다. 어떤 구실을 써도 지장 없다. 실제의 움직임을 개시하라"고 전신으로 훈령했었다고 이 글에서 쓰고 있기 때문이다(본서 74, 126, 142쪽 참조).
    일본의 철병을 주장하는 고종과 명성왕후가 눈엣가시였던 일본은 이 사변으로 대원군을 섭정으로 하고 박영효朴泳孝, 김홍집金弘集 등을 앞세워 친일 내각을 세워 조선 개혁의 계기를 만든다. 이후 7월 27일부터 1896년 2월 11일까지 총 세 차례에 걸친 친일 내각의 개혁이 이른바 '갑오경장'이다. 한편 1895년 4월 청일 전쟁에서 승리한 일본이 요동반도를 차지한 뒤, 일본의 만주 진출에 반발한 러시아가 주도한 삼국(러·불·독) 간섭으로 일본은 요동반도를 청나라에 반환한다. 이어 조선 내에서도 명성왕후를 중심으로 한 친러파가 득세(이 때 박영효 등 친일파가 축출된다)하자, 일본이 헤게모니를 장악하기 위해 대원군을 앞세워 1895년 10월 일으킨 사건이 을미사변, 즉 명성왕후 시해 사건이다.

아산 전투 개시 전의 대한対韓 정략

그런데 오늘에 와서 이상 서술한 바를 돌이켜 보면 꽤 순서대로 정리되어 있는 것 같아도, 그 당시 사정은 대단히 어지럽게 얽혀 있었다. 즉 내각 동료를 비롯한 중심적 인물들도 처음에는 일청[40] 양국 사이를 파탄으로 몰아가야 한다는 의견에 대해 특별한 의의가 없었으나, 개전의 근거가 되는 주의와 방법에 대해서는 의견들이 더욱 분분했다.

오토리 공사가 건의한대로 병력으로써 조선 조정을 압박하여 왕궁을 포위하고 강제로 우리나라의 요구에 응하도록 해야 한다든지, 또는 보호 속방의 명분을 가진 청군清軍은 조선의 독립을 침해하고 아울러 일한조약의 명백한 조항에 모순되므로 조선 조정이 청군을 국외로 몰아 낼 것을 요구해야 한다는 고차원[高手的]의 외교 정략은,

첫째, 이 같은 종류의 고차원적 외교 정략을 엄정히 시행하게 되면 제3자인 구미 강국들로부터 일본이 일부러 명분 없는 전쟁을 도발하는 위치를 취하는 것이라는 비난을 면치 못할 뿐만 아니라 일찍이 외무대신이 러시아 정부에게, 청국의 어떤 거동에도 일본 정부는 스스로 교전하지 않을 것이라고 했던 언질에 위배될 우려가 있고,

둘째, 아직까지 청국이 조선에 대군을 증파한다는 확실한 통보가 없고, 또 아산에 있는 청군도 아직 경성에 진입하려는 기미가 없는데도 비교적 숫자가 많은 우리 군이 앞서서 진격하는 것은 (전쟁을 먼저 일으켰다는)오명을 뒤집어 쓸 우려가 있을 뿐만 아니라, 오히려 우리가 비겁하고 나약하다는 것을 드러낼 결함이 있고,

셋째, 가령 우리 군이 아산에 있는 청군에게 진격하는 데에도 반드시 조선 조정의 위탁을 기다려야 할 터이므로 조선 조정으로 하여금 이 위탁을 하게 하기 전에 우리가 먼저 강압적으로 조선 조정을 밀어붙여 우리의 의지에 굴종시켜야 할 것이다. 가혹하게 말하면 먼저[41] 조

선 국왕을 우리 수중에 두지 않으면 안 될 것인데, 이 같은 과격한 행위
는 우리나라가 조선의 자주독립을 확인한다는 평소의 지론과 너무 차
이가 커서 도저히 누구의 동의도 얻을 수 없다는 등의 의견이 있었다.

그 논의들 하나하나가 너무도 당연하여 나도 감히 이의를 제기할
수 없었지만, 그렇다고 하여 이 절박한 사이에 다시 다른 좋은 대책을
고안하여 내놓는 이도 없었다. 또 나는 앞서 오토리 공사에게,

지금 단호한 조치를 취할 필요가 있다. 어떤 구실을 써도 지장 없다. 실
제의 움직임을 개시하라.

고 전신으로 훈령했었다.

동[42] 공사는 이제는 어떤 구실을 택하든 전혀 그의 자유 의지에 따른
것이므로 그가 이미 스스로 어지간하다고 믿는 방침을 실행했는지도
알 수 없었다(7월 12일에 내가 오토리 공사에게 전훈을 보낸 다음 날인 13일,
마침 외무성 참사관 모토노 이치로本野一郎[5]를 조선에 파견할 필요가 생겼으므
로, 나는 모토노로 하여금 위 전훈의 취지를 (오토리에게) 상세하게 설명하도록 하
는 한편, 일청의 충돌을 촉발하는 것이 오늘[43]의 급선무이므로 이를 단행하기 위한
어떤 수단도 써야 할 것이며, 이에 대한 책임은 나에게 있기 때문에 공사는 추호도
국내 상황을 고민할 바가 없다는 뜻을 전하게 했다. 그리하여 당시 오토리 공사가
충분히 자신하고 있었음은 의심할 바 없었다).

---

5 모토노 이치로(1862~1918). 메이지, 다이쇼大正 시대의 외교관, 정치가. 히젠노
   쿠니備前国(지금의 사가, 나가사키현) 출신. 11세에 프랑스에 건너가 3년간 유학
   한 뒤 귀국, 그 후 도쿄 외국어학교에 진학. 요코하마 무역상회 리용 지점 근무, 리
   용대학 법학박사. 파리에 8년 체제한 뒤 오쿠마 시게노부大隈重信의 권유로 귀국,
   무쓰 무네미쓰 외무대신의 비서관으로 활동했다. 이 때 도쿄 제국대학에서 법학
   도 강의했다. 뒤에 러시아 공사를 거쳐 러시아 대사를 역임한다. 데라우치寺內 내
   각 때 외무대신을 지냈다.

그러므로 나는 탁상에서의 논의가 어떠하든 간에, 실제로는 이제부터 조선 땅에서의 진행이 어떻게 되는지를 보고 임기응변적인 조치를 시행하는 것 외에 이제는 어떤 것을 할 겨를이 없다고 주장했다. 그러나 내각 동료들은 이런 중요한 사안에 대처할 때에는 충분히 신중하게 생각하지 않으면 안 된다며 지금 일단 오토리 공사에게 전훈하여 경계하도록 해야 한다는 주장이 다수였다.

나는 이렇게 위급한 때에 헛되이 변론과 토의에 시일을 허비하는 것이 무익하다고 판단하고 내각 동료의 의견에 따라 7월 19일을 기해 오토리 공사에게 다음 요지의 전훈 하나를 다시 보냈다.

귀관은 스스로 상당하다고 인정하는 수단을 집행하라. 그러나 앞서 전신 훈령한 바와 같이 다른 외국과의 분쟁이 일어나지 않도록 충분히 주의하라. 우리 군대가 왕궁 및 한성을 포위하는 것은 상책이 아니라고 생각하기에 이를 결행하지 않기를 바란다.

그러나 조선[韓地]의 형세는 이미 이 훈령에 따라 그 방침을 변경하기가 불가능한 시기時機에 도달해 있었다. 마침 내가 전훈을 보낸 날과 같은 날(즉 7월 19일), 오토리 공사는 이미 조선 정부에 대해 '보호속방'의 명분으로 청군이 영구히 조선 국내에 주둔하는 것은 조선의 독립을 침해하는 것이기 때문에 속히 이를 국외로 몰아낼 것을 요구하고, 또 7월 22일을 기해 이에 대해 확답하도록 다그쳤음을 나에게 전신으로 보고했다. 그 보고서 말미에 만약 조선 정부가 해당 기한이 되도록 여전히 만족스러운 회답이 없으면 오토리 자신이 조선 정부를 강력히 압박하여 이 기회를 이용하여 대개혁을 단행할 계획이라고 부언했다.[45]

이어 7월 23일 오전의 전문에는, 조선 정부가 마침내 우리의 요구에 대해 심히 불만족스러운 회답을 해왔으므로 부득이 단연코 왕궁을 포위하는 강력한[46] 수단의 처분을 시행했다고 했으며, 또 그날 오후의 전신에는,

일한 양군의 싸움은 약 15분 사이에 종료되어 지금은 모두 잠잠해졌으[47]며, 본 공사가 곧바로 왕궁으로 들어갈 때 대원군 스스로 본 공사를 맞이하여, 국왕으로부터 모든 국정 및 개혁 사업을 전적으로 맡으라는 칙명을 받들었다며 이후 만사를 본 공사와 협의할 것이라고 약속했음.

이라는 등의 전보가 속속 들어와, 내가 19일에 보낸 전훈은 그야말로 쓸모없게 되어버리고 말았다.

그리고 그후[48], 며칠이 지나지 않아 오토리 공사 및 오시마大島 여단장이 각각 그 상부에 아산과 성환 전투의 승리를 전신 보고해 옴으로써, 지금은 오토리 공사가 썼던 고차원적 외교수단도 실효를 거두어 아산 전투의 승리 결과로 경성 부근에서는 이제 청군을 한 명도 볼 수 없게 되었으며, 조선 정부가 완전히 우리 제국의 수중으로 들어오게 되었다는 쾌보가 일시에 우리 국내에 전파되었다. 또 저 구미 각국 정부도 일청 교전이 실제로 벌어진 오늘에 와서는 쉽게 참견하고 간섭할 여지가 없어 잠시 방관하는 입장이 되었다. 따라서 앞서 강박 수단으로 조선 조정을 개혁할 것인가의 가부를 논하고, 우리 군이 먼저 청군을 공격하는 득실을 따지는 제반 의론議論도, 전국의 도시와 시골에 이르는 곳곳에 욱일승천기旭日昇天旗를 내걸고 제국의 전승을 축하하는 환[49]성이 들끓는 듯한 가운데에 묻혀 또한 잠시 찌푸렸던 인상을 펼 수 있게 되었다.

풍도 해전은 사실 아산의 육지전보다 며칠 앞섰지만, 바다와 육지의 통보通報 편리의 차이로 풍도 승전 낭보가 도쿄에 도달한 것은 오히려 아산전투 승전보보다 늦었다. 그러나 이 해전의 승리는 우리 국민들에게 한결 더 장쾌한 감정을 불러일으켜 환희의 소리가 한층 높아졌다. 그 이유는 우리 국민은 처음부터 육군의 승리는 예상하고 있었지만 해군의 승패 여하에 대해서는 의문을 품고 있는 사람들이 상당히 많았기 때문에, 의외로 이 승전보를 접하고서 아주 강대해졌다는 느낌이 들어 거의 미칠 듯 기뻐하게 된 것도 또한 이해가 된다 하겠다.

처음에 우리 정부가 도쿄 주재 영국 공사를 경유하여 청국에게 우리의 최종적 통보를 하면서 닷새를 기한으로 회답을 요구하고, 또 만약 그 사이에 청국이 조선에 군대를 증파한다는 움직임이 있으면 일본 정부는 바로 이를 위협적 행위로 인정할 것임을 단언했을 당시에, 사이고西鄕[6] 해군대신은 나에게, 만약 일본 함대가 이 최종적 기한 이후에 청국 함대와 마주친다든지 또는 청국이 다시 군대를 증파하는 사실이 있으면 즉시 전투를 개시해도 외교상 어떤 문제가 없겠는가 하고 질문해 온 적이 있었다. 나는 외교상[50]의 순서로서는 어떤 지장도 없다고 답했다.

즉, 내가 우리나라 주재 영국 대리공사 파젯을 초치하여 우리의 최종적 각서를 베이징 주재 영국 공사에게 전달하도록 요청한 것이 7월 19일이고 풍도 해전은 7월 25일이다. 특히 풍도 해전은 청국 군함이 먼저 우리 군함을 습격하여 시작되었다. 누가 승리하든지를 불문하

---

6 사쓰마번 번사 출신 사이고 쥬도/혹은 쓰구미치西鄕從道(1843~1902)를 말한다. 메이지 유신 삼걸의 하나인 사이고 다카모리西鄕隆盛(1828~1877)의 동생이다. 형 사이고 다카모리를 다이사이고大西鄕라 하고 그를 고사이고小西鄕라 한다. 최종 계급은 원수해군대장元帥海軍大將. 문부경(제3대), 육군경(제3대)을 거쳐, 초대, 4대 해군대신과 2대, 14대 내무대신을 지냈다.

고 그 옳고 그름은 이미 명백하기 때문에 우리는 전시 국제공법상 하등의 비난을 받을 우려가 없었다. 그러나 이 승전보와 거의 동시에 접수된 보고 가운데 우리 관민을 가장 경악하게 한 것은, 아군 군함 나니와浪速호가 영국 국기를 게양한 한 척의 운송선을 포격했고 결국 침몰시켰다는 보고였다. 과연 우리 군함이 중립국의 국기에 대해 불법의 폭행을 저질렀는가의 여부를 규명하기 위해 여기서 풍도 해전의 경과를 약술할 필요가 있다.

풍도 해전은 7월 25일 오전 7시와 8시 사이에 우리 군함 아키쓰시마秋津洲, 요시노吉野, 나니와와 청국 군함 제원濟遠, 광을广乙 사이에 벌어진 전투다. 즉 청국의 제원함이 먼저 전투의 단초를 열어 시작되었고, 그 결과 제원이 패주하고 광을은 도망하다 좌초했으며, 조강操江[7]이 결국 우리 해군에 포획됨으로써 끝났다.

그 후 그날 오전 9시 경, 나니와가 적함을 추격하던 도중에 쇼파이오ショパイオル섬 근방에서 청국 군대를 태우고 영국 국기를 게양한 운송선 고승호高陞号와 마주쳤다.

고승호高陞號 사건

이 때 이미 전투는 시작되었다. 우리 군대는 교전자의 권리 행사를 위해 운송선을 수색하고 또 경우에 따라서는 당연히 어떤 강제적 수단도 쓸 수 있기 때문에, 나니와는 처음에 신호를 보내 고승호를 정지하도록 했다. 고승호 선장은 곧바로 이에 응했으며 그 외 나니와가 내린

---

[7] 1869년 상하이에서 건조된 청나라 함선. 청일전쟁 시 풍도 해전에서 화물선 고승호를 호위하던 중 일본 해군 방호순양함 아키쓰시마에 나포된 뒤 그해 9월에 일본 해군의 함적艦籍에 편입되어 일본 해군의 포함砲艦이 된다. 나중에 경비함으로 변경되어 청일전쟁 중 조선의 해역을 초계하는 역할을 맡았다.

명령을 전혀 어기지 않았다.

그러나 고승호에 탑승해 있던 청국군 장교가 그 선장을 제압하고 나니와의 모든 명령에 복종하지 말도록 했다. 나니와는 두 번이나 보트를 보내 그 선장을 정성껏 타일렀으나 더는 그 목적을 달성할 수 없음을 알고, 마침내 최후의 신호를 올리고 선내의 서양인들에게는 각자 살 길을 구할 편의를 제공한 다음, 이를 포격하여 침몰시킨 것이 정확히 오후 12시 40분이라 한다.

이처럼 거의 네 시간이 경과하기까지 나니와 함장이 최후의 수단을 결행하지 않은 것은 그 함장의 판단이 용의주도하고 정밀했음을 알 수 있고 또 국제공법상 어떤 부당한 행위가 없었음을 증명하지만 (전투의 모든 상황을 상세히 기술하는 것은 본 편의 목적이 아니다. 하지만 풍도 해전은 고승호 포격 사건과 관련하여 뒷날 국제공법상 논쟁의 기초가 되었던 사실로 여기에 그 대요를 적지 않을 수 없기 때문에 이는 예외로 한다), 특히 후일에 속속 접수한 상보에 의해 비로소 명료하게 된 것일 뿐이다.

위 사건과 관련한 아오키靑木 공사의 전보

당초 풍도 해전 중, 우리 군함이 영국 국기를 게양한 운송선을 포격하여 침몰시켰다는 보고를 접했을 때에는, 생각지도 않은 사건으로 일영 양국 사이에 정말로 일대 분쟁을 야기할지도 모르겠다며 모두가 그야말로 경악했고, 어찌되었든 시일을 끌지 말고 영국을 충분히 만족시켜야 한다는 주장이 많았다.

7월 31일, 영국 주재 아오키 공사로부터

영국 운송선 사건에 관해서는, 영국 정부가 어떤 요구를 할 것인지를 기다리지 말고 우리가 자진하여 상당한 만족을 줄 수 있도록 해야 하며, 또 그 배에 승선하고 있던 독일 장교가 만약 사망했다면 이 또한 같은 처분이 있어야 할 것임.

이라는 전신 보고가 있었다(이 때까지 런던에는 아직 배 이름[船名]이 분명하지 않았고, 또 한네켄Constantin von Hanneken의 성명도 밝히지 않았던 것으로 보인다).

위 사건과 관련한 영국 정부의 공문

이어 8월 3일, 영국 외무대신은 고승호 사건과 관련하여 아오키 공사에게 공식적으로 한 통의 서한을 보냈다. 그 공문의 개요에,

당시 일본군 장교의 처치로 발생한 영국 신민의 생명 혹은 재산의 손해는 일본 정부가 책임을 져야 할 것으로 인정됨. (중략)또 본 건에 관하여 상세한 보고를 받고 영국 정부의 의견이 확정되면 곧바로 다시 상응하는 공문을 보내겠음.

이라고 통보했다고 전신으로 보고해 왔다.

당시 런던에서 그에 관한 상세한 정보를 얻을 수 없었음은 물론이다. 도쿄에서조차 아직 확연한 상보詳報를 얻을 수 없었다. 그래서 나는 시일을 끌지 말고 먼저 영국을 만족시켜야 한다는 저 주장도 또 아오키 공사의 건의처럼 영국으로부터 어떤 요구가 있을지를 기다리지 말고 우리가 자진하여 보상 문제를 꺼내야 한다는 것도 지금으로서는 시기상조라고 판단했다.

또한 나는 먼저 이 변란의 보고를 받았을 때 우선 도쿄 주재 영국 임시대리공사를 초치하여, 이 비탄할 사건에 대해서 충분히 전말을 조사한 뒤 만약 불행히도 제국 군함의 행위에 합당치 못했던 것이 드러

나면 제국 정부는 이에 상당하는 보상을 게을리 하지 않을 것이라는 뜻을 밝혔다. 그리고 영국 공사로 하여금 이를 곧바로 본국 정부에 전보토록 조치했기 때문에 지금은 오직 하루라도 빨리 상보를 얻기를 바랐다.

그 후 곳곳에서 실지 전시戰時의 확실한 보고가 속속 도착했고, 또 당시 우리 군함에 의해 구출된 고승호 선장 이하 외국인은 모두 사세보佐世保 진수부鎭守府[8]에 도착했기 때문에, 정부는 7월 29일 법제국 장관 스에마쓰 겐쵸末松謙澄[9]를 사세보 진수부에 파견하고, 직접 그 외국인 등을 조사하도록 했다. 스에마쓰가 그 조사 결과를 내게 보고한 개요는 다음과 같다.

위 사건에 관한 법제국 장관 스에마쓰 겐쵸末松謙澄의 보고

침몰한 배는 영국 선적 소속의 고승호임. 지주持主는 인도지나기선회사印度支那汽船会社임. 동 선박에는 청국의 포·보병 장졸将卒 등 모두 합하여 1,100명이 탑승, 그 외 다수의 대포와 탄약을 탑재하였고 겉으로는 여객 명의인 독일인 폰 한네켄이 타고 있었음. 이 배는 청국 정부의 용선傭船으로, 대고大沽에서 청국 군병 및 한네켄을 태우고 조선의 아산에 도착하여 상륙시키라는 명령을 받았음. 고승호가 대고를 출항한 것은 7월 23일임. 동 선장의 말에 의하면, 그 전후 청국 군대 운송선 8척은 각각 봉서명령封書命令[10]을 받들고 대고를 출발했다고 함. 하관下官(=스에마

---

8 사세보 진수부는 나가사키현長崎県 사세보에 있었던 일본 해군의 진수부. 진수부는 일본 해군의 근거지로서, 함대의 후방을 통할하는 기관.

9 스에마쓰 겐쵸(1855~1920). 메이지 시대와 다이쇼 시대에 활동한 일본의 저널리스트, 정치가, 역사가. 영국 켐브리지대 유학파이며 이토 히로부미의 사위이다.

10 명령 수령자 외에는 내용을 알 수 없도록 겉봉을 봉한 명령서로 국왕이 측근이나 신하들에게 내린 명령을 말한다.

쓰)이 고승호 또한 봉서 명령을 갖고 있다고 믿는 이유가 있음.

즉 고승호는 7월 27일 아침[51], 풍도 근방에서 우리 군함과 청국 군함 사이에 이미 전투가 벌어진지 두 시간이 지나 우리 군함 나니와호와 조우했음. 그 선장은 전적으로 나니와의 명령을 따르겠다고 했으나 선내의 청국 군관이 이를 허락하지 않았음. 따라서 이 선장의 모든 행동[52]은 자유롭지 못했음. 나니와 함장은 군사적인 일로 바쁜 중에도 고승호가 영국 국기를 게양하였으므로 그 까닭을 담판 짓기 위해 왕복하는 데 장시간을 보낸 것은 그가 용의주도하다는 것을 보여주기에 충분한 증거임. 또 고승호의 지주와 청국 정부 사이가 어떤 관계인지는 아직까지 상세한 것은 모르지만, 여러 사정으로 미루어 판단해 볼 때 결코 평범한 통운업 관계에 그치지 않는다고 믿을 만한 이유가 있음. 하관의 절실한 질문에 대해 고승호 선장이 서면으로 적은 내용을 보더라도, 이 배는 청국 정부가 고용했고 만약 항해 중에 전쟁이 일어나면 즉시 동 선박을 청국 정부에 인도하며 승선하고 있는 외국인은 모두 그 배를 떠나야 한다는 계약이 있는 것도 명백함.

그리고 스에마쓰는 그 보고서 마지막에,

이상은 하관이 조사한 사항의 요령이며 관계 서류는 별도로 봉하여 함께 각하(=무쓰)에게 올려 드림. 본 건에 대하여 만국공법상 우리 나니와호 행위의 옳고 그름의 여하는 하관이 여기에서 논술할 바가 아니나, 이는 요컨대 앞서 거론했던 바가 사실로서 그 행위가 부당하지 않음은 적어도 공평을 중시하는 비평가가 의심하지 않을 것임.

이라는 의견을 덧붙였다.

이 조사 보고서에 적힌 사항은 마침 해군 당국자로부터 차차 접수된 확실한 보고[確報]와 부합했다. 이에 비로소 고승호 포격 사건도 점차 명료해지게 되었다.

여타 자세한 사항을 제외하고 그 요점을 열거하면 다음과 같다.

첫째, 나니와는 일청 전쟁이 이미 시작된 후 고승호에 대해 교전자의 권리를 행사한 것이다.

둘째, 고승호가 본래 영국 선적에 속함이 물론인데도, 사건이 벌어지는 도중에 고승호 선장은 직무를 행사할 자유를 완전히 박탈당하여 이 배는 청국 군관이 지배하는 상태였으며, 심하게 말하면 영국 배 고승호가 그 때 청국 군관에게 약탈당했다는 것이다.

셋째, 이 배의 지주는 만약 전쟁이 일어나면 본선을 청국에 인도한다는 계약을 청국 정부와 미리 해 두었다. 특히 이 배가 대고에서 출항할 때 봉서 명령을 받았기 때문에 그들이 일청 양국의 교전을 예기하고 있었던 것은 의심할 바 없다.

위와 같은 이유로, 일본 정부는 영국 외무대신의 말처럼 처음부터 그 승조원의 생명과 재산에 대해 책임을 져야 할 의무가 없고, 실로 교전자의 당연한 권리를 행사했던 것이다. 사정이 이처럼 분명해짐에 따라 나는 파젯에게 그리고 영국 주재 아오키 공사에게도 상세하고 정확한 정보를 주어 이를 조목조목 영국 정부에 설명하도록 했다.

그 후 사정이 명백해지게 됨에 따라 영국 정부도 본건에 관해 어떤 이의를 제기하지 않아 논란이 중지된 듯 했다. 그러나 당시 영국의 여론, 특히 각 신문은 결코 이 사건을 불문에 붙이려 하지 않았다. 어떤 신문은 일본 해군이 대영제국[大貌列顚国] 국기를 모욕했으므로 일본이 그에 해당하는 사죄를 해야 한다 하고, 어떤 신문은 일본 해군의 행위는 전쟁이 발발하기 전 즉 평화로운 시기에 일어난 폭행이므로 일본 정부는 침몰선의 지주 및 이 사변으로 생명과 재산을 잃은 영국 신민에 대해 상당한 배상을 해야 한다고 했으며, 그 외 과격한 언사로 분노의 감정을 드러냈다.

홀랜드 및 웨스트레이크 두 박사의 의견

당시 영국에서 국제공법학의 대가로 알려진 홀랜드 및 웨스트레이크 박사[11]는 처음부터 나니와호의 행위가 부당하지 않다고 했다. 유행하고 있는 여론의 취지와 다른 논지를 펼치는 것을 보고 영국의 어떤 잡지는 두 사람에 대해 크게 인신공격을 가했다. '비겁한 법학박사' 혹은 '여론 때문에 자기의 영예 및 직업상의 치욕과 경멸을 돌아보지 아니한 본분을 망각한 법학가緊'라 비난하는 등 헐뜯음이 백방으로 극에 달했다.

그러나 이는 요컨대, 당시 영국의 일반적 여론은 즉 일청 양국이 아직 선전포고를 하기 이전인데도 일본 해군이 이와 같은 폭행을 한 것은 불법이라는 것 같았다. 따라서 홀랜드 박사는 다음과 같이 논했다.

> (전략) 그러므로 첫 번째의 수뢰水雷가 아직 발사되기 이전에 고승호는 교전국의 한쪽을 위해 운송에 종사한 중립국의 배고, 해당 선박 자신 또한 이것을 인지하고 있었다(군사 전략에 관한 것과 그 외 다른 목적에 관한 것을 불문하고, 영국 국기를 게양한 것은 본 건과는 전혀 관계가 없는 일이다). 이 위치에 있는 고승호는 실로 다음과 같은 두 가지의 의무를 갖는다.
> 첫째, 격리선으로서 관찰하면 고승호는 운행을 정지하여 임검臨檢을 받고 또한 일본의 포획심검소에서 심검을 받기 위해 송치되어야 마땅하

---

11 토마스 어스킨 홀랜드Sir Thomas Erskine Holland(1835~1926)과 존 웨스트레이크John Westlake(1828~1913)를 말한다.

다. 이번의 실제 상황과 같이 포획에 종사해야 할 일본함의 사관이 고승호 선내로 진입할 수 없는 상황에 즈음하여, 일본 해군 장관이 고승호로 하여금 자신의 명령에 복종토록 하기 위해 필요한 강제력을 사용한 것은 당연하다.

둘째, 육지에 주둔하고 있는 청국군에게 원병을 보내는 것과 관련한 운송선으로서 혹은 군함의 하나로서 이를 관찰하면, 고승호는 명백히 적대적인 거동의 일부라도 표시했든지 아니면 적대 행위로 취급해야 하는 거동을 한 것이므로, 일본은 필요한 모든 힘을 사용하여 해당 선박을 막아 멈추게 해서 그 목적을 달성할 권리가 있는 것이다.

적국의 군병을 운송한 중립국의 배를 나포하거나 적대 행위의 진행을 방지하기 위해 일본이 사용한 강제력을 군이 부당하다고 할 수 없다. 또 선장 이하 구조된 사람들도 적당한 처분에 따라 방면되었기 때문에 중립국의 권리상 침해를 입었다고 할 수 없다. 그렇다면 즉 우리(=영국) 정부는 일본으로 하여금 사죄하게 할 이유가 없으며, 고승호의 지주 또는 이 사건과 관련하여 그 생명을 잃은 구라파인의 친족 또한 배상을 요구할 권리가 없는 것이다.

과연 국제공법학의 거장이다. 그의 논지가 공명하고 확실함은 명약관화하다.[53] 그리고 영국 외무대신 킴벌리 백작[12]은, 고승호를 소유한 회사에게 일본에 배상을 요구하는 것이 불가능함을 권고했다(이 일은 인도지나 회사 총회 시 사장의 보고에 보인다). 후에 격앙했던 영국의 여론도 마침내 누그러져, 한 때 거의 일영 양국 간에 중대한 외교[54] 관계를 야

---

12 초대 킴벌리 백작인 존 우드하우스John Wodehouse, 1st Earl of Kimberley(1826~1902)를 말한다. 영국의 정치가, 귀족. 빅토리아 왕조 중기에서 말기에 걸쳐 영국 자유당 정권에서 초대 외무대신 등을 역임했다.

기할 것이라 한 사안도 다행히 무사히 타협 국면을 알리게 되었다.

이는 요컨대 풍도 해전은 교전국인 청국에 대해서도 중립국인 영국에 대해서도, 일본 해군이 전시 국제공법의 규정 밖으로 벗어난 행위가 없었음을 세상에 발양한 것은 실로 명예롭다 할 것이다.

제11장

조선 내정 개혁 제2기

메이지 27년(1894, 고종31) 7월 23일 사변 후의 조선은, 마치 낡아서 허물어지고 창문이 다 부서진 집이 거친 바람과 큰 비를 만난 뒤에, 하늘은 불현듯이 쾌청한데도 집안은 아직 풍비박산이 극에 달한 것과 같았다.

이제부터 어떻게 이 나라의 독립을 확립하고 내정 개혁을 거행할 것인가. 몽매 무식한 조선 정부는 어떤 정견定見도 물론 없었고, 우리 정부가 이끌어 도와주려 해도 착수할 바가 거의 어딘지 알 수 없는 형국이었다. 그러나 우리 정부는 일찍이 조선의 독립과 그 내정 개혁이 일청 전쟁의 원인이라 하여 이를 온 세계에 알렸던 것이다.

우리 정부가 가장 먼저 시행해야 할 급선무는 우선 조선 정부로 하여금 독립국이라는 사실을 내외에 확실하게 표명하게 하는 것과 또 우리나라에 대해 그 내정 개혁 사업을 순차적으로 거행하겠는 약속을 명확히 하는 것이었다.

잠정 합동 조관條款

정부는 곧장 오토리 공사에게 전신 훈령하여, 위 양대 요건에 대해 조선 정부와 그에 상당하는 조약을 체결할 것을 명했다. 이에 따라 동 공사는 수차례 조선 조정과 회담을 가진 뒤, 마침내 그해 8월 20일, 「잠정 합동조관暫定合同条款」이라는 조약 하나를 체결하여 조선 내정 개혁을 명백히 약속하게 하고, 또 그 달 26일에는 「일한양국맹약日韓両国盟約」으로 명명한 공수동맹조약攻守同盟条約을 체결함으로써 일한 양국이 청국에 대해 공수동맹의 책무를 확정함과 동시에 조선이 하나의 독립된 국가라는 실상을 나타내었다. 그 잠정 합동조관의 개요는 다음과 같다.

(1) 조선 정부는 일본 정부의 권고에 따라 그 내정을 개혁하는 것이 급선무임을 깨닫고, 각 절의 순서에 따라 이를 힘써 행할 것을 보증한다는 뜻을 약속한다.

(2) 경부京釜 및 경인京仁 간 건설할 철도는 조선 정부의 재정이 아직 여유롭지 못함을 고려하여 일본 정부 혹은 일본의 어떤 회사에서 시기를 가늠하여 기공시키기를 희망한다는 것을 규약한다.

(3) 일본 정부가 이미 가설한 경부 및 경인 간 군용 전선電線은 적절한 시기를 보아 조관을 개정함으로써 오래도록 보존 존치될 수 있을 것을 규정한다.

(4) 양국의 교제를 친밀히 하여 무역을 장려하기 위해 조선 정부는 전라도에 통상항 하나를 개항할 것을 약속한다.

(5) 금년 7월 23일, 왕궁 근방에서 일어난 양국 병사의 우발적 충돌 사건은 피차 공히 이를 추궁하지 않기로 정한다.

(6) 일본 정부는 본래 조선을 도와 그 독립 자주의 업을 성취시킬 것을 희망하기 때문에, 장차 이 목적을 달성하기 위해 양국 정부는 각각 위원을 파견하여 회동하고 의정할 수 있다.

고 규정함으로써 조선 정부는 이후 조약상의 의무로서 일찍이 일본이 권고한 내정 개혁을 실행할 책무를 지게 되었다.

일한공수攻守동맹조약

일한 양국동맹의 개요는 그 머리말 중에서, 조선 정부가 청국 군대 철수의 한 절[一節]을 조선국 경성 주재 일본특명전권공사에게 위탁하여 대변시킨 이래, 양국 정부는 청국군에 대해 이미 공격과 방어를 서로 돕는 입장이며, 이에 대해 그 사실을 명백히 함과 동시에 양국이 공통으로 하는 사안의 목적을 달성하기 위해 아래의 조항을 둔다면서 시작한다.

⑴ 이 맹약은 청국군을 조선국 국경 밖으로 철수시키고 조선국의 독립 자주를 공고히 하여 일한 양국의 이익을 증진할 것을 목적으로 한다.

⑵ 일본국은 청국에 대한 공수의 전쟁을 맡고, 조선국은 일병의 진퇴 및 그 식량 준비를 위해 가능한 편의를 제공한다.

⑶ 이 맹약은 청국에 대해 평화적 조약이 성립되면 폐기한다.

고 규정했다.

다만 조선의 독립을 세상에 알리기 위해 왜[55] 일한공수동맹조약을 체결할 필요가 있었는가 하면, 본래 하나의 독립국으로서 평시와 전시에 세계열강 사이에서 그 위치를 어디다 두어야 할지 조선 정부가 몰랐기 때문이다.

아산 전투 개전 이래 사실상 우리나라의 동맹임에도 불구하고, 아직도 은밀히 경성京城 주재 구미 강국 대표자들과 밀담하여 일청 양국 군대를 국내에서 철수하도록 하는 주선을 구하는 등 장단이 맞지 않는 행위가 많아, 장래 만반의 장해가 이로부터 양산될 우려가 있었다.

이 때문에 지금 하나의 국제조약의 효력에 의거하여 한편으로는 그들 (=조선)이 하나의 독립국으로서 공연히 어떤 나라와도 공수동맹을 맺을 권리가 있음을 밝힘과 동시에 다른 한편으로는 그들을 굳게 우리 수중 안에 붙들어 매둠으로써 감히 다른 데를 돌아보지 못하게 한다는 일거양득의 방책에서 나온 것일 뿐이었다(풍도 해전 수일 후, 조선 영해에서 우리 군함 다카치高千穗 호가 우연히 독일 상선 조주호潮州号라는 선박을 임검했기 때문에 재한 독일 영사는 중립국 해안에서 중립국 선박을 검문하는 것은 국제공법이 허락하지 않는다며 조선 정부를 힐책했다. 독일 영사가 말한 국제공법 논거의 옳고 그름은 여기서 언급할 사항은 아니지만, 이런 분쟁이 일어나는 것은 필경 조선 정부의 위치가 애매한 데에 기인한다고 할 것이다).

일한 양국 맹약은 일청 양국 교전이 종료될 때까지는 그 효력을 잃지 않아 제3자인 구미 각국도 이후 어떠한 이의를 제기하지 않았다. 그러나 저 일한합동조관이 과연 조선의 내정 개혁 사업에 대해 어떤 효과가 있었는가 하면, 내외의 형세가 종종 여의치 않는 바가 적지 않았으며 본 조약의 조목 대부분이 한 장의 헛된 종이처럼 되어버린 사정은 후에 기술한다.

대원군의 복수 정략

7월 23일 사변 후의 조선 정부의 움직임은, 대원군이 내정 개혁의 이름을 빌어 첫째로 왕비의 친척들인 여러 민씨閔氏들에 대해 다년간의 숙원이었던 복수를 행하기 시작했다. 민씨 일족은 대부분 귀양 등의 가혹한 형벌을 받았다(민영준閔泳駿은 유배지에서 즉시 도망하여 청국으로 건너갔다).

이 사이 왕비는 그 일신조차 거의 위험했으나, 밖으로는 우리 공사가 단호히 난폭한 행위를 금지하고 안으로는 왕비 스스로 대원군의 무릎 아래 슬피 하소연하여 본심 깊이 이전의 죄를 뉘우치는 모습을 꾸며 교묘하게 그를 기만함으로써 겨우 한 가닥 생명 줄을 이을 수 있었다. 그러나 물론 이전과 같이 암탉이 울어 새벽을 알리는 것은 허용되지 않았고 공허하게 깊은 궁궐 안에 칩거했다.

이로써 조정의 모든 실권은 대원군 한 사람에게 돌아갔다. 그러나 어떤 나라에서도 이 같은 혁명적 사변 뒤에는 먼저 국내의 인심을 수습하기 위하여 정면의 반대당을 제거하는 것 외에는 각종 당파들에 대해 다소의 만족감을 줄 필요가 생기는 것이 통상적이고 [57] 금일의 조선 역시 예외일 수 없었다.

김金, 어漁 내각

종래 조선 국내에는 온화하고 점진적 원로들로서 여망興望이 있는 김굉집金宏集(=김홍집金弘集의 초명)[1], 어윤중漁允中[2] 등의 일파가 있었다. 대원군은 이들로 [58] 내각을 조직했으나, 이 외에도 당시 조선에는 따로 개혁파, 개

1 김굉집(1842(헌종8)~1896(고종33)). 본관 경주. 자는 경능敬能, 호는 도원道園. 조선의 마지막 영의정. 천주교도이자 개화사상을 받아들였던 부친에게 영향을 받았으며 부친의 벗 박규수朴珪壽 문하에서 배웠다. 1880년 수신사로 일본에 다녀오면서 일본에서 청나라 공사관 참찬관인 황준헌黃遵憲을 만나 『朝鮮策略조선책략』을 갖고 와 이를 소개하고 청국, 일본, 미국과 친교를 맺어 세계 발전의 대열에 합류할 것을 주장했다. 1884년 갑신정변 때 좌·우의정으로 전권대신이 되어 한성조약을 체결했다. 1894년 동학혁명 때 일본 세력이 강대해지자 제1차 김홍집 내각을 구성, 총리대신이 되었으며, 청일전쟁 후 일본이 승리하자 친일 인사가 입각한 제2차 김홍집 내각을 구성한다. 청일전쟁 후 단행된 갑오개혁의 중심인물이며, 이후 명성왕후 시해 사건인 을미사변까지 제4차 김홍집 내각까지 조정을 이끌었으나 1896년 친러파 정권이 들어서면서 김홍집 내각은 붕괴되고 이 때 난적들에게 광화문에서 피살된다.

2 어윤중(1848(헌종14)~1896). 본관 함종咸從. 충북 보은 출신. 자는 성집聖執, 호는 일재一齋. 1894년 갑오경장의 중심인물로 당시 최고의 재정전문가. 갑오경장 때 김홍집 내각과 박정양 내각 때 탁지부 대신으로, 재정·경제 부문의 전반적 대개혁은 어윤중이 중심이 되어 단행되었다. 1881년 일본에 파견된 조사시찰단朝士視察團(일명 신사유람단) 단장으로 일본의 문물제도를 시찰하였고, 1882년 청나라와 조청상민수륙무역장정을 체결했다. 경제개혁을 통해 부국강병을 이루고자 했다.

화파, 혹은 일본당이라 칭하는 자들이 있었다. 즉 김가진金嘉鎭, 김학우金鶴羽[3], 유길준兪吉濬[4], 안경수安駉壽 및 김옥균金玉均[59], 박영효朴泳孝[5] 등의 잔당을 규합한 일파로서 그 인원수도 크게 많지 않았고 세력도 그리 강

---

3 김학우(1862(철종13)~1894(고종31)). 본관 김해. 함북 경흥의 토반土班 출신. 개화기 때 전운서낭청轉運署郎廳, 내무부참의직內務部參議職, 법무아문대신서리法務衙門大臣署理 등의 요직을 역임한 관료. 어려서 숙부를 따라 블라디보스토크에서 자랐다. 1876년부터 일본에 1년 반 체류한 경험과 만주 길림, 베이징 등을 드나들며 해외사정에 밝았다. 러시아어, 일본어, 중국어에 능통했으며 1884년부터 1886년까지 기기국위원機器局委員, 전환국위원典圜局委員 등을 지냈다. 이 시기에 고종의 총애를 받으면서 조정이 추진한 각종 개화사업, 특히 일본 및 청나라로부터의 선박·무기 구입, 전선가설, 전선기술자의 양성, 그리고 모스부호의 도입 등에 종사했다. 친일 개혁관료의 한 사람으로 김홍집·유길준 등과 함께 갑오개혁을 주도했다.

4 유길준(1856(철종7)~1914). 본관 기계杞溪(지금의 포항). 자는 성무聖武, 호는 구당矩堂. 서울 출신. 조선말 대표적 개화사상가이자 정치가이며 우리나라 최초의 일본·미국 유학생이기도 하다. 1881년 어윤중의 수행원으로 조사시찰단에 참가, 후쿠자와 유키치福沢諭吉가 설립한 게이오기주쿠慶応義塾에서 수학했다. 1882년 임오군란 후 맺은 「제물포조약」의 배상금 지급 등의 이행을 위해 일본에 건너온 특명전권대사 겸 수신사 박영효 일행의 통역 등을 맡아 활약하다 박영효와 함께 귀국한다. 당시 한성판윤(서울시장)이던 박영효가 주도했던 『한성순보』 창간에 통리교섭통상사무아문統理交涉通商事務衙門의 주사로서 실무책임자로 참여했으나, 박영효의 좌천으로 뜻을 이루지 못하고 물러난다. 그해 7월 민영익의 수행원으로 미국으로 건너가 공부하다 1884년 갑신정변 실패 소식을 듣고 학업을 중단, 유럽 각국을 순방한 뒤 1885년 12월 귀국했다. 갑신정변의 주동자 김옥균·박영효 등과의 친분관계로 개화파 일당으로 간주되어 체포되었으나 한규설韓圭卨의 도움으로 극형을 면하고 연금 생활을 하면서 『西遊見聞서유견문』을 집필, 1895년에 출판했다. 청일전쟁의 발발과 동시에 수립된 친일내각에 참여, 외아문참의겸군국기무처회의원外衙門參議兼軍國機務處會議員·내무협판內務協辦 등의 요직을 지내면서 갑오개혁의 이론적 기초를 제공했다.

5 박영효(1861(철종12)~1939). 본관 반남潘南, 자는 자순子純, 호는 춘고春皐, 현현거사玄玄居士. 수원 출신. 조선의 마지막 부마(철종의 사위)다. 급진 개화파이자 경술국치 후 대표적 친일반국가 행위자로 분류된다. 1882년 「제물포조약」 이행 수신사로 일본 왕래, 개화운동은 위 주4) 참조. 1884년 유대치를 중심으로 김옥균, 홍영식 등과 함께 일본 세력을 이용하여 청나라의 종속에서 벗어나려는 갑신정변을 일으켰다. 정변 실패 후 일본으로 망명, 야마자키 에이하루山崎永春로 개명하기도 한다. 1894년 갑오개혁 때 귀국, 1차 김홍집 내각에서 내부대신으로 입각, 1895년 을미개혁을 주도했으나 명성황후 암살 음모론 누명으로 다시 망명, 1907년 귀국한다. 경술국치 후 일본 정부로부터 후작의 작위와 거금의 매국 공채를 받고 조선총독부 중추원 고문을 지냈다.

대하지 않았다. 민씨 일파[閔族]가 왕성했던 때에는 당시 정부에 받아들여지지 못하고 한지[閑地]로 쫓겨나 있던 자가 대다수였으며 혹은 외국으로 추방된 자조차 있었다. 그러나 지금은 그들의 자칭[自稱] 일본당이라는 명칭 아래 스스로 조선국 사람 중에 특히 일본의 후원을 얻을 수 있는 집단은 자기들 당일 것이라 자신했다. 또한 재[在]경성 우리 공사관에서도 여하튼 그들은 조선 국내에서 비교적 다소 지식을 갖고 있고 또한 대다수가 일본어 혹은 영어를 해독하여 (접촉하는 데) 편리하기 때문에 자연히 그들과 친하게 되었다.

그들은 이에 비로소 일종의 세력을 얻게 되었고, 조선 정부도 그들을 완전히 정부 밖으로 방치해 둘 수만은 없게 되어, 결국 군국기무처[軍国機務處]라는 일종의 합의체 관청을 신설하고 그들 다수를 이곳의 의원으로 들이게 되었다.

정혁파[政革派]와 군국기무처

이상에서 논한 바와 같이, 조선 정부는 민씨 일족이 패배하여 물러나 왕비의 우익[羽翼]이 정리된 뒤에는

첫째, 완고한 보수적 대원군 일파가 대권을 잡았고,

둘째, 온화 점진주의자인 김굉집, 어윤중 등의 노인들로 내각을 조직했으며,[60]

셋째, 일본당이기보다는 오히려 조급하게 벼슬하려는 무리[躁進黨 조진당]들 즉 지식과 이해가 어중간한 개화자들을 규합한 합의체의 군국기무처를 신설하고 이 군국기무처가 모든 개혁안을 기초한 탓에 처음부터 완고하고 편협한 대원군과 그 의견이 일일이 충돌할 것은 불을 보듯 뻔한 일이었다.

그 중간에 서 있는 김·어 내각은 어느 한 쪽을 편들거나 제어할 수

없는, 속된 말로 나무판자 사이에 끼어 옴짝달싹 못하는 형국으로 저절로 난처함이 극에 달할 뿐이었다. 조석으로 헛되이 탁상공론만 일삼고 생사를 걸고 투쟁하여(이러한 당쟁 가운데 후일 김학우는 대원군의 사주로 암살된다), 실무 하나 제대로 되는 바가 없었다.

설상가상으로 조선인의 특색인 시기심 짙은 사념邪念과 음험한 수단을 가리지 않는 악덕은, 그 싸움이 종종 피차를 함정에 빠뜨리게 하는 결과를 낳았다. 서로의 원한이 날로 달로 커져 아침의 친구가 저녁에 적이 되는 상태가 되어 도저히 일치 협동하여 일을 처리할 가망이 없는 쪽으로 고질화 되었는데, 이것이 조선 내정 개혁이 결국 실패로 돌아가고 하등의 효과가 없게 된 중요한 원인이었다.

대원군 및 조선 내각 각료들이
평양 주재 청국 장수와 내통한 밀서의 탄로

평양이 함락되기 전에 조선 관민들은 일청의 승패가 과연 어떻게 결말이 날지 의문스러워 하고 있었다. 또 다수는 최후의 승리가 청군에게 돌아갈 것이라는 믿음이 아직 가시지 않은 사이였기 때문에 대원군 및 내각 각료들은 항상 일청 사이에서 양쪽을 붙들고 있었고, 실제로 대원군과 김홍집 무리는 심복을 은밀히 평양에 보내, 거기에 포진하고 있는 청국 장군과 내통하여, 청군이 승리할 때의 힐책을 미리 피할 여지를 만들었다(평양 평정 후 이들이 청국 장수에게 준 밀서는 후에 제1군 사령관 야마가타山県 백작[6] 손에 들어왔고, 야마가타는 다시 나에게 보냈다. 후일

---

6 야마가타 아리토모山県有朋(1838~1922). 죠슈번長州藩 출신의 사무라이다. 메이지 시대 일본 육군 군인(대장, 육군 제1군사령관), 정치가. 초대 내무대신, 내각 총리대신(제3대, 9대), 사법대신(제9대). 추밀원 의장(제5, 9, 11대)을 지냈다. 죠슈번의 하급무사의 아들로 태어나 학문 수업을 위해 쇼카손주쿠松下村塾에 들어갔다가 존왕양이론자가 된다. 다카스기 신사쿠高杉晋作가 창설한 기병대의 제2

이노우에井上 백작이 조선에 부임한 후 대원군을 조선 정부에서 쫓아낼 필요가 생겼을 때 특히 이 밀서를 들이밀고 그를 문책한 적이 있었다).

그러므로 그들은 우리 정부의 권고에 겉으로는 따르는 척하면서 그 내정 개혁을 거행하는 사이에도, 여전히 또 이홍장으로부터 어떤 일이 있더라도 조선 정부는 일본의 권고를 거절해야 한다는 협박성 명령을 무시할 수 없었다(이 명령은 아산 전투가 개시되기 이전에 이홍장이 위안스카이로 하여금 조선 조정에 엄중히 말하게 한 것으로, 그 때 오토리 공사가 나에게 보고했다).

이는 양 대국 사이에 존재하는 약소국의 상태에서는 피할 수 없는 것으로, 사정이 참으로 딱하기는 하지만 그들이 이처럼 두 마음을 품은 동안에는, 당시 우리 정부가 어떻게든 적절히 내정 개혁의 필요성을 권고해도, 그들은 일을 처리할 때 항상 좌고우면하고 주저하는 낡은 인습에 얽매여 헛되이 세월만 보냈을 뿐임은 논할 필요가 없다. 이 또한 조선 내정 개혁이 그 시기를 놓치고 오랫동안 그 효과를 볼 수 없었던 원인 중의 하나다.

조선 정부는[61] 위에서 언급한 대로 피차 서로 알력이 있었으나, 또 그 내정 개혁 사업을 완전히 내버려 두면 도저히 내외의 여망에 부응할 수 없음을 충분히 알고 있었기 때문에 어찌되었든 어느 정도까지는 개혁사업을 실행시키려 기도한 사실 만큼은 분명하다.

그러나 반대로 당시 상황이 어떠했는가를 돌이켜 보면 청국 군대는

인자가 되어 무진전쟁戊辰戰爭에 종군했다. 메이지 정부에서 육군과 내무성의 최고위를 역임하면서 두 차례 수상을 지낸 뒤 이토 히로부미에 필적하는 번벌의 최고 유력자가 된다. 이토가 죽은 뒤에는 최유력의 원로 즉 '원로 중의 원로'로 불리는 사실상의 수상 선정자가 되어 군부·관계·추밀원·귀족원에 폭넓은 '야마가타 벌山朋閥'을 구축, 메이지 시대 후기부터 다이쇼大正 시대 전기 일본 정계에 크나큰 영향을 끼쳤다.

순차적으로 대고大沽, 산해관山海関에서 출발하여 평양에 진을 쳤는데 병력이 2만을 넘었고, 바야흐로 조선 북부 지방은 완전히 청군 군대의 관할 하에 엎드려 있었다. 또 우리 제5사단장 노즈野津 육군 중장[7]이 인솔하여 조선에 진출한 전군全軍은 원래 그 순로順路였던 우지나宇品[8], 바칸馬関[9]을 거쳐 인천항으로 직항하는 것이 가장 편리했다. 그러나 당시 우리 해군 내부에서 청국 북양함대의 세력이 아직 완전히 소멸되지 않은 동안에 우리 해군력을 분산하여 다수의 운송선과 바칸 이외의 큰 바다에 노출시켜 인천으로 직항시킨다는 것은 매우 위험하고, 해군 전투술이 허용하는 바가 아니었으므로 해군은 이를 안전하게 호송할 책임을 질 수 없다면서 우려하는 목소리가 높았다. 그리하여 하는 수 없이 전군을 모두 부산에 상륙시켜 육로로 북진하는 길을 택했다.

조선 국토를 일청 양국 군대가 각각 그 절반을 점령한 상태

또 우리 제3사단이 파견한 별도의 기동대는 원산항에 상륙하여 함경도를 거쳐 평양으로 직진하도록 되어 있었기 때문에, 조선 국토를 남북 두 부분으로 크게 분할하여 일청 양군이 각각 그 반을 점령하는 모양새가 되었다. 해당 각 지역은 행군 준비와 군수 징발로 인해 소란 번잡스러움이 극에 달해 조선의 전 국토는 거의 전쟁터 같았다.

조선 정부의 정권이 미치는 곳은 겨우 경성과 그 근방에 불과한 실정이었기 때문에, 조선 정부가 아무리 내정 개혁을 실지로 거행하려

---

7 노즈 미치쓰라野津道貫(1841~1908), 사쓰마薩摩 번사藩士 출신. 메이지 초기 육군에서 활약. 귀족원 의원, 제4군사령관을 역임했다.

8 히로시마시広島市 남부의 지명.

9 야마구치현山口県 시모노세키下関의 옛 지명.

해도 착수할 방법이 없었던 것 또한 부득이한 일이었다. 그러므로 이 때 조선 정부가 겨우 실행할 수 있었던 개혁은, 우선 중앙정부의 관리 몇 명을 경질하는 것과 행정기관인 각 아문衙門의 관제官制를 창설하는 것에 그쳤다. 당시 우리나라 사람들은 이 관제 개혁을 지목하여 한 편의 종이 위의 개혁이라고 자주 비웃었다.

그러나 이상의 서술처럼 조선의 그런 사정 아래에서 그들이 어떻게 그 이상의 개혁을 단행할 수 있었겠는가. 이에 대해 여러 가지 혹평을 내린다는 것은 도저히 무리한 주문이라 할 것이다. 그러나 이와 같은 사정이 내정 개혁의 진로에 거대한 장애가 되어 그 시기를 그르친 원인의 하나였음은 또 의심할 수 없다.⁶²

조선의 내부 사정은 위의 서술과 같았는데, 조선에 대한 우리나라의 정략은 7월 23일 이후 점점 한 발 한 발 깊이 들어가지 않을 수 없는 추세였다. 그러나 첫째로 우리 정부가 장래 조선에 대한 정략을 어느 정도까지 진행시킬 수 있을 것인가를 요약해 말하면, 우리나라가 장래 조선을 어떻게 해야 할 것인가의 문제를 결정하지 않고서는 우리가 외교상 수시로 조종하여 그 마땅함을 얻을 방침을 확정할 수 없었다.

대한對韓 정략 관련 각의

오토리 공사는 여러 차례에 걸쳐 나에게 내각에서 확정된 바를 훈령해달라고 요청해 왔다. 그래서 나는 8월 17일, 네 개의 문제를 열거하고 이를 각의에 제출하여 우선 국가 방침을 확정시켜 줄 것을 요청했다. 그 개요는 다음과 같다.

(갑) 일본 정부는 이미 조선을 하나의 독립국으로 내외에 표명하고

또 그 내정을 개혁해야 한다고 선언했다. 앞으로 일청 교전이 종국에 다다라 승리가 마땅히 우리에게 돌아온 후라 하더라도, 의연依然히 조선의 자주에 맡겨 자타 공히 추호도 이에 간섭함이 없이 장차 저 나라의 운명을 저들의 자력에 일임하는 것이 하나의 방책이고,

(을) 장차 조선을 명의상 하나의 독립국으로 인정하더라도 일본이 직간접적으로 영구히 또는 장기간 동안 그 독립을 도와 뿌리내리게 함으로써, 여타 다른 나라로부터의 업신여김을 방지하는 노력을 견지하는 것이 또 하나의 방책이며,

(병) 조선은 도저히 자력으로 그 독립을 유지할 수 없고, 또 일본이 직간접을 불문하고 단독으로 이를 보호할 책무를 맡는 것이 최선책이 아니라면, 일찍이 영국 정부가 일청 양국에 권고한 것처럼 장래 조선 영토상의 보전은 일청 양국이 이를 담당한다는 것을 약속함이 또 하나의 방책이며,

(정) 조선이 자력으로 독립할 수 없고 또한 우리나라가 단독으로 조선을 보호할 임무를 맡는 것이 최선책이 아니고, 또 일청 양국이 조선 영토의 보전을 담당하는 것도 결국 영구히 피차 협동할 가망이 없다면, 장차 조선을 유럽의 벨기에白耳義나 스위스瑞西처럼 각 강국이 담보하는 중립국으로 하는 것 또한 다른 하나의 방책일 것임.

나는 각의에서 위 네 개의 문제에 대해 일일이 세밀한 주석을 붙여 그 중에 각각 이해[一利一害]가 있음을 상술했다. 또 각의 마지막에,

지금 만약 잘못 선택하면 장차 상당한 화를 남길 우려가 없지 않지만 여

하튼 조선을 어떻게 할 것인가에 대한 국가방침을 여기서 정해두지 않
으면 지금의 외교 활동에서건 군사상의 행동에서건 상당히 곤란해질
것이기 때문에 신속히 국가 방침이 확정되기를 바라며, 또한 각료들 중
에 이 이외에 더 좋은 방책이 있으면 물론 이를 듣고자 한다.

는 뜻을 말하였다(이 각의 내용은 참고로 본장 말미에 부기했다).

　　각료들과 정성껏 심의하고 자세히 논하여 그 이해득실을 빠짐없이
검토했으나, 당시에는 일청 양군 최후의 승패가 어디로 귀착될지 장
래의 형세가 어떻게 정해질지를 예측할 수 없었기 때문에 우리의 대
한 정책 또한 확고부동한 방침으로 나갈 수 없는 상황이었다. 따라서
조정의 문무 중신들이 현재의 조선 사태 자체를 경시하지는 않았지
만, 누구도 즉시 영구한 대한對韓 정략을 확정할 수 없었다. 또한 앞서
다른 장에서 서술한 것처럼 모든 조선 문제는 우리 당국의 주제임에
도 불구하고 종종 다른 관계로부터 갖가지 객제客題가 변형되어 나왔
고, 이 때문에 이미 정해진 방침을 변경하지 않을 수 없는 경우가 생길
지도 몰랐다.

　　나의 이번의 제의에 대한 내각 동료들의 논의도 끝내 정식 절차를
거쳐 국가방침으로 결정되지 못했다. 겨우 당분간은 내가 제안한 네
가지의 문제 중 우선 (을)안의 취지를 목표로 하기로 하고, 후일 다시
국가방침을 확정하기로 의결했다. 나는 당국의 책임자로서 이런 불
확실한 국가방침을 실행하는 것이 매우 곤란하다고 주장했으나, 그
렇다고 하여 지금까지 말해 온 사정에 비추어 지금 무리하게 이를 확
정할 것을 바라는 것 또한 거의 불가능한 일이었다. 따라서 여하튼 각
의에서의 협의 결과에 따라, 장차 임기응변의 조치를 취하는 수밖에
없다고 판단했고 우선 이 뜻을 오토리 공사에게 훈령했다.

오토리 공사는 정부의 이와 같은 내부 사정을 미루어 살피고는 있었지만, 실지로 이런 내부 사정을 감안하여 외교상으로 조정하고자 하면 어떤 일에도 갈라지고 거슬러져 저촉될 것이었다. 특히 조선 정부에 대한 동작은 자연히 외적으로 강한 만큼이나 내적으로는 그렇지 못했고, 정색하여 준엄하게 말했지만 그것을 따를 만큼의 수완이 없었다. 사실상 조선에 대한 우리나라의 정략은 늘 외부로부터의 사정에 따라 제어되어, 부드럽고 강함과 느슨하고 팽팽함[剛柔弛張]이 뜻대로 되는 경우가 거의 없었다.

이 때문이었을까 내정 개혁 사업에서 우리 정부가 일찍이 공언한 바를 실행할 수 없었고, 때로는 격화소양[隔靴搔癢]식의 안타까움을 면치 못했다. 이것이 조선의 내정 개혁이 오늘에 이르러서도 성공하지 못한 원인의 하나라고 하겠다.

조선에서의 철도 및 전신 문제

당초부터 우리나라 관민 사이에 조선의 내정 개혁과 관련된 중요한 문제가 있었다. 즉 조선국에서 실익이 있는 기업, 그 중에서도 특히 철도의 축조와 전신 가설은 반드시 우리 수중의 것으로 하고, 정부 혹은 민간이 경영할 수 있는 특허를 조선정부로부터 양도받아야 한다는 것이다. 그러므로 오토리 공사는 7월 23일 사변 이전에 조선 정부에게 철도, 전신 문제와 관련하여 이미 그 단서를 열어 두었을 정도였기 때문에 사변 후 일한합동조약을 체결했을 때 완전히 그 양도를 확정지어 외교상의 작업으로서는 능히 일을 마무리했던 것이다.

그러나 이를 어떻게 실행에 옮길 것인가의 단계에 이르자, 제일 먼저 이 같은 하나의 큰 기업을 만드는 데 그 비용을 어디에서 구할 것인가의 문제가 발생했다. 또 비상시에 비상한 일로 대처하지 않으면 공

을 거둘 수 없기 때문에 모든 비용은 국고에서 지출해야 한다는 논의
가 있었으나, 국고의 공금으로 다른 나라의 철도를 건설하는 것은 앞
뒤가 맞지 않다는 흠결이 있었다. 또 지금 일청 양국의 전쟁이 바야흐
로 한창인 때이고 장차 군사비용이 얼마나 막대할지조차 예측할 수
없는 즈음에 국고에서 거액을 가볍게 지출한다는 것은 심히 위험하다
는 주장이 대두되었다. 당초 정부 내부에서 아주 열심히 조선철도론
을 주장한 사람들도 국고지출 논의는 입으로는 할 수 있지만 시행할
수는 없는 것이라 했다.

　따라서 나는 이전에 호상거족豪商巨族의 유지자들이며 조선철도의
필요성을 주장했던 사람들을 불러 그들을 종용하여 이 기업을 맡도록
했다. 그러나 그들은 처음에는 열심인 듯 했으나 의심하고 주저했다.
누구는 일본 정부로부터 손해보상의 담보를 얻었다고 했고, 누구는
그 자금에 대한 특별보조금을 얻었다는 등, 정부가 직간접적으로 국
고 부담을 떠안지 않더라도 그들 스스로 분발하여 이 사업을 일으켜
야 한다는 자가 없어 외교상으로 이미 확정되었던 양여讓與 또한 결국
그림의 떡이 되고 말았다(그 뒤, 경부선 철도 축조는 군사비에서 지출하자는
논의가 있었으나 시기가 매우 지연되어 실행할 수 없게 되었다).

　전체적으로 이 무렵의 조선 문제는 정치 차원이든 기업 차원이든
을 막론하고 초창기에 의론이 분분하던 일도 실지로 이를 단행하기에
이르러서는 그 소리가 조용히 사라져, 오늘에 와서 보니 어느 한 가지
도 제대로 이루어지지 못한 모양새가 되었다. 이는 정부가 당시 비교
적 조선 문제보다 한 층 중대한 문제로 인해 전적으로 조선 문제에만
매달릴 수 없었던 것과 민간의 호족유지라 칭하는 이들조차 전승의
함성과 함께 헛된 희망을 품고 조급히 행동했을 정도로 그 수단이 민
첩하지 못한 데서 기인한 것이기는 하나 참으로 애석하기 짝이 없는

일이었다.

　이상에서 열거한 것처럼 조선 내정 개혁 사업은 착잡하기 그지없던 조선의 내면 사정과 우리나라가 외적으로 이끌고 부축하여 원조해야 할 방법상의 곤란한 점이 매우 많았던 탓에, 도저히 우리나라 사람들이 전망한 것과 같은 성적을 거둘 수 없었음은 참으로 어쩔 수 없었던, 아니 오히려 당연한 결과라 해야 할 것이다. 그러나 국민들은 이를 보고 어쨌든 크게 실망했다. 그리고 그들은 자신들이 실망한 기본 원인을 궁구하지도 않고 단순히 이를 우리 정부의 조치가 마땅치 못했다는 것으로 돌렸으며, 특히 오토리 공사를 비난하는 목소리가 날로 시끄러워졌다.

　그러나 나는 처음부터 조선 정부의 개혁이 과연 세상 사람들이 예상하듯 쉬운 사업이라 생각하지 않은 것은 물론 원래 개혁 그 자체에 대해 그렇게 중시하지 않았기 때문에, 사태의 국면이 이렇게 어려운 때에 경성 주재 공사를 경질하는 것은 바람직한 일이 아니라고 여겨 늘 내 한 몸으로 대중의 비방을 감당하여 그를 보호하려 했다. 하지만 정부 내에서도 마침내 오토리 공사가 유임되었을 때의 득실이 어떠한가를 의심하게 되어 도저히 동 공사를 오랫동안 조선에 머물게 할 수 없는 사정이 생겼고, 또 바야흐로 교전의 국면이 의외로 확대되어 구미 각국이 점차 다시 간섭하여 올 기미가 보일 때였으므로, 경성에 주재할 우리 공사는 내외로 자질과 인망, 그리고 세력을 갖춘 사람을 들어서 대체적으로 조선에 관한 사무를 전결하고 단행시킬 필요를 느꼈다.[64]

오토리 공사의 소환과 이오누에[井上] 백작의 부임

그리하여 오토리 공사의 후임을 찾고 있던 차에 당시 내무대신 이노우에 백작이 그 임무를 맡겠다고 자청하여 결국 오토리 공사를 소환하게 되었다. 이는 요컨대, 조선 내정 개혁의 제2기 또한 갖가지 사정으로 그 진행이 저지되고 드디어는 여기에 실패의 역사를 기록하지 않을 수 없게 된 것은 심히 불유쾌한 일이라 하겠다.

○ 메이지 27년(1894, 고종31) 8월 17일 각의[65]

조선 사건은 당초 오토리 공사가 부임할 때 계획된 정부 방침과 비교하면, 외교상에서도 군사상에서도 끊임없이 국면의 변천과 마주쳐 점점 깊이 들어가게 되어 마침내 오늘과 같은 형세가 되었음. 그리고 바로 지금 시행해야 할 정략에 대해서는 수시로 내각 회의가 결정하는 바가 있기 때문에 그 성립된 의안에 따라 이를 수행해야 하는 것이 물론 당연함. 그러나 장차 조선을 어떻게 할 것인가라는 문제, 즉 본건의 최종적 대목적이 무엇인가 하는 문제에 이르러서는, 첫째로 제국 정부는 조선의 내정을 개혁하기 위해 또 그 독립을 영구히 보전하기 위해 마침내 청국과 교전하지 않을 수 없는 상황에 다다랐고 지금은 더욱이 교전 중이므로, 도저히 일청 최후의 승패를 확인하는 날이 아니고서는 실제로 일어날 일이란 없음. 그러나 지금 이 문제에 대한 하나의 방침을 확정해두는 이유는, 지금부터 제국 정부가 집행해야 할 외교 및 군사상의 조치에 관하여 매우 긴요 절실한 관계가 있을 뿐 아니라 오토리 공사도 본 문제에 대해 정부의 방침을 문의해 오기 때문에, 본 대신은 이에 아래와 같은 방안을 첨부하고, 이로써 우선 내각 회의에서 확정하는 바를 듣고자 함.

(갑) 제국 정부는 조선을 하나의 독립국으로 공인하고 또 그 내정을 개혁시키도록 하겠다고 내외에 이미 분명히 밝혔음. 이에 대해

서는, 향후 청국과의 최후 승패가 결정되어 우리들 희망대로 우리 제국의 승리로 돌아간 뒤라 해도, 여전히 하나의 독립국으로서 완전히 그 자주 자치에 맡기고, 우리도 이에 간섭하지 않고 또 추호도 타국으로부터의 간섭도 허락지 않으며, 그 운명을 그에 일임하는 것.

다만 그 방책에 대해서는 아래와 같은 의문이 생김.

1. 조선처럼 오랫동안 기강이 퇴폐하고 나약하여 부진不振하며, 관민 공히 독립 지향적이지 못한 나라의 모양으로서는, 가령 일시의 외부의 자극으로 그 내정에 다소의 개혁을 가했다 해도 이를 영구히 유지하고 또 때에 맞춰 이를 개진시키는 일은 심히 의심스럽다고 아니할 수 없음. 만약 그럴 경우에는 제국 정부가 금번에 대군을 파견하여 거액의 군비를 사용한 결과가 결국 수포로 돌아가게 됨을 면치 못하지 않을까 함.

2. 만약 이처럼 조선 스스로 독립을 유지하기 어렵다는 사실을 알면서 그 장래의 운명을 완전히 저들에게 일임할 경우에, 혹은 다른 날 청국이 다시 그 틈을 엿보고 직간접적으로 조선 국정에 간섭하고, 혹은 현재의 정부를 전복하여 사대당이라 칭하는 민씨 일파 무리들로 다시 정부를 조직하게 하여, 마치 일청 교전 이전과 같은 청한 관계를 재현하게 할 우려가 있음. 그리고 일단 이와 같은 경우가 생길 때에는 제국 정부가 그 경력상 수수방관하여 완전히 청국이 하는 바대로 맡겨둘 수가 없음은 굳이 말할 필요가 없기 때문에 반드시 이에 대해 부득이 다시 쟁론하지 않을 수 없게 될 것임. 그리고 이런 쟁의는 도저히 외교적인 절충으로는 원활하게 타협의 국면을 맺기가 극히 어렵기 때문에 마침내 다시 일청 양국 간의 평화가 깨질 수밖에 없을 것임. 이는 마치 일

청 양국이 조선에 관한 전쟁의 역사를 재연함에 지나지 않을 것이고, 그런 경우에는 금번의 장거壯舉가 거의 헛된 노고로 돌아가 아이들 소꿉장난처럼 끝날 우려가 없지 않을 것임.

(을) 조선을 명의상 독립국으로 공인하더라도, 제국에서 직간접적으로 영원히 혹은 장기간 동안 그 독립을 도와 유지토록 하여 타국으로부터의 모멸을 막기 위해 노력하는 것.

다만 그 방책에 대해서는 아래와 같은 의문이 생김.

1. 조선이 독립국임과 그 강토를 침략할 뜻이 없음은 제국 정부가 지금까지 각국 정부에 공언해 온 바이므로, 지금 만약 간접적으로라도 저 반도의 한 나라를 제국의 세력 하에 굴종시킬 때에는 마침내 다른 외국의 비난과 시기를 부르거나 혹은 이 때문에 무수한 갈등을 야기할 우려가 없겠는가.

2. 제국 정부가 이상에서 제기한 것과 같은 곤란함을 무시하고 조선을 보호국처럼 취급할 수 있다 해도, 후일 어떤 사변에 관하여 청국·러시아 기타 조선과 이해관계에 있는 나라들이 조선의 독립을 침해할 경우, 제국은 독자적 힘으로 시종 이 나라의 외환을 방어하고 이를 보호할 수 있겠는가.

(병) 조선이 자력으로 그 독립을 유지할 수 없고 또 우리 제국도 직간접을 불문하고 독자적인 힘으로 이를 보호할 책임을 질 수 없을 경우에는, 일찍이 영국 정부가 일청 양국 정부에 권고한 것처럼 조선 영토의 안전을 일청 양국이 담보하는 것.

다만 그 방책에 대해서는 아래와 같은 의문이 생김.

1. 제국 정부가 전쟁에서 승리한 여세를 몰아 청국 정부와 협의한다면 청국 정부가 전쟁 시작 전과 같은 완고하고 고루한 설을 주장하지 않을 것이라 해도, 저 의식적儀式的 종속 문제는 도저히 포

기하지 않을 것임. 그리고 우리도 전쟁 시작 전에 일찍이 영국 정부에 언명했던 것처럼 저들이 만약 속방론을 제기하지 않으면 우리 또한 반드시 독립론을 주장하지 않겠다고 했지만, 전쟁에서 승리한 뒤에 실리 혹은 명의상을 막론하고 조선에 대한 관계에서 청국이 제국보다 우등하다는 시각이 있는 것은 제국이 도저히 용납 인내할 수 없을 것임. 그러므로 혹시 이런 불필요한 쟁의 때문에 결국은 논의가 결렬되거나 아니면 담판이 지연되어 오랫동안 교전국의 양상이 계속되지 않겠는가 함.

2. 만약 청국 정부가 우리에게 굴복하여 종속 관계 문제를 제기하지 않는다면 일청 양국이 조선 강토를 보전하는 것에 대해 자연히 일청 양국에서 조선의 정무를 보조할 감독관 혹은 위원을 파견하지 않을 수 없을 뿐 아니라, 혹은 상호 다소의 군대를 주둔시켜야 할 필요가 생길 것임. 그런데 조선에 대한 일청 양국의 이해관계는 늘 상반될 뿐만 아니라, 일청 양국 정치가의 주의주장도 항상 빙탄불상용氷炭不相容이므로 양국 정부의 조선에 대한 의견이 자주 충돌하여 필연적으로 일치하지 못할 것임. 때문에 결국은 첫 번째 의문과 같은 결과를 낳지 않겠는가 함.

(정) 조선이 자력으로 독립국이 되리라고는 도저히 바랄 수 없다 하고, 또 우리 정부 혼자의 힘으로 이를 보호하는 것이 불리하며, 또 일청 양국이 그 독립을 담보하는 것이 필경 피차 협동 일치할 가망성이 없다면 조선을 세계의 중립국이 되도록 우리나라가 구미 여러 나라 및 청국에 권유하여, 조선을 예컨대 유럽의 벨기에白耳義, 스위스瑞西와 같은 위치에 서게 함.

다만 그 방책에 대해서는 아래와 같은 의문이 생김.

1. 조선국과 가장 이해관계가 두터운 나라는 일청 양국으로, 이번

교전의 경우도 일청 양국 사이의 이해 충돌에 지나지 않기 때문에, 이 전쟁의 결과에서 생기는 바 명예와 이익은, 물론 다른 유럽 각국들로 하여금 나누어 가지게 할 필요가 없음. 또 이를 나누어 준다는 것은 "재주는 곰이 넘고 돈은 왕서방이 챙긴다"는 속담처럼, 제국이 잃는 것이 얻는 것을 초과하는 현상이 생겨 제국 국민이 도저히 만족하지 못할 것임. 하물며 제국 정부가 대군을 파견하여 거액의 군비를 쓴 결과, 하등 얻는 바가 없다면 여론의 공격을 도저히 면치 못하지 않겠는가 함.

위와 같이 고찰해보면 갑·을·병·정의 네 가지 문제 어느 것도 일장일단이 있어서, 만약 한 번 그 채택하는 바를 그르치게 되면 심대한 피해를 후세에 남기게 될 우려가 있음. 그러나 조선에 관한 장래의 위치 여하를 고려할 때 결국 이 네 가지 방책을 벗어날 수 없을 것 같음. 그리고 그 어느 방책으로 귀착될 것인가를 불문하고, 일청 교전의 최후 승패가 결정된 후에 야기될 문제라 하지만 국가 방침으로서 미리 이 중 하나를 확정해 두지 않으면 오늘날 외교상의 조종과 또 군사상의 행동은 상당히 긴요한 관계가 있으므로 미리 국가 방침을 확정해 두기를 희망함. 그리고 이상에서 열거한 네 가지 방책 외에 혹시 각료 여러분들의 고명高明한 고안考案이 있다면 물론 그 방책 제시를 바라 마지않음.

[66]메이지 27년(1894, 고종31) 9월 중순 경 세계의 이목을 거의 동시에 끌었던 것은 평양과 황해 전승의 쾌보였다. 작전 계획과 전투의 진퇴를 논하는 것은 물론 본 편의 목적이 아니다. 나는 여기에 이 해륙 양대 전쟁의 승리와 그 후 봉천奉天과 산동山東 각 지역에서 아군이 바다와 육지에서 연전연승한 결과가 우리나라 내외의 관계에 어떤 영향을 주었는가를 검토 규명하는 것으로 족하다고 생각한다.

한 장수의 공에 수많은 병사의 죽음이 있다는 '일장공성 만골고一將功成万骨枯'는 옛 시인이 전쟁 결과를 노래한 것이다. 그러나 지금과 같이 열국의 교제가 극도로 어지럽고 번잡한 시대에, 전쟁의 결과가 사회 내외의 모든 사항에 파급되는 정도의 광대함은 단순히 수많은 죽음이라는 참상에 그치지 않는다. 만약 예컨대 이를 오용誤用하게 되면 승자가 패자보다 오히려 위험한 처지에 빠질 우려가 있다. 평양 및 황해 전투 승리 이전에는 교전 당사자인 일청 양국조차 최후의 승패가 어느 쪽으로 돌아갈 것인가를 노심초사하고 있을 정도였다. 그리고 방관자인 세계 열국들이 의심하고 당혹해 하며 방황한 것은 실로 당연하다고 할 것이다.

평양, 황해 전승에 대한 구주 각국의 여론

그러나 일단 이 육해전 대첩이 한 번 세계 신문에 전파되자 구미 각국의 시각과 생각이 갑자기 일변하여, 일찍이 우리나라의 거동을 다소 비난했던 나라 사람들조차 돌연 찬상讚賞을 아끼지 않았다. 또 일청 교전 초기에 아이들 소꿉장난인양 그것을 냉랭한 시선으로 보던 나라들도 졸지에 그 놀라움이 극에 달해 점차 전승자에게 질투심이 생기게 된 것이다.

당시 재영국 우치다內田[1] 임시대리공사는 다음과 같은 전보를 내게 보내왔다.

본관은 영국 상류사회 사람들로부터 우리나라 전승에 대한 축사를 받았음. 이곳의 각 신문은 대개 일본의 전승을 상찬하고 또한 이에 만족한다는 뜻을 표시했음. 특히 중요한 것을 들자면, 『타임즈The Times』는 "일본이 전쟁에서 세운 공[軍功]은 승자로서의 상과 명예를 받기에 충분하다. 우리는 이후 일본국을 동방의 하나의 살아 있는 세력[活勢力]으로 인정해야 한다. 적어도 영국인으로서는 피차 이해가 비슷하고 또 조만간 상호 밀접하게 될 이 새롭게 발흥하는 섬나라 국민에 대해 추호도 질투심을 가져서는 안 될 것"이라 했음. 『팔머 가제트』는 "일찍이 영국은 일본을 교도했으나 지금은 일본이 영국을 교도해야 할 시기다"라고 했으며, 또 『데일리 텔레그라프』는 "일청 양국의 강화를 권유하고 또 일본은 청국이 강화 조건을 완전히 실행할 때까지는 대만 전부를 점령해야 한다"고 했음.

---

1 우치다 고사이/야스야內田康哉(1865~1936). 구마모토熊本 출신. 도쿄제국대학 법과 졸업 후 외무성에 입성. 일본 외교사에서 메이지·다이쇼·쇼와 세 시대에 걸쳐 외무대신(16, 25, 35대)을 역임한 유일한 인물이다.

이는 영국 국민이 앞서 아산 전투 이전에 우리나라에 대해 품고 있던 감정이 이제 어떻게 변했는가를 보여주는 것이다. 또 이 무렵 프랑스인의 감정을 묘사한 한 신문에는 다음과 같은 기사가 실렸다.

꽃나무가 있는 집 문 앞에는 사람들이 모여 저자거리를 이룬다. 지금 일본이 청국과의 전쟁에서 거둔 승리는 이를 유럽과 비교하면 한층 더 위대한 승리를 거두었다고 해야 할 것이다. 지금부터 일본은 완전히 독립하여 그하고자 하는 바를 전적으로 이룰 수 있다. 또한 일본인은 마음대로 적국의 토지를 약취하고 또 잠식할 수 있다. 이를 요약하자면, 일본인은 세력이 있다고 자각하는 여타의 국민과 동일한 행위를 할 수 있다. 일본인의 행위에 대해서는 물론 가령 헛된 희망과 관계된 것이라 해도 유럽 여러 강국은 이에 간섭할 길이 조금도 없다.

이처럼 극구 과찬하는 나라가 있는가 하면 러시아 정부는 점차 자신들의 함대를 수에즈蘇土 운하를 거쳐 극동 방면으로 회항시키기 위해 주야로 아주 분주하게 움직였다. 참으로 이는 화와 복이 서로 기대고 있으며[禍福倚伏] 새옹지마塞翁之馬도 이만 저만한 것이 아니었다.

포화砲火가 서로 맞붙어 일패일승의 판가름이 이렇게 결정되는 것을 보고 갑자기 승자를 과대하게 칭찬하고 패자를 지나치게 폄하하는 것은 진실로 세태[人情/닌죠]의 약점이다. 기계器械가 정밀 예리하고 장졸이 용맹한 것은 물론, 전략이 그대로 맞아 떨어져 우리 군이 대승을 거둔 것은 누구의 눈에도 그렇게 비쳤다는 뜻이다. 이에 대한 세간의 칭찬과 폄하는 그렇게까지 기뻐하고 슬퍼할 것이 못 된다.

그러나 바야흐로 구미歐美 각국은 우리 군대가 전투에서 승리를 거둔 것을 목격하는 동안에, 일청 교전 중에 우리 군이 채택한 유럽풍의 작전 계획·수송방법·병참시설·병원 및 위생 준비 특히 자혜 목적이 위주인 적십자사원赤十字社員의 진퇴 등 만반의 제도와 조직이 아주 정돈되어 있고 각 기관이 아주 민첩하고 신속히 움직였음을 간파했다. 또 외교 및 군사상의 행동에서 그 교전국 및 중립국에 대해 국제공법의 규정 밖으로 일탈하는 일이 하나도 없음을 인식했고 이는 실로 그들에게 비상한 느낌을 주었던 것 같다. 본래 구미 각국은 우리나라가 최근에 유럽 풍의 군정軍政과 군기軍紀를 채용하는 것을 보고, 은근히 일본이 문명적 군대 조직을 흉내낼 수는 있어도 과연 실전에 임했을 때 구주 각국의 군대와 같은 기율과 절제 하에서 이를 잘 운용할 수 있을 것인가를 의심했었다.

그리고 그들은 특히 군사상에서만 이와 같은 의혹을 품은 것이 아니다. 앞서 우리나라가 법전을 개정하여 「재판소구성법」을 만들었을 때도, 그들은 신법을 가리켜 실제로 쓸 수 없는 헛된 문서[空文]라 비웃고 또한 우리 재판관의 능력을 의심하여, 구미 국민이 우리나라 법권法權 아래서 재판받는 것을 위험하다고 보았다. 이것이 일찍이 조약개정 사업에 막대한 장애를 일으킨 가장 큰 원인이었다. 또 그 후 우리나라가 입헌정체立憲政体를 창립하는 것을 보고, 그들은 유럽 이외에서는 입헌정체의 실재를 기대할 수 없다는 듯이 생각하여 당시 갖가지 듣기 힘든 비평을 내리기도 했다. 요컨대 그들은, 유럽 문명의 결과물은 오로지 유럽인의 전유물이고 유럽 이외 나라의 사람들은 그 참된 맛을 음미할 수 없는 것이라 억측하고 있었다.

그러나 이번 전승의 결과로 결국 그들은 기독교 국가 이외의 나라에서는 유럽식 문명이 생식生息할 수 없다는 미몽에서 깨어나 우리 군대의 혁혁한 무공을 표창했다. 아울러 우리 국민 일반이 어떻게 구주 문명을 채용하고 이에 대한 활용 능력을 발양한 것은 특히 우리 국민을 위해 기염을 토하기에 충분한 쾌거라 하겠다.

그러나 솔직히 말하면, 일본인은 일찍이 유럽인들이 지나치게 폄하한 것과 같이 유럽적 문명을 채용할 능력이 없지 않았다 해도 동시에 그들이 지금 과찬하는 것과 같이 과연 최대한으로 진행해 나갈 수 있을 것인가. 요컨대 일본인은 어느 정도는 유럽식 문명을 채용할 수 있어도 그 정도 이상으로 진보시킬 수 없을 것이라는데 이는 장래의 문제에 속한다.

다만 인류의 일반적 인지상정상 호평을 들으면 스스로 넘치게 되고 악평을 들으면 저절로 위축된다. 바야흐로 일본인은 세계 열국으로부터 빈번히 감탄과 칭찬을 받은 뒤라, 과연 능히 스스로의 진가를 따져서 헤아릴 수 있는지의 여부, 이 또한 뒷날의 문제에 속한다 하겠다.

중립국인 유럽 각국의 정세는 이상과 같았다. 그 사이 교전 당사국인 청국은 우리의 전승 결과를 어떻게 느끼고 움직였던가. 청국 정부는 처음부터 유럽 강국의 간섭을 요청하여 일청 전쟁 국면을 하루빨리 종식시킬 계책을 취했다. 평양과 황해 전투 후, 그들은 최후까지 일본과 대항할 만한 강력한 힘이 없음을 간파한 것 같았다. 그들은 전략적으로 가급적 방어와 수비 위치를 지키고, 외교적 수단으로는 한 층 더 외국의 간섭을 유도하는 데 힘썼다.

봉천반도 전투에서 그들은 거의 한 번도 공세를 취하지 않았다. 또 이홍장은 수사제독水師提督/해군사령관 정여창丁汝昌[2]에게 어떤 사정이 있어도 일체의 위험을 피하도록 엄명했고(같은 해 8월 21일 상하이발 전신

---

2 정여창(1836~1895). 중국 청나라 말기의 해군 무관. 안휘성安徽省 여강廬江 출신. 이홍장의 지원으로 영국에 가서 군함을 구매하여 북양함대를 편성했다. 1894년 청일전쟁이 발발하자 정원호定遠号 등 군함 12척을 거느리고 황해에서 일본군과 싸웠으나 군함 5척을 잃고 패하여 위해위威海衛로 퇴각했다. 1895년 2월 일본군의 해륙 양면공격이 치열해지자 부하와 주민의 생명을 구하기 위해 항복, 이홍장에게 패했다고 전보한 뒤 자결했다. 1882년 임오군란 때 대원군을 청나라로 압송한 것으로도 유명하다.

에 의함), 황해 해전에서 패하고 남은 북양함대에게는 위해위威海衛의 요해지要害地로 물러나 다시는 외해外海로 출전하지 못하도록 했다. 그는 또 총리아문과 합동으로 외국대표자에게 매달려 빈번히 원조를 요청하고 또 유럽 각국에 파견된 사신들에게 전신 훈령하여 곧바로 각각 부임한 나라의 정부에 애원하고 탄원하도록 했다.

영국 정부가 다시 각국 정부와 연합하여 일청 양국의 평화를 권고하려고 계획하였고, 또 러시아가 호시탐탐[67] 혹시라도 틈을 탈 기회를 엿보기에 급급했던 것은 바로 이 시기다. 요컨대 일청 양국의 전쟁 국면이 지속되는 동안 유럽 강국의 간섭은 요청하지 않아도 조만간 저절로 올 때가 있으리라는 것은 누구나 예측하기 어렵지 않았다. 그럼에도 청국 정부가 오직 강국에 애걸하고 동정을 구해, 자국의 체면이 손상되는 것도 생각하지 않고 일부러 문을 열고 승냥이를 맞이하는 것이나 다름없는 어리석은 계책을 낸 것은 초미의 위급함 때문에 부득이한 것이라 할 수 있다. 그러나 장래에 만약 동방東方의 이 같은 형국으로 인해 유럽 강국의 간섭이 증가되는 위험한 형세를 초래하게 된다면, 이번 전쟁의 결과가 실로 그 기인機因인 것이며 따라서 나쁜[68] 전례를 만든 쪽은 청국이라고 하지 않을 수 없다.

평양, 황해 전승 후 우리 국민의 희망

우리 국내의 형세가 어떠했는지를 돌이켜 보건대, 평양과 황해 전투 승리 이전에는 승패의 결과를 내심 걱정하던 국민이, 지금은 벌써 장차 승리에 대해 한 점의 의심도 하지 않았고 남은 것은 우리 욱일군기旭日軍旗가 언제 베이징의 성문으로 진입할 것인가의 문제뿐이었다. 그래서인지 일반 국민의 기상氣象은 장쾌한 마음으로 광분하고 교만 방자한 쪽으로 흘러 국민들은 가는 곳마다 개선의 노랫소리와 함성의 마당 속에서 만취한 것 같았다.

장래에 대한 욕망이 나날이 커져, 전국의 국민을 통틀어 크리미아 전쟁[3] 이전에 영국 국민이 명명한 징고이즘Gingoism[4] 단체처럼 오직 전진하여 싸우라는 목소리만 들릴 뿐이었다. 이런 와중에 만약 심모원려한 사람이 있어 타당하고 중용中庸적 설을 주창하면, 마치 비겁하고 미련하며 애국심이라고는 조금도 없는 자로 지목되어 거의 사회에 받아들여지지 못하고 허무하게 목소리를 삼켜 조용히 칩거할 수밖에 없는 기세였던 것이다.

그리고 이 사회 풍조는 외부 관계에서 어떤 변화된 상황을 만들었는가. 어떤 나라는 갑자기 우리나라의 전승을 과찬하며 간혹 아첨하는 언사를 남발해서 헛된 희망에 들떠 움직이는 국민들에게 섶에 기름을 붓는 듯한 결과를 계속 낳게 하고 있었고, 또 다른 어떤 나라는 격한 질투와 두려운 마음이 커져 장래 사태의 국면에서 시기時機가 도래하는 대로 우리나라에 일격을 가할 음모를 품기에 이르렀다.

그 후 러시아·독일·프랑스 3국 간섭이 시작되었을 때에 독일 외무대신은 아오키靑木 공사에게, 세계는 결코 일본의 희망과 명령대로 움직이지 않을 것이라 했다. 이 말은 당시 독일 정부가 그들의 유럽 정략상 일부러 하나의 구실을 만든 것이라 할 수 있지만, 당시 외국 정부 및

---

3 1853~1856년 동안에 크림반도와 흑해를 둘러싸고 러시아와 영국·오스만투르크·프랑스·사르데냐 연합군 사이에 나폴레옹 이후 유럽 국가끼리 벌어진 최초의 전쟁. 이 전쟁의 결과로 러시아는 본격적으로 근대화를 추진했다. 플로렌스 나이팅게일이 야전병원에서 활동하여 간호학의 새로운 지평을 열었으며 여성들이 전쟁에 참여할 수 있는 장을 여는 계기가 되었다.

4 어느 사회집단에서 발생하는 다른 사회집단에 대한 적대적·자기중심적 심리상태를 가리키는 용어. 편협한 애국주의, 맹목적 애국주의, 배타적 애국주의, 국수주의 등으로 번역되며 광신적 대외 강경주의자, 저돌적 주전론자까지 포함한다. 프랑스의 쇼비니즘과 상통하는 말이다.

그 국민들 눈에 비친 일본 국민은, 추호도 겸양 겸손한 바가 없고 세계에서 거의 뛰어나게 우뚝 서서 독행하며 어떤 희망도 이룰 수 있으며 어떤 명령도 내릴 수 있다는 듯이 교만한 기풍을 드러내는 것으로 보였음은 말할 나위가 없다. 아마도 이렇게까지 우리 국민의 헛된 희망의 열기가 뜨거워진 것은 우리나라 예로부터 전해 오는 특유의 애국심이 그 발동의 원인이라 생각한다. 정부는 물론 이를 고무 진작시켜야 하고 추호도 이를 배척하거나 배제할 필요는 없다. 그러나 그 애국심이란 것이 너무 거칠고 성한 것은 물론 방대하여 이를 사실에 적용하는 주의가 부족할 경우 오히려 당국자를 당혹스럽게 한다.

스펜서[5]는 일찍이 러시아 인민의 애국심이 풍부함을 말한 끝에, 본래 애국심이란 오랑캐 풍속의 유물이라 했다. 이는 대단한 혹평이기는 하지만, 오직 애국심만 있고 이를 사용할 방도를 정밀하게 생각하지 않으면 종종 국가의 대계와 서로 맞지 않는 경우가 발생하게 된다. 즉 당시 국민의 열정에서 발동된 언행이 유럽 강국에게 다소의 불쾌감을 주었음은 말할 필요가 없다.

요컨대 전승의 결과는 내외 열국에 대해 우리나라의 품위와 힘을 크게 높였다. 유럽 열국이 일찍이 우리나라를 가리켜 겨우 피상적으로 문명을 모방한 것이라 냉담하게 평가한 잘못된 견해가 얼음 녹듯 풀렸으며, 일본이 이제는 극동에서 국토만 아름다운 일대 공원公園이 아니라 세계에서 일대 세력으로 인정받기에 이르렀다. 마침내 영국의 석학은 극동에서의 대전쟁의 결과 실로 한 제국帝国의 명예를 발휘함과 동시

---

5 헐버트 스펜서Herbert Spencer(1820~1903). 영국의 철학자이자 사회학자. 실증론적 입장에서 베이컨 이후 영국의 경험론을 집대성한 인물로 평가된다. 인간사회의 도덕적 원리가 전개되는 모든 과정을 진화의 원리로 설명한 것으로 유명하며, 특히 공리주의적 입장에서 일반 사회의 행복과 안녕을 목적으로 하는 "최대 다수의 최대 행복"을 중시했다.

에 한 제국의 명성을 추락시켰다고 감탄했다. 이제 우리나라는 열국으로부터 존경의 표적이 됨과 동시에 질투의 표적도 되었다.

우리나라의 명예가 이렇게 진작되는 사이에 우리나라의 책임도 커졌다. 내외의 형세가 이렇게 됨으로써 그 사이 종종 서로 충돌하지 않을 수 없는 상황이 벌어지게 된 것이다. 이를 조정하여 쌍방이 합리적으로 접근토록 하는 것은 결코 쉬운 일이 아니다. 왜냐하면 당시 우리 국민의 열정은 여러 가지 일들이 종종 주관적 판단에서만 나왔고 추호도 객관적 고찰을 용인하지 않았다. 오직 안을 위주로 하고 밖을 돌아보지 않으며 나아가되 멈출 줄 모르는 형세였다.

내외 사정의 충돌

이에 반해 일본에 대한 해외 강국의 감정은, 그 의중에서는 서로 호오애증好惡愛憎을 달리하고 있었음에도 불구하고, 일본이 과도한 세력을 얻는 것은 위험하므로 항상 이를 억눌러 중용으로 돌아가도록 해야 한다는 의견이 거의 일치된 경향이었다. 따라서 내외의 이 상이한 사정을 조화시킨다는 것은 마치 전기의 양극과 음극 그리고 수학의 양수 음수 둘을 합치려는 것과 같아, 피차 상쇄相殺되어 쌍방이 함께 영零으로 돌아가 둘을 잃고 하나도 얻지 못할 우려가 없지 않았다.

그리하여 정부는 지금은 오히려 내부의 풍조를 어느 정도 진작시켜 얼마간 국민의 희망을 만족시킨 다음이 아니고서는 도저히 바깥으로부터의 위협을 예방할 방도가 없음을 깨달았다. 이에 따라 정부는 이 왕성한 국민 적개심에 편승하여 하루라도 빨리 한 발 멀리 일청전쟁의 국면을 진행시켜 조금이라도 더 많이 국민의 희망을 만족시켜 둔 다음 다시 외래의 사정을 짐작하고 헤아려 장래 국가의 안위에 대해 외교상으로 일전一轉할 책략을 강구할 수밖에 없다고 판단했다.

그 무렵 내가 히로시마에 있던 이토 총리에게 보낸 편지에서 (10월[69]
11일의 사적인 편지)

이미 다시 외국으로부터의 간섭과 참견의 단서가 시작된 이상은, 우리
군대를 조금이라도 빨리 움직여 외국의 간섭이 너무 귀찮게 되지 않도
록 어떤 곳이라도 점령해 두는 것이 가장 필요하다고 생각합니다. 소홀
하심이 없으시겠지만 이 일에 가장 주의해 주시기 바랍니다.

라고 한 것도 또 얼마간은 그 간의 소식을 나타내 보이고자 한 뜻이
었다.

제13장
영사재판제도와 전쟁과의 관계

일본이 근년에 유럽 문명을 받아들여 제반 사업이 장족의 발전을 이룬 결과로서, 오늘날 내치와 외교와 관련하여 평시와 전시를 막론하고 사사건건 장애를 초래한 것은 일본과 서구 각국과의 조약상 존재하는 영사재판제도, 즉 일반적으로 말하는 치외법권제도보다 더 한 것은 없을 것이다.

치외법권과 영사재판제도의 구별

본래 학문적으로 논할 때 치외법권과 영사재판관할이라는 두 제도는 그 근본이 달라서 양자를 혼동할 수 없는 일정한 구분이 있다. 즉 치외법권은 본래 무이적주의無二的主義(immiscibility)에 근거하여 갑국甲國의 주권 및 법률의 효력이 을국乙國의 영토에까지 옮겨져 을국의 지방권地方權으로 대체되어 을국 영역에 머물고 있는 갑국 인민 상호 권리 및 의무를 총괄하며, 나아가 해당국 주민과 각국 주민 사이의 권리 및 의무의 어느 일부분을 규정하고, 그 국제상의 관계는 처음부터 추호도 상호 대등한 관념 및 주의를 인정하지 않는다. 따라서 이에 대해 국제공법상 보통의 조문 규정을 적용할 길이 없는 것이다. 요컨대 치외법권

제도 하에 있는 일국의 국민은 정치상 만반의 사항에 관하여 자신의 신체가 마치 자국 영내에 거주하는 것과 동일한 결과라는 것이다.

그리고 영사재판제도는 처음에 갑국이 을국의 법률을 신용하지 않는 데서 유래하지만, 이 제도는 결코 을국의 법률을 전혀 무시하는 것이 아니다. 단순히 자국 국민이 을국에서 피고인이 되었을 경우, 을국의 법정에 출석하여 을국의 법률에 복종하는 대신 자국의 법정에 출석하여 자국의 법률에 따르는 것일 뿐이다.

치외법권과 영사재판관할이라는 양 제도 사이의 입법 및 행정의 권한상에도 또한 명확한 차이가 있다. 즉 죄인의 비호庇護, 죄인의 인도引渡, 복종, 귀화, 교전, 국외 중립 등에 관한 각종 문제는 항상 이 양 제도의 경계에 가로놓여 있는 빈 곳을 메우는 문제라 할 수 있다. 지금 우리나라에서의 외국재판제도는 영사재판관할이며 치외법권이 아니다.

영국인 피고트의 영사재판론

일찍이 우리 정부의 법률고문이었던 영국인 피고트[1]는 「영사재판관할」이라고 제목을 붙인 글에서 다음과 같이 적었다.

영국 여왕이 외국에서 집행하는 재판관할권은 황실 세습의 권리가 아니다. 또한 세간에서 완전한 능력이 있다고 일컫는 국회에 부여된 권리도 아니다. 단순히 어떤 외국 군주로부터 양여되어 특별히 허락된 권리일 따름이다. 그리고 이 양여는 대부분 조약에 의거하기 때문에 여왕이 외국에서 재판권을 갖느냐의 여부에 대한 해석은 오직 해당 조약의 조

1 프란시스 피고트Francis Taylor Piggott(1852~1925). 캠브리지대 출신의 변호사. 1888년 일본 정부의 요청으로 내각법률고문 자격으로 도일. 이토 히로부미 총리를 도와 공포가 임박했던 메이지 헌법(대일본제국헌법)의 운용에 대해 조언했다.

항에서 찾아야 하는 수밖에 없다. 또 순전무결한 치외법권은 이른바 보호국의 영토 안을 제외하고 아직 일찍이 어떤 독립국의 영내에서 행해진 실례가 없다. 따라서 치외법권제도는 필경 그 정도의 문제에 그치고, 정도의 차이는 그 경우의 상이함에 따르므로 서로 같을 수 없다. 원래 영국 군주가 동양 여러 나라에 체류하고 있는 자국민들에게 적용하는 권력은, 특히 그 나라 군주의 은덕에서 비롯되는 것인지 아니면 우리의 병력이 이를 강제적으로 취하는 것인지에 말미암지, 황실의 대권에 바탕을 두고 있는 것이 아니다. 그러므로 동양 여러 나라에서의 여왕의 권리는 단순히 해당 국가 현재의 군주로부터 위탁된 권리를 집행하는 것이라 해도 틀리지 않다.

지금 학문적으로는 위와 같이 논할 수 있다. 그러나 실제로는 종래 구미 나라들이 동양의 여러 나라에서 시행하는 영사재판제도, 즉 그 형질이 서로 비슷함으로 말미암아 치외법권이라 부르는 제도의 근원을 찾아보면, 구미 각국 정부가 이른바 기독교 국가 이외 나라의 제도와 법률은 신용할 수 없기 때문에, 이들 나라와 처음에 조약을 체결할 때 반드시 그 조약 안에서 자국민을 위한 영사재판관할을 시행한다는 조항을 만들고, 결국 어떤 나라의 영토 안에 다른 나라의 작은 식민지를 두는 것과 같은 일종의 변형체를 구성하게 된 것이다.

그리고 이 변형체인 재판관할이 장기간에 걸쳐 시행되는 사이에 각종 분쟁이 생길 때 마다, 점점 더 이 제도에 대한 정답이 헷갈려 정당한 범위 밖으로 벗어나는 허다한 신주석과 신관례가 비집고 나왔고, 이 신주석과 신관례는 물론 강국을 위해 편리하게 적용되었던 것이다. 그러므로 다 같이 치외법권 혹은 영사재판관할이라는 제도가 현존하는 여러 나라 사이에서도 그 정도와 형식이 매우 다른 것은 이 때문이라 하겠다.

본래 우리나라가 구미 각국과 조약을 체결한 것은 막부 말기로, 당시 외교상 각종의 곤란한 일이 있을 때마다 허다한 나쁜 전례가 생겼다. 단순히 학문적 정답과 어긋날 뿐만 아니라, 때로는 현행 조약상 아직까지 일찍이 양여하거나 허락하지 않은 사항까지도 침탈된 것이 적지 않다. 근래 우리 정부는 이미 침탈된 것을 힘써 회복하고, 바야흐로 침탈되려는 것도 막아서 지키려 하고는 있으나 현행 조약의 본체가 이미 그 같은 상황인 이상, 그에 대해 어떤 해석을 내리고 어떤 주의를 적용해도 도저히 오늘날 우리나라의 진보적 실체와는 병행할 수 없고, 온갖 폐단과 해로움이 날로 달로 더 만연하기에 이르렀다. 이것이 정부가 근년에 조약개정 사업을 유신 중흥에 수반될 중요한 과제로 삼아 어떤 어려움에도 굴하지 않고 그 성공을 조속히 이룩하고자 열망한 까닭이다.

우리나라가 영사재판제도의 폐해를 입은 것은 실로 어제오늘의 일이 아니다. 그리고 이번 전쟁 이래, 특히 우리나라가 교전국으로서 중립국들에 대한 행위가 종종 영사재판제도에 저촉될 우려가 있음을 감지한 것이 적지 않았다. 또 가령 학문적인 정답에 군이 저촉되지 않는다 해도 종래 이 제도에 대해 견강부회해 온 각종 주석과 관례가 마침내 어떤 분쟁을 야기할 것인지도 모를 일이었다.

우리나라가 전쟁을 치르는 적국을 눈앞에 두고 있는데 여기에다 강대한 제3국과 착잡한 갈등을 야기하는 행위는 결코 상책이 아니다. 그러나 영사재판관할이 존재하는 동안에 우리나라가 마침내 제3국과 어떤 갈등도 생기지 않기를 바라는 것은, 거대한 바위 암초가 종횡으로 산재해 있는 긴 강의 급류를 통과해야 할 배의 뱃사공이, 노심초사하여 좋은 기술을 다 썼음에도 결국은 만일의 요행에 지나지 않은 것과 같았다. 아니나 다를까 이 때 영국, 프랑스, 미국의 세 나라가 간섭하게 되는 사건 하나가 일어났다.

미국인 죠지 카메론과 존 와일드 사건

메이지 27년(1894, 고종31) 12월 15일 미국 주재 구리노栗野 공사는,

> 미국 주재 청국 공사 관원 모某씨는 원래 영국 해군 대위로, 현재 미국 국적의 수뢰水雷 제조자 죠지 카메론George Cameron 및 전기 계통에서 일종의 발명가라 칭하는 미국인 존 와일드John Wilde 두 사람을 고용했고, 이들과 함께 10월 16일 샌프란시스코를 출항한 영국 선박 게릭호Gehrig를 타고 귀국길에 올랐슴.

이라는 전보를 보내왔다.

그리고 때마침 그 배편으로 귀국한 멕시코墨西哥 주재 총영사 시마무라 히사시島村久[2]는 그 배 안에서 앞의 청국·미국 양국인의 관계를 탐문하고서 그 내용을 나에게 보고해 왔기에, 나는 일단 이것을 해군성에 통보해 두었다.

그런데 이 두 미국인이 어떤 기술이 있어서 청국에 고용되었는지를 물으니 그것이 매우 마법적인 기술에 속한다 했다. 즉 그들은 선박이나 총포 등 병기의 힘을 빌리지 않고 그냥 육지에서 수십 리 밖의 바다에 있는 적 선박을 격침시킬 수 있다는 것이었다. 지금의 학술계에서는 도저히 이와 같은 기묘한 기술이 받아들여질 수 없지만, 청국 정

---

2   시마무라 히사시(1850~1918). 메이지 시대의 외교관. 비젠備前(지금의 오카야마현) 출신. 외무서기관으로 뉴욕, 멕시코를 거쳐 1895년 호놀루루 총영사가 된다.

부가 한시가 급한 고뇌에 마음이 흔들려 이 같은 투기사投機師(=사기꾼)를 고용하게 된 것은 다만 가련하고 우스울 따름이다.

그러나 어쨌든 그들은 적국의 군사軍事를 도울 목적으로 우리 영해를 통과하는 자들이다. 우리 군부는 이를 가만히 지켜볼 수 없었기에 11월 4일 히로시마広島 대본영大本營에서 노무라野村 내무대신[3] 앞으로, 위 세 명은 전시에 제지되어야 할 인물[戰時禁制人]들이므로 즉시 영국 선박 게릭호로부터 구인하라고 전보로 통보했다. 물론 해당 청국인에 대해서는 그 어떤 지장이 있을 리 만무했다. 그러나 영사재판관할이 존재하는 한 우리 정부가 구미 국민의 신병을 구인한다거나 혹은 선박을 계류시키기 위해 보통의 행정 처분을 하게 되면 평시와 전시의 구분이 있음에도 불구하고, 반드시 얼마간의 분쟁이 야기될 우려가 있었다.

나는 노무라 내무대신과 협의한 다음 오히려 이를 군사처분에 맡기는 것이 상책이라 보고 곧바로 히로시마에 있는 이토 총리에게, 대본영이 전시금제인이라 판단하는 미국인 두 명은 실로 마법적이고 기묘한 술수를 행한다는 자들이므로 설령 그들이 적국에 들어가더라도 실제로는 어떤 위험도 없겠지만 이들을 꼭 구인할 필요가 있다면 오히려 군사처분에 맡기는 것이 상책이라는 취지의 전보를 보냈다.

이에 따라 11월 5일, 요코하마横浜에서 우리 해군 무관이 게릭호를 임검했다. 그러나 위의 청국, 미국인은 그 전날 프랑스의 우편선 시드니호로 옮겨 타고 이미 고베神戶로 떠난 뒤였기 때문에 이 영국선박에 대한 임검은 표면적으로 하나의 의식 행위에 그치고 말았다.

---

3   노무라 야스시野村靖(1842~1909). 죠슈번(지금의 야마구치현) 출신. 제2차 이토 내각 내무대신(8代). 이토 히로부미의 처남. 즉 그의 여동생이 이토 히로부미의 첫 번째 부인이다.

이 사건에 관한 영국 공사의 항의

그러나 도쿄 주재 영국 공사는 이를 불문에 붙이지 않고 그달 8일 나에게 공문을 보내왔다. 그 개요는, 일본 정부가 영국의 상선을 임검한 이유에 대한 해명을 요구하고 또 해당 선박은 지금 중립항(홍콩을 가리킴)으로 항행하고 있는데 일본 정부가 이 배를 임검한 것은 지극히 불법한 조치였다는 것이다. 따라서 나는 해군 당국자와 협의한 뒤, 영국 공사에게 다음 내용의 회답을 보냈다.

> 게릭호는 샌프란시스코에서 청국인 한 명과 그와 동반한 외국인 두 명을 태우고 요코하마에 입항했다. 그런데 이 세 명은 일본에 적대 행위를 할 목적으로 청국으로 가는 혐의가 있는 자들이다. 그들이 소유하고 있는 병기와 탄약 등을 동선에 탑재한 혐의가 있어 일본 해군사관이 해당 선박을 임검했다. 그리고 보내온 공문에 의하면, 게릭호는 요코하마를 출항한 후 중립항을 향해 항행하고 있어서 일본 정부가 이에 대해 검문할 권한이 없다고 했는데, 이는 제국 정부가 수긍할 수 없다. 게다가 해당 선박의 화물 중에는 상하이에서 내릴 화물도 적지 않았으므로 해당 선박의 목적지가 중립항인 홍콩이라는 하나의 이유만으로 제국 정부가 교전국으로서의 권리상에 성쇠가 있는 것은 아니라고 믿는다.

그러나 영국 공사는 여전히 나의 회답에 흡족해하지 않았다. 그 후 피차간 여러 차례 곤란한 질문이 오간 다음에 그 일은 우선은 쌍방 주장의 모양이 되고 말았지만, 본건은 상황이 다시 바뀌어 우리나라와 프랑스 사이에 분쟁이 생기게 되었다.

위 사건에 관한 일본·프랑스 양국 정부의 쟁의

그 까닭은, 위에서 전시금제인의 혐의가 있는 청국과 미국인이 프랑스 우편선 시드니호에 편승하여 고베에 기항했을 때, 고베항에 정박하고 있던 우리 군함 쓰쿠바筑波호 함장이 즉시 그 배를 임검하고 그들 세 명 사이에 체결한 계약서를 몰수했으며 또 그들에게 상륙을 명하여 구인했기 때문이다. 한편 시드니호 선장의 말에 따르면, 그는 이 사실을 전혀 알지 못하고 위 세 사람의 편승을 허락했다고 하였으므로 이 배는 풀어주었다.

그런데 도쿄 주재 프랑스 공사 아르망이 11월 5일 외무성을 방문하여 나와 면담을 요청했으나 당시 나는 마침 히로시마로 가는 중이었기 때문에 대신 하야시 다다스林董[4] 외무차관을 만나 본 건에 관한 일본 정부의 행위를 비난하면서 그 해명을 요구했다.

하야시 차관이 아르망 공사와 면담한 전말을 나에게 서면 보고한 문서에 그날 프랑스 공사의 거동이 적혀 있었다. 아르망은 하야시 차관과 악수의 예를 차릴 때 만면에 노기를 띠었으며, 그 악수가 어쩌면 마지막 악수가 될지도 모른다는 말을 했을 정도였다고 한다.

하야시 차관은 아르망 공사에게, 본 건은 본래 군사적 처분으로 발

---

4 하야시 다다스(1850~1913). 에도시대 말기 막신幕臣이자 메이지 초기 외교관. 초대 육군군의총감. 시모우사노구니下總国(지금의 지바현) 출신. 난방의사 사토 다이젠佐藤泰然의 5남으로 막말에 영국에 유학했다. 공부대工部大学(현재 도쿄대 공학부의 전신)를 설립했으며, 형의 소개로 무쓰 무네미쓰를 알게 되어 외무성에 입성한다. 나중에 이와쿠라 사절단의 일원으로 다시 외유. 2차 이토 내각 때 외무차관으로 3국간섭 처리 후 그해 5월 청나라 특명전권공사로 부임한다. 1899년 네덜란드 헤이그에서 개최된 만국평화회의에 참석했고, 후에 주러시아 공사, 주영국 공사를 지냈으며 초대 주영 일본대사를 지냈다. 1905년 제2차 영일동맹을 체결한 뒤 1906년 귀국, 제1차 사이온지西園寺 내각(1906~1908) 때 외무대신으로 입각한다. 백작에 봉해졌으며 나중에 사토 도사부로佐藤東三郎로 개명한다. 『일청전쟁회고』를 썼다.

생한 것으로 아직 상세한 사정을 확실하게 알 수 없으나, 필경 전시금 제인을 파악하기 위해 중립국 선박을 임검한 것은 교전국의 권리로서 참으로 불가피한 것이었다고 대답했고, 아르망은 곧바로 그 전말을 본국 정부에 통지할 것이라는 뜻을 전하고 돌아갔다고 했다. 이에 따라 나는 프랑스 주재 소네曾禰[5] 공사에게 전훈하여, 미리 프랑스 정부에 통첩하도록 했다. 그 개요는,

프랑스 공사 아르망은 시드니호 사건과 관련하여 크게 항의하고 본국 정부의 훈령을 기다린다고 했다. 따라서 귀관(소네 공사)은 시기를 보아 프랑스 정부에 다음과 같이 설명하라. 일본 정부가 구류한 사람들은 군 사상 우리의 적敵인 자격을 가진 자들이다. 일본 정부는 이에 대한 자위 수단으로 교전국으로서의 권리를 행사하기 위한 부득이한 조치였다.

첫째, 청국이 고용한 인물들의 기술은 특별한 군사상의 기술이다.

둘째, 일본 해군이 위 세 명을 포획했던 선박은 한 교전국의 항구(일본 고베를 가리킴)에서 다른 교전국의 항구(청국 상하이를 가리킴)로 항행하는 도중이었다.

셋째, 위 세 명의 포획은 교전국의 항구 내에서 집행되었다.

위와 같은 이유로 일본 정부의 처치는 국제공법에 준거하는 바임을 의심치 않는다.

고 부언하게 했다.

---

5 소네 아라스케曾禰荒助(1849~1910). 죠슈번 번사 출신으로 정치가이자 외교관. 메이지 시대 역대 내각에서 각료직 역임. 1872년 메이지 정부로부터 프랑스 유학을 명받고 5년간 프랑스에 유학. 1893년 주프랑스 전권공사. 이토 히로부미가 안중근 의사에게 피살된 뒤 제2대 조선총감에 취임하여 조선 병합을 추진한 인물이다.

그리고 그 사이 쓰쿠바호 함장이 체포한 청국인은 물론 전시 포로로 취급하고, 다른 미국인 두 명은 일청 양국의 평화가 회복될 때까지는 결코 청국을 여행할 수 없으며, 이후 청국 정부와 어떤 계약도 맺지 않도록 한다는 뜻을 선서하도록 하고 이들을 풀어 주었다.[70]

프랑스 정부는 나의 설명에 만족한 것으로 보였고, 그 뒤 도쿄 주재 자국 공사로 하여금 우리 정부에, 프랑스 정부는 법률가의 의견을 듣고 조사했는데 금번 일본 정부의 처치는 정당한 것으로 인정됨에 따라 이에 본 건은 원만히 마무리되었고 재차 문제 제기를 하지 않겠다는 뜻을 알리도록 했다. 이보다 앞서 고베에 있던 메사제리 마리팀 Messageries Martimes 회사(시드니호 소유 회사)는 프랑스 영사를 경유하여 우리 정부에게 시드니호 임검으로 인해 입은 손해배상을 요구했지만, 이미 본국 정부에서 일본의 처치가 정당하다고 공언하여 위 소송은 하등의 결과도 없이 소멸되었다.

이 사건에 관한 미국 정부의 항의

또 미국 정부도 처음에는 자국인이 일본 정부에 구류된 것을 보고 그 이유를 밝힐 것을 요구했으나, 그 후 사정이 분명해짐에 따라 미국 국무대신은 미국 주재 구리노 공사에게 일본 정부의 처치는 관대 공명하며 추호도 이의가 없다고 선언했다.

우리 정부는 개전 초기에 포획심판소를 설치했다. 이는 교전국이 정당하게 그 권리를 집행하는 기구로서 누구도 이의가 있을 리가 없었다. 그러나 그 심의의 진행상 또는 영사재판관할과 어떤 충돌이 일어나지 않을까 걱정스러웠다. 그러므로 정부는 해군 당국자로 하여금 모든 중립국 선박에 대한 전시 금제품을 취급함에 최대한 상세한 훈령을 내리도록 했다.

사세보^{佐世保} 포획심검소에서
영국 상선 익생호^{益生号}를 재판하다

그 이후 교전 중에 우리 군함이 중립국 선박에 대해 검문을 행한 것이 한 둘이 아니었지만, 이를 포획심문소로 구인한 것은 메이지 28년(1895, 고종 32) 4월 9일, 청국 직례성^{直隸省} 대고^{大沽} 만에서 우리 군함 쓰쿠바가 인도지나^{印度支那} 기선회사 소속 선박 익생호에 대한 겨우 한 건 뿐이었다. 즉, 쓰쿠바호 함장이 해당 선박을 임검했을 때 청국 서적으로 표식을 붙인 위조 화물 중에 약간의 전시금제품^{戰時金製品}이 있는 것을 발견했다. 이에 따라 동 군함은 익생호를 사세보에 있는 포획심검소로 구인하여 정식 재판에 넘겼다.

선장 및 그 선박 소속 회사는 처음부터 이 위조 화물이 전시금제품인 점을 몰랐고 단순히 보통 화물로 탑재한 것이 명확해졌기에, 전시금제품은 몰수하고 해당 선박은 바로 풀어주었다. 그리고 위 화물은 상하이에 있는 독일 상인의 소유라고 했지만, 본 건에 관해서는 영국·독일의 양 정부도 우리 정부에 대해 어떤 항의도 하지 않았다.

한편 정여창은 위해위^{威海衛}에서 우리 해군에 항복한 뒤 바로 자결했다. 그 뒤 우리 해군이 접수한 청국 군함에 고용되어 있던 많은 구미인들은 시종 우리의 군사 처분 아래 지배되었다. 그 외에 이번 전쟁 중에 우리나라가 교전자로서 중립국인 구미 각국의 국민 혹은 재산을 대상으로 한 처분에 대해, 그들은 평소의 관습과는 달리 영사재판제도라는 이기^{利器}를 거의 사용하지 않았으며, 때때로 피차간에 논쟁이 일어난 경우가 있기는 했으나 그 이견이 그렇게 격렬하지 않은 가운데 타당하게 마무리 되었다.

이는 첫째, 이번 전쟁에서 우리 육해군의 행동이 대체로 국제공법의 규정을 준수하여 그들로 하여금 간섭할 기회를 주지 않았음에 말미암는다고 할 수 있다. 그러나 필경 우리나라가 근년에 유럽 문명주의를 채택하여 만반의 개혁이 착착 성공하고 또 이제는 이미 구미의 네다섯 대국과 대등한 조약을 체결했으며, 머지않아 바야흐로 다른 나라들과도 같은 조약의 체결이 완료되어, 수년 안에 이른바 영사재판관할의 흔적이 우리 국내에서 사라지게 될 무렵이었다. 때문에 외국 정부도 새삼스럽게 치외법권 문제를 길게 끈다는 것이 어리석은 계략임을 깨달았기 때문이 아닐까 생각한다.

홀랜드 박사는 자신의 저서에서 최근 일청 양국 사이의 각자의 문명과 사상 및 개혁 사업의 성적 등의 차이를 비교 대조한 뒤,

중국의 재판소 및 여러 법전은 아직 유럽 제국諸國의 희망을 만족시키지 못하기 때문에, 중국 내에 외국인의 치외법권이 존재하는 것은 반드시 부당하다고 할 수 없다. 그러나 유럽 각국이 바야흐로 일본에 대해 치외법권을 포기해야 할 시기는 이미 도래했다. 그러므로 일청 전쟁이 개시된 즈음에, 우리가 세상에 고하기를 일본은 시험 삼아 문명 열국의 범주에 넣는 것을 허용할 수 있지만 중국은 다만 그 후보에 불과하다고 한 적이 있는데 그 말은 결코 틀린 말이 아니다.

라고 결론을 내렸다.

일본이 과연 그 시험에 합격했는지 아닌지는 그 자체가 별개의 논의에 속한다. 하지만 여기서 이번에 우리나라가 교전국의 권리를 행사함에 즈음하여 구미 각국과 중대한 갈등을 일으키지 않은 원인이 무엇이었느냐고 한다면 나는 우리나라의 문명 발전에 기인한다고 주저 없이 대답할 수 있다. 만약 이번 전쟁이 우리나라의 진보가 아직 오늘처럼 현저하지 않았던 10년 이전에 일어났더라면 우리의 군사상

행동이 결코 오늘처럼 자유롭지 못했을 것임은 의심할 여지가 거의 없다 하겠다.

지금 우리의 적인 청국은 이번의 포획심문소를 설치하지 않았고, 또 가령 이를 설치했다 하더라도 구미 각국 정부가 안심하고 그 국민의 생명과 재산을 청국의 군사재판에 맡길 수 없음은 두 말할 나위가 없다.

장발적난長髮賊乱 시대에 청국에서의 구미 각국의 영사재판권 남용

전례의 참고로서, 여기에 장발적난 시대에 구미 각국이 어떻게 치외법권의 이기를 남용하여 청국 정부의 정당한 행위를 방해했는가를 약술한다.

장발적 무리들이 바야흐로 청국의 여러 곳에서 극도로 창궐했을 때, 청국에 머물던 구미 각국의 상인들은 영사재판관할이라는 철벽에 의지하여 자국의 국기가 휘날리는 선박을 타고 양자강을 오르내렸고, 거리낌 없이 청국 관군 초병선哨兵線을 드나들며 청국 관군의 나포를 피해 각종 전시금제품을 적군賊軍에 수송하여 준 사실은 아직도 일반 세상 사람들의 기억에 생생하다. 또 글렌(영국인)과 바훼, 카터, 버틀러 및 워드(이상 미국인) 등은 모두 적군賊軍에 투신하여 청국 정부에 저항하다 결국에는 관군에 생포된 자들이다. 그런데 그들이 소속된 각국의 영사는 청국 정부를 추궁하여 그들의 신병을 인도받았48다.

그리고 사람들 입에 가장 많이 오르내린 예는 미국인 버제빈Henry A. Burgevine일 것이다. 그는 장발적의 난이 처음 일어났을 때 일찍이 청국 관군으로부터 연전연승군대Ever Victorious Army라는 별명으로 불리던 미국인 워드 장군 부대에 예속되어 있었다. 그런 뒤 마침내 장군직을 계승했는데, 어찌된 까닭인지 아무튼 많은 청국 군병은 그에게 복종하지 않았다. 그는 불만을 견딜 수 없어 마침내 휘하의 외국 용병들을 거느리고 장발적 군과 내통했고 관군과 적대 관계가 되었다. 그리고 그는 1864년 경 영국인 커링이라는 자와 함께 생포되었다.

상하이의 미·영 양국 영사는 위 두 사람을 영사청에서 심문하기 위해 이들을 풀어달라고 청국 정부를 압박하여 그들을 인도 받았다. 커링은 그 후 어떤 처분을 받았는지 자세하지 않지만, 버제빈은 상하이 주재 미국 영사청에서 "청국을 떠나 두 번 다시 청국에 입국하지 말라"는 언도를 받고 방면되었다. 그러나 그는 요코하마에 잠시 머문 다음, 다시 장발적과 투합하기 위해 청국으로 도항할 목적으로 제너럴셔먼호라는 미국 배 한 척을 점유하고, 1865년 5월 대만의 타구打狗 항에서 다수의 외국 용병을 모으는 등 이 배를 출범시키기 위한 준비를 마쳤다.

청국 정부는 이 소식을 듣자 즉시 버제빈 및 그 일당을 배 안에서 포박하려고 시도하였으나, 청국 정부는 예의 영사재판관할 때문에 미국 선박에서 누구도 체포할 권리가 없다는 말에 저지되었고, 하는 수 없이 단순히 버제빈과 다른 혐의자들이 그 항구 상륙을 방지하는 수단을 다함으로써 스스로를 달랠 수밖에 없었다. 버제빈이 그 배를 하문厦門으로 몰아 적군賊軍과 합세하려 했을 때 그와 그 외국 용병들은 다시 청국 관군에게 생포되었다. 그 후 그 중 한사람은 종적이 묘연하여 미국 영사청으로 돌아오지 않았으나 다른 외국 용병은 각자의 영사가 청국 정부를 압박하여 석방을 요구했고 신병을 인도받았다 한다.

이상의 기록으로 당시 청국 정부가 영사재판관할 때문에 얼마나 군사 행동이 제약되었는지를 알 수 있을 것이다. 그리고 제너럴셔먼호 사건은 금번 우리나라에서의 시드니호 사건과 비슷했다. 그리고 청국 정부의 제너럴셔먼호에 대한 처치는 각국 정부의 승낙을 얻지 못했으나 우리 정부가 시드니호에 대해 집행했던 군사 처분은 각국에서 어떤 이의를 제기하지 않았을 뿐만 아니라, 프랑스 정부조차 결국 우리 정부의 행위의 정당성을 인정했다.

　나는 이미 이번 전쟁에서 우리 정부가 구미열강에 대해 교전국의 권리를 집행할 때, 영사재판관할권에 중대한 저촉이 없었던 근본 원인은 필경 사실의 문제이지 학리상의 문제가 아니라고 했다. 그러나 후에 이로 인하여 국제공법상 영사재판제도에 관한 의문을 해석할 좋은 예를 제공한 것 또한 하나의 쾌사快事라 하겠다.

제14장

강화 담판 개시 전 청국 및 구주 여러 강국의 거동

평양과 황해 전투 승리 후 일본군은 질풍이 마른 잎을 몰고 가는 기세로 맹렬히 진군했다.

10월 24일 우리 제2군은 화원구花園口에 상륙했다. 10월 25일, 우리 제1군은 호산虎山에서 싸웠고 다음날인 26일에는 구련성九連城과 안동현安東縣을 약취略取했으며 29일에는 봉황성鳳凰城을 함락시켰다. 11월 6일, 우리 제2군은 금주성金州城을 공략하여 취했고 다음날인 7일에는 대련만大連湾의 포대를 점령했다. 11일, 우리 제1군은 연산관連山關을 점령했으며 18일에는 수암岫巖을 손에 넣었다. 21일, 우리 제2군은 여순구旅順口를 함락시켰고, 12월 6일 복주復州를 약취했다. 12일 우리 제1군은 탁목성杤木城[71]과 영성자營城子를 점령했고, 13일에는 해성海城을 공격하여 빼앗았다. 금년 1월 10일 우리 제2군은 개평蓋平을 약취했다. 22일 오야마大山 제2군사령관은 산동성山東省 영성만營城湾에 상륙하여, 30일 위해위威海衛의 포대를 공격했다.

이는 금년 1월 31일, 청국의 흠차전권대신欽差全權大臣(흠차는 왕의 명령으로 보내던 파견인/역주) 장음환張蔭桓[1], 소우렴邵友濂[2] 등이 히로시마에 도착하기까지의 사이에 우리 군이 연전연승한 전적이다. 그리고 이 연전연승은 청국 및 구주 각국에 어떠한 영향을 미쳤는가.

청국은 바야흐로 패전의 기운이 점점 다가오자 하루라도 빨리 전쟁이 끝나기를 바랐다. 특히 이홍장처럼 장래의 안위를 미리 내다보는 인물은 어떤 대가를 치르더라도 평화를 사지 않으면 안 된다고 마음속으로 결정하고 있었다. 그러나 어떤 나라에서도 이런 경우에는 쓸데없이 허세를 부리고 체면치레하려는 용렬한 무리들이 많고, 이로 인해 국가의 큰 원모遠謀를 어지럽히는 예가 적지 않다.

지금도 청국 정부 안에서는 강화는 아직은 시기상조라거나, 또는 강화를 완전히 반대하지는 않으나 그 강화조건이라고 내세우는 것이 도저히 패자가 승자에게 말하기 꺼릴 정도로 이상하고 허망한 생각을 제안하는 자도 있었다. 실제로 장음환, 소우렴 양 특사의 강화 담판이 결렬되어 이홍장이 다시 강화사절로서 우리나라에 오려고 할 때는 즉, 위해위가 이미 함락되고 북양함대 전부가 투항한 뒤인데도 베이징 정부는 각 성의 총독 및 순무에게 강화의 득실을 묻고 있었다.

---

1 장음환(1837~1900). 청나라 말기 관료, 외교관. 광동성広東省 남해南海 출신. 숙부의 후원으로 산동山東 순무巡撫 보좌가 된다. 각 순무들에게 능력을 인정받아 안찰사按察使로 승진한다. 베이징 중앙정부에 발탁되어 총리각국사무아문總理各國事務衙門에서 호부시랑戶部侍郎까지 승진했고, 1885년부터 미국, 스페인, 페루 공사를 역임했다. 변법운동파였으며 강유위康有爲와 친했다. 1900년 의화단 난 때 처형된다.

2 소우렴(1840~1901). 청나라 말기의 관료, 외교관. 절강성浙江省 여요余姚 출신. 총리각국사무아문에서 일하다 주러시아 공사로 부임한다. 그 후 하남河南 안찰사, 대만 포정사布政使 호남 순무, 대만 순무 등을 거쳐 청일전쟁 강화를 위해 장음환과 함께 일본에 파견되나 그들의 자격 등을 문제 삼은 일본 측의 거부로 성과 없이 귀국한다. 장·소 두 인물의 청일전쟁 강화 담판 관련 내용은 본서 제15장 참조.

청국 각 성의 총독 및 순무巡撫³가 강화의 득실에 관해 상주上奏한 의견

이에 대해 다수의 총독과 순무들이 상주한 견해를 보면,

> 만약 일본에서 강화를 희망한다면 청국은 이에 응하는 것이 상책이다.
> 다만 배상은 어느 정도의 거액을 각오해야 하나 만약 일본이 국토의 할
> 양을 요구하면 오히려 끝까지 전쟁을 계속해야 한다. 청국 황제는 조종
> 祖宗이 피 흘려 약취한 영토를 한 치의 땅이라도 외국에 양여할 권리를
> 가지고 있지 않다(금년 2월 26일 상하이 전신에 의함)

라고 하듯이 그 상주한 견해가 이와 같은 진부한 어투를 나열한 정도였다.

때문에 위기가 아직은 이 때와 같이 혹심하지 않았을 때에는 베이
징 정부의 당국자 특히 이홍장 같은 무리들은 그 가슴 속에서 진실로
이해하고 있는 의사를 밖으로 표출하지 못하고 끝없이 고뇌하고 있었
던 것이다. 이에 따라 그들은 어쨌든 일본이 어떤 조건이면 전쟁 종식
을 받아들일 것인지를 알고자 했다. 그래서 일본 정부의 의중 탐색을
첫 번째 착수 단계로 하고 먼저 구미 각국에게 일청 양국 사이에 서서
중재해 주기를 애소하며 탄원했다.

11월 12일, 독일 주재 아오키 공사는 나에게 전보로 품의하여 다음
과 같이 일렀다.

> 본 공사가 독일 외무대신으로부터 은밀히 들은 바에 따르면, 금일 독일

---

3   중국 명대 및 청대의 관직명. 명초에는 중앙에서 지방에 파견한 임시직이었으나
    후에 상설직이 되었고 명말에는 군사 업무까지 포함 각 성을 통할하는 지방관으
    로 격상. 명대의 제반 제도를 답습한 청대에 순무는 황제에 직속된 각 성의 장관으
    로, 총독과 거의 동격의 권위를 갖게 된다.

주재 청국 공사가 독일 외무대신에게 면담을 요청하고 일청 전쟁에 관해 독일의 중재를 요청했음. 이에 따라 동 외무대신은 청국이 어떤 조건으로 강화를 요구할 각오인지를 물었고, 청국 공사는 조선의 독립 인정과 군비 상환 두 가지로 할 것이라 답했음. 동 대신은 지금은 바야흐로 일본이 연전연승하는 이로운 국면인데 위의 두 가지 조건만으로는 쉽게 만족시킬 수 없을 것이라 했음. 청국 공사는 그러면 어떤 조건이면 적당하다고 생각하느냐고 반문했고, 이에 동 대신은 이는 자신이 대답할 수 있는 한계를 벗어난다고 하고, 오히려 청국이 직접 일본 정부에 묻는 것이 좋겠다고 대답함.

또 그 무렵 니시 공사로부터의 전문에도, 러시아 주재 청국 공사도 마침 동일한 요청을 러시아 정부에 했고 러시아 정부 또한 직접 일본 정부와 대화를 하라고 종용했다고 한다. 청국 정부는 거듭 그들의 재외 공사에게 명하여 각자의 해당국에게 중재를 요청하도록 했으나, 모두 독일 정부와 마찬가지의 어조로 거절당했으며, 특히 영국 정부의 연합중재설이 실패한 뒤에 그들은 결국 일본 정부로부터 강화 조건을 듣고자 결심한 것 같았다.

데트링, 고베에 오다

청국 정부는 이홍장의 의견을 받아들여 텐진의 해관세무사海關稅務司 (해관은 당시 중국의 개항장에 설치된 세관/역주)인 독일인 데트링[4]을 일본에 파

---

4   구스타프 데트링Gustaf Detring(1842~1913). 청국에 고용된 독일 태생의 영국 세관원. 1884년 청불淸佛 전쟁 때, 분쟁 해결에 관한 프랑스 측의 제의를 이홍장에게 전달한 바 있다. 1894년 청일전쟁 때 이홍장의 수족이었던 북양함대가 괴멸하자 이홍장은 강화를 위해 그를 일본에 파견할 것을 상주하여 재가를 얻었다. 이와 관련한 내용은 위 본문 참조.

견하기로 결정했다. 데트링은 이홍장이 이토 총리에게 보내는 공문을 휴대하고 12월 16일 고베에 입항, 효고현 지사를 통해 이토 총리와의 면회를 요청했다. 그 공문의 내용은,

72

73
為﹍照会﹍事, 照得. 我大淸成例, 与﹍各国﹍交際, 素尙﹍平安﹍, 現与﹍貴国﹍小有﹍齟齬﹍, 以﹍干戈﹍而易﹍玉帛﹍, 未ㄴ免ㄴ塗﹍炭生靈﹍, 今擬ㄴ商ﾄ彼此暫飭﹍海陸兩路﹍罷ㄴ戰, 本大臣奏奉﹍論旨﹍, 德璀琳デトリング在﹍中国﹍当ㄴ差有ㄴ年, 忠実可ㄴ靠, 著ㄴ李鴻章, 将ﾄ応ㄴ行籌弁﹍事宜ﾄ, 詳晰告﹍知德璀琳﹍, 令ﾄㄴ其迅速前﹍往東洋﹍妥弁ﾄ, 並隨﹍時将現﹍議情形﹍, 由﹍李鴻章﹍密速電聞等因, 欽ㄴ此, 遵卽令﹍頭品頂戴德璀琳﹍, 立卽馳﹍赴東京﹍, 賫送照会﹍, 応﹍若何調停, 復﹍我平安舊例﹍之処, 応請﹍貴總理大臣﹍, 与﹍德璀琳﹍籌商, 言帰﹍於好﹍為ㄴ此照会, 請﹍煩查照施行﹍, 須ㄴ至﹍照会者﹍

다음의 내용을 전한다. 먼저 우리 대大청국의 관례로는 각국과의 교제는 본래 평화를 지향해 왔다. 그러나 귀국과는 지금 얼마간 분쟁 상태다. 통상의 우호 관계가 전쟁 상태로 바뀌니 지금 인민은 도탄의 괴로움을 면치 못하고 있다. 지금 양국은 우선 육해군에 명령하여 정전을 도모해야 할 것이라 생각한다. 본 대신(이홍장)의 이런 의향을 황제 폐하에게 상주한 바, 황제 폐하로부터 다음의 성지가 내려왔다. "데트링은 오랫동안 중국 관官에서 일한 충실한 인물이다. 따라서 처치해야 할 일을 상세히 데트링에게 통고하니, 그를 속히 일본에 보내 지체 없이 처치하도록 할 것을 이홍장에게 명한다. 또 데트링은 수시로 교섭의 정황을 이홍장을 경유하여 내밀하고 신속하게 전신으로 상주하라. 이 뜻을 준수할 지어다." 황제 폐하의 이 성지에 따라 두품정대頭品頂戴의 견서肩書를 지닌 데트링을 즉시 도쿄로 보내며, 공식 문서를 갖도록 해주게 된 것이다. 조정 작업으로 양국 간에 다시 평화를 회복하는 건에 대해서는

귀 총리대신과 데트링이 잘 협의하여 좋은 결과가 도출되기를 바란다.

이상, 공식 문서를 보내는 바이다. 부디 검토해 주시기를.

라는 것이었다.

또 여기에 첨부한 사적인 편지가 하나 더 있었다. 그 사신私信은 그가 일찍이 톈진에서 이토 총리와 만났을 때[5]의 옛 정을 표시하고 동양 대국大局의 평화의 필요성을 언급한 것인데, 그 끝 문장에는,

雖=濶別多時」,想貴爵大臣当ㄴ不ㄴ忘=昔年情事」,相印以ㄴ心也,專此布臆

한 번 헤어진 이래 긴 세월이 지났으나, 이토 총리대신은 확실히 옛 일을 잊지 않고 계시리라 생각한다. 서로 마음을 하나로 하여 (톈진조약에) 조인 했기 때문이다. 이상 의중을 말씀드린다.

라고 한 바, 그는 이치에 호소하지 않고 정에 호소[75]하려 했다.

그리고 데트링 그 사람이 과연 교전국의 사신 자격에 적합한지의 여부도 하나의 의문에 속하고 이홍장은 원래 그 직분 상 청국 정부를 대표하는 권능이 없었다. 또 이토 총리는 우리 내각의 수반의 위치에 있지만 직접적으로 외교의 요충을 담당하는 임무가 없었다. 이홍장이 이토 총리에게 보낸 서한은 그 문체의 여하에도 불구하고 실은 하나의 사적인 편지로 인정할 수밖에 없었다. 우리 정부가 이 같은 애매한 청국의 사신과 더불어 군국軍国의 대사大事와 강화 요건과 관련한 회담을 할 수 없음은 너무도 당연했다. 따라서 이토 총리는 곧바로 효고현

---

5 톈진조약을 체결하기 위해 1885년 이토 히로부미가 톈진에서 이홍장을 만났을 때를 말한다.

지사에게 훈령하여, 그와의 면회를 단연코 사절하라는 뜻을 전신으로 보냈다.

그런데 이에 앞서 미국 정부는 이미 일청 양국 중간에서 강화의 건에 관한 주선에 힘쓰고 있었다. 베이징 주재 미국 공사 덴비[6]는 이번에 데트링이 사명을 띠고 돌연 일본에 간 것을 듣고 굉장히 불쾌하여 총리아문에게 권고하여 속히 그를 소환할[76] 것을 요구한 바, 공친왕恭親王[7]은 특별히 급전急電으로 그를 소환했다 한다. 그리하여 그는 고베神戸에 도착한 후 결국 어떤 성과도 얻지 못하고 허무하게 돌아갔다.

데트링 사명의 목적

데트링의 내항 경위는 너무나도 어린아이 소꿉장난 같았지만, 살펴보건대 당시 청국 정부는 어떻게 해서든 일본 정부의 요구를 탐지하고자 하는 심정이 컸음을 알 수 있다. 그 뒤 영국의 『블랙우드』라는 잡지에 동양에 머물고 있는 특별 기고가의 투고라며 「일본과 열국과의 관계」라는 제목의 한 논문이 실렸다(이 논문에는 다소 틀린 곳도 없지 않지만 당시의 사실은 거의 상세하게 논하고 있는 것 같다. 어떤 이는 필자가 데트링이라고도 했다).

논문에서는 데트링이 일본에 사신으로 간 목적을 열거하며,

---

6 찰스 덴비Charles Denby(1861~1938). 인디애나 출신 미국 외교관. 베이징 근무 후에 오스트리아 비엔나에서 일했다. 당시 최고의 중국어와 중국문화 전문가로 꼽히는 학자이기도 했다.

7 공친왕(1833~1898). 청나라 말기의 황족. 도광제道光帝(청나라 8대 황제인 선종)의 제6자인 혁흔奕訢이 초대 공친왕이다. 혁흔은 함풍제咸豊帝(9대 황제, 문종)의 동생. 함풍제 사후 서태후·동태후 등과 결탁하여 쿠데타를 일으켜 궁정내 권력을 장악하기도 했다(신유정변). 청일전쟁 당시 군기軍機 대신으로 복귀하여 전중과 전후의 정국을 다루었다.

첫째, 일본 정부가 과연 강화에 뜻이 있는가의 여부를 살피고 그로써 청국 및 청국을 돕는 각국에게 생각할 여지를 줄 것,

둘째, 만약 일본 정부가 강화에 뜻이 있는 것으로 보이면 강화 담판의 길을 강구할 것

셋째, 만약 여순구旅順口가 함락되면 필연적으로 이홍장의 신상으로 떨어지게 될 공격을 피할 길을 구할 것

의 세 가지가 적혀 있었다고 한다. 그가 사명을 띠고 일본에 온 것은 실로 이 세 가지 목적이었음에 틀림없다. 왜냐하면 그가 고베를 막 떠나려 할 때 이토 총리에게 우편으로 보낸 편지에는,

이번에 제가 일본에 온 목적은 현재 통탄할 전쟁의 종국을 고하기 위해 청국이 어떠한 조건으로 평화를 회복할 수 있을지를 듣기 위한 것에 있었음은 각하께서도 물론 잘 이해하시는 말씀이라 생각합니다.

라는 문장이 있다. 당시의 사정을 살펴보면, 일청 양국이 평화를 회복하자고 헤아리는 조건은 필경 피차가 바로 역비례로 반대하여, 각자가 서로 그 마음속의 정가定價를 말하려 하지 않고 마치 팔 사람은 미리 살 가격을 알려 하고 살 사람은 먼저 팔 가격을 알고자 하는 그런 상황이었다.

영국 정부가 시도한 구주 제 강국의 연합 중재

이런 와중에 구미 각국은 어느 나라건 눈길을 동방으로 돌려 사태의 국면을 주시, 그 의중에 맞는 기회를 노리고 이를 포착하는 데 게을리 하지 않았다. 청국 정부가 각 강국에 중재를 호소할 즈음, 영국은 로즈

베리 백작[8]의 내각 말기로 의회에 대한 힘이 매우 취약했음에도 불구하고 아니나 다를까 동방문제에 대해서는 누구에게도 뒤처지지 않고 가장 먼저 일청 양국 사이에서 거중 주선을 하려 하였다.

8월 중순 경, 영국 신임공사 트렌치[9]는 도쿄에 도착하자마자 외무성으로 나를 방문하여, 영국 정부는 가까운 시일 내에 일청 양국의 전쟁 국면을 종결할 일에 관한 하나의 제안을 할 것이라며 반은 사적이고 반은 공적인 형식으로 예고했다.

영국 정부가 우리 정부에 대해, 조선의 독립과 군비상환의 두 가지 조건으로 다시 중재를 요청함

이어, 10월 8일에 영국 공사는 본국 정부의 내훈이라면서,

① 각 강국은 조선의 독립을 담보할 것,
② 청국은 일본에 군비를 상환할 것

이 두 가지 조건이면 일본 정부가 전쟁 종식을 승낙할 것인지 알아보라는 명을 받았다고 하고, 또 이 건에 대해 영국 정부는 이미 유럽 강국과 상의 중이므로 며칠 안에 러시아 공사도 틀림없이 같은 권고를 할 것이라 했다.

그런데 이 무렵 나는 러시아·독일·프랑스·미국 등 각국 공사와 자

---

8 아치발드 로즈베리 백작Archibald Philip Primrose, 5th Earl of Rosebery, (1847~1929(아치발드 필립 프림로즈 5대)). 1868년 작위 계승, 1871년 귀족원 의원으로 정계에 입문했으며 자유당 소속이다.

9 파워 트렌치Power Henry Le Poer Trench(1841~1899). 영국 외교관. 1882~1889 사이 도쿄의 주일 영국공사관 일등서기관으로 근무. 그 후 1894~95년 사이 주일 영국공사를 지냈다.

주 면담했으나 그들은 자국으로부터 어떤 훈령을 받은 것 같지는 않았다. 특히 러시아 공사 히트로보는, 영국의 제안은 그 내용이 매우 공허하고 막막하여 일본 정부도 이에 응하기 어려울 것이라며 냉혹하게 평가하고 있을 정도였으므로 후에 영국 정부와 같은 제의를 할 것이라고는 생각되지 않았다. 뿐만 아니라 바야흐로 우리나라가 연전연승하고 있는 상황에서 도저히 영국의 박약한 제안과 조건을 승낙할 수 없음은 당연했다.

영국의 제의에 대한 회답안

그러나 어쨌든 나는 영국 정부에 회답해야 할 직책에 있었을 뿐 아니라, 또 이 같은 기회에 뒷날을 위해서도 미리 우리 국가 시책[廟議]의 대체를 정해 두는 것이 대단히 긴요하다고 생각하여, 영국의 제안에 대한 회답으로 아래의 세 가지의 초안草案을 작성하여 히로시마에 있는 이토 총리와 협의했다. 즉,

갑甲안은

① 청국으로 하여금 조선의 독립을 확인하게 하고, 또 조선 내정에 간섭하지 않는 항구적인 담보로 여순구旅順口 및 대련만大連灣을 일본에 할양시킬 것,

② 청국으로 하여금 군비를 일본에 상환시킬 것,

③ 청국은 유럽 각국과 체결한 현행 조약을 기초로 일본과 새로운 조약을 체결할 것. 이상의 조건을 실행하기까지 청국은 일본 정부에 충분한 담보를 제공할 것,

을乙안은

① 각 강국은 조선의 독립을 담보할 것,

② 청국은 대만 모든 섬을 일본에 할양할 것,

그 외 조항은 모두 갑 안과 같음.

병丙안은, 일본 정부가 어떤 조건으로 전쟁 종식을 받아들일 것인가를 확인하기 전에 먼저 청국 정부의 의향이 어떤지를 아는 것이 필요함(이 갑·을 안은 실제로 후일 내가 기초한 시모노세키조약의 기초가 되었다)이다.

이상의 세 가지 안을 송부함과 동시에, 나는 이토 총리에게 서한을 보내 위 세 가지 회답안의 개요를 설명했다. 그 서한에 나는 다음과 같이 적었다.

본 문제는 영국 정부가 최후의 결심을 한 것이라 볼 수 없고, 저(=영국)쪽이 분명히 말한 것처럼 일본 정부의 의향을 듣고자 하는 것이 최우선의 주안점이라 생각됩니다. 그러나 서리를 밟으면 딱딱한 얼음이 된다는 비유처럼, 영국이 이미 이런 단서를 연 이상은 나중에 어떤 관계가 야기될지 예측하기 어렵고 따라서 이에 대한 회답은 무엇보다 심사숙고해야 할 것이므로, 별지에 갑, 을, 병 세 가지 안을 적어드렸습니다. 갑 안은 전적으로 일본 정부가 희망하는 바를 언명하여 미리 우리의 의향을 청국 및 각국에 알려 두고 또 조선의 독립에 대해 유럽 각국의 간섭을 피하는 방책입니다. 을 안은 곧 여러 강국들로 하여금 다소의 몫을 가지게 해둔 것으로 혹 지금의 협상을 마무리하는 일종의 첩경으로, 후일 동양의 평화를 영속시키기 위해서도 그러해야 한다고 생각합니다. (중략) 또 병 안은 지금의 의론을 일시 연기해두고 다른 날에 좋은 기회가 오기를 기다리는 지연책입니다.

영국 정부의 제의에 대한 제국 정부의 회답

이토 총리는 나의 갑 안에 동의한다는 뜻을 확답했다. 그러나 그는 당분간 이를 영국에 회답하는 것을 보류함이 상책이라고 했다. 나는 영국에 대한 회답을 너무 지연시킬 수 없다고 생각했기 때문에, 그후 다시 수차례 이토 총리와 서신을 주고받은 끝에 마침내 10월 23일, 다음 내용의 구상서口上書(구두로 먼저 설명하고 후에 그 취지를 적어 보내는 외교 문서/역주)를 영국 정부에 보냈다.

제국 정부는 영국 황제 폐하의 정부가 일청 전쟁 종식에 관한 문의를 하기에 이른 우의에 충분히 감사하게 생각하는 바다. 금일에 이르기까지 전쟁의 승리는 항상 일본군 쪽이었다. 그러나 제국 정부는 오늘날 사안 전체의 추이로는 여전히 아직 담판상 만족스러운 결과를 보증하기에 충분하지 않다고 생각한다. 이에 따라 제국 정부가 전쟁을 종식할 조건에 관해 공식적 의향을 발표하는 것은 잠시 다른 날로 미루지 않을 수 없다고 인식한다(이는 나의 세 가지 안에서 병 안을 수정한 것이다).

그 뒤 우리나라와 영국은 이 건에 관하여 다시금 어떤 교섭도 없었다.

영국 정부가 구미 강국에게 연합 중재를 제의했던 무렵에 유럽 각 강국 사이에 동방문제에 대해 다소의 교섭이 있었던 것 같다. 즉 9월 24일, 아오키 공사가 나에게 전보로 품의해 온 바에 따르면

대신(=무쓰 무네미쓰)께서는 지금 러시아, 프랑스의 의향을 상세하게 탐지하고 계실지 모르겠으나, 본 공사가 살핀 바로는 구미 강국들 사이에 무언가 상담 중인 듯함. 아마도 병력 간섭의 건에 대해 상호 의견을 교환하고 있지 않을까 추측하고 있음. 실제로 그렇다고 해도 독일과 영국이 이에 대한 발기자発起者가 아님은 본 공사가 믿어 의심치 않고 있음.

이라 했다.

　아오키 공사의 전문은 물론 동 공사의 추측과 상상을 적은 것이기 때문에 과연 각 강국의 실정을 정확히 지적한 것인지의 여부는 확실히 말하기 어렵지만 당시 유럽의 형세가 어쩐지 불온한 모양임을 증명하기에는 충분했다.

　또 10월 10일, 이탈리아 주재 다카히라高平 공사[10]가 이탈리아 외무대신과 비공식으로 담화한 요지라면서 내게 보내온 전신 품의에 따르면

　　만약 일본 정부가 전쟁의 결과를 아주 먼 데 까지 확장하고, 이로 인하여 혹시 여러 외국의 이익을 교란하게 되지 않기를 바란다면 이탈리아 정부는 조선의 독립 및 군비상환의 두 건을 기초로 속히 화목을 강구하는 것이 상책임을 권고함. 그리고 이 건을 성공시키기 위해서 이탈리아 정부는 다른 우방과 함께 충분히 움직일 것임.

이라 했다(이는 영국의 제안과 조금도 다를 바 없었다. 영국이 이탈리아와 협의한 결과임에 틀림없다).

　또 11월 11일에, 다카히라 공사는 다시 이탈리아 외무대신과의 대화 요지라며 나에게 전문을 보내 왔다. 거기에는

10　다카히라 고고로高平小五郎(1854~1926). 지금의 이와테현岩手県인 무쓰노쿠니陸奥国 출신의 메이지 시대 외교관. 1873년 대학남교大学南校(현 도쿄대) 졸업후 공부성工部省을 거쳐 1876년 외무성에 들어가 주미 공사관 근무. 1885년에는 한성漢城(서울)의 일본 공사관에 근무하기도 했다. 그 후 주상하이 영사, 주뉴욕 총영사, 주네덜란드 및 덴마크 변리공사를 거쳐 청일전쟁 때 주이태리 특명전권공사를 역임했다. 1899년 외무차관을 거쳐 1900~1906년까지 주미 공사, 1908년 주미대사를 역임했다.

이탈리아 외무대신은, "지금 여러 강국이 청국의 요청에 따라 각자의 의견을 교환하고 있으나 아직까지 하나도 실제 운동의 단서가 열린 것이 아니며, 청국은 마침내 일본에 직접 강화를 호소하기에 이르렀다" 고 하고, 또 동 대신의 의견이라며 말하기를 "영국과 러시아 양국은 서로 이해를 달리하고 있음에도 불구하고 양국 공히 지금의 분란을 피하기를 절실히 바란다"고 함. 이에 따라 동 대신이 다시 나에게 권고하기를, "일본의 행동 및 강화 조건은 적당한 범위 밖으로 벗어나서는 안 될 것인 즉, 청국이 붕괴·와해되고 또한 그 정부가 멸망하게 되는 등의 행위는 피해야 할 것이다. 또 일반의 평화를 흔드는 것은 가급적 그 국면을 좁혀야 한다"고 했음. 또 이에 부연하여, "이 권고의 주된 뜻은 일본이 청국의 토지를 분할하여[割地할지] 양도받는 것을 반드시 저지하고자 하는 것은 아니지만, 그러나 분할한 땅의 양여가 혹시 제3국으로 하여금 그들에게도 배분이 있지 않을까 하는 희망을 불러일으킬 수도 있다"고 했음. 본 공사가 미루어 살피건대 이탈리아 정부는 영국과 동일하게 움직이려 하겠지만 지난 번 영국의 실패를 본 뒤로 매사에 한 층 더 주의를 기울이고 있는 듯함.

이라 적혀 있었다.

그런데 마침 다카히라 공사의 두 번째 전신과 같은 날(즉 11월 11일), 상트페테르부르크聖彼得斯堡府[11]에서의 니시西 공사의 전신에 따르면,

본 공사는 얼마 전 오래 와병 중인 러시아 외무대신을 방문했음. 같은 날 영국 공사도 러시아 대신을 방문한 것을 보았음. 러시아 외무대신은

---

11 구 소련 레닌그라드(1914년 개명)의 원 지명. 제정 러시아 때의 상트페테르부르크Sankt Petersburg를 말한다. 모스크바 이전의 러시아의 수도다.

본 공사의 질문에 답하여, "영국 정부는 일청 전쟁을 조속히 종식시키기 위해 러시아의 협력을 요청했다. 그러나 본 대신의 의견은, 청국 정부가 아직 일본에 직접 강화를 구하지 않았고 따라서 일본 정부도 아직은 강화 조건을 명확히 말하지 않은 지금 이에 간섭함은 시기상조"라 했고, "또 영국은 일본이 완전히 승리함에 따라 마침내 청국이 붕괴·와해되는 것을 깊이 우려하고 있으며, 러시아 또한 이 사이에 다소의 이해利害가 없지는 않지만, 먼저 교전 양국이 어떻게 전쟁을 종식시킬 것인가를 보게 될 시기가 오기를 기다리고 있다"고 하였음(이는 러시아가 조선 사건 이래 우리나라에 대한 외교 수단으로서 항상 분명하지 않은 약조를 하는 사이에 후일의 발언의 여지를 남겨두는 것이다).

나는 또 그 다음 날 독일 주재 아오키 공사의 전신을 받았다. 그 전문에는 독일 외무대신이 독일 주재 청국 공사의 요청인 독일의 중재 건의를 거절했다고 적은 뒤(중재 청구의 이 전문은 이미 앞단에서 상세히 기술했다), 아래와 같은 몇 마디를 덧붙였다.

독일 외무대신은, 일본이 지금의 국면을 너무 극도까지 격렬히 진전시킴으로써 마침내 아이신가쿠라愛親覺羅[12]씨 조정을 전복하는 결과를 가져오지 않기를 바란다고 함.

영국 정부의 연합중재설의 실패

이와 같이 구라파 강국은 각각 그 심중에 무언가가 있는 듯이 보였지

---

12 후금 태조 누르하치가 신라新羅의 자손임을 내세우며 칭한 청나라 호칭. 본문의 '親'이 아니라 '新'이 올바른 표현. 즉 신라를 항상 잊지 않고 사모한다는 뜻인 '愛新覺羅'가 맞음. 무쓰 무네미쓰도 이는 잘 몰랐던 듯함. 밑줄 표시 역자.

만, 모두 청국 정부의 호소를 거절하고 영국 정부의 연합중재에도 동의를 표하지 않은 것은 명백한 사실이다. 그리고 영국의 중재안은 밖으로 유럽 강국의 동의를 얻지 못하였을 뿐 아니라 안으로 자국의 여론도 이에 만족하지 못했던 것 같다.

10월 10일, 『타임즈』지는 사설에서,

일본은 지금 연전연승 하고 있어서 쉽게 그 대망을 포기하지 않을 것이다. 그러므로 다른 나라가 교전을 종식시키는 것은 물론, 가령 이를 잠시나마 중지시키고자 해도 성공할 가망이 없음은 지극히 명료하다. 정말 예사롭지 않은 대군을 파견하여 강한 힘으로 전쟁을 종식시키고자 하면 혹시 성공을 기대할 수 있겠지만, 오늘의 사안 자체는 결코 이와 같은 일을 해낼 수 없다. 그러므로 해당 지역에 거주하는 구라파인들을 보호하는 것 외에 교전국을 강압적으로 견제하려는 시도는 기꺼이 스스로를 곤란한 지경으로 빠트려 시종일관 동양의 최강국에게 적대시 당하게 됨을 면치 못할 것이다. 이는 요컨대, 관계없는 나라는 일청의 국제 분쟁이 오로지 양국의 전쟁으로 결정되는 바에 일임하는 것이 상책이다.

고 했다.

영국 내각 총리대신 로즈베리 백작은 내외의 형세가 이와 같이 되어 가는 것을 보고 마침내 침묵할 수 없었다. 그리하여 12월 24일 런던시 의회에서 영국 정부가 일청강화의 건에 관하여 구미 강국의 협력을 청구할 이유에 대해 다음 몇 가지 조항의 요지로 연설했다.

일청 사이의 평화 회복을 위해 구주 강국 중에 한 나라라도 더 많이 가맹加盟할수록 그 효과는 점점 커지게 된다. 전체적으로 이런 중요한 국제 문제는 열국 회의의 가치가 점점 커져야 한다. 교전국은 서로 기고만장함이 팽배하여 자진하여 강화를 요구하려 하지 않을 것이기 때문이다. 그러므로 이런 때에는 타국의 중재가 무엇보다 필요하다. 그리고 그 중재국의 숫자가 점점 많아질수록 그 목적을 달성하기도 점차 쉬워진다. 또 이 때에 영국이 독단적으로 행동하면 다른 강국이 시기할 우려가 있다.

그리고 다시 말을 이어,

즉, 지금 구라파 두세 대국의 의견은 아직은 일청 양국 간의 중재를 시도할 시기가 아니라고 한다. 영국도 이 의견에 따르고자 한다.

라며 매우 애매모호한 말로 자신의 실책을 변호했다.

영국의 연합중재는 이렇게 중도에 실패했다. 그런데 유럽 강국은 누구나, 일본이 완전한 승리에 편승하여 청국을 붕괴·와해시키지 않도록, 또 신속히 전쟁을 종식시키기 위해 일본의 요구가 가급적 과도하지 않도록 함에 대해서는 일치하는 것 같았다. 또 러시아 정부가 히트로보를 통해 나에게, 일·러 양국이 서로 의견을 교환하여 다른 강국의 간섭을 막아야 한다고 한 것도 이 무렵의 일이다. 러시아의 이 제의에 관한 전말은 뒷장에서 자세히 다룬다. 다만 그 때 나와 러시아 공사와의 회담은 러시아 정부를 확실히 만족시키지 못했던 것 같다.

그런데 러시아가 이 시기부터 이미 일본을 적대시하는 경향이 생겼다고 의심하는 것 또한 아주 잘못된 시각이다. 무릇 러시아는 끊임없이 시기의 눈을 크게 뜨고 어느 쪽으로 가야 그들이 이익일 것인가를 탐색하는 데 게으르지 않았지만, 당시는 아직 일청 어느 쪽을 향해 날개를 펼칠 것인가를 결정했다고는 보이지 않았다. 그랬기 때문에 이 사이에 러시아는 우리나라에 대해 자주 감언이설로 자부심을 손상시키지 않으려 노력하는 한편 청국에 대해서도 결코 그 의뢰심이 상실되지 않도록 한 것이다(청국 특사 왕지춘王之春이 러시아 수도 페테르스부르크로 가서 러시아 황제를 알현하고 일청 전쟁을 종식시키기 위해 러시아의 원조를 요청했을 때, 러시아 황제가 이에 답하여 "청국은 자진하여 일본에 강화를 구해야 할 것이며, 만약 일본의 요구가 과대할 때는 짐은 일의 마땅함이 허락하는 한에서 이를 경감되도록 주선할 것이다"고 약속했다 한다). 대개 이 무렵 러시아의 거동은 외면으로 드러나는 바 혹은 청국의 우방인 것 같았고 혹은 일본의 우방인 것 같은, 일종의 불가사의한 면이 있는 것 같았다.

영러 양국의 일청 양국에 대한 상태에 관한 독일 황제의 혹평

올해 1월 31일, 아오키 공사가 나에게 전신으로 품의하여 이르기를,

> 독일 황제가 내밀히 본 공사에게 말하기를, "영국이 청국의 관심을 얻으려 하고 러시아가 일본의 관심을 얻고자 서로 애쓰는 상황은 다 같이 가소롭기 짝이 없다"고 했음.

이라 했다. 이는 독일 황제가 일시 좌중의 흥을 돋우기 위한 담화라 하더라도, 또 러시아가 그 발톱을 감추고 국외자로 하여금 자신들의 저의를 엿보지 못하도록 한 것임을 알기에 족한 것이다.

비유컨대 당시 러시아의 일청 양국에 대한 속내는, 도요새와 조개 둘 다를 얻는 이득[鷸蚌之爭휼방지쟁]을 얻지 못한다면 반드시 드렁허리 같은

민물고기[鱖魚] 맛이라도 보려는 심산으로 언젠가 시기가 당도하기를
기다리는 것과 같았다. 그 외 독일과 프랑스 정부는 뒷날 구라파적 정략
상 자신의 이해利害에 관하여 러시아 편을 들지 않을 수 없는 시기까지
는, 원래 동방과의 관계에서 중대한 이해가 없던 나라들로서 만사가 다
소 침착하고 조용했고 대체로 일본 편이었던 것 같아 보였다.

제15장

일청 강화의 발단

일청 양국 간 8개월에 걸친 전쟁을 종식시키는 단서는 미국에 의해 열렸다. 유럽 강국들이 서로 합종연횡책을 강구하여 자칫하면 약육강식의 욕망을 고조시키는 한 복판에서, 신세계의 중앙에 건국하여 항상 사회 일반의 평화를 추구하는 것 밖에는 결코 타국의 이해에 간섭하지 않는 정강을 내세우는 미국이 최근 동방문제에 관해 구주 강국의 형세가 매우 위험하다고 보고 마침내 일청 양국에 대해 우의적 중재를 하기에 이르렀다.

미국 정부가 우의적 중재를 하겠다고 제의해 옴

즉, 메이지 27년(1894, 고종31) [78] 11월 6일, 도쿄 주재 미국 공사 에드윈 던은 자국 정부의 훈령을 나에게 전달했다. 그 훈령의 개요는 다음과 같다.

통탄할 일청 양국 간의 전쟁은 아세아주에서 미국의 정략을 추호도 위태롭게 하지 않는다. 양 교전국에 대한 미국의 의향은 한 쪽에 치우치거나 한 쪽을 편들지 아니하며[不偏不黨] 벗으로서의 정을 중시하고 중립의 뜻을 지켜 양국의 행운을 희망하는 것 말고는 없다. 그러나 만약 전투가 오래 지속되어 일본군의 바다와 육지 진공進攻을 제어할 길이 없다면 동방의 국면에 이해관계가 있는 유럽 강국은 마침내 일본국의 장래의 안녕과 행복에 불리한 요구를 함으로써 전쟁의 종식을 촉구하게 될지도 모른다. 미국 대통령은 지금까지 일본에 대해 가장 깊고 돈독한 호의를 갖고 있기 때문에, 만약 동방의 평화를 위해 일청 양국 서로의 명예를 훼손하지 않도록 하는 중재 노력을 한다면 일본 정부가 이를 승낙할지의 여부를 묻는다.

미국 정부의 의사가 공평무사함은 의심할 여지가 없었다. 그러나 청국의 정세를 유심히 관찰하건대, 그들은 지금 한 층 더 타격을 입은 다음이 아니면 진심으로 뉘우치고 깨달아 성실하게 강화의 필요성을 깨닫지 못할 것이고, 그리고 국내의 인심은 주전主戰의 기염이 아직 조금도 식지 않았기 때문에 지금 강화의 단서를 연다는 것은 시기상조다. 그러므로 나는 미국에 대해 마침 앞서 영국에 회답한 것처럼 잠시 일본의 확답을 미루는 것이 최선이라 생각했다.

그렇다고 해서 일청 전쟁이 무기한 지속될 것은 아니었다. 조만간 강화 회담의 기회가 무르익을 시기가 되면 구태여 제3국의 엄연儼然한 중재가 필요 없겠지만, 그러나 어느 한 나라가 거중주선의 수고를 하고 특히 피차의 의견을 교환할 한 기관이 될 나라가 있다면 매우 편리할 것이며, 그리고 그 기관을 맡기에 미국보다 좋은 나라가 없다고 생각했다.

이에 따라 나는 위와 같은 경위를 각의에 제출하고 이어 성재聖裁(= 임금의 재가)를 거쳐 11월 17일에 다음의 내용을 담은 각서를 미국 공사에게 보냈다.

위에 대한 우리 정부의 회답

일본 정부는 일청 양국의 화목을 위해 조정 노력을 하려는 미국 정부의 후의에 깊은 사의를 표한다. 교전이 벌어진 이래, 제국의 군세軍勢는 이르는 곳마다 승리했기 때문에 지금 새삼스럽게 전쟁 종식을 위해 특히 우방국의 협력을 구할 필요는 없다고 생각한다. 그러나 제국 정부는 헛되이 승리에 편승하여 이번 전쟁에 수반될 정당한 결과를 확실하게 거두기에 족한 일정한 한도를 넘어서서 그 욕망을 마음대로 하고자 하는 것이 아니다. 다만 청국 정부가 아직 직접 제국 정부에 대해 강화 요청을 해오지 않은 동안은, 제국 정부는 아직 위의 일정한 한도에 달하는 시기로 간주할 수 없다"(이 끝 문장 중에 일정한 한도를 넘어서지 않고 운운한 대목은, 당시 유럽 각국에서 일본의 완전한 승리가 청국을 붕괴·와해시킬지도 모른다는 의심을 하고 있던 때이므로, 정부는 그런 의심을 누그러뜨리기 위해 이와 같은 문장을 추가했다.)

표면적으로는 이렇게 회답했지만, 나는 미국 공사 던에게 전적으로 사적인 대화체로,

일본 정부가 공공연히 미국 정부를 성가시게 하여 일청 양국 사이의 중재자가 되어 주기를 요청하는 것은 혹시 다른 제3국을 불러들일 우려가 있기 때문에 잠시 이를 보류할 수밖에 없다. 그러나 후일 만약 청국이 강화의 실마리를 풀어 올 때에 미국이 서로의 여러 가지 의견을 교환할 수 있는 편의를 제공해 준다면 우리 정부는 미국 정부의 후의에 깊이 의뢰할 것이다.

고 했다. 던은 나의 의견을 충분히 이해하고 그 뜻을 본국 정부에 통보

하겠다고 약속했다.

청국 정부, 베이징·도쿄 주재 미국 공사를 거쳐 우리 정부에게 강화 회담을 열 것을 제의해 옴

11월 22일, 베이징 주재 미국 공사 덴비는 도쿄 주재 미국 공사 던에게 다음 내용의 전보를 보냈다.

> 청국은 직접 강화 회담을 열 것을 본 공사에게 위임하고 또 의뢰했다. 강화 조건은 조선 독립을 승인하고 배상금을 변상하는 두 건이라 했다. 이 취지를 일본국 외무대신에게 전달하기를 바란다.

이는 청국 정부가 일본 정부에게 직접 강화 조건을 제의한 첫 걸음이었다. 그들로서는 가장 저렴한 조건을 선택한 것이다. 이것을 우리나라의 연전연승 후의 강화조건으로 한다는 것은 애초에 수긍할 수 없었다. 또 청국이 지금 그 위급한 존망存亡의 때를 당하여 난을 피하고 고통을 면할 계책을 강구하는 사이에도 여전히 또 시장에서 물건 하나를 매매하는 것 같은 흥정은, 필경 그들이 아직도 성실히 화목을 바라는 성의가 없음을 알기에 충분했다.

이에 따라 우리 정부는 11월 27일에 다음 내용의 각서를 다시 보냈다.

> 베이징 및 도쿄의 미국 대표자를 경유하여 청국 정부가 내놓은 제의는 일본국이 강화의 기초로 승낙할 수 없는 것이다. 지금의 정황에서 청국 정부는 만족할 만한 강화의 기초에 동의할 진실한 의지가 있다고 생각되지 않지만, 만약 청국이 성실히 화목을 희망하여 정당한 자격을 갖춘

전권위원을 임명한다면 일본 정부는 양국 전권위원이 회합한 다음, 일본 정부는 그에 따라 전쟁을 종식할 조건을 선언할 것이다.

청국 정부는 이 회답을 접하고 매우 실망했다. 그럼에도 그들은 여전히 강한 집념으로 일본 정부의 강화조건을 탐문하려 했고, 11월 30일에 청국 정부는 다시 베이징 및 도쿄의 미국 공사를 경유하여 다음과 같은 전보를 보내왔다.

일본 정부가 어떤 조건을 강화의 기초로 할 것인가를 명확히 말하지 않았기 때문에 청국 정부로서는 일본 정부의 의견이 어디에 있는지를 모르겠다. 따라서 강화를 협상하기 위한 청국의 사절을 임명하기가 곤란하다는 뜻을 일본 정부에 통고한다. 관련하여 청국이 이 일을 쉽게 처리하기 위해, 일본 정부가 양국이 진지하게 의논하여 정해야 할 문제의 개요를 개시해 줄 것을 바라고 있다. 이 뜻을 일본 외무대신에게 전달해 주기를 바란다.

이는 청국 정부가 여전히 지난번 전보의 의미를 반복하는 데 불과했다. 일이 이렇게 되자 우리 정부는 저들의 우유부단한 통보에 대응하여 헛되이 국가의 중대사를 미정未定의 문제로 남겨둠으로써 다른 제3자의 참견을 초래하는 것은 상책이 아니라고 판단했다. 또 지금은 일단 신속히 그 머리에 찬물을 끼얹지 않으면 그들이 미몽에서 깨어나기를 기대하기 어렵다고 보고 12월 2일, 나는 다시 다음의 각서를 던에게 보내 베이징 주재 미국 공사를 경유하여 청국 정부에 알리도록 했다.

청국 주재 미국 공사의 전신電信에 따르면 청국 정부는 지금도 여전히 강화의 필요성을 절실히 생각하지 않은 것 같다. 원래 이번 전쟁 종식을 요구하는 것은 청국 쪽이지 일본이 아니다. 그러므로 일본 정부는 앞의 전신에서 말했던 것처럼 정당한 자격을 갖춘 전권위원이 서로 만난 다음이 아니면 강화조건을 선고할 수 없다는 취지를 여기서 중복하여 말할 수밖에 없다. 만약 이에 대해 청국 정부가 만족할 수 없다면 이번 협상은 우선 여기서 중지한다.

청국 정부는 이 회답을 받고 그들의 최초의 입장을 조금 바꾸었다. 12월 12일에 다시 덴비를 경유하여 던에게 전신으로 다음 내용의 공문을 보냈다.

일본 정부가 청국 정부의 앞의 전보 제의를 거절한 것은 청국 정부로서는 유감이다. 그러나 청국 정부는 일본 정부의 의견에 따라 전권위원을 임명하고 강화의 방법을 상의하기 위해 일본국 전권위원과의 회합을 제의한다. 청국 정부는 상하이를 위원 회합의 장소로 하고자 한다. 청국 정부는 언제 위원들이 회합할 수 있을 것인지를 미리 알고자한다고 한다. 이 뜻이 일본국 외무대신에게 전달되기를 바란다.

여기에 이르러 그들은 마침내 자기주장을 굽혔다. 이에 따라 나는 12월 18일에 도쿄와 베이징의 두 미국 공사를 경유하여 아래와 같이 청국 정부에 전문을 보냈다.

만약 청국 정부에서 강화 전권위원을 임명한다면 일본 정부는 언제라도 같은 자격의 위원을 임명할 것이다. 다만 일본 정부가 위 전권위원을 임명하기 전에 청국 정부가 먼저 자신들의 전권위원의 성명과 관위를 일본 정부에게 통지해야 한다. 전권위원이 회동할 곳은 반드시 일본 국내로 선정하도록 한다.

청국 정부, 장張·소邵 두 사절을 전권위원으로 임명하여 일본에 파견한다는 뜻을 통첩해 옴

청국은 그들의 제의가 연이어 좌절되자, 이제는 어떤 것도 일본 정부의 의향에 따르지 않으면 그 목적을 이룰 수 없음을 깨달은 모양이었다. 그리하여 12월 20일 베이징 주재 미국 공사는 도쿄 주재 미국 공사에게 다음과 같은 전문을 보냈다.

> 청국 정부는 화의를 상의하기 위해 상서함총리아문대신호부좌시랑尙書銜總理衙門大臣戶部左侍郎 장음환張蔭桓과 두품정대병부우시랑서호남순무頭品頂戴兵部右侍郎署湖南巡撫 소우렴邵友濂을 전권위원으로 임명하고 일본국에 파견하여 일본국 전권위원과 협상시키고자 한다. 청국은 왕복의 편의를 위해 일본국이 상하이 근방에 회합 장소를 선정할 것을 희망한다. 청국은 일본국이 즉시 전권위원을 임명하여 속히 협상 기일을 정하고, 일본국이 전권위원을 임명하는 날에 양국 간 휴전[79] 개시 날짜를 정할 것을 건의한다.

이에 따라 나는 12월 26일 도쿄와 베이징 주재 미국 공사를 경유하여 다음과 같이 청국 정부에 통보했다.

> 일본 정부는 청국 정부가 임명하는 두 명의 전권위원과 화의和議를 체결할 전권을 가진 전권위원을 임명할 것이다. 일본 정부는 히로시마広

島를 전권위원의 회합 장소로 선정한다. 청국 전권위원이 히로시마에 도착하면 48시간 내에 양국 전권위원회의를 개시한다. 또 회합의 일시 및 장소는 청국 전권위원이 히로시마에 도착한 후 신속히 통보할 것이다. 청국 정부는 전권위원의 본국 출발 기일과 히로시마 도착 예정 기일을 속히 일본 정부에 전신 통고해야 한다. 그리고 일본 정부에서 가령 휴전을 승낙하는 경우가 있다 해도 휴전의 조건은 양국 전권위원회가 회합한 다음이 아니면 이를 명언할 수 없다.

그 외에도 베이징과 도쿄 주재 미국 공사를 경유하여 일청 사이에 오간 전문이 많으나 중요하지 않은 것은 생략한다.

강화 조건에 대한 우리나라 조야의 희망

우리나라가 일반적으로 주전主戰의 기염은 아직 조금도 쇠퇴하지 않았지만, 이 무렵 사회 일각에서 점차 강화설을 주창하는 자들이 나왔다. 그러나 이 설들은 관대, 엄격, 정밀, 거칢[寬嚴精粗] 등의 차이가 너무 많았고, 저 세간에서 도도하게 헛되이 호언장담하여 한 때의 쾌감을 거둔 것은 잠시 논외로 한다.

이에 정부[80] 당국의 각부 책임자가 각자 그 직무에 충실한 나머지 서로 자신이 원하는 조건의 양여를 주로 하고 다른 쪽의 양여는 그 다음으로 하자는 경우도 얼마 있었다. 예를 들면 당초 해군 내부의 희망은 요동반도를 양여받기보다는 오히려 대만[81] 전체의 양여가 필요하다고 했다. 또 다 같이 이 파에 속하는 사람들 중 전반前半의 조건을 약간 중요시하는 자는 만약 우리가 요동반도를 점령하는 것이 전혀 불가능하다면, 청국으로 하여금 일단 요동반도를 조선에 양여케 하고 우리나라가 다시 조선 정부로부터 이를 빌리는 것도 가능하겠지만, 대만 전

체는 꼭 우리 판도에 귀속시키지 않으면 안 된다고 했다.[82]

이에 반해 육군 내부의 견해는, 요동반도는 우리 군이 피 흘리고 뼈를 바른 결과 쟁취한 것인데 이를 우리 군의 족적이 아직 미치지 않은 대만과 비교할 수 없고, 또 요동반도는 조선의 배후를 쓰다듬고 베이징의 목을 쥐고 있는 곳이라 국가 장래의 장기적 계획상 반드시 이를[83] 영유해야 한다고 주장했다.

또 재정을 관리하는 부서에서는 분할할 땅 문제에 대해 그렇게 열심이지는 않았지만 그 대신 거액의 배상금을 절실히 바랐다(후일 마쓰가타松方 백작이 대장대신大蔵大臣에 재임된 후 주장한 배상금 십억 냥 설은 이에 기초한 것이다. ○또 해외에 봉직하여 눈앞에서 구미 강국의 형세를 목격할 수 있는 위치의 우리 외교관 중에서도 주장하는 바가 달랐다. 11월 26일, 아오키 공사가 강화 조건으로 정부에 권고한 전문에는, (1) 성경성盛京省(지금의 요동성遼東省) 및 러시아와 국경선이 닿지 않은 길림성吉林省 대부분 및 직례성直隷省 일부를 할양케 하여 청한 양국 사이에 약 5천 평방 리平方里의 중간 지대를 두고 장래 아시아에서 우리나라의 패권의 디딤돌이 될 군사상의 근거지를 만들어야 함, (2) 배상금은 영국 화폐 1억 파운드로 하되, 반은 금화, 반은 은화로 하고 10년 할부로 지급할 것, (3) 배상금을 완전히 지불할 때 까지 동경東経 120도 동쪽에 있는 산동성 일부와 위해위威海衛 및 포대와 병기를 일본군이 점령하고 주둔비는 청국으로 하여금 지불하게 해야 할 것이라 했다. 또 유럽의 여론은 유럽의 이해 혹은 청국의 존망에 영향을 주지 않는 한에서는 어떤 조건에도 이의가 없다고 부언했다. 또 러시아 주재 니시 공사는 당초부터 일청 전쟁에 관하여 러시아의 형세를 무엇보다 주의 깊게 관찰했는데, 요동반도의 양여 특히 그 조선 국경과 접하는 부분의 양여는 도저히 러시아가 묵과하지 않을 것임을 예측하고, 오히려 처음부터 청국에 거액의 배상을 요구하고 그 담보로 요동반도를 점령할 것을 약속하면 러시아도 이에 대해 구태여 간섭할 수 없을 것이라는 의견을 정부에 권고해 왔다).

이와 같이 정부 내부에서조차 주장하는 바가 서로 들쑥날쑥하여 피차 관대 엄정이 일정하지 않았기 때문에 국민 사이에는 각양각색의 희망으로 각각 일치하지 않았던 것은 물론이다. 그러나 청국의 양여는 오로지 그 클 것만을 바라고 제국帝國의 광휘가 더욱 더 빛나기를 바랐던 것은 거의 일반적 정서였으며, 특히 한 편에서는 백전백승의 들뜬 자랑에 심취하고, 다른 편에서는 각각 장래의 경영에 관한 속셈을 옹호하여 서로 그 주장하는 바의 목적을 잃지 않으려 했다.

일일이 이 모든 주장을 다 조화하여 각자 만족할 수 있는 성안을 얻고자 하면, 하나는 가벼이 되고 하나는 무거워지며 저것이 주가 되면 이것은 종이 되어 추호도 짐작하여 마땅함으로 돌아갈 수 없고, 헛되이 그 무거운 사안이 주가 되는 것으로 모여짐으로써 지나치게 큰 조건이 될 뿐이었다(여기에 당시 민간 각 정당이 신문과 그 외의 방법으로 강화조건에 관한 각자 의견 발표한 것을 요약하면, 대외강경파로 불리는 일파는 "청국이 자진하여 항복하고 화의를 요청해오기 전까지는 육해군 공히 진격을 멈추어서는 안 된다. 영구히 청국의 반항을 억제하고, 동아東亜 평화 유지의 담보로서 적어도 청국의 동북부에서의(성경성盛京省과 대만台湾) 가장 중요한 강토를 제국에 할양시켜야 한다. 군자 배상은 적어도 3억 엔 이상이어야 한다"고 하고, 또 같은 파에 속하는 개진 및 혁신 양당의 중진들은 "전후에 만약 청국이 그 사직을 보전할 수 없어 자포자기하여 주권을 내버리는 경우에 처하게 되면 우리나라는 400여 주를 분할할 각오를 해야 할 것이다. 그때는 산동山東, 강소江蘇, 복건福建, 광동広東의 네 개 성을 우리가 영유토록 해야 한다"고 했다. 또 자유당은, "길림, 성경, 흑룡강黒龍江의 세 개 성 및 대만을 양여토록 해야 한다. 일청 양국의 통상조약은 구주 각국의 조약을 능가하는 조건을 약정約訂해야 한다"고 했다. [84] 이렇게 중론이 분분한 가운데 몇 사람의 식자는 강화조건이 너무 과대한 것이 상책은 아니라는 사람이 없지 않았다. 예를 들어, 다니谷 자작[1] 같은 이는 당시 한 통의 편지를 이토 총리에게 보내 수많은 말로 그 뜻을 적었는데, 특히 그 편지에 1866년의 보오普墺/프로이센-오스트리아 전쟁을 인용하여, 할지割地의 요구는 장래 일청 양국의 친교를 저해할 것이라고까지 극언했다. 그 말의 타당성 여부는 논외로 치더라도 이런 중에 그 만의 독자적 견해를 발표한 것은 초록 일색의 풀 더미에서의 홍일점이라 하겠다. 그러나 다니 자작이라 하더라도 아직은 사회의 역조逆潮에 항거하여 공적으로 그 지론을 공표하기까지의 용기는 없었고, 다만 이를 사적인 편지에 적어 미미한 뜻을 흘리는 데 그쳤다. 다니 자작이 이럴진대 하물며 기타 녹록한 무리들이야. 삼삼오오 모여 서로 속삭인들 뭔가 이런 사회의 광란을 만회할 효력이 있었겠는가. 그러나 가령 다니 자작의 설에서 취할 것이 있다 해도 당시의 대세에서 또 이를 어떻게 할 수 없었음은 물론이다).

이보다 앞서 나는 위와 같이 여러 설이 분분했음에도 10월 8일 영국의 중재가 있은 뒤, 조용히 이토 총리와 자세하게 토의하여 강화조약안 하나를 기초해 두었다(강화조약은 전쟁 국면이 진행됨에 따라 저절로 넓어지기도 좁아지기도 하며 관용과 엄격함이 그 정도를 달리하는 까닭에 이 후의 해당 안에 대해서는 때때로 참작하여 수정을 가한 것이다).[85]

우리 정부가 청국에 요구한 강화 조건을 구미 각국에 예고할 것인가에 관한 각의

이 때가 되어 유럽 각국은 누구나 우리 정부가 청국에 요구하는 조건

1 　다니 다테키谷干城(1837~1911)를 말한다. 도사土佐번 출신으로, 막말에서 메이지 시대 말년까지 활약했던 일본의 무사, 군인(육군 중장), 정치가. 메이지 유신 후 일본의 마지막 내전이었던 세이난 전쟁西南戰爭(1877/메이지 10년)에서 구마모토성 공격을 지휘한 것으로 유명하다.

이 어떤 것인지를 알고자 눈을 크게 뜨고 귀를 세워 백방으로 탐색하여, 간간이 헤아리고 억측한 주장을 내놓으며 왕왕 우리나라에 대해 부당한 의구심을 품어 위기가 언제 돌발할지 모르는 형세였으므로 나는 이 건에 대해 수시로 이토 총리와 협의했다. 그 결과,

① 우리 정부는 이에 청국에 요구할 조건을 공시하거나 혹은 암시하여 구미 각국으로 하여금 미리 내락, 묵계하게 함으로써 후일의 오해를 방지할 방침을 취할 것인가
② 또 청국이 성실하게 평화를 희망해 올 때 까지는 우리가 요구할 조건은 깊이 은폐하고, 사태의 국면을 일청 간으로 엄중히 제한하여 제3국으로 하여금 사전에 어떤 교섭을 할 여지를 남기지 않는 방침을 취할 것인가

의 두 가지 의견으로 귀착되었다.

나는 처음에는 ①안이 괜찮겠다고 생각했다. 그러나 이토 총리는,

일청 강화조건이 일단 밖에 알려지게 되면 외국으로부터 다소의 간섭을 도저히 피할 수 없음을 미리 각오해야 할 것이다. 그러나 그렇다 하더라도 우리가 먼저 각 강국에게 청국에 요구할 조건을 열어 보여 내락과 암묵적 동의를 얻고자 하면 오히려 그들을 유도해서 사전에 참견하게 할 기회를 주게 된다. 만약 그 조건 중에 그들이 강력히 이의를 제기할 것이 있게 되면, 우리 정부는 청국에 요구할 어느 조건 중 이미 어떤 강국의 반대가 있을 줄 사전에 알면서도 계속 이를 청국에 제의할 것인지, 아니면 제3국의 반대를 피하기 위해 청국에 대한 정당한 요구를 스

스로 거둘 것인지의 두 가지 길로 나서지 않을 수 없다. 그리고 두 가지다 상당히 곤란한 문제이기 때문에 오히려 지금 우리가 청국에 요구할조건은 조금도 다른 것을 고려치 말고 이를 요구해야 할 것이다. 바꾸어 말하면 우리는 청국에 대해 전쟁의 일체의 결과를 다 취하고 만약 사후에 다른 강국의 이의에 봉착하게 되면 다시 각의를 열어 적당한 방침을 취하는 것이 상책이다.

고 했다.

이로써 그 대략의 줄거리는 앞의 ②안으로 기울었고, 그리고 총리[86]의 이 의견은 내각 동료 및 대본영의 중신들도 대체로 긍정했다. 그러나 중요도는 두 안 모두 별 차이가 없었는데 원래 똑 같이 장래의 결과를 예상하여 추측하는 것이므로 그 누구라도 이런 기미機微에 속하는 문제에 대해 미래의 득실을 내다볼 수 없음은 물론이다. 그런 이상 나에게 긴요했던 것은 필경 이 건에 관하여 미리 정부의 견해를 한번 정해 두고자 하는 것이었고 본래 한 가지 의견을 고집하여 지키고자 한 것이 아니었으므로 마침내 주저 없이 이토 총리의 의견에 동의했다.

그 이후 베이징과 도쿄 주재 미국 공사를 경유하여 청국 정부와 전신을 주고받을 때에도, 항상 사전에 우리 정부의 요구를 노출시키지 않음으로써 청국과 다른 나라들이 우리의 마지막 희망을 추측할 수 없도록 했다. 따라서 내가 앞서 기초했던 강화조약안 또한 서류함 속에 깊숙이 감추어 두고 훗날 때가 될 때까지는 누구에게도 이를 보여주지 않았는데, 청국의 강화 사절이 올 시일이 임박하여 내가 드디어해당 조약안을 휴대하고 히로시마로 가려했을 때, 특히 내각총리대신 관저에서 이 안을 재경在京 각료들에게 보여주고 의견을 구했다(당시 이토 총리도 도쿄에 머무르고 있었다). 그리고 각의의 누구도 이의를 제기하지 않아 나는 금년 11월 11일 이토 총리와 함께 도쿄를 출발하여 히로시마로 갔다.

강화조약에 관한 히로시마 대본영에서의 어전회의

1월 27일, 히로시마 대본영에서 히로시마에 있는 각료들 및 대본영의 고등막료(이날 출석한 인사는 아키히토彰仁 친왕親王 전하,[2] 이토伊藤 내각총리대신, 야마가타山縣[87] 육군대신, 사이고西鄕 해군대신, 가바야마樺山[3] 해군군령부장, 가와카미川上 참모본부차장이다)를 소집하여 일청 강화 건에 대한 어전회의를 열었다.

나는 삼가 강화조약안을 올리고, 동 초안의 개요를 설명드렸다.

본 조약안은 대체로 세 단으로 나뉩니다. 첫째는 청국으로 하여금 이번 전쟁의 원인인 조선국의 독립을 확인하도록 규정하고, 둘째는 우리나라 전승의 결과로 청국으로부터 할양받을 땅과 배상금 두 건을 규정하는 것이며, 셋째는 일청 양국의 교제상 우리나라의 이익 및 특권을 확정하기 위해, 장래 우리나라와 청국과의 관계를 구미 각국과 청국과의 관계와 동일하게 하고, 한 걸음 더 나아가 여러 곳에 신 개항장을 설치함과 동시에 강하江河의 통항 권리를 확장함으로써 우리나라의 청국에서의 통상 항해에 관한 영구한 권리를 규정하는 것입니다. 그리고 이 세 가지 요건 외에 일청 양군의 포로 교환 건을 규정하고, 청국으로 하여금 일

---

2   아키히토 친왕(1846~1903). 막말, 메이지 시대의 황족이자 육군 군인. 고마쓰노미야아키히토小松宮彰仁.

3   가바야마 스케노리樺山資紀(1837~1922). 사쓰마 번사 출신의 메이지 시대 육군 및 해군 군인(대장), 정치가. 경시총감(제3대)과 해군대신(제2대), 해군 군령부장(제6대)을 거쳐 초대 대만 총독, 추밀원 고문, 내무대신(제15대), 문부대신(제14대) 등을 역임했다.

단 우리나라에 항복한 장졸과 인민에 대해 가혹한 조치를 취하지 못하게 할 것, 또 일청 전쟁 중에 청국의 인민이 어떤 사안이었던지 간에 우리 군과 일부 관계가 있었던 사람에 대해 청국 정부가 후일 하등의 벌을 내리지 말 것을 규정하여 장래 일청 양국의 인민 사이의 원한의 흔적을 지움으로써 우리나라의 일시동인주의一視同仁主義(누구나 평등하게 똑같이 사랑함)를 널리 세상에 떨쳐 일으킬 취지를 기반으로 하고 있습니다.

나의 상주上奏가 끝나자 이토 내각총리대신은 어전에 기립하여, 이번 일청 강화의 건에 대해 우리 정부가 취해야 할 정략의 대요大要를 아뢰고 삼가 천황의 현명한 판단으로 채택해 줄 것을 앙망했는데, 그 상주上奏의 개요는 다음과 같다.

이토 내각총리대신의 주언奏言

히로부미博文가 지금 여기에서 삼가 천황 폐하께 아뢰고 아울러 휘하의 유막帷幕(=진영)에 참여하는 문무 각관에게 진술하고자 하는 것은, 이번에 청국 정부가 강화를 위해 우리나라에 사절을 파견하여 그 일행이 곧 도착하게 되었으므로, 이에 그 사절을 만나 보기에 앞서 먼저 외무대신과 협의하여 모든 가능성에 대한 심의 검토를 다하여 별책의 강화 안을 작성하였고, 이를 내각 회의에 부의하여 만장일치의 과정을 거쳤다는 것입니다.

생각건대 지금의 일청 사건은 우리 조정의 개벽 이래 미증유의 큰 사건이고, 다행히 폐하의 위세(御威稜/미이츠)에 의지하여 개전 이래 오늘에 이르기까지 바다와 육지 도처에서 승리를 아뢰게 되어 우리나라의 무위를 빛냈습니다. 또한 제3국의 간섭이 있었으나 그때마다 이를 잘 수습하여 큰 문제가 되지 않게 하여 오늘에 이르렀습니다. 그러나 본 건의 결과가 어떻게 될 것인가는 실로 우리나라 장래의 성쇠盛衰에 관한 것이기 때문에 지금 이 이변의 국면을 수습하기 위해서는 모름지기 신중히 숙의하고 때와 기회를 살펴 이에 적응할 계책을 강구하지 않으면 안 된다는 것 또한 당연하다 하겠습니다.

무릇 선전宣戰과 강화의 대권은 천황 폐하께서 장악하고 계시지만, 정부의 정책을 확정하기 위해서는 먼저 시국의 책무를 맡은 각료들이 마음을 다하여 온당히 헤아려야 할 것임과 동시에, 어디까지나 유막의 회의에 참여하는 모든 중신들이 협동 일치할 것을 기해야 할 것입니다. 그러므로 폐하의 결정이 한 번 내려진 뒤에는 당국자는 모름지기 이를 받들어 행해야 할 책임을 져야 하고, 또 이 회의에 참여한 신료는 후일 이에 대해 추호도 이의가 있어서는 안 될 것입니다. 왜냐하면 각료이거나 막료이거나 간에 모두 다 같이 황공하옵게도 폐하의 좌우에서 서로 문무文武 양반兩班의 상위의 자리에 있는 자들로서, 마치 수레의 두 바퀴나 새의 두 날개와 같으므로 각각 서로 쌍마雙馬가 가듯 함께 움직임으로써, 사람의 몸이 그 두뇌의 지령指令에 따라 정상적 능력을 나타내는 것과 같습니다. 이리하여 적어도 국가 정책을 세우는 각료와 막료 양신兩臣의 의사가 하나로 귀결하게 되면 설령 세상에서 어떠한 물의가 있어도 굳이 걱정할 필요가 없는 것입니다.

강화조약의 조항은 금번 일청 양국이 교전에 이르게 된 주된 원인인 조선국 독립의 건, 토지 양여의 건, 군비 배상의 건 및 장래 제국신민이 청국에서의 통상 항해의 편익에 관한 건 등을 그 주안점으로 하고, 기타 그 중요도가 위의 여러 건의 뒤를 잇는 것으로서 모두 10개 조로 구성됩니다.

그러나 이번에 우리를 찾아 올 청국 강화사절단과의 회합과 관련하여 십중팔구 타당한 결말을 보기 어려울 것이라고 믿고 있습니다만, 저들이 적어도 이럴 경우에 만국 보통의 관례에 따라 찾아오는 이상은 우리 또한 국제법의 상규에 따라 이에 응하여야 하는 것은 재론할 필요가 없는 바 입니다. 그러나 지금 만약 가령 청국을 위해 헤아려 볼 때, 이 이상으로도 더욱 연전연패당하여 마침내 성하城下의 맹약을 맺지 않으면 안 될 것 같은 그런 처지로 떨어지는 것보다는 오히려 지금 다소 예상외의 양여를 해서라도 이 변국을 수습하는 것이 상책일 것입니다.

그러나 히로부미가 청국을 아는 바로써 살필 때, 그들은 필경 장래의 위난을 피하기 위하여 오늘에 와서 단연한 결심을 할 것이라 믿어지지 않습니다. 만약 과연 그럴 때에는 이번에 예를 들어 쌍방의 전권위원이 회합한다 해도 아마도 합의에 이르지 못하고 끝날 것으로 추측됩니다. 그렇지만 만일 예상한 바와 반대로 청국이 한 번 큰 결심을 하게 된다면 이번 회합에서 본 건이 충분히 수습될 것으로 보입니다.

청국 강화 사절단과의 담판의 성패와는 별도로 일단 강화 조건을 명언하게 되면 그로써 제3국의 참견과 간섭을 초래하지 않으리라는 보장은 할 수 없고, 오히려 간섭을 면치 못하게 될 경우가 생길 것입니다. 다만 그 간섭이 어떤 성질일 것인가 또 어느 정도이겠는가에 대해서는 아무리 현명한 정치가라도 이를 예측할 수 없을 것은 물론이고, 특히 타국으로 하여금 추호의 간섭이 없도록 보증하는 것은 더욱 불가능할 것입니다. 그리고 이런 간섭을 조만간 피할 수 없을 때에는, 시기를 잘 살펴 외교상의 수단으로 이를 풀고 당기는 조종의 마땅함을 얻기 위해 노력해야 할 것은 물론입니다.

그러나 원래 이런 경우를 당하여 각 강국이 취하는 정략 방침을 보건대 외교적 담판으로 이를 다른 방향으로 돌리지 못한 예가 종종 있었습니다. 따라서 만약 이런 간섭이 시도되어 올 경우에는 위의 제3국의 의향을 짐작하여 청국에 대한 우리의 조건을 일부 변경할 것인가, 아니면 오히려 다시 다른 강적을 만나더라도 어디까지나 우리 국가 방침을 유지하여 움직이지 않을 것인지는 미래의 문제에 속하기 때문에 그 때에 다시 평의評議를 진지하게 해야 할 것입니다.

이는 요컨대, 오늘의 이 시국을 수습하려면 문무 양 각료가 각각 그 마음을 하나로 하여 계획한 바대로 이를 굳게 지켜나가고 그 비밀을 깊이 유지해서 바깥에서 추호도 이를 탐지하지 못하도록 시종일관 이를 관철하는 것이 긴요합니다. 그리고 그 담판의 임무를 맡은 자는 국가 시책을 봉행할 책임이 있기 때문에 그 사람을 엄선하여 대명大命을 내리는 것은 오로지 폐하의 성재로 이루어져야 할 것입니다.

이상 아뢴 바의 개요는, 폐하의 성감聖鑑(군주의 영단)을 삼가 바람과 동시에 이 자리에 계신 문무백관이 깊이 성찰[88]해 주시기 바랍니다.

이토 내각총리대신과 내가 전권변리대신에 임명되다

황상은 친히 내각총리대신이 상주한 바를 들으시고, 내가 봉정한 조약안을 열람하시는 한편, 참석한 문무 중신의 의견 모두 이의 없다는 뜻을 들으신 뒤 이 안을 강화조약의 기초로 삼을 것을 재가하셨다. 이에 1월 31일 이토 내각총리대신과 나는 함께 전권변리대신으로서 청국 사신과 협상하라는 대명을 받았다.

제16장

히로시마 담판

청국의 장張·소邵 두 사신의 도착

메이지 28년(1895, 고종32) 1월 31일, 청국 강화사절 장음환張蔭桓, 소우렴邵友濂이 히로시마에 도착했다. 우리 정부는 이런 경우에 적국 사신을 접대할 모든 준비를 해두었다. 그들이 히로시마에 도착하자 나는 바로 공문을 보내 우리 전권변리대신의 관작과 이름을 알리고, 이어 전권변리대신 명의로 다음 날인 2월 1일 히로시마 현청에서 회합한다는 뜻을 통보했다. 작년 이래 청국이 오로지 소망訴望했던 강화 담판은 여기서 비로소 그 실마리가 풀리게 된 것이다.

양국 전권대신 회동 시간이 이미 24시간 후로 임박했고 강화의 성공 여부는 오로지 쌍방 전권대신의 재능과 담판의 그 기틀에 해당하느냐 아니냐에 달렸던 것이다. 일청 양국이 오랜 기간에 걸친 전쟁을 종식하고 여기서 다시 동방의 형세에서 평화로운 세상을 볼 것인가, 아니면 담판이 순조롭지 않게 되어 전쟁이 계속될 것인가, 희극일지 비극일지, 그 무대는 바야흐로 내일 내외를 향하여 열릴 것이다.

이 때 우리나라의 일반적 민심은 아직 전쟁[89]에 싫증내는 기색 없이 오로지 강화는 아직 시기상조라고 외칠 뿐으로, 이 때 유럽의 각 강국이 어떤 음모와 야심을 축적하고 있는지 관찰할 겨를이 없었다. 그리고 이에 반해 청국의 내부 정황이 어떠한가를 추측하여 살핌에, 그들은 강화가 급선무임을 각오하고 있었던 것은 틀림없었다. 그러나 장·소 두 사신의 지위와 자질을 보건대 외교 담판에서 만사를 주선하여 신속히 사태를 타결할 담력과 식견과 권력⁹⁰이 있어 보이지는 않았다. 잘라 말하면, 청국이 장·소 두 사람에게 강화라는 중대사를 위탁한 것은, 그들이 아직 패자의 위치를 자인하고 진실로 전쟁의 종식을 원하는 성의가 없는 것은 아닌지 의심스러웠다.

청국 사신이 히로시마에 도착하기 며칠 전, 이토 총리는 조용히 나를 불러 말했다.

지금 내외 형세를 유심히 살펴보니 강화의 시기가 아직 무르익지 않았다. 또 청국 정부의 진위 또한 헤아려 알기가 매우 어려운 형편이다. 만약 우리가 한 번이라도 주의를 소홀히 하면 강화의 목적을 달성할 수 없고, 우리나라가 청국에 요구하고자 하는 조건이 먼저 세상에 유출되면 공연히 내외의 물의를 야기할 우려가 있다. 그러므로 우리가 청국 사신과 회동하는 날에 저들의 재능 및 권한 여하를 자세히 살핀 다음이 아니면 강화의 단서를 쉽게 풀어서는 안 된다. 또 생각건대 청국이 그 사신들에게 부여한 전권이라는 것이 국제공법상의 예규와 부합하지 않는 측면이 많은데 이 또한 우리가 깊이 고찰해야 할 바이다.

나는 마침 이토 총리와 같은 우려를 하고 있었기 때문에 그 말에 동의했다. 따라서 우리의 내밀한 의논의 결과는 먼저 제일착으로 그들이 갖고 온 전권 위임장의 형식이 어떠한지를 살펴 만약 정말 국제공법의 보통의 예규와 어긋남이 있으면, 강화 담판의 본론에 들어가기

전에 바로 그들과 담판을 계속할 것을 거절하여 이번 협상이 이루어지지 않도록 해야 한다. 이렇게 하면 우리는 강화 조건을 열어 보이지 않고서도 담판을 결렬시킬 수 있고, 그리고 후일 청국이 진심으로 뉘우치고 깨달아 높은 벼슬과 자질 있는 전권대사를 파견해 오면 이들과 협상하는 것도 결코 늦지 않다는 결론에 도달하여 천천히 협상 기일을 기다렸다.

제1차 히로시마 담판

다음날인 2월 1일 오전 11시, 일청 양국 전권대신은 히로시마 현청에서 회합했다. 이러한 경우 통상적 관례로 가장 먼저 서로 휴대한 전권위임장을 살펴보고 이를 교환하는 순서로 진행하는데, 과연 우리의 예상대로 청국 사신은 국제공법상 통상적인 전권위임장을 휴대하지 않은 것을 발견했다.

그들은 먼저 그들이 국서(이 장 말미의 부록 제1호 참조)라 칭하는 서류 하나를 제출했다. 이것은 일종의 신임장일 뿐 결코 전권위임장이 아니었다. 지금은 양국이 교전 중이고 평시의 외교는 이미 단절된 때여서 일국의 군주가 상대국의 군주에게 사신을 소개하는 신임장을 주고받을 이유가 없었다. 따라서 우리 전권대신은 곧바로 그 이유를 설명하고 이를 그들에게 반려했다.

다음으로 청국 사신은 칙유勅諭(이 장 말미의 부록 제2호 참조)라 칭하는 서류 하나를 제출했다. 이는 청국 황제의 장·소 양 전권의 사절 사안에 관한 칙유 명령서일 뿐이고 또한 정식 전권위임장이 아니었다.

또 이 명령서에는 "장·소 두 사람을 파견하여 전권대신으로 하고 일본국이 파견하는 전권대신과 사건을 협상하라"고 하고, 또 "그대들은 한편으로 총리아문에 전신으로 보고하여 짐의 뜻을 요청하여 준행하라”는 등의 글이 있었다.

이로 보아 그들은 실로 이러한 경우에 통상적 형식을 갖춘 전권위임장을 휴대하지 않았을 뿐만 아니라, 그 문장 가운데 “사건을 협상하라”는 것이 과연 어떤 사건인지, 또 “한편으로 총리아문에 전신 보고하여 짐의 뜻을 요청하여 준행하라”고 했다면, 그들이 단순히 우리 정부의 의견을 청취하고 이를 총리아문에 통보하고 다시 총리아문의 명령을 받아 겨우 담판에 임하는 것 외에는 어떤 능력이 없다는 것을 드러낸 것이다. 그들은 과연 우리가 예상한 테두리 안에 있었고, 강화 담판의 제1관문은 그들에 대해 문을 닫았다.

그러나 우리는 여기서 그들을 거절하려면 먼저 그들로 하여금 스스로 전권이 갖추어지지 않은 사실을 증명하게 하는 것이 최선이라 판단했다. 그러기 위해서는 그들로 하여금 스스로 그들이 휴대한 전권위임장의 권한이 일본 전권대사의 권한에 비해 훨씬 열등하다는 것을 명백히 언급하게 하는 데 있었고, 그에 대한 준비로 각서 하나를 미리 작성하여 은밀히 갖고 있었다. 따라서 양측 전권대신이 서로 그 전권위임장을 막 교환하려 할 때 즉시 그 각서를 꺼내 그들에게 읽어 보이고 회답을 요구했다. 그 개요는 다음과 같다.

일본 전권변리대신이 지금 청국흠차전권대신에게 보여준 전권신임장은 강화 결약의 건에 관해 일본 황제 폐하가 우리 전권변리대신에게 부여한 일체의 권한을 포함하고 있다. 관련하여 뒷날의 오해를 피하기 위해 또 상호 대등주의에 기초하여, 일본 전권변리대신은 청국 흠차전권대신으로부터 받은 전권위임장을 아직 충분히 열람하지 않았으나 과연 청국 황제 폐하가 강화 결약의 건에 대해 해당 흠차전권대신에게 부여한 일체의 권한을 포함하고 있는지 여부를 서면으로 확답해 주기 바란다.

그들은 당연히 즉석에서 이에 대해 확답할 수 없었고, 추후 응분의 회답을 하겠다고 했다. 이날의 양국 전권 회합은 여기서 끝났다. 다음 날인 2일, 청국 사신은 내가 어제 교부한 각서에 대한 회답이라며 한 건의 공문을 보내왔다. 그 개요는,

본 대신은 본국 황제로부터 강화 체결을 위한 조목을 협상하고 기명, 조인하는 전권을 부여받았다. 협의하는 바의 각 조목은 신속히 변리를 기함으로써 전신으로 본국에 알리고 칙지를 요청하여, 기일을 정해 조 인한 다음 의정한 조약서를 받아 중국으로 돌아가, 삼가 황제가 친히 열람하고 그것이 과연 타당하다고 인정되면 비준해 주기를 기다려 이 를 시행할 것이다.

는 것이었다.

2차 히로시마 담판

이렇게 되어 그들은 전권대신으로서 독단적으로 전결할 권력을 가지 고 있지 않다는 것을 자백했다. 우리들 예상이 과연 정곡을 찔렀던 것 이다. 이제 고려할 것은 추호도 없었다. 그래서 그 날 오후 4시를 기해 다시 히로시마 현청에서 회합하기로 약속하고 회의석상에서 이토 전 권은 다음과 같이 연설했다.

이토 전권변리대사의 연설

본 대신이 지금 동료와 함께 취하고자 하는 처치는 논리상 부득이 한 결과에서 비롯된 것으로 그 책임은 물론 본 대신들에게 귀속되 는 것이 아니다.

종래 청국은 거의 열국과 전연 등져 떨어져 있었고 때로는 간혹 열국의 사회단체에 참여함으로써 생기는 바의 이익을 누리기도 했으나, 그 교제에 수반되는 책임을 지키는 데에 이르러서는 종종 스스로를 돌아보지 않은 적이 있었다. 청국은 항상 고립과 시기와 의심을 그 정책으로 삼아 왔다. 그러므로 외교상의 관계에서 선린의 도에 필요한 공명과 신실信実을 결여하고 있는 것이 사실이다.

청국 조정의 흠차사신이 외교상의 맹약에 관하여 공적으로 합의를 표한 다음, 도리어 갑자기 조인을 거부하고 혹은 엄연히 이미 체결한 조약에 대해 다시 명백한 이유 없이 느긋하게 거부한 실례가 한둘이 아니다.

위와 같은 실례로 비추어 보건대, 해당 시점에 청국 조정의 의중이 그 뜻을 굳게 지켜 나갈 성실함이 없고 담판의 국면을 담당하는 흠차사신에 대해서도 또 필요한 권리를 위임하지 않은 것, 하나하나가 모두 그렇지 않음이 없음을 알 수 있다.

그러므로 오늘과 같은 일을 당하여 우리 정부는 먼저 기왕의 사실에 비추어, 전권이라는 정의定義에 맞지 않는 청국의 흠차사신과는 일체 담판을 하지 않겠다는 결의로서, 강화담판을 열고자 한다면 청국 조정의 위임자는 강화 체결에 대한 전권을 갖고 있지 않으면 안 된다는 것을 미리 하나의 조건으로 삼았던 것이다. 그리고 청국 조정은 이 조건을 각별히 준수하여 그 전권사신을 우리나라에 파견한다는 보증을 확실히 했고, 우리 천황 폐하는 본 대신 및 동료에게 청국 정부의 전권자와 강화조약을 체결하고 이를 조인할 전권을 위임한 것이다.

청국 조정이 이미 이를 확약 보증했음에도 불구하고, 양 각하의 위임권이 매우 불완전한 것은 청국 조정이 아직도 절실히 강화를 구할 의사가 없음을 충분히 증명한다.

어제 이 회담 석상에서 교환한 쌍방의 위임장은 한 눈에 보아도 그 격차가 매우 큼을 알 수 있고 이는 거의 비판의 여지가 없으나 여기서 굳이 지적하는 것도 억지스러운 일은 아니라 믿는다. 즉, 한 쪽은 개명한 나라에서의 관용적인 전권의 정의에 적합하고 다른 한 쪽은 전권 위임에 필수적인 여러 항목을 거의 결여하고 있다. 뿐만 아니라 양 각하가 휴대한 위임장은 각하들이 담판해야 할 사항이 명료하지 않다. 그리고 하등 조약체결의 권한을 부여받지 못했고, 또 양 각하의 행위에 대한 청국 황제 폐하의 사후 비준에 대해 일언반구도 없다. 이는 요컨대 각하들에게 위임된 직권은 본 대신 및 동료가 진술하는 바를 듣고 이를 귀 정부에 보고하는데 그치는 것이라 하지 않을 수 없다. 일이 이미 여기에 이르렀으므로, 본 대신들은 결코 이런 상태에서 담판을 계속할 수 없다.

혹시 이번 일이 청국의 종래의 관례를 벗어나는 것이 아니라 억지를 부릴 수도 있을 것이다. 그러나 본 대신은 단연코 그와 같은 설명에 만족할 수 없다. 청국 내부의 관례는 본 대신이 원래 이에 참견할 권한이 없다. 그러나 우리나라와 관련한 외교상의 안건에 이르러서는 청국의 특수한 관례가 국제법상의 재제를 받지 않을 수 없음을 주장하는 것은 다만 본 대신의 권리일뿐 아니라 의무임을 믿는다.

본래 평화의 극복은 지극히 무겁고도 큰일이다. 지금 다시 화목을 도모하는 길을 열고자 한다면, 물론 그 목적을 달성하기 위해 조약을 체결할 필요가 있을 뿐 아니라, 상호 맺고자 하는 조약 또한 반드시 그 실천을 기약할 정성스러운 마음이 있어야 하는 것이다.

강화와 관련하여 우리 제국이 자진해서 이를 청국에 청하여 구해야 할 이유를 발견하지 못했지만, 우리 제국은 그 대표하는 문명주의를 중시하기 때문에 청국 조정이 지극히 당연한 궤도를 밟아 그 단서를 열어 오면 이에 응해야 할 의무가 있다고 믿는다. 그렇다고 효력이 없는 담판 혹은 종이쪽지의 공문空文에 불과한 강화에 참여하는 따위는 지금부터 결연히 사절하는 바다. 우리 제국은 일단 체결한 조건은 필연코 이를 실천할 것임을 분명히 말함과 동시에 청국에 대해서도 이와 같은 이행이 확연할 것을 기대한다.

그러므로 청국이 적절的切한 신뢰와 성의로 평화를 구하여 그 사신에게 확실한 전권을 위임함으로써, 또한 체결된 조약의 실천을 담보하기에 족한 명망과 관작官爵을 갖는 자를 선택하여 이 대임을 맡긴다면 우리 제국은 다시 담판에 응할 것이다.

이토 전권의 연설은 별도의 주해가 필요 없을 정도로 의론이 적절하고 사리가 명백했다. 나는 위의 연설이 끝나자 미리 작성하여 갖고 있던 각서 하나를 꺼내 이를 청국 사신 앞에서 낭독하여 이번의 담판은 여기에서 끝낸다는 뜻을 확실히 보여주었다. 그 개요는 다음과 같다.

일본 정부는 일찍이 누차에 걸쳐 도쿄 및 베이징에 주재하는 미국 특명 전권공사를 경유하여, 청국이 화목을 강구하고자 한다면 조약 체결의 전권을 가진 위원을 임명해야 한다고 공개적으로 발표했다. 그러나 이번 달 1일, 청국 흠차전권대신이 보낸 명령장은 그 발부한 까닭의 목적에 대한 타당성을 극히 결여한 것이라 하지 않을 수 없다. 왜냐하면 해당 명령장에는 보통의 전권 위임장에 필수적인 여러 요소가 거의 결핍되어 있기 때문이다. 그리고 일본 정부의 소견은 아직도 지난 번 미국 공사를 경유하여 발표한 것과 다르지 않다. 따라서 일본국 황제 폐하로부터 수여된 적당하고도 완비된 전권신임장을 갖고 있는 일본 제국의 전권변리대신은, 단순히 사건을 협상하여 총리아문에 보고하고 때때로 그 뜻을 청하여 준수해 나간다는 명령장만 갖고 있는 청국 흠차전권대신과는 협상을 승낙할 수 없다. 이로써 일본 제국 전권변리대신은 이번의 담판은 여기에서 중지하지 않을 수 없다고 선언할 수밖에 없다.

청국 사신은 너무도 경악했는지 아니면 우리의 논리와 다툴 수 없음을 깨달았는지, 그들은 다만 만약 그들이 휴대한 전권위임장에 완비되지 못한 점이 있으면 다시 본국 정부에 전신 품의하여 완비된 전권이 부여되도록 청구할 것이니 그런 다음 상의가 재개되기를 바란다는 말만 할 뿐이었다.

그러나 우리로서는 이미 한 번 담판을 계속하기를 거부한 청국 사신이 헛되이 본국 정부의 두 번째 명령[再命]을 기다리게 할 필요가 없었기 때문에, 그런 뜻으로써 이를 거절하였다. 따라서 그들은 그 외의 두세 가지 중요하지 않은 문답을 주고받은 뒤 마침내 나가사키長崎로 물러나 거기에서 귀국편 배를 기다리게 되었다.

그런데 청국 강화사절 수행원 중 오정방伍廷芳[1]이라는 자가 있었다. 그는 본래 이홍장의 휘하에서 이토 전권이 메이지 18년(1885, 고종22) 텐진에 갔을 때부터 알던 사람이다.

이토 전권대사가 오정방에게 한 사담

청국 사신 일행이 그 때 막 회의장을 떠나 문 밖으로 나갈 때, 이토 전권은 특별히 오정방을 불러 세워 이홍장에게 전해줄 말을 부탁함과

1 　오정방(1842~1922). 청말민초淸末民初의 외교관.

동시에, 장차 우리 정부가 취할 의향을 약간 내비쳤다. 이토 전권은 오정방에게 말했다.

그대는 귀국한 뒤 이중당李中堂[2]에게 무엇보다도 나의 성실함을 전하도록 하라. 그리고 이중당으로 하여금 이번에 우리가 청국 사신과의 담판을 거절한 것은 결코 일본국이 혼란을 좋아하고 평정을 싫어하는 까닭이 아님을 잘 이해시키도록 하라. 우리는 양국을 위해 특히 청국을 위해 하루라도 속히 평화를 회복함이 가장 중요하다고 생각하고 있기 때문에, 만약 청국이 진실로 평화를 희망하여 자격 있는 전권사신을 임명한다면 우리는 주저하지 않고 담판을 재개할 것이다. 원래 청국에는 허다한 관례와 옛 문물제도가[旧典]가 있어, 베이징 정부로 하여금 만국보통의 예규를 준수할 수 없게 하는 것이 많다고 하지만, 우리는 이번이야 말로 청국이 국제공법상의 상규에 따라 사안들을 조치하기 바란다. 이는 내가 그대와 톈진에서 만난 이래로 구교旧交가 있기 때문에 약간의 사담을 나눈 것일 뿐, 굳이 청국 사신에게까지 공언할 사안은 아니다.

오정방은 이에 대해 감사의 뜻을 표한 다음,

각하의 진의를 충분히 이해하기 위하여 여기서 각하의 분명한 말씀을 바라는 것은, 각하는 이번에 도래한 청국 사신의 관위와 명망에 대해 이의가 있으신 것이 아닌가.

---

2 중당은 재상宰相을 달리 부르는 말로, 이홍장을 가리킴.

라고 물었다. 이에 대해 이토 전권은,

아니다. 원래 우리 정부는 누구라도 정당한 전권위임장을 휴대하고 있
는 사람과의 회담을 거부하는 것이 아니다. 그러나 물론 그 사람의 작
위와 명망이 더 높으면 담판의 사정은 더욱 좋아질 것이다. 그리고 만
약 청국 정부가 어떤 지장이 있어 고관대작을 전권대신으로 일본에 파
견할 수 없는 사정이 있을 때에는 우리가 청국으로 가는 것 또한 불가
능하지 않다. 예를 들어, 공친왕恭親王이나 이중당 같은 인물이 이 임명
을 받으면 아주 좋은 상황이 될 것이다. 왜냐하면 모든 피차 담판의 결
과는 종이 위에 쓴 공허한 문장이 아니라 반드시 그것을 실행할 수 있는
힘 있는 자가 필요하기 때문이다.

라고 답했다.

이는 잠시의 사담일 뿐이었다. 그러나 뒷날 이홍장이 스스로 전권사
신으로서 시모노세키에 내항하게 된 것은 이 사이에 이 같은 한 가닥의
소식을 알고 있었기 때문이다. 때문에 여기에 그 대강을 적어 둔다.

이리하여 장음환과 소우렴 두 사신의 사명은 겨우 이틀 만에 보기
좋게 실패하고 말았다. 그들은 바로 히로시마를 출발하여 나가사키
로 물러날 수밖에 없었다. 그러나 베이징 정부는 강화담판이 순조롭
지 못하게 된 것을 유감으로 생각했는지 2월 7일 베이징 주재 미국 공
사에게 부탁하여 도쿄 주재 미국공사를 거쳐 다음과 같은 내용의 전
신을 우리 정부에 보내왔다.

총리아문은 어제 장·소 두 전권대신으로부터 전신電信을 접수했다. 그
전신에 의하면, 일본 정부는 위임장에 강화조약의 체결과 조인에 관한

권한을 명기하지 않았다고 하여 이의를 제기하고 해당 전권대사들과의 담판을 응낙하지 않았고, 그에 따라 장·소 두 사람은 나가사키로 물러났다고 한다. 그러나 해당 전권대사에게 부여한 신임장에는 '전권'이라는 말이 있기 때문에 조약을 체결하고 또 이를 조인하는 데 충분하다고 생각한다. 대개 이 말은 일체의 사항을 포함하기 때문에 별도로 일일이 상세하게 기재할 필요가 없다고 본다. 그러나 일본국에서 위 신임장의 효력에 대해 의혹을 품고 있다면 청국은 이를 다시 고치기를 거부하지 않을 것이다. 무엇보다도 양국 전권대신은 그 의정한 조약에 조인하고 그리고 그 조약은 비준 교환이 끝나기 전에 황제의 인가를 기다린 다음에 비로소 유효할 것이라는 등의 사항을 신임장에 명기할 것이다. 그리고 이 개정한 신임장을 장·소에게 송부하고 그것을 일본국 해당 관리에게 제시하도록 할 것이다. 또 이 신임장을 일본국에 보내는 데는 시일이 다소 걸리기 때문에, 앞서 말한 취지를 상세하게 일본 정부에 전신으로 통보하며, 장·소는 지금 나가사키에 체재하고 있으므로 재차 위 두 사람과 회담을 열게끔 각하가 일본 정부에 요청하기 바란다.

그러나 우리 정부는 이미 일단 담판을 거절한 청국 사신이 본국에서 다시 신임장을 가져와서 이들과 다시 협상하는 것이 적절치 않다고 판단했다. 그 뿐만 아니라 당시 국민 일반의 비평은, 정부가 금번 청국 사신과의 협상을 거절한 것을 대단히 유쾌한 일이라 하고, 그 중에는 좀 부당한 언사이기는 하지만 청국 강화사절을 추방한 것은 근래에 드문 정부의 영단이라 칭송했다. 또 이 조치가 사람들의 뜻과 대단히 영합하는 마당에 공연히 그들을 붙들어 두고 협상을 재개하는 것은 사정이 허락하지 않는 일이며, 또 장·소처럼 청국에서 세력과 명망이 없는 인물들이 어떤 전권을 받았다고 해도 도저히 만족스러운 담판을 성취할 가망이 없다는 것이다.

그리하여 지금은 오히려 내외의 사정에 비추어 단연코 장·소를 거절하고 다른 시일의 호기를 기다려 다시 강화의 단서를 여는 것이 좋겠다고 생각하여 다시 2월 8일, 도쿄 주재 미국 공사를 경유하여 베이징 주재 미국공사로 하여금 위의 뜻을 청국 정부에 전하도록 했다.

일본 정부는 만약 청국 정부가 진실로 평화를 희망하여 정당한 전권위임장을 휴대한 고관대작으로 명망 있는 전권위원을 파견한다면 언제라도 다시 강화 담판을 열겠지만, 일단 담판이 순조롭지 않았던 이번 사절이 본국의 훈령을 기다리기 위해 일본에 머무르는 것은 승낙할 수 없다.

장·소 두 사절의 귀국

일이 이렇게 되자 그들은 이윽고 무엇도 가능하지 않음을 알았고, 장·소 두 사람은 2월 12일 나가사키를 떠나 귀국길에 올랐다. 히로시마 담판은 여기서 종료를 고했다.

○ 부록 제1호

대청국 대황제는 대일본국 대황제의 안부를 묻는다. 우리 양국은 우의가 있고 또 같은 (아시아)주에 속하고 있어 본래 혐오나 원한이 없었다. 그러나 최근 조선 사건으로 인해 피차 군사를 써서 인민을 근심케 하고 재물을 손상한 것은 실로 걱정하지 않을 수 없다. 지금 미국이 중간에서 조정한 처사의 결과에 따라, 중국이 전권대신을 파견하고 귀국에서 전권대신을 파견하여 협상으로 평온하게 국면을 마무리짓기 위해, 이에 특별히 상서함총리각국사무대신호

부좌시랑尙書衛總理各國事務大臣戶部左侍郎 장음환과 두품정대서호
남순무頭品頂戴署湖南巡撫 소우렴을 파견하되 전권대신으로 하여
귀국으로 보내 협상시키고자 한다. 오직 바라건대 대황제는 이들
을 맞아들여 이들 사신이 직무를 다 할 수 있기를 바라는 바이다.

○ 부록 제2호

상서함총리각국사무대신호부좌시랑 장음환과 두품정대서호남
순무 소우렴을 파견하여 전권대신으로 삼으니 일본에서 파견하
는 전권대신과 사안을 협상하라. 그대들은 또한 일면으로 총리아
문에 전신으로 보고하여 짐의 뜻을 청하고 준행토록 하라. 수행하
는 관원은 그대들의 통제를 따르도록 하라. 그대들은 정성을 다하
고, 삼가 일을 행하여 위임된 바에 어긋남이 없도록 하라. 그대들
은 신중해야 할 것임을 특별히 고하노라.

제17장

시모노세키 담판(상)

청국 두등대신頭等大臣 이홍장이 찾아 옴

히로시마 담판이 결렬되고 장·소 두 사신이 귀국한 뒤 일청 사건에 대한 구미 여러 나라의 관심은 한층 더 예민해졌다. 장·소의 전권위임장이 불완전했던 까닭에 일본 정부가 그들과의 담판을 거절한 것은 누구도 이의를 제기할 수 없었다. 그러나 원래 청국의 많은 행위가 왕왕 국제공법의 규정으로 규율할 수 없음은 일찍이 구미 각국이 묵인하는 바였고, 이번 일도 구미 각국은 거의 예사롭게 보고 그렇게 이상하게 여기지 않았다. 청국 정부의 천박과 무식을 비웃기보다 오히려 일본이 이런 구실로써 청국 사절을 거절한 것은 그 어간에 별도의 다른 뜻과 음모가 있는 것이 아닌가 하고 수상쩍어 했으며 우리나라의 향후 거동에 대해 깊이 시기하고 의심하는 마음을 갖게 되었다.

당시 유럽의 서너 강국 정부는 마치 서로 말을 맞춘 듯이 각각의 도쿄 주재 대표자로 하여금 우리 정부에게, 청국에 대한 요구는 가급적 가혹하거나 크지 않아 청국이 응할 수 있을 정도에 그쳐 평화 회복이 신속히 이루어지기를 바란다는 뜻을 충고하도록[91] 했다. 또 『타임즈』지는 저 유명한 파리 주재 브롬위츠ブロムウィッツ의 통신 기사를 싣고, 러시

아 정부가 그들의 재외 대사들에게 훈령하여 영국·프랑스 등의 강국과 연합하여 일청 사건에 간섭을 시도하되 다만 그 시기는 청국이 패전을 자인하고 성실히 강화를 구하는 경우에서만 하라고 했다는 것이다. 유럽 각국이, 일본이 청국 대륙의 조그만 땅이라도 분할 취득하는 것을 용납해서는 안 된다고 한 것 또한 바로 이 무렵의 일로, 유럽 강국이 우리나라에 대한 의도의 얼마를 슬쩍 흘린 것이라 하겠다.

유럽의 형세는 이렇게 점점 불온한 양상으로 변해갔다. 일전에 어전회의에서 결정한 바와 같이 사태의 국면을 일청 양국 간으로 엄격히 제한하여 제3자로 하여금 어떠한 간섭을 할 여지가 없도록 한다는 방침을 이제는 계속 유지할 수 없게 될 우려가 있었다. 그렇다고 지금에 와서 유럽 강국의 내락과 묵인을 얻기에는 시기가 이미 늦었을 뿐 아니라 우리로서도 갑자기 이미 정해진 방침을 변경하는 것 또한 사정이 허락지 않는 바였다. 그래서 나는 오히려 어떻게 해서든 청국 정부를 유도하여 하루라도 빨리 강화 사신을 재차 파견토록 하여 속히 전쟁을 종식시키고 평화를 회복함으로써 열국들의 시각을 일신一新하는 것이 최상이라 생각했다.

그러나 그렇게 하기 위해서는 지금까지 해 온 것처럼 청국 정부에 대해 우리의 강화 조건을 모두 감출 것이 아니라 청국이 사신을 다시 파견하기 이전에 적어도 그 가장 중요한 조건과 관련된 것을 먼저 청국에 통보하여 그들로 하여금 미리 결심할 바가 있게 하도록 해야 했다. 그리하여 2월 17일, 미국 공사를 경유하여 청국 정부에 다음의 내용을 알리도록 했다.

일본국 정부는 청국이 군비 배상 및 조선국 독립을 확인하는 것 외에 전쟁의 결과로 토지를 할양하고, 또한 장래 교제 규율을 위한, 확연한 조약을 체결할 것을 기초로 담판할 수 있는 전권을 갖춘 사신을 재차 파견하지 않으면 다시 어떤 강화 사절을 파견한다 해도 그것은 완전히 무효로 돌아갈 것이다.

청국 정부, 미국 공사를 경유하여 이홍장을 두등전권대신으로 임명하여 일본에 파견한다는 뜻을 통지해 오다

그런데 청국에 보낸 위의 발신과 엇갈려 다음날인 18일, 청국 정부는 미국 공사를 경유하여,

> 내각 대학사大学士(=대신大臣의 명예 칭호) 이홍장을 두등전권대신으로 임명하여 일체의 전권을 부여한다. 따라서 일본 정부는 어느 지방을 양국 전권위원회의 장소로 할 것인지 가급적 조속히 전신 회답이 있기를 바란다.

고 요청해왔다. 이 전문에 의해 이홍장이 두등전권대신으로 일본에 내항하는 것은 확실했다. 그러나 나는 지난 번 전신 통보한 것에 대해 다시 청국 정부의 결의를 촉구하기 위해 2월 19일 부로,

> 이달 18일 부로 보내 온 청국 정부의 전신에 대해 일본 정부가 어떤 회답을 하기에 앞서, 청국 정부는 과연 이달 17일자 일본 정부의 전신 통보를 (황제가) 윤허한 뒤에 그 전권대신을 파견하게 된 것인지의 여부를 증언해주기 바란다.

는 전신을 보냈다. 이에 대해 2월 26일 미국 공사는 청국 정부의 의뢰라면서 총리아문의 왕대신王大臣이 자신에게 송부한 공문 사본을 나에게 전보로 전달했다. 그 공문의 내용은 이랬다.

이홍장이 두등전권대신에 임명됨. 이달 17일 부로 일본 정부가 보내온 전신 중의 각종 문제를 상의하기를 바람. 이홍장은 이들 임무를 집행할 전권을 갖고 있음 운운.

청국 정부의 결의는 여기에서 겨우 결정된 것 같았다. 이에 따라 일본 정부는 시모노세키下ノ關를 이번의 양국 전권대신 회합 장소로 선정했다는 뜻을 청국에 전신 통보했고, 청국 정부는 이홍장이 3월 14일 텐진을 출발하여 시모노세키로 곧바로 갈 것이라고 전신으로 알려왔다. 이상 피차의 전보는 전례에 따라 모두 도쿄와 베이징 주재의 미국 공사를 경유했다.

이홍장, 시모노세키에 도착하다

청국 사신이 파견된다는 확실한 보고를 받고 나는 다시 도쿄를 출발하여 히로시마로 갔다. 3월 15일에 이토 내각총리대신과 함께 다시 전권변리대신의 대명을 받잡고, 그달 17일 밤에 히로시마를 떠나 다음날인 18일 시모노세키에 도착했다. 19일 아침 일찍 이토 총리는 우지나宇品로부터, 이홍장은 텐진으로부터 거의 동시에 시모노세키에 도착했다.

나는 바로 청국 사신에게 우리 전권변리대신의 관작과 성명을 통고했으며, 같은 날 다시 전권변리대신의 명의로 다음날인 20일에 양국 전권대신이 만나 각자 휴대하고 있는 전권위임장을 교환하자는 뜻을 통첩했다.

제1차 시모노세키 담판

다음날인 20일, 양국 전권은 제1차 회합을 갖고 상호 그 전권위임장을 검열한 뒤 그것이[92] 완전함을 인정하고 이를 교환했다. 청국 사신은 여기서 각서 한 장을 제시하고 강화담판을 개시하기 전 먼저 휴전 사항을 논의하여 정할 것을 요구했다.

청국 전권대신, 휴전을 제의하다

그 각서의 개요는 다음과 같다.

> 강화조약 개의를 시작하되 양국 육해군이 즉각 일률적으로 휴전함으로써 화약和約의 조목을 상의할 토대로 삼을 것을 요청한다. 이 논의 사항은 이미 미국 공사를 경유하여 일본 정부와 상의했고, 일본 정부는 양 전권대신이 회합할 때를 기다려 어떻게 휴전하고 강화할 것인지를 언명하겠다고 전보 답신해 왔다. 따라서 특히 거듭하여 지난 번 제의를 제출한다. 생각건대 요청하는 휴전에 관한 건은 강화조약을 타결하는 데 가장 중요한 요건이 될 것이다.

우리 전권대신은 이에 대해 다음날 회답할 것을 약속하고 여기에서 그날의 회합을 마쳤다. 이홍장은 이토 총리와 구면이었는데 회담이 다시 열리자 거의 여러 시간이나 길게 걸렸다. 그는 고희古稀를 넘긴 노인 같지 않게 용모가 훌륭하고 언행이 상쾌했다. 증국번曾国藩이 그 용모와 언변은 족히 사람들을 압도하기에 충분하다고 한 평가는 적절하다고 생각했다. 그러나 이번의 사절 임무는 그에게는 모두 불리한 위치다.

서로 오간 대화 중에 이토 전권이, 앞서 청국의 장·소 두 사절이 파견되었을 때 휴대한 전권위임장은 완비되지 않았을 뿐 아니라 당시 청국이 아직도 진실로 화목을 구하는 성의가 없었으므로 결국 사절의 일이 무효로 돌아가게 된 것은 유감이라고 했다. 그러자 이홍장은,

지금 만약 청국이 간절히 화목을 바라는 성의가 없다면 특별히 나에게 이 중임을 맡도록 명하지 않았을 것이다. 나 또한 강화의 필요성을 절감하지 않았다면 구태여 이 중임을 맡지 않았을 것이다.

라고 하여 은근히 자기 신분을 들추어 우리의 신뢰를 얻고자 했다. 또 그는,

일청 양국은 아세아주에서 늘 유럽 강국의 시기하는 눈을 피할 수 없는 두 대제국大帝国이다. 또 두 나라는 서로 인종이 같고 문물과 제도 모두 근원이 다르지 않다. 지금은 일시 교전하고 있지만 서로가 영원한 우의를 회복해야 할 것이다. 다행히 이번 전쟁이 종식된다면 단지 종래의 친교 복원은 물론 나아가 한층 더 친목한 우방이 되기를 바랄 뿐이다. 본래 오늘날 동양 제국諸国의 서양 제국에 대한 위치가 어떠한가를 통찰할 수 있는 사람이 천하에 이토 백작 말고는 누가 있겠는가. 서양의 큰 조류가 주야로 우리 동방으로 밀려들어오고 있는데, 실로 우리가 협력하여 한 마음으로 이를 막을 방책을 강구하고, 황색 인종이 서로 결합하여 백색 인종에 대항하는 경계와 준비를 게을리 하지 않아야 할 때가 아니겠는가. 이번의 교전은 다행히 양 제국帝国이 천연적 동맹의 회복을 방해하지 않을 것이라 믿는다.

고 했다. 그는 또 일본의 최근의 개혁 사업을 찬양하며 오로지 이는 이토 총리의 위정이 마땅함을 얻었기 때문이라 칭찬하고, 청국의 개혁이 아직 그 효과를 거두지 못한 것은 자기의 재략才略이 모자라기 때문이라 탄식하면서 다시 말을 이어,

이번 전쟁은 실로 두 가지의 좋은 결과를 가져왔다. 하나는 일본이 유럽 방식의 육해군 조직을 이용하여 그 성공이 괄목해졌는데 이는 황색 인종도 백색 인종에 비해 한 걸음도 뒤처지지 않음을 확실히 실증해 보인 점이고, 다른 하나는 이번 전쟁으로 인해 청국이 오랜 잠의 미몽에서 깨어나 다행이라는 점이다. 이는 실로 일본이 청국 스스로의 분발을 촉진한 것으로서 청국의 장래의 진보를 도운 것이며 그 이익은 넓고 크다 할 것이다. 그러므로 청국인 중에 여전히 일본을 원망하고 있는 무리들이 많지만 나는 오히려 일본에 대해 감사할 바가 많다고 생각한다. 또 앞서도 말했던 것처럼 일청 양국은 동아東亞의 양대 제국으로서, 일본은 유럽 각국에 부끄럽지 않은 학술과 지식을 갖고 있고 청국은 천연의 마르지 않은 풍부한 자원을 갖고 있다. 만약 앞으로 양국이 서로 결탁할 수 있다면 구주 강국에 대항하는 것 또한 아주 어려운 일은 아닐 것이다.

고 했다. 이를 요약하면 그는 줄곧 우리나라의 개혁과 진보를 선망하고, 이토 총리의 공적을 찬양했으며 또 동서양의 정세를 논하여 형제가 담장 안에서 싸우면 밖으로부터 모멸을 초래하게 됨을 경계하면서 일청동맹을 주장하여 은근히 강화가 조속히 성사되어야 할 필요성을 암시하고 있는 것 같았다.

그가 논하는 바는 오늘날 동방 경세가의 담화로서는 일상적인 다반사에 속하는 것일 뿐이었다. 그러나 그는 종횡으로 열심히 담론하여 우리의 동정을 끌어내려 했고, 간간이 칭찬과 꾸짖음 그리고 냉혹한 평가를 섞어 가며 패전자의 굴욕적 위치를 덮으려고 한 태도는 그 노회한 교활함이 도리어 애교가 있어 보여 정말 청국의 당대의 한 인물로서 손색이 없어 보였다.

제2차 시모노세키 담판과 청국 전권대신의 휴전 제의에 관한 우리나라 전권대신의 회답

같은 달 21일, 우리 전권변리대신은 각서 하나를 작성하여 청국 사신이 어제 제의한 데 대해 회답했다. 그 개요는,

> 일본제국 전권변리대신은 전장과 서로 멀리 떨어진 이 곳에서 휴전을 약정하는 것이 강화 담판을 타결하는 데 필수적인 요건이라 간주할 수 없다 하더라도, 만약 양국에 균등한 이익과 편의를 담보하기에 충분한 조건이 갖추어지면 이를 응낙할 것이다. 따라서 현재의 군사상의 형세를 살피고 아울러 피차 교전을 중지하는 결과 여하를 감안하여 다음의 조건이 붙는다는 점을 명백히 선언한다. 그 조건은, ▲일본 군대는 대고, 텐진, 산해관 및 그 곳에 있는 성루를 점령한다 ▲위 각 곳에 주재하는 청국 군대는 일체의 군기軍器와 군수품을 일본 군대에 인도한다 ▲ 텐진과 산해관의 철도는 일본 군무관의 관할 하에 두고 청국은 휴전 중의 일본의 모든 군사비용을 부담한다.[93] 또 청국이 이에 대해 이의가 없으면 그 휴전 실행 세목을 다시 제출키로 한다.

는 것이다. 이홍장은 이 각서를 묵묵히 읽고 안색이 매우 변해 경악한 것 같았으며, 입 속으로 계속 가혹하다는 말을 연발했다.

무릇 당시의 전황에서 우리는 물론 휴전할 필요가 없었다. 원래 우리는 곧바로 강화 담판에 착수하려 했었다. 그러나 이러한 경우에 그들의 휴전 요청은 실로 부득이한 것으로 무턱대고 이를 거절하는 것은 열국의 통상적 관례와 대단히 어긋날 우려가 없지 않았다. 따라서 그 조건을 엄격히 하여 그들이 이를 받아들일 수 없도록 하여 스스로 휴전 문제를 철회하면 그뿐이라 생각하고 있었을 정도였기 때문에, 그가 이

를 보고 가혹하다고 부르짖는 것도 그 이유가 없지 않았다. 그러므로 이홍장은 계속 조건이 가혹하다고 호소하고 또 이와 같은 조건은 청국이 도저히 감당할 수 있는 바가 아니기 때문에 일본 정부가 다시 고려하여 조금 관대한 별도의 안을 제시해 줄 것을 바란다고 애원했다.

그의 고충은 대체로 우리가 예견했던 것이었으므로 지금 다시 별도의 안을 낼 필요가 없는 것은 당연했다. 이토 전권은 만일 청국 사신이 본안에 대해 별도의 수정안을 제출한다면 우리는 그 수정안에 대해 다시 상의하기를 거절하지 않겠지만, 우리가 자진하여 별도의 안을 재고再考할 수는 없다고 했다. 이 날의 담판은 그가 오로지 우리의 재고를 요청하고 우리는 그의 청을 거절함으로써, 외교 담판상 왕왕 그러하듯이 피차 동일한 사안을 다른 모양의 말로 반복할 뿐이었다. 그는 마침내 휴전문제는 일시 중단해 두고 우리의 강화조건을 들을 수 있겠는지를 요청해 왔다.

이토 전권은, 휴전은 반드시 전쟁 종식의 첫 걸음이 아니며 따라서 곧바로 강화문제 논의를 시작하는 것도 물론 무방하지만, 그러나 청국측이 먼저 휴전 문제를 철회하지 않으면 우리는 강화 문제를 제출할 수 없다고 대답하였다.

이렇게 되자 그는 약간 말을 바꾸어,

원래 일청 양국은 천연적인 동맹이다. 일본이 만약 성실하게 영구한 평화를 바란다면 청국의 명예에 대해서도 또 조금 유념하는 것이 긴요하지 않겠는가. 무엇보다 지금 일본은 청국에 대해 어떠한 요구도 할 수 있는 권리가 있기는 하지만 그 요구는 적당한 정도에 그치는 것이 상책일 것이다. 만약 억지로 그 정도를 넘어서면 일본은 평화의 공명空名을 얻는 대신 평화의 실리를 잃게 될 것이다. 대저 이번의 전쟁은 본래 조선 사건에 기인하며, 지금 일본군은 다만 조선 왕국의 전 국토를 점령하고 있을 뿐만 아니라 청국의 판도 내에서도 점령한 곳이 많지 않은가. 톈진과 대고, 산해관은 베이징의 관문인데 만약 이 각 지역을 일본군이 점령하게 된다면 제국 수도의 안녕의 기반은 그날로 없어지게 되고 말 것이다. 이 어찌 청국이 감내할 수 있겠는가.

라고 원망하듯 호소하였다. 이토 전권은 이에 대해 다음과 같이 응수했다.

우리의 행위는 모두 그 정도로 정당하지 않은 것이라고 생각지 않는다. 그렇기는 하지만 오늘 교전의 원인을 소급하여 토론할 여유가 없고 단지 속히 이 싸움이 끝나기만을 바랄 뿐이다. 지금은 일청 양국, 특히 청국을 위해서는 하루라도 빨리 전쟁이 종식되는 것이 급선무라 생각한다. 그리고 톈진 및 그 외의 점령은 무릇 일시적 담보를 위한 것이고, 그 도시를 파괴할 의사가 없음은 물론이다.

피차 입씨름 같은 말만 되풀이한 후 이홍장은,

이 휴전 조건은 너무 가혹하다. 그러나 가장 중요한 목적은 평화에 있지 휴전에 있지 않다. 일본 또한 같은 감정을 갖고 있을 것이라 믿는다.

고 했다. 이에 대해 이토 전권은,

그렇다. 우리도 빨리 평화가 회복되기를 절실히 바라고 있다. 그러나 휴전 문제의 철회 여부가 우선되지 않으면 강화 문제를 논의하기 어렵다는 것은 앞서 이미 다 말했다.

고 잘라 말했다.

이에 따라 이홍장은 마침내 이 사안을 숙고하기 위해 수일의 말미를 줄 것을 요청했고, 우리는 생각할 시간을 주는 것은 상관없지만, 지금은 양국 인민이 목을 늘어뜨리고 우리 담판의 결과를 주시하고 있는 때이므로 가급적 신속히 우리의 대임을 완수하는 것 또한 우리의 당연한 임무라고 믿기 때문에 앞으로 3일 안으로 확답해 주기를 바란다고 하고 이 날의 회동을 마쳤다.

제3차 시모노세키 담판과 청국 전권대신의 휴전문제 철회

그 달 24일의 회합에서 청국 사신은 마침내 각서 하나를 제시하여 휴전 문제를 철회하고 곧바로 강화 담판을 개시할 것을 요청했다. 이에 따라 우리 전권대신은 다음날 강화조약안을 제출하기로 약속했다.

이 날의 회합은 여기에 기록할 정도로 긴요한 사항이 없었으나, 이홍장은 제의할 사항이 하나 있다면서,

> 일본 정부의 강화조약안에 다른 외국의 이익을 교란하는 어떠한 조항도 없음을 믿고자 한다. 다시 이를 요약하여 말하자면 강화조약 안에 여러 외국의 감정을 충동하는 것 같은 조항이 없으리라 믿는다. 왜냐하면 강화문제는 오로지 일청 양국 간에 그쳐야 하고 타국의 간섭을 피하기를 바라기 때문이다.

고 했다(이와 같은 듣기 좋은 말은 필경 그가 귀를 가리고 방울을 훔치는 어리석음을 드러내는 것일 뿐이었다. 무릇 작년 이래 그가 어떻게 구미 강국의 간섭을 요구했는지는 그 흔적이 한둘이 아니었다. 또 후일 그는 우리의 강화조약 제의를 접수하자마자 4월 1일 곧바로 그 강화안의 줄거리를 총리아문

에 전신으로 전달함과 동시에 그 전문 말단에, "전술한 내용을 은밀히 각국 공사에게 통고하기 바람. 그러나 일본이 제의한 통상에 관한 각 사항은 차제에 가급적 각국에 알려지지 않기를 바람. 왜냐하면 그 일체를 균점할 수 있도록 하기 위해 그들은 연합하여 우리에게 요구할 가능성이 있기 때문임"이라 하였다고 한다. 또 4월 2일 총리아문은 이홍장에게 전보를 보내, "지난 7일 독일 공사가 내방하여 말하기를, 당시 '본국 정부로부터의 전보에 의하면, 이미 일본 주재 독일 공사에게 전훈하여 영국·러시아 양국 공사와 공동으로 거중조정 하도록 하라'"고 했다는 것을 들었기 때문에 결국 그들(=청국)은 적어도 자기들에게 편리한 한에서는 다만 각국의 간섭을 피하지 않을 뿐 아니라 오히려 이를 환영한다는 의사를 갖고 있었던 것이다.

그러나 요동반도 환부還付 문제가 제기된 후 내외의 신문 중에는 왕왕 이홍장은 미리 데트링 또는 폰 브란트[1] 등과 내통하여, 일본에 가기 전부터 러시아 및 기타 강국과 밀약한 바가 있었기 때문에 이홍장이 쉽게 (요동)반도의 양여를 허락한 것이 아닌가 하고 의심한 기사가 실렸고, 무엇보다 심한 것은 이홍장이 바칸馬關(=시모노세키)을 떠나기를 희망하여 한 번 크게 웃고 기가 막혀 가버렸다는 신문 기사는 근거 없는 망발이라 하지 않을 수 없다. 왜냐하면 봉천성奉天城 할지割地 담판에서 그가 어떻게 집요하게 반복하여 항의했었던가. 4월 5일 보내온 공문 중에, 총체적으로 영토 할양은 장래 일청 양국의 영원한 평화를 위해 상책이 아닌 까닭을 누누이 설명한 후 "하물며 봉천성은 우리 왕조가 시작한 기지基地이므로, 그 남부 각지가 일본국 소유가 되어 육해

---

1   막시밀리안 폰 브란트Maximilian August Scipio von Brandt(1835~1920). 프로이센, 도이치 왕국의 외교관이자 동아시아 연구가. 1862년 프로이센 왕국의 초대 주일駐日 영사로 요코하마에 부임. 메이지 원년(1868)에 주일 프로이센 왕국 대리공사, 1872년 주일 도이치 제국 전권공사를 거쳐 1875년 청국 대사가 되어 일본을 떠난다. 1882년 조선과 통상수호조약을 체결한다. 청일전쟁 후 시모노세키조약을 탐탁지 않게 여겼던 그는 황화론黃禍論을 주창했는데, 이것이 후의 독일·프랑스·러시아 3국간섭의 원동력이 되었다.

군의 근거지가 되면 언제라도 바로 우리 수도를 칠 수 있을 것이다. 그러므로 청국 신민이 이 조약문을 보게 되면, 일본은 반드시 우리 조종祖宗의 땅을 빼앗아 육해군을 두고 틈을 엿보려는 계획을 획책하는 것으로 여기고 이는 우리와 영원한 원수가 되기를 바라는 것이라 할 것이다"고 했다. 그러나 이 공문은 적국에 대한 표면적인 외교적 이의異議에 지나지 않고, 그 가운데 여전히 가식적인 표현이 있을 것이라 의심할 수 있었다. 그러나 4월 1일, 즉 그가 위의 공문을 발송하기 나흘 전, 베이징 정부에 전보로 자기의 의견을 진술하여 품신한 글 중에도, "말할 것도 없이 봉천은 만주의 심복이므로 중국은 만에 하나라도 이를 일본에 양여해서는 안 될 것임. 이에 일본이 만약 봉천반도 할양 요구를 철회할 것을 응낙하지 않으면 평화 국면을 맺기는 도저히 불가능함. 양국이 어디까지나 전투하는 수밖에 없을 것임"이라고 한 것은, 그 자신이 본국 정부에 전신으로 품의한 것이기 때문에 그가 진정으로 한 말이었음을 의심할 여지가 없었다. 그리고 그 뒤 계속 강화담판이 곤란하게 되자 4월 11일 이홍장이 총리아문에 공문으로 보고한 글 중에, "영국 정부는 이미 수수방관하는 것 같음. 러시아 정부의 의향이 과연 어떠한지는 모르겠음"이라고 했다 한다. 위와 같은 상황으로 볼 때, 시모노세키에 도착한 후 거의 1개월 동안 그는 여전히 러시아의 의향이 어떠한지를 모를 정도였기 때문에, 톈진을 출발할 때 이미 모종의 밀약이 있었다는 것 또한 공중누각일 뿐이다).

이에 대해 이토 전권은 곧바로,

본 문제는 오직 일청 양국에 관한 것으로 타국이 구태여 관여할 바가 아니다. 그러므로 우리는 추호도 외국의 간섭을 초래할 우려가 없다고 믿는다.

고 답했다. 그리고 이날 이홍장이 회담장을 떠나 숙소로 막 돌아가려는 도중에 희한한 사건이 하나 일어났다.

이홍장의 조난遭難 및 휴전조약

이홍장의 조난

이날 양국 전권의 회합이 끝나고 각각 돌아간 다음, 나는 다음 날 담판에서 미리 타합해 두어야 할 일이 있었기 때문에, 특히 이경방李経方[2]을 남게 하여 둘이 마주 앉아 이야기하려 했다. 그 때 누가 갑자기 문을 젖히고 들어와, 방금 청국 사신이 돌아가는 길에 괴한 하나가 단총으로 그를 저격하여 중상을 입었고 그 괴한은 바로 체포되었다고 보고했다. 나도 이경방도 의외의 일에 깜짝 놀라, 나는 이경방에게 이 통탄할 일은 우리의 힘이 미치는 한에서는 선후책을 강구할 것이니 그대는 빨리 숙소로 돌아가 존부尊父의 간호를 다하기 바란다 하고 헤어졌다. 나는 곧바로 이토 전권의 처소로 가서 함께 청국 사신의 숙소로 위문을 갔다.

이홍장의 조난 비보가 히로시마 행재소行在所/안자이쇼[3]에 전해지자, 황상은 크게 놀라셨으며, 바로 의사를 시모노세키에 보내시어 특히 청국 사신의 부상 치료를 명하시고 또, 황후궁에서도 직접 만드신 붕대를 하사하심과 동시에 간호부를 파견하시는 등 아주 정중한 대우를 하셨다. 또 다음날인 25일에는 특히 다음의 조칙을 내리셨다.

---

2 이경방(1855~1934). 청말의 관료, 외교관. 안휘성安徽省 합비현合肥縣 출신. 이홍장의 동생 이소경李昭慶의 아들로, 백부인 이홍장의 양자가 된다. 1890년 주일 청국 공사. 시모노세키조약 당시에는 차석전권으로 참여했다.

3 천황이 외출할 때의 임시 거소.

짐이 생각건대 청국은 지금 우리와 교전 중에 있다. 그러나 이미 그 사신을 보내 예를 갖추고 규정에 의하여 강화를 의논케 하였다. 짐 또한 전권변리대신을 임명하고 이들과 시모노세키에서 회동하여 상의토록 했다. 짐은 물론 국제의 관례에 의거하여, 국가의 명예를 다해 청국 사신에게 적당한 대우와 경위警衛를 베풀었고 특히 관계 당국에 명하여 이에 태만함이 없도록 했다. 그러나 불행히도 사신에게 위해를 가한 흉도가 생겼다. 짐은 이를 깊이 유감으로 생각한다. 그 범인에 대해서는 물론 관계 당국이 법을 살펴 가차 없이 처벌해야 할 것이다. 모든 관료와 신민들 또한 더욱 짐의 뜻을 잘 헤아려 엄격히 불법을 경계함으로써 국광国光을 손상하지 않도록 노력하라.

성지가 공평정대하고 사리가 명확하여 적국 사신을 감읍시켰으며 또 우리 국민도 매우 애통하고 안타까운 마음을 갖게 되었다. 이 변고가 전국에 유포되자, 사람들은 통탄의 정이 넘쳐 자못 낭패하는 기색을 나타내 보였고, 우리나라 각종 공사公私 단체를 대표하는 자와 개인자격을 막론하고 모두 시모노세키에 모여 청국 사신의 숙소를 방문하여 위문의 뜻을 전했으며, 또 멀리 떨어진 곳의 사람들은 전신이나 우편을 통해 그 뜻을 표했다. 혹은 각종 물품을 증여하는 자가 주야로 계속하여 끊이지 않아 청국 사신의 숙소는 문전성시를 이루는 모습이었다.

이 한 괴한의 행위는 국민 전반이 동정을 표하지 않는 것임을 내외에 분명히 하고자 하는 데서 나온 것일 터이다. 또 그 뜻은 물론 아름답다 할지라도 왕왕 헛되이 외면을 분식粉飾하는 데 급급하여 언행이 혹은 허위로 흘러 중용을 잃은 자 또한 없었다고는 할 수 없다.

지금 일청 개전開戰 이후 우리나라 각 신문은 물론이고, 공적 모임이든 사적인 모임이든 간에 사람들이 모이면 청국 관민의 단견을 과대하게 퍼뜨려 마음껏 매도 비방하고 나아가서는 이홍장의 신분에 대해서도 거의 듣기 어려울 정도의 욕설과 잡스러운 말을 내뱉고 있던 자가, 지금 갑자기 이홍장에 대해 그 조난을 애통해 하면서 때로는 아첨에 속하는 과찬의 말을 하고, 심지어는 이홍장의 기왕의 업적을 열거하고 동방 장래의 안위는 이홍장의 생사에 달려 있는 것처럼 말하기까지 하였다. 전국 도처에서 이홍장의 조난을 통탄하기보다는 오히려 이로 인하여 생길 외래의 비난을 두려워하는 듯했고, 어제까지 전승의 열기에 들떠 광희가 극에 달했던 사회가 마치 상중喪中의 비통한 지경에 빠진 것 같았다. 인정人情의 반복이 파란과 같음은 시빗거리가 아니라 해도 말할 가치가 좀 없어서 놀라지 않을 수 없었다.

이홍장은 이 정황을 빨리 간파했다. 그 뒤 그가 베이징 정부에 전신 보고하여, 일본 관민이 그의 조난에 대해 애통한 뜻을 표시하는 것은 외면을 꾸미는 데 지나지 않는다고 했다는 말을 들었다. 나는 내외 인심의 추세를 살피고 차제에 확실한 선후책을 마련하지 않으면 혹시라도 예기치 않은 위해가 생길지도 모른다고 생각했다.[94]

내외의 형세는 이미 언제까지나 교전이 계속되는 것을 허용할 수 없는 시기로 치달았다. 만약 이홍장이 단순히 부상당한 몸을 평계로 강화사절 임무 도중에 귀국하여, 일본 국민의 행위를 통렬히 비난하며 교묘히 구미 각국을 끌어들여 다시 거중주선을 요구하게 되면 적어도 유럽[95] 두세 강국의 동정을 사는 것도 어렵지 않을 것이다. 그리고 이런 시기에 유럽 강국의 간섭을 한 번 초래하게 되면, 청국에 대한 우리의 요구 또한 크게 양보하지 않을 수 없는 경우에 처하게 될지도 몰랐다. 가장 단순한 논리에서 말하자면, 이번 사건은 전적으로 일개 괴한의 죄행에서 비롯되었으며 우리 정부도 국민도 어떤 관계가 없었기 때문에 그 범인에게 상당한 형벌을 내리면 그 외의 책임은 추호도 질 이유가 없다는 의견도 있었다.

그러나 지금 교전하는 양국 중에, 특히 승자인 우리 국내에서 적국의 사신을 대우함에는 이에 대해 상당한 보호와 예의를 다하는 것이 자연스러운 국제공법의 관례인데, 이런 사태가 만약 사회의 감정을 한 번 움직이게 되면 탁상에서의 단편적 이론으로 이를 물리치기가 쉽지 않음은 물론이다. 하물며 이홍장의 위치와 명망은 말할 것도 없고, 고희의 고령으로 처음으로 이역에 사절로 왔는데 괴한에게 봉변을 당한 것에 있어서랴. 그것이 세계의 동정을 불러일으킬 것임은 쉽게 간파할 수 있는 일이다.

그러므로 만약 어떤 강국이 이 기회에 편승하여 간섭을 시도한다면 그 나라는 물론 이홍장의 부상에서 최적의 구실을 구할 수 있을 것이다. 따라서 나는 그날 밤 즉시 이토 전권을 방문하여 이 사태에 대해 자세히 협의했다. 나는

청국 사신에 대한 황실의 넉넉한 대접이라든가 국민 일반의 친절한 호의 등은 흠잡을 데가 없는 것 같지만, 지금의 경우에 오직 의식적 대우나 혹은 사교적 정의情誼를 표시하는 외에 특별히 현실적 의미가 있는 조치를 강구하지 않으면 도저히 그를 충심으로 만족시킬 수 없을 것이다. 그러므로 일찍이 그가 간청해 마지않았던 휴전을 차제에 우리가 무조건 승낙하는 것이 상책이라 생각한다. 이렇게 되면 우리의 성의는 청국은 물론이고 다른 여러 외국에게도 사실상 알려지게 될 것이다. 또 우리나라 경찰이 용의주도하지 못해 그에게 중상을 입혔고 그 결과는 자연히 신속한 강화 타결을 방해하기에 이르렀기 때문에, [96] 우리 군이 마음대로 청국을 공격하는 것은 도의적으로도 결여되는 바가 없지 않다.

고 누누이 설명했다.

이토 전권은 처음부터 나의 논지에 대해 추호도 다른 생각이 없었지만, 휴전은 원래 군부의 의견을 묻지 않을 수 없는 사안이기 때문에 즉시 히로시마에 있는 각료 및 대본영의 중신에게 전보를 보내 이를 협의했다. 그러나 전문의 의미가 충분히 관철되지 못했는지 아니면 다른 뭔가의 이유가 있었는지, 히로시마의 각료들 및 대본영의 중신들 다수(마쓰가타松方 대장대신, 사이고西鄉 해군대신, 에노모토榎本 농상무대신[4], 가바야마樺山 해군군령부장, 가와카미川上 참모본부차장의 연명 회람)는 지금 휴전을 실행하는 것은 아무래도 우리나라가 불리하게 되므로 다시 우리의 재고를 구한다는 뜻을 회신해 왔다(다만 야마가타 육군대신만은 전적으로 우리의 의견과 같다는 뜻의 전보 회신이 있었다).

그러나 당시의 사태는 이대로 중지될 수 없었다. 그리고 우리의 소견으로는 가까운 시일에 고마쓰노미야小松宮가 대군을 이끌고 여순구旅順口로 출정해야 할 시기가 이미 임박했지만, 그 실전 시기는 아직 2, 3주일 후이므로 구태여 군기軍機를 그르칠 정도는 아니라고 생각하고 있었다. 다만 이런 문제는 전문電文을 주고받는 것으로는 도저히 그 뜻을 다 할 수 없고 또 기타 긴요한 안건도 있었을 뿐 아니라, 특히 폐하의 재가가 있어야 할 사안이 있었기 때문에 이토 전권은 몸소 분발하

---

4 에노모토 다케아키榎本武揚(1836~1908). 에도 시대 말기의 무사, 막신. 메이지 시대 화학자, 외교관, 정치가. 군 최종 계급은 해군 중장. 쇼헤이자카가쿠몬쇼昌平坂学問所와 나가사키 해군전습소傳習所에서 공부한 뒤 막부에서 가이요마루開陽丸(막부 해군 소속 네덜란드제 군함)를 발주함에 따라 네덜란드로 유학한다. 귀국 후 막부 해군의 지휘관이 된다. 메이지 정부에 출사한 뒤는 개척사開拓使로서 홋카이도北海道의 자원조사 임무를 수행했고, 주러시아 특명전권공사로 러시아와의 국경을 확정하는 조약(樺太·千島交換条約)을 체결한다. 제1차 이토 내각에서 초대 체무대신, 제1차 마쓰가타 내각에서 9대 외무대신을 거쳐 제2차 이토 내각에서 10대 농상무대신을 역임했다.

여 히로시마로 가서 어떻게든 처리하겠다며 다음날인 25일 시모노세키를 떠났다.

이토 전권대신, 히로시마로 가다

이토 전권대신은 히로시마에 도착한 후 거기에 머물던 문무 중신과 만나 휴전의 득실을 논의하여 결정하기까지 허다한 논의와 어려움을 겪은 것 같았다. 그 결과, 자리했던 문무 중신도 마침내 이토 전권의 소견에 찬동했으며 이어 폐하의 재가를 얻은 뒤 그달 27일 한 밤중에 휴전 안건이 칙허를 얻었다는 뜻과 그 조건의 대강을 나에게 전신으로 보내왔다.

제4차 시모노세키 담판

나는 위 전문의 취지를 바로 조약문에 넣은 뒤 다음날인 28일 직접 이홍장의 병상으로 방문하여,

> 우선, 우리 황상皇上이 이달 24일의 사변을 들으시고 깊이 걱정하시면서 앞서 우리 정부가 승인하지 않았던 휴전을 일정 기간과 구역에서 윤허하겠다고 명했다. 이에 따라 나의 동료인 이토 백작이 지금 부재중이지만 휴전조약 협상은 청국 사신의 형편에 따라 언제라도 좋다.[97]

고 했다.

　이홍장의 얼굴의 반은 붕대로 감겨 있었다. 그는 붕대 밖으로 겨우 드러난 한 쪽 눈으로 아주 기쁜 뜻을 나타내며 우리 황상의 인자한 성지聖旨에 감사했고, 또 나에게 부상이 아직 치유되지 않았기 때문에 회담장에 나가 협상하기는 어렵지만 그의 병상에서 담판하는 것은 언제

라도 괜찮다고 했다.

휴전조약의 서언에는,

대일본 황제폐하는, 이번의 불의의 변고로 인해 강화담판의 진행이
방해됨에 따라 이에 일시 휴전을 승낙할 것을 그 전권변리대신에게
명한다.

고 했다. 그리고 휴전은 전적으로 우리 황상의 뜻에 따라 윤허하셨다
는 사실을 언명하고, 그 외 중요한 조항은,

일본 정부는 대만, 팽호澎湖 열도[5] 및 그 부근에서 교전하고 있는 원정군
을 제외하고 기타 지역에서 휴전할 것을 승낙한다. 일청 양국 정부는 본
약정이 존재하는 사이에는 공격과 방어 무엇을 막론하고 그 대진對陣하
는 방면에서 원병을 증파하거나 기타 일체의 전투력을 증대하지 않을
것을 약속한다. 그러나 현재의 전장에서 전투 중인 군대를 늘릴 목적이
아니면 양국 정부는 새로이 그 병력을 배치 운송하는 것은 상관없다. 해
상에서의 병력과 군수 기타 전시금제품의 운송은 전시의 상규에 따른
다. 이 휴전조약은 조인 후 21일 간에 한한다.

는 등의 항목을 규정했다.

---

5   대만 서쪽 약 50km 위치에 있는 대만 해협상의 도서島嶼들. 팽호군도라고도 한
    다. 섬들의 해안선이 복잡하고 총 연장 300km 정도이다.

이토 전권대신, 시모노세키에 돌아와 휴전조약에 조인

나는 이홍장과의 협상 중에 그가 제시한 서너 개의 수정안 중에 그 휴전 효력을 남정군南征軍 즉 대만 제도諸島에도 미치도록 요구한 것을 제외하고는 기타 중요하지 않은 조항은 그의 제안을 모두 받아들이도록 승낙했으며, 이것이 종료되는 데 겨우 반나절밖에 걸리지 않았다. 다음 날인 29일 이토 전권이 시모노세키에 돌아오자 나는 청국 사신과 협상을 종료한 성안을 보여주었고 마침내 메이지 28년(1895, 고종32) 3월 30일, 양국 전권대신은 관례에 따라 여기에 서명하고 조인했다.

강화조약의 조인

휴전조약이 체결된 후 이홍장은 줄곧 강화담판을 개시할 것을 재촉했다. 앞서 내가 그와 휴전조약에 관해 담판했을 때 그는 병중이어서 직접 회담장에 나올 수 없었으나, 만약 그의 숙소에서 협상할 수 있다면 언제라도 이에 응할 것이며, 혹시 숙소에서의 협상이 어렵다면 먼저 강화조약안을 열람하고 서로 서면으로 논의하여 결정할 수 있으므로 두 가지 중 어느 쪽이든 신속히 담판을 개시할 것을 요청해 왔다.

그런데 강화조약안 의정의 순서와 방법에 대해 내가 먼저 이경방李經方과 타협해 두고자 한 그날 마침 이홍장이 변을 당하여 이 일이 중지되었다. 그 순서와 방법이란 이 조약안 전체를 일괄 제출하여 가부를 정할 것인지, 아니면 그 조약안 각 조를 따로 제출하여 각각의 조마다 의논하여 정할 것인지 두 가지 방법이었는데, 이런 협상은 대체로 그 방법을 의논하여 정해 두는 것은 물론이며 게다가 청국 외교가家에 대해서는 특히 그것이 필요함을 깨달았다. 왜냐하면 그들은 종종 사실의 문제로 들어가지 않고, 막연한 일반론을 제기하여 시일을 끄는 습관이 있었기 때문이다.

그리하여 4월 1일, 이경방을 불러들여 위의 두 방법 중 어느 쪽으로 할 것인가를 논의했다. 나는 오히려 두 번째 방법 즉 각 조항 의정 방법이 간편함을 주장했으나, 그는 간절히 첫 번째 방법인 조약 전체를 한꺼번에 제출하여 이를 의정할 것을 간청해 마지않았다.

따라서 나는,

> 조약안 제출의 순서와 방법은 어느 것도 무방하다. 그렇지만 만약 첫 번째 방법에 의한다면, 청국 사신은 조약안 전체에 대해 그 전부를 승인하거나 혹은 그 중의 어떤 조항에 대해 재론을 요구하든 간에 이에 대해 막연한 일반론을 전개하지 말고 하나하나의 조항에 따라 확답하기 바란다. 또한 강화조약안을 제출한 이상 그날부터 계산하여 3, 4일 안에 회답하기 바란다.

고 했다. 이경방은 일단 숙소로 가서 어떤 식이든 회답할 것이라 약속하고 돌아갔다. 그 뒤 이홍장은 나의 제의에 따라 진력하여 나흘 안에 회답하겠다는 뜻을 통보해 왔다.

우리의 강화조약안을 청국 사신에게 송달하다

이에 따라 우리 강화조약안은 당일 청국 사신에게 송달되었다. 그 조약안의 개요는 다음과 같다.

1. 청국은 조선이 완전무결한 독립국임을 확인할 것.
1. 청국은 다음의 토지를 일본국에 할양할 것.
   (갑) 봉천성 남부의 땅. 다만 압록강 하구에서 삼차자三叉子에 이르고, 삼차자로부터 북쪽의 유수저하楡樹底下에 이르며, 그 곳

에서부터 정서正西로 요하遼河에 달하고, 그 강 흐름[河流]을 따라 내려와 북위 41도 선에 달하고, 그 위도를 따라 동경 122도 선에 달하는, 즉 북위 41도 동경 122도 지점부터 그 경도經度에 따라 요동만遼東灣 북안北岸에 이르며, 요동만 동안 및 황해 북안에 있는 봉천성에 속하는 여러 도서島嶼.

(을) 대만 전도全島와 그 부속 도서 및 팽호 열도

1. 청국은 고평은庫平銀 3억 냥[1]을 일본의 군비배상금으로 하여 5개년으로 나누어 지불할 것.

1. 현재 청국과 유럽 각국 사이에 존재하는 모든 조약을 기초로, 일청 신新조약을 체결하고, 위 조약 체결에 이르기까지 청국은 일본 정부 및 그 신민에 대하여 최혜국最惠国[2] 대우를 부여할 것.

   청국은 이 외에 다음을 양여할 것.

   (1) 종래의 각 개시항장開市港場 외에, 베이징, 사시沙市, 상담湘潭, 중경重慶, 오주梧州, 소주蘇州, 항주杭州의 각 시항市巷을 일본 신민의 거주와 영업 등을 위해 개방할 것.

   (2) 여객 및 화물 운송을 위해 일본국 기선의 항로를, (가) 양자강楊子江 상류 호북성湖北省 의창宜昌에서 사천성四川省 중경까지, (나) 양자강으로부터 상강湘江을 거슬러 상담까지, (다) 서강西江 하류 광동広東에서 오주까지, (라) 상하이로부터 오송강吳淞江 및 운하에 들어가, 소주, 항주까지 확장할 것.

   (3) 일본 국민이 수입을 할 경우 원가 100분의 2의 저대세抵代稅[3]를 납

---

1 고평은은 청나라 때의 화폐 단위다. 고평 1냥은 은으로 따져 약 31.25g. 3억 고평은은 당시 엔화로 환산하면 약 4.5억 엔.

2 통상조약을 체결한 나라 중 세율 등에서 가장 유리한 대우를 받는 나라.

3 청국과 무역을 하는 각국 상인들이 청국으로 수출입하는 화물에 대해 내지관세 및 일종의 화물통과세인 이금세釐金稅를 면제받는 대신 해관에서 징수하는 세금.

부한 다음에는 청국 내지에서 일체의 세금, 부과금, 징수금[取立金]을 면제할 것. 또한 일본 신민이 청국에서 구매한 공작 및 천연화물로 수출할 필요가 있음을 언명한 것에는 모두 저대세 및 일체의 세금, 부과금, 취립금을 면제할 것.

(4) 일본 국민은 청국 내지에서 구매하고 또는 수입과 관련된 화물을 창고에 입고하기 위해 어떤 세금, 취립금을 납부하지 않고 창고를 빌릴 권리를 가질 것.

(5) 일본국 신민은 청국의 제세諸稅 및 수수료를 고평은으로 납부함. 단 일본국 본위 은화로써 이를 대납할 수 있음.

(6) 일본국 신민은 청국에서 각종 제조업에 종사하고 또 각종 기계류를 수입할 수 있음.

(7) 청국은 황포黃浦 하구에 있는 오송吳淞의 얕은 여울의 준설에 착수할 것을 약속함.

1. 청국은 강화조약을 성실히 시행할 담보로서 일본 군대가 봉천부 및 위해위威海衛를 일시 점령하는 것을 승낙할 것이며, 또 위 주둔 군대의 비용을 지불할 것(이 외에 중요도가 앞의 각항보다 낮은 것은 생략한다).

이에 대한 청국 전권대신의 회답

같은 달 5일, 이홍장은 위의 일본의 제안에 대해 장문의 각서를 제출했다. 그 개요를 열거하면 먼저 그 서언에서,

일본 정부의 강화조약안은 상세히 조사 열람했다. 관계가 지극히 중대한 조항은 특히 힘을 다해 고찰했으나 도저히 부상당한 뒤의 정신이 아직 회복되지 않았다. 본 각서 중의 답변이 주도면밀하지 않은 바가 있다

면 실로 부상이 아직 치유되지 않아 힘이 마음을 따라가지 못한 때문임을 헤아려 주기 바란다. 수일 후 일일이 상세한 회답을 할 수 있을 것이다.

는 의미를 모두冒頭에 두고 이 조약안의 요령을 네 가지 항목으로 나누어 각 절을 논란하였다. 그 네 가지 대강은 ▲첫째 조선의 독립 ▲둘째 토지의 할양 ▲셋째 군비배상 ▲넷째 통상상의 권리로 했다.

그는 첫째 조선의 독립에 대해,

청국은 이미 수개월 전에 조선이 완전무결한 독립국임을 인정한다는 뜻을 언명했다. 따라서 이번 강화조약에 이것을 기재함에 이의가 없으나 일본도 똑같이 이를 인정할 것을 요구한다. 그러므로 일본국이 제출한 조약문 중에 수정해야 할 것이 있다.

면서, 일청 양국의 조선에 대한 권리 평등을 주장했다.

둘째 토지의 할양에 대해서는 도저히 응할 수 없다며 다음과 같이 논박했다.

일본이 제출한 강화조약안의 서언에 강화조약을 체결함으로써 양국 및 그 신민으로 하여금 장래의 분쟁의 단서를 제거토록 한다고 운운했다. 그러나 만약 이번에 할양을 요구하는 토지처럼 강압적으로 할양하게 되면 단지 논쟁을 제거할 수 없을 뿐 아니라, 나중에 필히 분쟁이 계속 생겨 양국 인민이 자자손손 서로 원수로 보는 것을 막을 수 없게 될 것이다. 우리는 이미 양국의 전권대신이므로, 양국 신민을 위해 심모원려하여 영구한 우호 관계를 유지하고 서로 원조할 수 있는 조약을 체결함으로써 동양의 대국大局을 온전하게 잘 유지해야 한다. 청일 양국은 이웃나라로서 역사, 문학, 공예, 상업 어느 것이건 서로 같지 않음이 없는데 어찌 하필 이와 같이 원수가 되어야 하는가.

본래 수천백 년, 국가 역대歷代로 전해져 온 기본 업業인 토지를 하루아침에 할양하게 되면, 그 신민인 자는 원을 머금고 한을 품어 주야로 복수를 도모하기에 이를 것은 필연지세다. 하물며 봉천성은 우리 왕조의 발상지發祥地로서, 그 남부를 일본국이 소유하여 육해군의 근거지로 삼을 경우에는 언제라도 즉시 베이징을 공격할 수 있을 것인 바, 청국의 신민인 자로서 이 조약문을 보면 반드시 일본국은 우리 조종祖宗의 땅을 빼앗아 육해군의 근거지로 삼아 영구히 원수가 되기를 원하는 자라 할 것이다.

일본국이 이번 교전 초에, 청국과 병기를 부딪치게 된 것은 조선의 독립을 도모함이지 청국의 토지를 탐내는 것이 아니라고 나라 안팎에 선언하지 않았는가. 만약 일본국이 그 처음의 뜻을 잃지 않으려면 해당 조약안 제2조(이는 할지의 조항을 가리킴) 및 이와 연결된 각 조항에 수정을 가해 영원한 화평과 우호를 유지하고 피차 원조하는 조약으로 만들어, 결연히 동방 아세아를 위해 하나의 장성長城을 구축하여 구주 각국의 모멸을 받지 않도록 해야 할 것이다. 만약 계획이 이러한 데서 나오지 않고, 헛되이 일시의 병력을 믿고 함부로 재물을 빼앗으려 한다면 청국 신민의 여세는 와신상담하여 반드시 원수에게 복수를 도모할 것이다. 동방 양국이 같은 방안에서 창을 휘둘러 영원히 원수가 되고 서로 돕지 않으면 뜻하지 않게 외국인의 약탈을 초래할 뿐이다.

셋째, 군비에 대해서는 이렇게 말했다.

이번 전쟁은 청국이 먼저 시작하지 않았으며, 또한 청국은 일본의 토지를 침략한 적도 없다. 그러므로 논리적으로 말하면 청국은 군비를 배상해야 할 책임이 없는 것 같다. 그러나 작년 10월에 청국은 미국 공사의 조정에 대해 군비 배상을 승낙했다. 이는 전적으로 평화를 복원하고 백성을 편안케 하고자 한 때문이다. 관련하여 만약 그 금액이 지나치지 않다면 승낙할 것이다. 그러나 원래 일본국이 선언한 바로는 이번 전쟁은 그 뜻이 오로지 조선을 독립국으로 하는 데 있다고 했다. 그리고 청국은 작년 12월 25일 이미 조선의 독립과 자주를 인정한다는 뜻을 선언했다. 그렇다면 무리하게 청국으로 하여금 군비를 배상시킨다 하더라도 청국이 조선의 독립을 인정한다고 선언한 날까지에 그쳐야지 그 이후에 관계된 것을 요구해야 할 이유가 없다. 뿐만 아니라 군비 배상액을 정하는 것은 과연 청국이 감당할 능력이 있는지의 여부를 짐작하여 헤아려야 할 것이다. 만약 청국의 재력이 진실로 결핍할 때에는 일시적으로 무리하게 조약을 체결하여 조인해도 장래 이를 상환할 수 없고, 일본은 반드시 그 위약을 책망하여 전쟁의 단서[兵端]가 다시 열리게 될 것이다. 이번 일본국이 요구하는 군비배상금액은 청국의 지금의 재력으로는 도저히 배상할 수 없다.

그리고 내세[內稅]를 증가시킬 수 없는 이유, 해관세[海關稅][4]는 각국의 조약에 속박되어 급히 이를 변경할 수 없는 이유, 또 현재 청국의 신용이 크게 떨어져 외채를 모집할 수 없는 이유 등을 열거한 다음, 그는 일본의 어떤 신문을 인용하여 일본 정부가 현재까지 쓴 전쟁의 실비는 1억 5천만 엔[円]을 넘지 않는 것 같다고 하였다. 더욱 심한 푸념은, 일본군이 전리품으로 거둔 청국 군함과 군수를 셈하여 배상금액에서 제하자고 하고, 배상금액에 이자를 붙이는 것은 도리가 아니라고 호소했

---

4   해관海關은 중국의 개항장에 설치한 세관.

다. 요컨대 배상금의 감액을 간청하는 데 지나지 않았다.

　넷째, 통상상의 권리에 대해서는,

　본 조항이 지극히 복잡하고 중요한 사항들에 걸쳐 있어서 도저히 일시에 두루 고찰할 수 있는 것이 아니다. 따라서 여기서 진술할 것은 지금의 관찰이 미치는 바를 진술하는 데 그치고 추후 다시 수정을 가할 필요가 있다. 그러므로 이 각서에서 말하는 것은 청국이 이미 승낙할 의사가 있는 것과 또 수정을 가하지 않으면 승낙할 수 없는 것 두 가지가 있음을 알아주기 바란다.

고 전제한 뒤,

　신조약은 청국으로서도 동일하게 청국과 유럽 각국이 맺고 있는 현행 조약을 기초로 삼기를 원한다. 다만 본 조약의 앞머리에 양 체맹국締盟国의 한 쪽은 서로 다른 한 쪽에게 최혜국 대우를 받아야 한다는 문구를 삽입할 것을 요한다. 또 저대세抵代稅 감액에 대해서는, 일본국이 이번에 거액의 군비 배상을 요구하면서도 다시 이를 감액하자는 것은 청국의 지금의 재력이 도저히 감당할 수 있는 바가 아니다. 청국의 재원은 다만 이를 옹색하지 않게 할 뿐만 아니라 이를 개발할 방법을 계획하여야 한다. 또 지금 일본은 구미 각국과 조약을 개정하여 세율을 증가시키려는 때인데, 오히려 청국으로 하여금 본래 아주 저렴한 세율을 다시 경감시키게 하는 것은 이치에 심히 맞지 않는다고 해야 할 것이다. 또 외국 수입품에 대해 여러 세금을 모두 면제하라는 것은 다년간 베이징에 주재하는 각국공사가 요구하는 바지만 아직 그 목적을 달성하지 못하고 있다.

고 운운했다. 그리고

대체로 각국 중 통상상의 권리를 으뜸으로 갖고 있는 나라는 영국만한
나라가 없고, 또 가장 이익을 잘 도모하는 것도 영국 상인에 비할 바 없
다. 그럼에도 영국 상민 등이 때때로 그 공사에게 권유하여 이금세釐金
稅[5] 면제를 요구했으나 아직도 그 효과를 거두지 못하고 있는 것은 그것
이 부조리하기 때문이다.

고 하여, 영국의 청서靑書[6]를 인용하여 엘긴, 토마스 웨이드[7] 등의 설을
열거하고 논박하면서, 첫째로 피아 대등한 권리를 유지하고 이어서
오직 저대세 감액의 고충을 토로했다.

그리고 이 각서의 말미에 다음과 같이 말했다.

---

5   청나라 말기에서 중화민국 1920년대 말까지 존재한 일종의 강제적 지방상업세.
    100분의 1(=1%)을 일리一釐라 한데서 이금釐金이라는 말이 생겼다. 태평천국의
    난 이후 재정이 고갈되자 임시방편으로 미곡상으로부터 1%의 과세를 징수한 데
    서 비롯되었고 이후 청국 내를 통행하는 모든 물품에 대해 부과한 세금을 말한다.
    과세 대상이 되지 않은 물품이 없을 정도로 징수가 극도로 혼란했고 근대 중국 국
    민경제 발전을 크게 저해한 조세 제도로 평가된다.

6   영국 의회나 추밀원의 보고서.

7   엘긴은 제임스 브루스 제8대 엘긴 백작James Bruce, 8th Earl of Elgin(1811~1863)
    을 말한다. 영국의 정치가, 식민지 행정관, 외교관. 스코틀랜드 출신. 1857년에 특
    명전권 사절로 중국에 파견되었고, 2차 아편 전쟁 때 영국군 지휘관으로 청군을
    격퇴, 1858년에 톈진으로 진격하여 「톈진조약」을 체결한 뒤 바로 일본으로 군함
    을 이끌고 가 「일영수호통상조약」을 체결한 인물.
    토마스 웨이드Sir Thomas Francis Wade(1818~1895). 영국의 런던 출신 외교관,
    중국학 학자. 웨이드식 표기법이라는 만다린 중국어의 로마자 표기법을 고안했
    다. 아편전쟁 때 사관으로 홍콩에 온 뒤 1852년 상하이 부영사. 태평천국의 난 때
    청조가 상하이의 세관 관리 능력 상실로 상하이 해관세무사를 맡았다. 1857년 2
    차 아편전쟁 때 엘긴 백작의 비서관, 1869~1882년까지 주청 영국 공사를 역임
    했다. 캠브리지대 최초의 중국학 교수.

본 대신은 여기에 충고 한 마디를 더 하고자 한다. 귀 대신은 양해하고 들어주기 바란다. 본 대신이 관官에 몸담은 지 거의 50년, 지금 스스로 생각건대 살아 있을 날이 이미 많지 않다. 군국軍國을 위해 진력하는 것도 아마 이번 강화의 건이 마지막이 아닐까 한다. 이로써 깊이 본 조약이 타당하고 선량하여 추호도 지적될 바가 없을 것을 기하여, 양국 정부가 앞으로 영구히 우의를 공고히 하고 피차의 인민으로 하여금 향후 상호 친목하게 하는 것이 본 대신의 무궁한 원망임을 부언해 둔다. 지금 바야흐로 화의가 성사되려 하고 있고 양국 신민의 금후 수세기에 걸친 행복과 운명은 모두 양국 전권대신의 손 안에 있다. 그러므로 천리에 잘 순응하여 근래 각국의 정치가가 심모원려하는 바의 심의心意를 사법師法으로 삼음으로써 양국 인민의 이익과 복택을 보장하는 것이야말로 각자의 직분을 다하는 것이다.

일본국은 현재 세력이 이미 강대하고 인재도 많아 더욱 더 융성하게 되어 그칠 줄 모르는 형편이다. 지금 배상 금액의 많고 적음과 할지의 넓고 좁음 같은 것은 모두 그다지 큰 관계가 없다지만, 양국 정부 및 신민이 장래 영원히 화목하게 될 것인가 또는 영원히 원수로 볼 것인가 하는 점에 이르러서는, 일본의 국가적 계획 및 민생과 상당히 큰 관계가 있다. 이는 가장 심사숙고해야 할 것이다. (중략) 그리하여 동양의 양대 국민이 향후 영원히 친목하여 피차 함께 편안하고 복택이 면면히 이어지는 것도 실로 이번의 일거에 달려 있다. 더욱 귀 대신이 숙려하고 자세히 헤아려 주기를 바란다.

이 각서 전문은 누누이 수천 마디에 걸쳐서 실로 필의筆意가 정밀주도하고, 반복하여 정중하게 그 말하고자 하는 바를 능히 다했으며, 또한 편의 좋은 문장임에 틀림없었다. 그러나 단지 그 입론은 다소의 오류를 면치 못하였을 뿐 아니라 그는 애써 사실 문제에 들어가기를 피했다. 그리고 오직 동방대국東方大局의 위기를 개략적으로 말하고, 일청 양국의 형세를 논급하여 일본의 국운을 찬양함과 동시에 청국 내정이 어려움을 설명하여, 사람을 감동하게도 기쁘게도 하는 동시에 연민을 구하고자 하는 것 같았다. 그가 지금 입각해 있는 처지에서 언급하기에는 참으로 부득이한 언사였던 것이다.

나는 이 각서를 받자마자 바로 이를 들고 이토 전권의 숙소로 가서 마주 앉아 자세히 검토한 뒤 처리 방안 여하를 협의했다. 이토 전권은 이에 대해 처음부터 정확히 논박을 가하여 그로 하여금 먼저 활연히 잘못을 뉘우치게 하고 그 미몽에서 깨어나도록 하지 않으면 그는 필경 지금 그들과 우리의 위치가 어떠한지를 이해할 수 없고, 시종일관 읍소적인 어리석은 언사를 계속하여 헛되이 담판을 지연시킬 것이고, 만약 우리가 그의 논거의 오류를 적발해내지 않으면 우리는 국외자인 제3국으로 하여금 일본은 힘으로는 이겼어도 논리에서 졌다는 의혹을 불러일으키지 않을 수 없을 것이라 하였다.

나는 이토 전권의 생각에 일리가 있다고 여겼다. 그러나 당초 내가 이경방과 강화조약 의정의 순서와 방법을 논의하여 정할 때 논의 국면을 사실문제로 한정하고 우리의 제안 전체를 응낙 또는 거부할 것인가 아니면 각 조를 수정해야 할 것인가를 약속했었다. 그것은 본 각서처럼 일반적인 개론을 전개하지 않도록 하는 데 그 목적이 있었다. 또 지금 우리가 범연한 개론에 대해 논박할 단서를 한 번 열어 두게 되면 그것은 또 재삼 반박할 여지를 남기게 되어 헛되어 논박이 왕복하는 사이에, 필경 미친 사람이 달리면 미치지 않은 사람도 같이 뛰는 격이 될 것이다. 뿐만 아니라 원래 상대로 하여금 본 주제에 들어가지 못하게 하고 갈림길에서 방황하도록 하는 것이 특히 청국 외교의 관례적인 수단이다. 그러므로 나는 오히려 앞서의 약정에 따라 우리의 제안 전체 혹은 각 조항에 대해 사실문제를 논결해야 한다고 주장하며, 우리로 서는 논쟁적 위치를 점하기보다는 오히려 지명적指命的 위치를 취하는 것이 상책이라 했고 이토 전권도 마침내 나의 의견에 동의했다.

청국 전권대신의 회답에 대한 우리 전권대신의 반론

그리하여 다음 날인 6일, 나는 다음 개요의 공문 하나를 청국 사신에 게 보내고 곧바로 사실문제로 들어갈 것을 촉구했다.

메이지 28년(1895) 4월 1일의 회동에서 일청 양국 전권대신은 강화조 약안을 의정하는 순서에 관해, 조약안 전체를 승낙하거나 또는 각 조 항을 다시 살펴 회답할 것을 약정했다. 그러나 이번에 전권대신으로부 터 송부된 각서를 검토하건대, 시종일관 청국의 내부 사정을 누누이 진 술하여 일본 전권대신이 다시 살펴줄 것을 요구하는 외에, 일본 정부의 제안에 대해 하등의 회답이라고 볼 만한 것이 없다. 또 청국이 위의 제 안에 대해 어떠한 수정을 가할 것인가도 확연히 언명하지 않았다. 무릇 청국의 내부 정세는 지금 강화를 협의하는 마당에 여기서 논의하여 규 명해야 할 성질의 것이 아니다. 또한 전쟁의 결과와 관련한 요구는 물 론 통상적인 사건을 담판하는 것과 동일하게 논할 것이 아니다. 그러므 로 일본 전권대신은 먼저 제출한 강화조약안에 대해 다시 청국 전권대 신이 그 전체 혹은 각 조항에 대해 승낙 여부를 확답하기를 바란다. 만 약 조항 중 어떤 개정改正을 희망하는 바가 있으면, 일일이 이를 조약문 체제를 갖추어 제의해 주기를 희망한다.

이홍장은 이제야 일본의 제안에 대해, 그 전체를 승낙 또는 거부하든가 아니면 각 조항별로 하나하나 승낙하거나 혹은 수정할 것인가의 어떤 답을 갖고 나오지 않으면 안 될 처지에 몰리게 되었다. 대체로 그는 처음부터 우리 제안에 대해 가급적 자신의 의견을 언명하기를 피함으로써 그 책임을 면하려 했다.

이경방李経方, 흠차전권대신에 임명되다

이에 앞서 이홍장의 부상으로 인해 담판의 진행이 지체될 것을 우려하여 피차가 상의한 끝에 청국 조정은 이경방을 다시 흠차전권대신으로 임명하고 4월 6일 그 취지를 우리 정부에게 통고해 왔다.

이에 따라 그 달 8일 이토 전권은 이경방을 그의 숙소로 초치하여,

강화 조건에 대해서는 이미 일주일 전 우리의 조약안을 제의하였는데 청국 사신이 아직까지 어떤 확답도 하지 않는 것은 무슨 까닭인가. 이달 5일 청국 전권대신의 서한은 우리들이 보기에 우리 제안에 대한 회답이라 할 수 없다. 이제 휴전 기한을 겨우 열하루 남겨 두고 있는데 헛되이 시일을 허비하여 다시 창칼이 부딪치게 되면 이는 서로가 심히 바라지 않는 바가 아니겠는가. 그러므로 내일 9일을 기한으로 우리 제의에 대해 승낙 여부를 확답해야 할 것이다.

라고 힐문했다. 이경방은 이에,

지금 우리 부자父子의 위치가 지극히 곤란함을 몇 번이고 거듭 살펴주실 것을 청한다. 게다가 일본 전권대신의 제안 중의 과반은 확답할 수 있는 것들이므로 작성하여 지금 여기에 갖고 왔다. 그러나 배상금 및 토지 할양 두 문제는 사안이 매우 중대하기 때문에, 공식적 서면으로

회답하기에 앞서 만나서 논의하고 다시 많은 변론과 설명을 다한 뒤 피
차 검토하여 헤아릴 것을 희망한다.

고 대답했다. 이토 전권은 이에 대해 다음과 같이 단언했다.

원래 강화담판의 순서와 방법에 대해서는 일전에 무쓰陸奧 동료와 약정
한 대로 청국 사신은 우리 제안의 전체를 승낙 또는 거부할 것인지 또는
매 조항마다 일일이 그 의견을 말할 것인지의 하나를 따르기로 하지 않
았는가. 지금 우리 제안 중 특히 그 일부분에 대해서만 확답하고 나머
지는 다시 회동하여 논의하기로 미루자는 답안은 받아들일 수 없다. 애
당초 청국 사신이 우리 제안에 대해 어떤 수정을 제기하는 것도 물론 자
유다. 그러나 배상 금액에 대해서는 일찍이 청국 사신이 인용했던 바와
같이, 단순히 신문 지상의 억측에 기초한 금액에 근거하여 삭감하자고
하고, 또 토지 할양에 대해서는 봉천과 대만 중 한 쪽을 존류시키겠다
는 등의 수정은 도저히 승인할 수 없다. 배상금은 극히 소액은 경감할
수 있어도 결코 거액을 삭감할 수 없다. 할양할 땅은 봉천, 대만을 공히
할양하기를 요한다. 이는 다른 날의 오해를 피하기 위해 미리 여기에서
언명해 두는 것이다.

더욱이 청국 사신은 현금의 양국의 형세가 어떠한지를 깊이 숙려하기
바란다. 즉 일본은 전승자이고 청국은 패전자라는 사실이다. 앞서 청
국이 강화를 요청했고 일본이 이를 승낙하여 오늘에 이르게 되었는데,
만약 불행히도 이번의 담판이 결렬되는 날에는, 명령 하나에 우리의 6,
70척의 수송선이 다시 증파한 대군을 싣고 꼬리에 꼬리를 물어 곧장
전쟁터로 속속 출발할 것이다. 과연 그렇게 되면 베이징의 안위 또한
말하기 어려울 것이다.

또 가혹한 말이지만 담판이 결렬되어 청국 전권대신이 일단 이 땅을 물러난 뒤에 다시 안전하게 베이징의 성문을 출입할 수 있을 것인가의 여부 또한 보증할 수 없는 상황이 될 것이다. 이 어찌 우리가 유유히 협상 일자를 늦출 때이겠는가. 그러므로 청국 사신이 우리의 제안에 대해 대체적인 승낙 여부의 확답을 하기 전에는, 설령 몇 번 모여 협의해도 또한 하등의 이익이 없음을 믿는다.

이경방은 이 엄단으로 인하여 그가 주로 원했던, 배상금과 할지의 두 건을 면담 협의로 돌림으로써 그 확답을 미루고자 했던 방법이 도저히 실행될 수 없음을 깨달았다. 그리고 그는 물론 전권이 없었다. 그래서 말하기를,

지금 일단 돌아가서 부친과 협의한 다음 어떻게든 답안을 작성하여 이를 제출하겠다. 다만 그 답안이 만일 일본 전권대신의 뜻에 차지 않는 점이 있어도 그 때문에 일본 전권대신의 격분을 초래하여 담판이 중단됨으로써 구인공휴일궤九仞功虧一簣[8]와 같은 불행이 생기지 않도록 매사에 관대한 고려를 구하지 않을 수 없다.

는 한 마디를 남기고 돌아갔다.

이경방이 이토 전권의 숙소를 떠나면서 간청한 한 마디 말이야 말로, 그가 요사이 어떻게 해서든 일본 전권대신을 농락하여 그 제안을 다소 경감시키고자 먼저 자기의 의견 발표를 피하려 한 고육지책이

---

8 높이가 구인九仞이 되는 산을 쌓는 데에 마지막 한 삼태기의 흙을 얹지 못하여 완성시키지 못한다는 뜻. 오래 쌓은 공로가 마지막 한 번 실수나 부족으로 실패하게 됨을 이르는 말이다.

도저히 이루어질 수 없음을 깨달았고, 어찌되었든 지금 담판의 결렬을 예방하기 위해 답안을 제출해야 되겠다고 결심하게 되었으며, 그 답안이 결코 우리를 만족시킬 수 없다는 것 또한 그가 처음부터 스스로 알고 있음을 보여주기에 충분하다고 할 것이다.

그렇다면 이홍장이 왜 이렇게까지 스스로 그 답안을 제출하기를 꺼렸는가 하면, 그는 다만 그 책임을 회피하고자 애썼던 것에 불과했다. 그는 이미 수일 전에 베이징 정부와 전신을 주고받아 미리 정부의 훈령을 구하여 자기에 대한 전적인 책임을 피하고자 했다. 그러나 예의 그 베이징 정부의 일이기 때문인지 그 훈령의 요지는 매사 애매하여 심히 요령부득이었다. 즉 그는 내외 사이에 완전히 끼어 이러지도 저러지도 못하는 모양이 되었다. 그 자신도 베이징 정부도 서로 그 책임을 미루는 사이에 그는 우리가 갑자기 답안 제출을 촉구하자, 이 이상 언제까지나 지연시키면 담판이 마침내 결렬될 것으로 추찰推察하고 일시 미봉책의 편법으로 같은 달 9일에 우리의 제안에 대해 수정안 하나를 제출했다.

청국 전권대신이 일본의 강화조약안에 대해 수정안을 제출하다

그 수정안의 중요한 항목은 다음과 같다.

(1) 조선국의 독립은 일청 양국이 이를 확인할 것.
(2) 할지는, 봉천성 내의 안동현, 관전현寬甸縣, 봉황청鳳凰廳, 수암주岫巖州와 남방의 팽호 열도로 한할 것.
(3) 배상금은 일억 냥으로 하되, 단 무이자로 할 것.
(4) 일청통상조약은 청국과 유럽 제국諸国과의 조약에 기초하여

체결하고, 또한 강화조약 비준교환일로부터 신통상항해조약 체결일까지는 청국에서 일본 정부 및 그 신민은 모두 최혜국 대우를 받고 이와 균등하게 청국 정부 및 신민 또한 일본에서 최혜국대우를 받을 것.

(5) 청국이 강화조약을 성실히 시행하는 담보로서 일본 군대는 일시 위해위威海衛만 점령할 것.

(6) 장래 일청 양국 간의 분쟁 또는 전쟁을 피하기 위해 강화조약 기타 통상항해조약 등의 해석상 및 그 실시에 관한 문제상, 양국 사이에 이의가 있을 때에는 제3의 우방국에 의뢰하여 중재자를 선정하고 그 재단에 일임한다는 한 조항을 더할 것.

위 수정안의 요점은 그 자신도 우리의 승인을 얻을 수 있을 것이라 예기하지 않았다. 다만 그는 어떻게든 일단 답안을 제출하지 않으면 담판이 계속될 수 없음을 우려하여, 베이징의 훈령을 기다리지 않고 독단적으로 이를 제출한 것이다. 그러므로 그는 이 수정안을 우리에게 제출함과 동시에 총리아문에게 이 안의 대의를 전보로 보냈다. 그 전보에서,

홍장이 재삼 숙고하였지만, 시기가 절박하였기 때문에 잠시 스스로의 의견에 의거했음.

이라 하고 또 그 마지막 문장에서 다음과 같이 말했다 한다.

만약 일본이 이에 다시 만족하지 않고 강경히 앞의 의견을 주장할 때에는 경우에 따라 다시 추가로 양보할 수 있을 것인지의 여부를 미리 내훈해 주기 바람. 만약 불가능하다면 담판을 중지하고 귀국하는 길 밖에 없음.

그는 한편으로 우리의 재촉에 대한 책임을 막고 다른 한편으로는 베이징 정부를 향해 현재의 형세가 절박한 상황임을 자세히 진술하여, 일시 독단적 권위의 조치를 취할 수밖에 없었던 경위를 보고하고 또한 앞으로의 훈시를 구함으로써 베이징 정부의 결의를 촉구했다.

청국 사신의 수정안은 물론 우리로서는 승낙할 수 없었다. 그러나 무릇 우리의 당초 제안은 원래 회의의 기초로서 제출한 것이었다. 그러므로 이에 대해 조금도 수정할 여지가 없다고는 할 수 없었다. 또 아무리 우리가 전승자의 세력을 갖고 있다 해도 우리의 원안에 대해 일체의 수정을 허용할 수 없음은 단지 가혹할 뿐만 아니라 이런 회의에서 이례적인 것에 속했다.

제5차 시모노세키 담판과 청국 전권대신의 수정안에 대한 일본 전권대신의 재수정안 제출

그리하여 같은 달 10일 회합 때(이 때 나는 병으로 출석하지 못했다) 그의 답안을 반박함과 동시에, 다시 우리가 재수정안을 내어 청국 사신에게 교부했다. 그 개요는 다음과 같다.

1. 조선의 독립에 관해서는 우리의 원안 제1조의 자구를 바꾸어 고치는 것을 허락지 않음.
2. 토지의 할여에 관해서는 대만 및 팽호 열도는 원안대로 하고, 봉천성 남부의 토지에 관해서는 압록강구로부터 이 강을 거슬러 안평하구安平河口에 이르고, 그 하구부터 봉황성, 해성海城 및 영구營口에 걸치는 절선折線(방향이 다른 선분을 이어 생긴 선) 이남의 땅으로 감減함. 다만 전기前記의 각 성시城市를 포함함. 요동만 동안 및 황해 북안에 있는 봉천성에 속하는 제도서.

3. 배상금은 2억 냥으로 삭감함.

4. 할지 주민의 건은 우리 원안의 변경을 용납하지 않음.

5. 통상조약의 건에 관해서는 우리의 원안 변경을 용납하지 않음. 단,

　(1) 새로이 여는 시항市港의 수를 감하여 사시沙市, 중경, 소주, 항주의 네 곳으로 한정하고,

　(2) 일본국 기선의 항로는

　　(가) 양자강 상류 호북성湖北省 의창宜昌에서 사천성四川省 중경까지

　　(나) 상하이로부터 오송吳淞 및 운하로 들어가 소주, 항주에 이름으로 수정함.

6. 장래 일청 양국 간에 일어날 조약상의 문제를 중재자에 일임한다는 조항은 이를 추가할 필요가 없음.

이것이 우리의 재수정안의 요점이다. 이토 전권은 이 재수정안을 제출함과 동시에 청국 사신에 대하여 이번의 제안이야 말로 실로 우리의 최후의 양보이므로 청국 사신은 이에 대해 단지 응낙 여부만 결정하여 답해주기 바란다고 했다.

이홍장은 응낙 여부를 결정하여 답하기 전에 왜 상호 변론을 허락하지 않느냐 했고, 이토 전권은 이는 우리의 최후 제안이고 이에 대해 헛되이 변론해도 도저히 우리의 정해진 결정은 번복할 수 없기 때문에 변론 또한 무익하지 않겠는가라고 했다. 서로 이런 모양의 어조로 재삼재사 문답한 후, 이홍장은 마침내 그 논점을 삼단으로 나누어,

첫째, 배상금 액수가 아직도 너무 과대하여 청국의 재력이 도저히 지탱할 바가 아니므로 재차 삭감해주기 바람.

둘째, 봉천성 내 할지 구역에서 영구營口 한 곳은 삭제할 것을 요청함. 그 이유로, 영구는 청국의 재부財府의 하나인데 지금 일본이 거액의 배상금을 강제 요구하면서 그 재원財源을 빼앗는 것은 흡사 어린 아이를 양육하면서 그 젖을 빼앗는 것과 같음.

셋째, 대만은 아직 일본군의 침략을 받지 않은 곳인데 일본이 이 또한 할취割取하려는 것은 심히 이치에 맞지 않으므로 대만은 할양할 수 없음이라고 했다.

이토 전권은 이에 대해 하나하나 논박했다.

즉, 배상금 액수는 이미 감액할 수 있는 최저까지 경감했으므로 그 이상은 조금도 삭감할 수 없고 하물며 만약 담판이 결렬되어 재차 교전하게 되면 그 결과는 다시 거액의 배상금을 요구하지 않을 수 없게 될 것이라고 했다. 영구營口를 유보하자는 제의에 대해서는 봉천성 할양은 청국의 속사정을 깊이 살펴 우리의 최초의 원안에 비하면 이미 크게 축소된 것이므로 이 이상은 다시 물러나 양보할 것이 없다고 했다. 또 영구가 청국의 재부財府의 하나라며 어린 아이의 젖 운운으로 비유한 것에 대해, 청국은 본래 어린 아이에 비할 바가 아니라는 한 마디의 냉랭한 말로 이를 눌렀다. 그리고 대만에 대해서는,

할지의 요구는 반드시 공략하여 빼앗은 지방에 한하는 것이 아니라 다만 전승자의 편의 여하를 고려할 뿐이다. 예를 들어, 산동성 같은 경우 이미 우리가 한 번 약취한 땅이지만 이번의 할지부割地部 안에 포함시키지 않지 않았는가. 또 청국은 작년에 길림吉林과 흑룡강黑龍江 지방을 러시아에 양여했는데 이것이 어찌 러시아가 공략하여 취한 곳인가. 과연 그렇다면 어떻게 우리가 대만 전도全島의 할지를 요구하는 것만 이상한가.

며 따져 묻고 다음과 같이 잘라 말했다.

휴전까지는 겨우 열흘밖에 남지 않았으므로 무한정 담판을 지연시킬 때가 아니다. 따라서 사흘 이내에 우리 제안에 대해 확연히 승낙 여부를 결정하여 답해주기 바란다.

이홍장은, 사안이 만일 피차 일치되지 않으면 더욱 마땅히 협상하여 타당한 결론을 내리는 것이 바람직하고 또 이와 같은 중대한 사안은 본래 베이징에 전신 품의하여 상지上旨를 청한 후가 아니면 이를 결행하기 어렵기 때문에 잠시 시일을 한정하지 말아 주기를 요청했다.

이에 대해 이토 전권은, 그렇다면 베이징의 회답에 따라 즉시 결답해야 할 것이며 다만 베이징의 회답 전신을 기다리는 것도 나흘을 그 기한으로 하지 않을 수 없다고 했다. 이렇게 이날의 회동은 종료되었으나 그는 아직도 우리의 결의를 충분히 이해할 수 없었던 것 같았다.

그러므로 다음 날인 11일, 이토 전권은 반쯤은 공적인 서신을 보내, 어제 제출한 재수정 강화조건의 요령을 중복하여 논했다. 즉, 이 제안은 이미 청국 사신이 누누이 진술한 바를 충분히 참작하여 할지와 배상금 및 기타의 조건에 대해 적어도 우리가 양보할 수 있는 한에서 경감한 것이고, 이는 결국 담판을 조화롭게 하고자 하는 의지가 절실함에 다름 아니라는 뜻을 서술하고, 그 마지막 문장에,

전쟁이라는 것은 그 전투상의 조치와 시행에서나 또 그에 따라 생기는 바의 결과에서나 나아가려는 것이지 멈추는 것이 아니기 때문에, 오늘날 일본국이 다행히 승낙할 수 있는 바의 강화 조건이 후일에 이르러서도 승낙될 것이라 생각하시지 말기를 바란다.

고 부언함으로써, 그로 하여금 오늘 처결하지 않으면 후회하게 될 것을 깨닫도록 했다. 그러나 이홍장은 여전히 이에 대해 우리의 요구가 가혹하며 부당하다는 뜻을 밝히며 논박해 왔다.

그 개요는, 강화조건에 대해 지금까지 충분히 구두 변론을 할 수 없었고 바로 최종 제의에 접했기 때문에 청국 정부의 소견을 나타내 보일 기회를 얻지 못했다고 시작하여, 배상금 감액은 지금 한 층 더 경감되기를 바라고, 할지 구역은 얼마간 삭감된 것 같으나 아직 그 경계는 거의 일본군이 지금 점령하고 있는 전부에 걸쳐 있고, 거기에 더하여 일본군의 족적이 아직 미치지 않은 땅(대만)까지도 할양을 요구하는 것이 담판의 어려움을 조화롭게 하자는 뜻이 절실하다고는 이해하기 어렵다고 힐난했다. 기타 통상조건 등에 대해 언급하고 누누이 그 고충을 말하면서 지금 일단 회동하여 서로의 의견을 다투어 볼 용기도 없다고 했다. 그리고 그 글 말미에서 이렇게 말했다.

이상 진술한 바는 본 대신이 굳이 거듭하여 협상을 다할 것을 요구하는 것이 아니다. 강화조건을 상의하기 위해 본 대신에게 주어진 단 한 번의 회동에서 최종 제의가 제출되었기에 본 대신이 말한 바를 다시 반복하여 진술하는 것이므로 여기서 개진한 바에 대해 동의할 수 없는 부분에 대해서는 각하의 숙고를 구하는 바다. 그리고 각하가 본 대신에게 약속했던 다음의 회동에서 이에 대한 각하의 의견을 제시해 주기 바란다. 그 때 본 대신은 우리 황제폐하의 칙허를 얻어 최종 제의에 대해 확답할 수 있을 것이라 생각한다.

이는 그가 새로운 의견이나 별도의 안을 가진 것이 아니고 다만 지난 10일의 회동에서 장황하게 늘어놓았던 바의 중복이며 우리의 요구를 더 경감시키고자 한 것에 지나지 않았다. 이에 대해 헛되이 회동하고 변론해도 또한 하등의 타협 국면을 얻지 못할 것이었다. 그리하여 이토 전권은 다시 반半 공적인 서신을 보내 단연코 그의 잘못된 견해를 배척했다. 그 개요는 다음과 같다.

보내 주신 서한 중에는 한편으로 거듭하여 상의를 다 할 뜻이 없다는 취지를 진술하면서 다른 한편으로는 우리의 최종 요구조건 및 지금까지의 담판상의 절차에 대해 비판을 가하고 다시 일본 정부가 재고해 주기를 바란다는 바를 보건대, 혹시 청국 전권대신은 완전히 일본 정부의 의향을 오해하고 있는 것이 아닌지 우려스럽다. 따라서 서한에 대한 유일한 회답은 이달 10일 회동시 제출한 일본 정부의 요구조건이 최종적 요구이고 이제는 더 이상 토의를 허락할 일이 아니라는 것밖에 없다.

원래 이홍장도 이미 10일의 회동 때부터 우리의 최종 회답이 이러할 것임을 예상하고 있었던 것이다. 그가 4월 11일 총리아문에게,

어제 이토와 면담했는데 그 말뜻이 이미 결정한 바여서 움직일 수 없을 것 같고, 오늘 또 서한을 보내온 것은 최종적 결의를 나타내는 것 같음. 따라서 다시 어떻게 양보해야 할 것인지를 신속히 훈시해주기 바람.

이라 타전했다고 했다. 총리아문은 이에 대해,

이토의 말투가 매우 절박하다고 하기 때문에, 만약 다시 협상할 길이 없는 경우에 이르게 되면 귀관은 한편으로는 그 뜻을 전신으로 보내고 한편으로는 조약을 체결토록 하라. 귀관이 이 명을 받든 다음에는 안심하

고 논쟁하더라도 결코 결렬될 우려가 없을 것이다.

고 전신 회답했다고 한다. 이 두 가지 전신을 참조 비교하면, 이홍장이 이제는 일본의 결의가 움직일 수 없는 것임을 깨닫고 베이징 정부에 최종의 훈령을 구했고, 베이징 정부는 이제는 하는 수 없이 이홍장에게 편의상 조인권을 허가한 것이다. 그 후 담판이 진행됨에 따라 그는 마침내 우리의 요구를 거절할 수 없음을 깨닫고 그 달 14일 그는 다시 총리아문에게 다음과 같이 전송했다 한다.

> [98]내일 오후 4시에 만나서 의정할 예정임. 만약 이 때를 놓치면 담판은 불가능하게 될 것임. 사안의 실체가 실로 중대함. 일본의 요구대로 승낙하면 수도는 그대로 유지되겠지만 만약 그렇지 않다면 사태는 예상 외로 진행될 것임. 그러므로 이제는 전훈電訓을 기다리지 않고 조약을 체결할 수밖에 없게 되었음.

이는 그가 최후의 결심을 확정한 때일 것이다. 그리고 총리아문은 이 전신 품의에 대해,

> 이전에 훈령한 것은(이는 지난 12일에 총리아문이 이홍장에게 전훈하여 우리 요구 중에서 여전히 여러 가지 경감할 것을 다투어 구하라고 한 각 절을 가리키는 것이다) 원래 하나라도 다툴 수 있으면 하나라도 이익이 있을 것이라 기대했던 데에서 나온 것이지만, 이미 협상 사항을 변경할 길이 없다면 앞의 훈령에 따라 조약을 조인하라.

고 타전했다고 한다.

제6차 시모노세키 담판

이제야 그는 최후의 훈령을 쥐고 어떤 조약도 체결할 수 있는 전권을 갖게 되었다. 그러나 물론 그는 우리에게 이를 노출시킬 만큼 우매한 자가 아니다. 즉 15일의 회동에서(이날도 나는 병으로 인해 결석했다) 그는 여전히 우리 요구에 대해 여러 가지 경감輕減을 다투었다. 그러나 서로 간에 함께 연일 계속된 의론을 재삼재사 반복하는 것 외에 도저히 별로 새로 다른 논단論端이 생길 리 없었다. 때문에 회의 시간이 매우 길어져 산회는 등불을 켜야 할 때에 이르렀지만 그 결과는 그가 다만 우리의 요구를 전적으로 응낙하게 된 것뿐이었다.

단지 이홍장이 시모노세키에 내항한 이래 오늘의 회동만큼 그가 각고刻苦로 변론한 적은 없었다. 그는 이미 우리의 결의가 대체적으로 변동될 수 없음을 깨달았기 때문인지, 오늘의 담판에서는 그 절목節目에 대해서만 구구하게 논쟁해 마지않았다. 예컨대, 처음의 배상금 2억 냥 중에서 5천만 냥을 삭감하자고 요청했지만 목적을 달성할 수 없음을 보고 다시 2천만 냥을 삭감하자고 청하고 마침내 이토 전권에게 이 사소한 감액은 본인이 돌아갈 때의 전별금으로 증여해 줄 것을 애원하기에 이르렀다.

이 같은 거동은 그의 위치에서 말하자면 약간 체면을 손상하는 불만이 없지 않았다 해도 이른바 "하나라도 다투어 얻으면 하나라도 이익이다"는 취지에서 나온 것이 아니겠는가 생각한다. 어쨌든 그는 일흔이 넘는 고령임에도 이역천리에서 사명을 받들어 연일 계속된 회동에도 조금도 피곤한 기색이 없었는데 이는 여전히 위세가 왕성한[據鞍顧眄] 기개가 있었다 칭찬해도 될 것이다.

제7차 시모노세키 담판

15일의 회동에서 서로 협상한 끝에 이미 우리의 강화조약안에 조인하기로 예정되었다. 따라서 17일의 회동은(이날 나는 병중임에도 참석했다) 의식적으로 이를 실행하는 데 그쳤다. 본래 이홍장이 3월 19일 시모노세키에 도착한 이래 담판은 수차례 거듭되었으며 피차 공히 무한한 고심을 다하여 외교상의 각종 곤란을 배제하고 여기서 강화조약에 조인하고 끝났다.

강화조약의 조인

우리나라의 광휘를 발양하고 우리의 민복을 증진시키며 동양 천지에 다시 태평의 왕성한 기운이 열린 것은 오로지 모두 우리 황상의 위덕에 의하지 아니함이 없었다. 그리고 당초 우리 정부가 제출한 강화조약 원안을 기초로 이에 대해 쌍방이 협상한 다음 다시 검토하여 수정한 중요 사항을 열거하면, 봉천성의 할지 중,

> 압록강 하구에서 이 강을 거슬러 삼차자三叉子에 이르고, 삼차자로부터 북쪽의 유수저하楡樹底下에 걸쳐서 직선을 긋고, 유수저하에서 정서正西를 향해 직선을 그어 요하遼河에 달하며, 위 직선과 요하의 교차점에서 이 강 흐름[河流]에 따라 내려와 북위 41도 선에 달하고, 요하 위의 북위 41도 점에서부터 그 위도를 따라 동경 122도 선에 달하는, 북위 41도 동경 122도 지점부터 그 경도經度에 따라 요동만 북안北岸에 이른다.

고 한 경계를, 그 동북부에서 감축하여,

> 압록강 하구에서 이 강을 거슬러 안평하구安平河口에 이르고, 그 하구부

터 봉황성, 해성海城, 영구營口에 걸치는 요하구遼河口에 이르는 절선折線 이남의 땅, 아울러 전기前記의 각 성시를 포함한다. 그리고 요하를 경계로 하는 곳은 이 강의 중앙을 경계로 하는 것을 명심해야 한다.

라고 바꾸어 고쳤다.

군비배상금은 고평은庫平銀 3억 냥을 5개년 할부로 하고 1회는 1억 냥 나머지 4회는 각 5천만 냥씩 지불한다고 한 것을, 그 총액에서 3분의 1을 감액하여 고평은 2억 냥으로 하고, 5개년 할부를 7개년으로 연장하며, 지불 기한을 8회로 하여 첫 회는 본 조약 비준 교환 후 6개월 이내, 제2회는 비준 교환 후 12개월 이내에 각 5천만 냥을 지불하며 남은 금액은 차후 6개년 할부로 지불할 것으로 했다.

통상상의 양여에 관해서는, 개시항으로 할 베이징, 사시沙市, 상담湘潭, 중경重慶, 오주梧州, 소주蘇州, 항주杭州의 일곱 곳을, 사시, 중경, 소주, 항주의 네 곳으로 줄이고 따라서 기선汽船 항행 권리도 이에 응하여 단축했다.

제국의 신민이 청국으로 수입하는 물품에 관해 원가 1백분의 2의 저대세를 납부했을 때, 또 제국신민이 청국에서 구매한 화물을 수출할 때 및 청국 내지에서의 소비에 제공될 청국 화물을 우리 선박으로 청국의 개항開港 사이를 운송할 시 연해무역세沿海貿易稅를 납부했을 때 일체의 세금과 취립금(=징수금)을 면제해야 한다는 요구를 철회하고, 모두 최혜국대우를 얻는 데 그쳤다.

청국 정부에 납부해야 할 제세諸稅 및 수수료를 일본은행에도 납부할 수 있다는 조항 및 황포黃浦 하구와 오송吳淞의 얕은 시내를 쳐내는 건은 공히 이를 철회했다.

또 청국이 성실히 조약을 실행할 담보로 일본군이 봉천부와 위해

위威海衛를 일시 점령한다는 것을 고쳐, 위해위 한 곳을 점령하는 데 그치고, 그 주둔비로서 청국이 지불할 매년 2백만 냥을 5십만 냥으로 감소한다는 등으로서, 요컨대 우리 강화조건의 대강은 모두 우리의 요구대로 응낙시켰다.

청국 전권대신의 귀국

강화조약은 이미 조인되었다. 그날 오후 청국 사신은 시모노세키를 떠나 귀국길에 올랐다.

우리 전권대신, 히로시마로 돌아간 즉시 행재소를 참내하여 조약 조인 결과를 복명하다

따라서 우리는 다음날인 18일 군함 야에야마八重山에 탑승하여 히로시마로 돌아가 곧바로 행재소를 참내하여 상세하게 연일 계속된 강화담판의 경위 및 조약 조인의 결과를 복명復命했다. 황상은 깊이 만족하게 생각하신다는 뜻으로 다음의 칙어를 내리셨다.

청국은 앞서 전권대신을 파견하여 우리에게 강화를 청하였다. 짐은 그 절실함을 인정하고 곧 경들에게 전권을 수여하고 청국 사신과 협상하기를 명했다. 경들이 수일에 걸쳐 협상하고 절충하여 마침내 잘 타협하였다. 지금 경들이 상주하는 바의 개요는 짐의 뜻에 부합하며 참으로 제국의 광영을 현양하기에 족하다. 경들의 공이 크며 짐은 이를 깊이 가상嘉尙히 여기노라.

우리는 넉넉하고 두터운 천은에 감읍하고 미미한 몸에 넘치는 광영을 업고 어전을 물러났다.

강화조약 및 별약의 비준과 내각 서기관장 이토 미요지伊東巳代治9, 전권대신으로 지부芝罘에 파견되다

위 강화조약 및 별약別約은 같은 달 20일에 우리 황상의 비준을 얻었다. 이에 내각서기관장 이토 미요지는 전권변리대신으로서 비준을 거친 조약을 가지고 특별히 지부芝罘10로 파견되어, 청국 황제가 비준한 조약과 교환하라는 대명을 받들고 5월 2일 교토京都를 출발했다.

이 무렵 마침 러시아, 독일, 프랑스 3국 정부가 시모노세키조약에 대한 이의를 제기해 왔다. 이 때문에 이 조약비준 교환 건도 뜻하지 않은 장애에 봉착하게 된 것 같았다. 그러나 다행히 황상은 예의銳意 동양의 치평治平에 진념하시고 이를 어지럽히는 화근이 재발하는 것을 반기지 않으시어, 내외의 허다한 곤란함이 있었음에도 시종토록 너그러운 통치 이념이 흔들리지 않으셨다.

강화조약 비준교환을 완료함

이에 따라 예정된 기일인 금년 5월 8일에 성공적으로 비준교환이 종료되었다. 이로써 일청 양국 강화조약이라는 큰 국면이 완성되었고 청국에 대해 우의友誼를 회복함과 동시에 열국과의 화협도 온전히 되었다. 이로써 위기일발의 순간을 구할 수 있었음은 실로 황상의 성덕에 의한 것이라 하겠다.

---

9   이토 미요지(1857~1934). 메이지기와 쇼와昭和기의 관료이자 언론인, 정치가. 나가사키 출신으로 이토 히로부미의 최측근이었다. 내각서기관장은 제2차 이토 내각 때의 직위. 1894년 청일 전쟁 당시 벌어졌던 일본군의 여순구 학살사건에 대한 해외 언론의 비난을 위무하는 데 진력하기도 했다.

10   청국 산동성山東省에 있는 시. 현재는 산동성 연태시煙台市의 한 구다.

제19장

러시아·독일·프랑스의 3국간섭(상)

3국간섭에 대한 정부의 조치

[99]시모노세키조약 조인 후, 우리 황상은 수일 내에 교토로 행차하시겠다는 뜻을 내리셨고, 히로시마에 머물던 각료 중 선발先發로 교토로 출발한 이도 있었다. 나는 병 치료 때문에 잠시 휴가를 얻어 반슈播州의 마이코舞子[1]에서 휴양 중이었다. 이렇게 각료들이 사방으로 흩어져 있었기 때문에 4월 23일 도쿄 주재 러시아·독일·프랑스 공사는 외무성을 찾아와 하야시林 외무차관을 면담하고, 각자 본국의 훈령을 받았다면서 일청강화조약 중 요동반도 할지에 관한 조항에 대해 이의를 제기했다.

러시아의 충고

러시아 공사의 구술 각서 내용은,

---

1 반슈는 하리마구니播磨国를 달리 부르는 말로 지금의 효고현兵庫県 지역. 마이코는 고베시神戸市 다루미구垂水區 남서부 일대의 지명이며, 반슈를 하슈라 읽음은 잘못된 음독音讀이다.

러시아 황제폐하의 정부는, 일본국이 청국에 요구한 강화 조건을 상세히 검토한 바, 요동반도를 일본이 차지하는 것은 다만 청국의 수도를 항상 위태롭게 할 우려가 있을 뿐 아니라 동시에 조선국의 독립을 유명무실하게 하는 것이어서 이는 장차 극동의 영구한 평화에 대한 장애가 될 것으로 인식한다. 따라서 러시아 정부는 일본 황제폐하의 정부에 대해 거듭 그 성실한 우의를 표하기 위해 요동반도의 확연한 영유를 포기할 것을 일본 정부에 권고한다.

였다(독일과 프랑스 양국 정부의 권고도 그 의미는 러시아 정부의 권고와 대동소이하므로 그 본문은 생략한다. ○러·독·프 3국간섭의 연합이 순식간에 성립되었음은 뒤에서 자연스럽게 상술될 것이다. 그러나 원래 이 3국이 서로 제휴하여 간섭할 것을 약속하기로 협동한 이상 각자 그 대표자인 도쿄 주재 러·독·프 각 공사의 움직임도 당연히 일제히 시작되었어야 하나 그들의 당초 진퇴가 매우 어긋난 것은 심히 의심쩍은 일이다. 4월 20일에 독일 공사한 사람만 외무성을 방문하여 하야시 차관을 면담하고, "본국 정부로부터 극히 중요한 훈령을 받았기 때문에 지금 그 나라 이름을 분명히 말할 수는 없지만 내일 그 나라의 공사들과 함께 외무성을 방문할 예정이니 외무대신 혹은 내각총리대신을 면담하고 싶다"고 했다. 하야시 차관은 이에 대해 이토, 무쓰 양 대신 모두 도쿄에 있지 않고 특히 외무대신은 병중이기 때문에, 무슨 일인지는 모르겠으나 자신이 대신해서 듣고자 한다고 했다. 이에 따라 그 공사는, 그렇다면 내일 다른 공사와 함께 오겠다고 미리 약속했으나 다음날인 21일에 뭔가 차질이 있다며 하루 연기할 것을 요청해왔다. 그 다음날도 또 다른 공사를 동반하여 오지 못했다. 이렇게 연기에 연기를 거듭하여 겨우 그날(4월 23일)이 되어 세 나라 공사가 함께 외무성에 왔는데, 이는 러시아·프랑스 양국 공사의 본국 훈령이 지연되었기 때문이라 한다. 3국 정부는 일이 갑자기

터졌기 때문에 그 대표자에게 훈시하는 절차상 또 일치하지 못했다는 것을 충분히 알 수 있다).

하야시 차관은 즉시 이 경위를 나와 히로시마에 있는 이토 총리에게 전신으로 보고하고 지휘를 요청했다. 지금 이 사건이 유래하는 바를 규명하여 3국 연합의 근본 원인을 찾고 또 이에 대한 다른 구미 각국의 형세가 어떠한가를 관찰하는 것은 잠시 뒷장으로 미루고, 여기서는 먼저 당시 이 사변에 대해 우리 정부가 어떻게 대처했는가를 기술한다.

이보다 먼저, 나는 러시아 주재 니시西 공사 및 독일 주재 아오키青木 공사의 전보에 의해 유럽 강국 중에는 반드시 시모노세키조약[100]에 대해 무언가 간섭해 올 기미가 있음을 알아차렸다. 따라서 마이코에서 이토 총리에게 전신으로,

아오키와 니시 두 공사의 전보에 따르면 구주 각 대국이 강력한 간섭을 해 올 것은 도저히 면하기 어려울 것 같음. 이는 우리가 청국에 요구한 조건을 처음부터 유럽 각 대국에게 언명하지 않았기 때문임. 그들은 이제 비로소 공식적으로 이 사태를 알게 된 모양이고 따라서 그 이의를 말할 기회를 얻게 된 것임. 즉 만약 우리 정부가 당초 유럽 대국에 우리의 요구 조건을 보여주었더라면 그 때 발생했을 문제인데 그것이 오늘에 이르러 생긴 것이라고 볼 수밖에 없음. 그러나 우리 정부는 이미 호랑이 등에 올라탄 기세이므로 어떤 위험을 무릅쓰더라도 오늘의 위치를 유지하여 한 걸음도 양보할 수 없다는 결심을 보여주는 것 외에 다른 대책이 없을 것임. 총리대신의 생각은 어떠하신지 기탄 없이 보여주시기 바람.

이라 보고했다. 보고서를 보낸 뒤 곧 하야시 차관의 전신을 받고 형세가 점점 쉽게 돌아가지 않음을 알았다. 특히 러시아는 작년 이래 그들의 군함을 속속 동양東洋에 집합시켜 바야흐로 강대한 해군력을 일본과 중국 연해에 갖고 있었을 뿐 아니라, 작금의 형세를 보고 세간에는 각종의 유언비어가 적잖이 떠돌아 다녔다. 그 중에서도 러시아 정부가 이미 이 쪽의 여러 항구에 정박하고 있는 자국 함대에 대해 24시간 안에 언제라도 출범할 준비를 해두라는 지령을 내렸다는 것은 매우 있음직한 일이었다. 그러므로 차제에 우리 정부의 조치 여하는 실로 국가의 안위와 영욕상 중대한 관계가 있기 때문에 포호빙하暴虎馮河의 경거망동을 경계해야 함은 물론이었다.

그러나 작년 이래 우리 육해군이 피 흘리고 뼈를 드러내어[流血暴骨] 싸워 백전백승의 군공軍功을 쌓았고 정부 또한 참담한 경영과 고심이 극에 달했던 외교상의 절충을 거듭한 결과는 내외 인민의 희망에 부응하여 대단한 상찬이 널리 퍼졌었다. 그런데 황상의 비준조차도 이미 마친 조약 중 중요한 일부를 없던 일로 돌리듯이 양보하게 되면, 가령 당국자인 우리는 국가의 장계長計를 위해 가슴 속의 무한한 고통을 인내하고 또한 결연히 장래에 난국을 당함을 피하지 않겠다고 각오하겠지만, 이 변보變報가 일단 밖으로 알려지게 되면 우리 육해군인은 얼마나 격동할 것이며 우리 일반 국민은 얼마나 실망하겠는가. 밖으로부터의 화근은 이를 경감할 수 있다 해도 안에서부터 발생하는 변동은 어떻게 이를 억제할 수 있겠는가. 내부와 외부로부터의 양난 중에 경중이 어느 쪽에 있을 것인가를 우려했다.

여기서 나는 일단 아직은 그들의 권고를 거절하고, 한편은 그 저의가 어디에 있는지를 탐색하고 다른 한편으로는 우리 군민軍民이 어떤 추세로 기울 것인가를 살피는 것이 지금의 급선무라는 단안을 내렸다. 마침 그 때 이토 총리로부터, 3국간섭 건에 대해 오늘(24일) 어전회의를 개최할 것이므로 의견을 진술하여 보내달라는 전보가 왔다. 그리하여 나는 곧 바로 다음과 같이 회신했다.

> 본 대신의 의견은 대체로 어제 말씀드린 것과 같이 지금은 일단 우리의 위치를 유지하여 한 걸음도 양보할 수 없고, 나아가 그들의 향후의 거동이 어떠한지를 주시하여 다시 국가 시책[廟議]을 다하는 것이 옳다고 생각함. 그러나 사안이 매우 중대하므로 러·프·독 세 나라 정부에 따로따로 회답 안을 작성하여 폐하의 재가를 얻어야 할 것임. 아무쪼록 그때까지는 국가 방침을 확정지으시지 않기를 바람.

히로시마 행재소에서의 어전회의

그러나 히로시마 어전회의는(당시 히로시마에 체재하고 있는 자는 이토 총리 외에 야마가타와 사이고의 육·해 두 대신뿐이었다) 본래 나의 두 번째 전보를 기다릴 정도의 여유가 없었기 때문에 회의를 진행했다. 그리고 당일 이토 총리가 제의한 요령은,

첫째, 가령 적국이 새로이 증가하는 불행을 만나더라도 이 때 단연코 러시아, 독일, 프랑스의 권고를 거절할 것인가.

둘째, 지금 열국 회의를 초청하고 요동반도 문제를 그 회의에서 처리할 것인가.

셋째, 차제에 오히려 3국의 권고를 전적으로 받아들이고 청국에 요동반도를 은혜적으로 반환할 것인가의 세 가지 대책 중 그 하나를 택하라는 것이었다.

출석한 문무 각 대신은 모두 신중히 토론에 토론을 거듭한 끝에 이토 총리의 첫 번째 방책에 대해서는, 당시 우리의 청국 정벌군은 전국

의 정예 부대가 모두 요동반도에 주둔하고 있고 우리의 강력한 함대
는 모두 팽호도澎湖島에 파출되어 국내의 육해군 군비는 거의 비어 있
을 뿐 아니라, 작년 이래 장기간 동안 계속 전투해 온 우리 함대는 실로
인원과 군수 공히 이미 피로와 결핍을 호소하고 있다. 지금 3국연합
해군은 물론이고 러시아 함대만 항전하는 것 또한 매우 불안한 형편
이다. 그러므로 지금 제3국과는 화친을 도저히 깨트릴 수 없고 새로이
적국을 만드는 것은 결단코 상책이 아니라고 결정했다.

이어서 세 번째의 방책에 대해서는 의기意気가 관대함을 보여주기
에는 충분한 것 같으나 너무 무기력하다는 비판이 있었다. 그리하여
두 번째 방책, 즉 열국회의를 초청하여 본 문제를 처리하자는 쪽으로
방침이 대강 결정되었다.

이토 총리는 그날 밤 즉시 히로시마를 출발하여 다음날 25일 새벽
에 마이코에 있는 나를 찾아 와 어전회의 결과를 설명하고, 내 의견이
있으면 이[101]를 듣고 싶다고 했다.

마이코舞子 회의

이 때 마침 마쓰가타松方 노무라野村 두 대신도 교토에서 마이코로 와서
만났기 때문에 모두들 나의 병상 주위에 정좌鼎坐하여 여기서 다시 회
의가 속개되었다.

나는 엊그제부터 두 차례에 걸쳐 이토 총리에게 보낸 전신의 취지
를 다시 설명한 뒤 어쨌든 러·독·프 3국의 권고는 일단 이를 거절하
고, 그들의 향후 움직임을 예의주시하며 그들의 저의를 깊이 탐색한
다음에 외교상의 대비책을 강구하는 것이 좋겠다고 하였다.

그러나 이토 총리는 나의 의견을 반박하며 이렇게 말했다.

이런 때에 미리 그 결과가 어떠할지를 미루어 생각하지 않고 갑자기 3대 강국의 권고를 거절하는 것은 상당히 무모하지 않겠는가. 또 러시아의 작년 이래의 거동은 지금 다시 그 저의의 깊고 얕음을 탐색할 것도 없이 매우 명백하다. 그런데 특히 다시 우리가 이에 도발하여 그들에게 적응할 구실을 주는 것은 아주 위험하며, 하물며 위기의 기미가 틀림없이 폭발하려는 때에 임하여 이른바 외교적 대비책 또한 이를 강구할 여지가 없을 때에는 어떻게 하겠는가.

마쓰가타, 노무라 두 대신도 이토 총리의 논지에 찬성했다. 중론이 이와 같이 된 이상 나는 나의 주장을 철회할 수밖에 없었다. 그러나 이토 총리가 어전회의의 결과라며 갖고 온 열국회의 안에 대해서는 동의를 표하기 어려웠다.

그 이유를 나는,

지금 열국회의를 소집하려면 그 대국자처국者인 러시아·독일·프랑스 세 나라 외에 적어도 두세 대국이 참여하지 않으면 안 된다. 그리고 대여섯 대국이 이른바 열국회의 참석을 승낙할 것인지의 여부와 잘 되어 모두 이를 승낙한다 해도 실제로 이 회의를 개최하기까지는 많은 시일이 걸릴 것이며 그리고 일청강화조약의 비준교환 기일이 눈앞에 다가왔는데 오래도록 전쟁과 평화가 정해지지 않은 사이에서 방황하는 것은 공연히 사태의 형편만 점점 더 곤란해질 수 있다. 그리고 대체로 이와 같은 문제를 일단 열국회의에 부치면 열국이 각각 자기의 적절한 이해를 주장하는 것은 필연적 추세일 것이므로 회의의 문제가 과연 요동반도의 한 건에 그칠 수 있겠는가. 어쩌면 그 논의가 지엽이 지엽을 낳게 되어 각국이 서로 각종의 주문을 갖고 나와 마침내 시모노세키조약 전체가 파탄될 우려가 없지 않다. 이는 우리가 다시 유럽 대국의 새로운 간섭을 기꺼이 초래하는 것과 마찬가지의 잘못된 계책일 것이다.

고 했다.

이토 총리, 마쓰가타, 노무라 대신도 나의 의견이 옳다고 수긍했다. 그렇다면 이 긴급한 문제를 어떻게 처리해야 할 것인가가 대두되었다. 히로시마 어전회의에서 이미 지금의 형세에 새롭게 적국을 만드는 것이 상책이 아니라고 결정한 이상, 러·독·프 3국이 극도로 간섭해 오게 되면 아무튼 우리는 그들의 권고를 전부 혹은 일부를 승낙하지 않을 수 없는 것이 자연스러운 결과일 것이다. 그리고 우리나라의 지금의 위치는 눈앞에 러·독·프 3국간섭이라는 어려운 문제를 안고 있을 뿐만 아니라 청국과는 평화냐 전쟁이냐가 아직 미정인 채로 남아 있기 때문에, 만약 이후 러·독·프와의 교섭이 장기화될 경우에는 청국이 혹시 그 기회를 틈타 강화조약의 비준을 포기하고 결국은 시모노세키조약을 휴지조각의 공문空文으로 돌릴지도 모를 일이었다. 그러므로 우리는 두 문제를 확연히 분리함으로써, 피차가 서로를 끌어당겨 연관되지 않게끔 노력하지 않으면 안 된다.

이를 요약하면, 3국에 대해서는 결국 전연 양보하지 않을 수 없게 되더라도 청국에 대해서는 한 걸음도 양보할 수 없다고 결심하고 일직선으로 그 방침을 따라 진행하는 것이 현재의 급선무라는 결론에 도달했고, 노무라 내무대신은 그날 밤 마이코를 출발하여 히로시마로 가서 위 결정의 취지를 폐하에게 주달하고 이어 재가를 얻었다.

그렇기는 하나 이 결론은 필경 앞으로 백방의 계획을 다한 다음 만에 하나 어쩔 수 없는 시기가 되었을 때 시행해야 할 최후의 각오였다. 그리고 거기까지는 아직 각종의 담판과 밀고 당김도 있을 터였고, 또

5월 8일 즉 강화조약비준 교환일까지는 아직 열흘 남짓 남아 있었다. 때문에 먼저 한 편으로는 3국의 권고에 대해 재삼 도리를 다할 뜻을 밝혀 그 권고를 철회시키든지 아니면 완화시킬 방책을 강구 시도하며 이러는 사이에 그들이 장차 어떤 행동을 취하는가를 살피고, 다른 한 편으로는 우리도 차제에 두세 대국의 강력한 원조를 끌어들일 수 있다면 혹 3국간섭 세력을 견제하여 그 열기를 어느 정도 냉각시킬 수 있고, 또 설령 마침내 전쟁의 불행으로 빠져도 또한 우리 혼자만의 힘으로 위난을 무릅쓰는 것보다 나은 것 등 여러 방법이 있었다.

그러나 이 일을 행하기에는 시간과 기회가 너무도 짧고 촉박하여 반드시 성공을 기할 수 없음은 물론이지만 어쨌든[102] 나는 모든 방책을 시험해 본 다음이 아니고서는 쉽사리 최후의 결심을 발표하지 않기로 협의하여 정했다.

3국간섭에 관해 니시^西 공사에게 보낸 제1차 전훈

따라서 우선, 이번 간섭의 장본인인 러시아의 의향을 정확히 아는 것이 가장 긴요한 일이어서 곧바로 니시 공사에게 전신 훈령 하나를 보냈다.

일청 강화조약이 이미 우리 황상의 비준까지 마친 오늘에 이르러 요동반도를 포기하는 것은 지극히 어려운 일이다. 따라서 귀관은 러시아 정부가 종래 일·러 양국의 영원한 친밀한 선린관계를 손상하는 것이 상책이 아니라고 생각한다면 이번의 권고를 지금 일단 재고할 것을 바란다고 요구하라. 또 일본이 장래 요동반도를 영구히 점령한다 해도 러시아의 이익을 위태롭게 하지 않을 것임은 물론, 조선의 독립에 관해서는 일본 정부가 어떻게 하든 러시아 정부를 충분히 만족하게 할 것이라는 뜻을 부언하라.

본래 러시아 정부는 이미 충분히 결의한 다음 필요한 준비를 갖추어 독일과 프랑스를 유인하여 간섭을 시작해왔기 때문에, 우리가 단순히 그들에게 재고를 요구한다 해서 쉽게 그 당초의 의지를 번복할리가 없다는 것은 대체적으로 예상하고 있었다.

그러나 첫째, 이렇게 하지 않으면 러시아 정부의 저의의 깊이를 확실히 알 수 없기 때문에 우리의 향후 결심을 확정하기 어렵고 둘째, 이렇게 하는 동안 우리가 만약 제3국인 영국과 기타 대국의 의향이 어떠한지를 추측할 기회를 얻는다면 혹시 의외의 강력한 원조를 유치할수 있겠다고 생각하여 니시 공사에게 전신을 발송했다.

위 사건에 관해 가토加藤 공사에게 보낸 전훈

니시 공사에게 전보를 보낸 다음 나는 다시 가토 공사에게 전신으로다음을 훈령했다.

영국 정부에 이번의 러·독·프 3국간섭의 사실을 숨김없이 폭로하라. 또한 만주 동북부 및 조선 북부에 대해 러시아가 품고 있는 야욕은 이번의 러시아의 간섭으로 인하여 이를 미루어 살피기에 충분하다. 일본 정부는 이 건에 관해 영국의 이해가 결코 다른 구주 각국과는 같지 않다는 사실을 안다. 형세가 매우 절박한 때에, 우리 정부가 어느 정도까지 영국의 조력助力을 희망할 수 있을 것인가의 의미로써 내밀히 영국 정부의 의견을 듣도록 하라.

위 사건에 관해 구리노栗野 공사에게 보낸 전훈

또 동시에 구리노 공사에게 전신 훈령하여 다음과 같이 명했다.

> 일본 정부는 우방의 정당한 이의를 무시하는 것이 아니다. 그러나 요
> 동반도의 할양지는 청국이 우리에게 양여한 것으로 그 조약은 이미 우
> 리 황상의 비준을 거쳤다. 지금 이를 포기하는 것은 지극히 어려울 뿐
> 아니라 일본 정부는 실로 이를 포기해야 할 필요가 있음을 인정할 수
> 없다. 만약 미국이 지금까지 평화 회복을 위해 진력해온 우의를 지금
> 일보 진전시키고, 특히 요동반도 분할에 대해 이의를 제기하고 있는
> 러시아에 대해 그 재고를 권고하는 수고를 해 줄 것을 긍정적으로 받아
> 들인다면 혹시 이 미정未定의 문제를 만족스럽게 타결할 수 있을 것이
> 다. 또 일본 정부는 러시아·독일·프랑스 3국의 움직임이 혹여 청국을
> 유인하여 조약 비준을 거부하게 함에 따라 결국 다시 전쟁에 돌입할 수
> 밖에 없지 않을까 우려하고 있다. 이런 일을 가급적 미연에 방지하기
> 위해 내밀히 미국의 우의 협력을 바라 마지않는다는 뜻을 미국 정부에
> 전하라.

니시 공사의 답전

그런데 그 달 27일 러시아 수도에서 니시 공사는 다음 내용의 답전을
보내왔다.

> 4월 25일의 전훈에 따라 본관은 어제 러시아 외무대신과 장시간 변론
> 했고 있는 힘을 다하여 러시아 정부로 하여금 우리의 청구에 대해 알맞
> 은 회답을 얻고자 했음. 러시아 대신의 안색이 좀 감동하는 바가 있는
> 것 같아 보였고, 지금 일단 러시아 황제의 성지聖旨를 여쭈어보겠다고

약속했음. 그러나 오늘, 러시아 황제는 일본의 요구는 러시아의 권고를 번복할 만큼의 충분한 이유가 되지 않으므로 이를 받아들일 수 없다는 뜻을 전해왔음. 현재 러시아 정부는 연합선船을 오뎃사Odessa[2]에 파견하여 군대 수송을 준비 중이라는 풍문도 있음. 그러므로 러시아의 간섭은 중대한 문제임을 예기하여 각오해두는 쪽이 안전할 것임.

나는 러시아의 회답이 대략 이와 같을 것이라 예상하고 있었다. 그러면 영국은 우리의 요구에 대해 어떻게 회답해 왔는가.

가토 공사의 1차 회신

마침 니시 공사가 회신해온 날과 같은 날, 런던에서 가토 공사가 보낸 전보가 도착했다. 가토 공사는 앞서 내가 보낸 전훈을 받자마자 바로 영국 외무대신과의 면담을 요청하여 우리 정부의 희망을 구체적으로 설명했는데, 그 결과 다음 내용의 전신을 보내왔다.

킴벌리 백작은 일본에 대해 매우 호의적 감정을 갖고 있는 모양이었음. 그러나 동 대신은 이 사건에 관해 영국 정부는 일체 간섭하지 않기로 결정하고 있었고, 그리고 지금 영국이 일본에 협력하는 것은 그 자체가 또 하나의 간섭일 뿐 아니라 사안 자체를 하나의 새로운 국면으로 진행시키게 되므로 로즈베리 내각 총리대신과 상의한 다음이 아니면 아무 것도 회답하기 어렵다는 취지로 답했음. 또 러시아·독일·프랑스 3국이 과연 어느 정도까지 그 이의를 주장할 것인지 확실히 모르지만 형세

---

2 우크라이나 남부에 있는 도시. 흑해黑海에 면한 제정 러시아의 중요 항구 도시. 청일전쟁 당시인 19세기 말에는 페테르부르크, 모스크바, 바르샤바 다음의 제국 러시아의 중요 도시로 발전했다.

가 극히 쉽지 않기 때문에 일본은 이에 대해 충분히 각오하는 것이 상책일 것이라 했음. 영국은 평화를 희망하기 때문에 일본이 유럽 각국과 교전하게 되는 것을 원치 않음은 물론이고, 일청 전쟁이 계속되는 것 또한 매우 걱정하고 있으므로 현재의 갈등을 해소할 기회가 있다면 반드시 온 힘을 다할 것을 게을리 하지 않겠다고 했음. 다만 영국은 일본에 대해 우정友情을 갖고 있지만, 러·독·프 3국 또한 우방이기 때문에 영국은 차제에 피차를 참작하여 그 위엄상 자기의 결단과 책임으로 움직일 수밖에 없다고 부언했음.

가토 공사는 이 때 이미 이탈리아 주재 다카히라高平 공사의 전신 공문으로 이탈리아 정부의 의견을 추측하여 알고 있었기에 영국 외무대신에게 은밀히 지금의 시국을 종결시킬 좋은 생각이 없겠는가 하고 물었지만 영국 외무대신은 없다고 답했을 뿐이었다고 했다. 그러나 우리의 요구에 대해 영국 정부의 확답이 있을 경우에는 다시 전신으로 보고하겠다고 했다.

가토 공사의 2차 회신
이어 29일, 런던 발 가토 공사의 전보에 따르면 영국 외무대신은 가토 공사에게,

영국 정부는 앞서 국외 중립을 지키기로 일단 결정했기 때문에, 이번에도 또한 같은 의향을 유지하고자 한다. 영국은 일본에 대해 가장 돈독한 우정을 갖고 있지만 동시에 자국의 이익도 고려하지 않을 수 없으므로 지금 일본의 제의에 찬동하여 일본을 도울 수는 없다. 다만 러시아는 진실로 결심한 바가 있는 것 같다.

며 깊이 주의를 주었다고 보고해왔다. 이는 요컨대, 영국은 반쯤은 삼키고 반쯤은 뱉는 식으로 우리의 요구를 사절謝絶한 것에 지나지 않았다.

구리노 공사의 회신

또 같은 날 구리노 공사의 전보에 따르면, 미국 국무대신은 국외 중립의 주된 요지와 모순되지 않는 범위에서 일본과 협력할 것을 승낙했고, 또 강화조약 비준 건은 베이징 주재 미국공사에게 전훈하여 속히 실행할 것을 청국에 권고토록 했다고 했다.

미국의 정강政綱에서 보자면 이 회답은 실로 상당한 표현으로서 우리나라에 대한 그 우정이 희박하지 않음을 보여준 것이다. 그러나 국외 중립의 범위 내에서 협력한다고 했기 때문에 극단적 원조를 바라기에는 부족했다. 그런데 그 사이에 우리가 다소 의외라고 느낀 것은 이 사건에 관한 이탈리아 정부의 행동이었다.

다카히라高平 공사의 전보

이 건에 대한 이탈리아 주재 다카히라 공사의 전보 내용은 다음 장에 기술한다.

대개 이탈리아가 근래 우리나라에 대해 상당히 좋은 감정을 품고 있다는 것은 유럽 대륙 여러 나라 중 솔선하여 우리의 조약개정 제의를 받아들여 불과 몇 번의 협상만으로 이 일대 사업의 완결을 선언한 것으로도 충분히 알 수 있다.

그러나 러시아·독일·프랑스의 3국간섭이 돌발하자 이탈리아 스스로 분발하여 영·미 양국과 합종合縱하여 3국 연횡連衡에 반대하는 위치에 거리낌 없이 서겠다는 결심을 보인 것은, 특히 우리나라에 대한 호의는 물론 유럽 정략 관계상 뭔가 별도로 이러한 행동을 취해야 할 필요가 있는 것이라고 생각되었다. 그러나 이탈리아의 충정이 어떠하든 지금 이탈리아가 우리나라와 같은 편의 위치에 섰다는 것은 우리로서는 의외의 요행이라 하지 않을 수 없었다.

요컨대, 이번 사건에 관해 우리나라에 대한 이탈리아 정부의 의향은 처음부터 영미 양국과 비교하면 매우 적극적인 경향이었던 것은 의심할 여지가 없었다. 그러나 영국이 이미 국외 중립의 범위 밖에서 분연히 일어나[奮起] 우리를 원조할 수 없다고 한 이상은, 이탈리아와 미국이 어느 정도 우리에 대해 호의를 표한다 하더라도 위기일발의 순간에 우리 배후에서 강력한 원조를 해주기를 바랄 수 없다는 것은 명백했다.

이상 구미 각국의 현상은 우리의 재외在外 각 외교관이 불과 며칠 동안 필생畢生의 힘을 다해 백방으로 주선한 결과에서 알 수 있는 것이 대부분이었다. 그러나 지금 그 형적形迹에 대해 말하자면, 이 때문에 러·독·프 3국이 그 간섭의 방향을 바꾸었다거나 혹은 그 정도가 약해진 것이 아니었다. 또 그 밖의 제3국으로부터 다소의 호의와 동정을 널리 얻을 수 있기는 했으나 이 또한 실력상의 강한 원조를 얻은 것은 아니었다. 결국 각 공사들이 각각 잇달아 보내온 전보 내용의 길흉吉凶은, 당시 우리 정부에 겨우 일희일비를 안긴 재료에 불과하지 않았느냐는 사람도 있었을 것이다.

그러나 애초에 3국간섭은 실로 급작스러운 것이었고, 이에 대한 계획 또한 창졸간에 처리되지 않을 수 없는 일이었다. 물론 이런 중대한 사건은 피차 미리 상호 묵계도 없이 우방국들에 돌연 그 원조를 구하려 하기 때문에 처음부터 그것이 반드시 성사되리라 기대할 수 없다. 즉 겨우 위에서 말한 것 같은 결과에 그친 것도 참으로 부득이했을 뿐이었다. 일의 성패는 어쨌든 간에 이 시점에서의 우리 재외 각 외교관의 고심과 진력은 결코 헛수고는 아니었다.

우리는 이로써 러·독·프 3국연합이 어떤 연유로 성립되었는지 알게 되었고 그 간섭의 정도가 얼마나 강한지를 알게 되었으며 또한 이 사건에 관한 다른 제삼자인 여러 나라의 의향이 어떠한지 확실히 알게 되었다.

또 가령 실력상의 강력한 원조를 획득할 수는 없었다 해도 대신 그 도의상의 성원을 얻어 은연중에 러·독·프 3국을 견제할 수 있었다. 이것이 어찌 우연한 일이었겠는가(이 무렵 러시아 공사 히트로보가 하야시 차관에게, 일본 정부가 너무 많은 국외의 각국과 교섭하여 사태의 국면이 더 곤란하게 되지 않기 바란다고 사적으로 얘기했다고 한다. 이것이 과연 그 한 사람의 사담이었는지의 여부는 물을 필요가 없다. 당시 우리로서는 이미 이 사태의 곤란함이 이미 그 극에 달해 있었고 그 이상으로 이를 더 조장할 여지도 없었기 때문에, 사태의 곤란함을 확대시킬 우려는 오히려 저들에게 있지 우리에게 있지 않음을 알 수 있는 것이다). 하물며 정부는 처음부터 백방의 계획을 다 세운 다음, 만에 하나 부득이한 시기에 이르지 않는다면 최후의 각오를 발표하지 않을 것임을 이미 마이코에서 의결한 바 있다.

구미 각국의 사정은 위와 같았고, 러·독·프 3국간섭의 실질적 정세도 확실하게 알 수 있었다. 제3국으로부터의 실력상 강력한 원조는 이제 불가능하다는 사실이 명백해졌다. 지금으로서는 3국의 권고에 대해 그 전부 혹은 일부를 수용하여 사태의 타결을 모색하는 것 외에 다른 대책이 없었다.

그리고 그 무렵 마침 니시 공사의 전보로 러시아 내부 사정을 한 층 더 상세하게 알 수 있게 되었다(니시 공사의 전보는 4월 28일 러시아 수도에서 보낸 것으로 그 개요는, "동양에서 러시아, 프랑스, 독일 동맹 함대의 모든 힘[全力]은 이미 대신께서 인식하고 있을 것이라 믿음. 본 공사는 전쟁이 벌어질 위험을 무릅쓰고 그들의 제의를 배척하는 것이 과연 우리나라를 위한 최선책인가 아닌가를 알려고 고심했음. 이는 전승의 여하에 따라 그 득실이 결정되기 때문임. 그렇다면 피아의 병력을 비교한 뒤 귀대신이 도저히 그들에게 저항하는 것이 불안하다고 결심했다면, 본 공사가 일찍이 전보로 품신한 바와 같이 조선과 맞닿은 땅을 포기하여 지금의 어려운 문제를 타결하는 것이 상책일 것임. 결국 본 공사의 의견은, 이 사태의 평화적 종료를 모색하기 위해서는 영원히 요동반도를 점유할 것을 포기하고 배상금의 담보로서 일시 요동반도를 점령하고 그리고 그 금액을 크게 증가시켜 청국으로 하여금 이를 모두 오래도록 변제할 수 없도록 하는 것이 상책이라 생각함. 그러나 현재 러시아는 일본이 그 권고를 받아들이지 않을 것을 아직도 우려하고 또 프랑스는 그 기도[企図]가 관철될 수 있을까를 근심하고 있는 모양이므로, 혹 최후의 경우에 도달하게 되기까지는 예의를 다하여 그들의 권고를 거절하는 것 또한 하나의 책략이 아닐까 함"이었다. 그러나 이 전문 말단에 있는 러시아와 프랑스의 관계에 대해, 영국 주재 독일 대사가 가토[加藤] 공사에게 은밀히 알린 바에 따르면 프랑스는 벌써 러시아와 떨어질 수 없는 형세로 이미 되어 있는 것 같다고 하였다).

니시 공사에게 보낸 2차 전훈

이에 따라 정부는 4월 30일 니시 공사에게 전훈하여 러시아 정부에 다음의 각서를 제출하도록 했다.

일본제국 정부는 러시아 황제폐하 정부의 우의에 찬 권고를 숙고하고 또 이에 다시 양국 간에 존재하는 친밀한 관계를 중시하는 증거를 나타내 보이고자 하므로, 시모노세키조약의 비준 교환에 의거하여 일본국의 명예와 위엄을 다 한 다음에 별도의 추가 약정約定으로 해당 조약에 다음의 수정을 가하는 것에 동의한다.

첫째, 일본 정부는 봉천반도에서의 영구 점령권은 금주청金州廳을 제외하고는 모두 포기한다. 다만 일본국은 청국과 상의한 다음 그 포기한 영토에 대한 보상으로 상당한 금액을 정할 것이다. 둘째, 그러나 일본 정부는 청국이 강화조약의 의무를 완전히 이행하기까지 앞의 영토를 담보로 하여 이를 점유할 권리가 있음을 주지하기 바란다"(동시에 아오키, 소네曾禰 양 공사에게 전훈하여 독일·프랑스 양국 정부에게 제출케 한 각서는 본문에 올린 것과 똑 같으므로 생략한다).

니시 공사의 회신 전보

그런데 니시 공사는 5월 3일, 러시아 수도 발신 전문에서 다음과 같이 회전回電했다.

본 공사는 금월 1일, 우리 정부의 각서를 러시아 정부에 제출하고 힘을 다해 변론함으로써 우리의 제의를 관철하고자 했음. 오늘 러시아 외무대신이 러시아 정부는 우리의 각서에 대해 만족할 수 없다고 분명히 말했음. 또 어제 내각회의를 열었는데, 러시아는 철두철미하게 일본이 여순구를 영유하는 것을 러시아에 대한 장해로 인식하기 때문에, 여전히 당초의 권고를 주장하여 움직일 수 없다는 뜻을 결의했고 또 이 결의는 러시아 황제의 재가를 얻었다고 했음. 본 건에 관해 본 공사는 온 몸의 정신을 쏟아 통론하고 고언했으나 결국 러시아 정부의 초지初志를 돌리게 할 수 없었음이 가장 유감스러움.

또 4월 29일, 동 공사의 러시아 수도발 다른 전보에도, 러시아의 저의는 일단 일본이 요동반도에서 좋은 군항을 영유하게 되면 그 세력이 동 반도 안에 국한되지 않고 마침내 장차 조선 전국 및 만주 북부의 풍요한 지방을 병탄하여 바다와 육지에서 러시아의 영토를 위협할 것이라는 두려움을 품고 있는 모양이라고 보고해 온 바가 있기 때문에, 러시아 정부는 시기하는 눈으로 우리나라를 보고, 그 억측이 지나치게 과대한 것 같지만, 어쨌든 그 속셈이 일본으로 하여금 청국 대륙에서 한 치의 땅도 침략할 수 없도록 하는 것에 있음은 명약관화했다.

이러한 이상 우리는 포화로 곡직曲直을 가리는 각오 없이 헛되이 외교적으로 담판하여 절충하는 것은 아주 무익한 일이라 보았다. 또 최근 청국은 이미 3국간섭 건을 구실로 비준교환 시기를 연기할 것을 제안해 왔다. 그리고 청국의 이러한 제안은 온전히 러시아의 교사에 의한 것임은 대단히 믿을만한 근거가 있는 사실이다. 이런 형세가 언제까지나 계속된다면, 이것이 외교상 아직 정해지지 않은 두 개의 문제를 복잡하게 만들어 마침내는 이른바 등에도 벌도 잡지 못하는 우를 범할 우려가 있었다.

교토의 회의

나는 이제는 당초의 국가 방침에 기준하여 러·독·프 3국에 대해서는 전연 양보할 수 있어도 청국에 대해서는 한 걸음도 물러설 수 없다는 취지를 실행할 시기라고 단정하고, 5월 4일 교토의 나의 숙소에서 당시 교토에 체류하고 있던 각료 및 대본영의 중신과 회합했다(이날 모인 사람은 이토 총리 외에 마쓰가타 대장대신, 사이고 해군대신, 노무라 내무대신, 가바야마 해군군령부장이었다). 지금은 3국의 권고는 전적으로 받아들여 우선 외교상 한 쪽의 갈등을 잘라내고, 다른 한편으로는 비준교환의 건은 추호도 유예하지 말고 이를 단행하는 것이 상책임을 누누이 진언했다.

　참석한 문무 중신 누구도 지금의 위기에 대한 조치로서의 나의 제의 대체에 대해서는 물론 이의가 없었다. 그렇다 해도 이런 중요한 문제를 의논하는 통상적 형태로서 대체적인 주의에 대해 이미 일치협동한 후라도, 이에 부수되는 마지막 조항과 세목에 이르러서는 때때로 각자의 의견이 서로 부합하지 않는 바가 있었고, 때문에 회의는 거의 하루 종일 걸렸다. 그 일례를 들면,

　　3국간섭의 결과로 요동반도를 청국에 돌려주는 것은 실로 부득이한 일이다. 이를 반환하더라도 반환하는 조건으로 약간의 배상금을 요구할 것인가 아니면 무조건 은혜적으로 완전히 반환할 것인가, 만약 약간의 배상금을 필요로 한다면 미리 러시아는 물론이고 다른 두 나라에도 알려서 내락과 묵인을 받아두지 않으면 훗날 또 귀찮은 문제가 야기될 것이다.

등의 의견이었다. 이는 장래 사태의 국면을 원려遠慮하는 의론으로서 일단은 지당한 것이라 하겠다. 그러나 나는,

　　본 문제에 관하여 지금까지 러시아에 이런 저런 여러 가지 방법을 다해 재삼 담판도 하고 상황에 따른 처치도 했지만 그들은 완고하게 초지를 굽히지 않으며 추호도 우리의 희망을 수용하지 않았다. 그런데 오늘 우리가 전적으로 그들의 권고에 따르겠다는 뜻을 발언함과 동시에 다시 어떤 조건에 대해 그들의 내락과 묵인을 구하여 거듭 그들로 하여금 우리의 충정 여하를 의심하게 하는 일은 상책이 아니라 생각한다. 또 미리 그들의 내락과 묵인을 얻고자 했을 때 만약 그들이 여전히 완강하게

요동반도[103] 반환에 대해 어떤 조건도 붙여서는 안 된다고 한다면, 이럴 경우 우리는 다시 이에 항의할 수 없을 것이다. 그러므로 3국에 대한 회답은 깨끗하게 완전히 그 충고를 받아들이는 것에 그치고 요동반도 반환의 조건 유무를 언급하지 않음으로써[104] 뒷날 외교상 자유스러운 여지를 남겨 두는 쪽이 좋지 않겠는가.

라고 했다. 이에 대해 이토 총리는 처음부터 나와 같은 생각을 갖고 있었기 때문에 다른 각료도 결국 이에 동의했다.

제국 정부, 러·독·프 3국 정부에게 봉천반도 포기를 약속함

이렇게 여러 의론이 겨우 마무리 되었을 때 나는 3국에 대한 회답안으로, "일본제국 정부는 러·독·프 3국 정부의 우의 깊은 충고에 따라 봉천반도의 영구한 소유를 포기할 것을 약속한다"는 간단한 각서를 작성하여 각의에서 결정한 다음 이토 총리는 바로 위 회답안을 갖고 궁중으로 들어가 폐하의 재가를 얻었다. 그리고 다시 내 숙소로 돌아와 만났을 때 이미 밤이 깊었다. 이에 따라 나는 바로 러·독·프 3국 주재 일본 공사에게 전훈하여 각자 주재하고 있는 정부에 해당 각서를 제출하도록 했다.

이에 대해 5월 9일, 도쿄 주재 러시아 공사는 그 정부의 훈령을 받들고 외무성으로 찾아와,

러시아 황제의 정부는 일본국이 요동반도의 영구 점령권을 포기한다는 통고를 받고, 일본 황제의 정부가 이 조치에 의해 거듭 그 고견을 밝힌 것을 인정하고 세계의 평화를 위해 이에 그 축사를 전한다.

고 했다.

3국간섭이라는 어려운 문제는 여기서 일단 그 국면이 매듭지어졌다(이 날, 독일·프랑스 양국 공사도 각각 그 정부의 훈령을 받아 선언한 바 있었다. 그 취지는 러시아 공사의 그것과 대동소이하므로 생략한다).

　　이 장에서 기술한 사항은 금년 4월 23일, 러·독·프 3국 정부가 시모노세키조약에 대해 이의를 제기한 데서 시작하여, 5월 9일 3국 정부가 우리 정부의 회답에 대해 만족한다는 뜻을 선언함으로써 종료되었다. 그러나 이때 마침 황상은 이미 히로시마 대본영에서 교토로 행차할 예정이셨고, 4월 27일 히로시마에서 교토로 환궁하셨다. 이토 총리는 4월 24일 밤 히로시마를 출발하여 25일 새벽에 마이코舞子로 와서 이틀 그 곳에서 머문 뒤 효고兵庫에서 봉련鳳輦(=임금이 타는 가마)을 수행하여 교토로 갔다. 나는 시모노세키조약 조인의 건을 복명한 다음 4월 22일부터 요양을 위한 휴가를 얻어 반슈播州의 마이코에 있었고, 황상이 교토에 도착하신 후 4월 29일에 교토로 갔다. 마쓰가타와 노무라 두 대신은 황상이 히로시마를 출발하기 전에 선발先発로서 교토에 머물렀다. 4월 25일 이토 총리가 마이코로 와서 만났을 때 두 대신도 교토에서 마이코로 왔다. 마쓰가타 대신은 그날 귀경했다. 노무라 대신은 마이코에서의 결의를 상주하고 재가를 얻기 위해 그날 밤 마이코에서 히로시마로 갔고 이어 선발로서 교토로 돌아갔으며 사이고 대신은 이 사이에 처음부터 끝까지 히로시마에 머물렀다가 황상을 수행하여 교토로 왔다. 야마가타 대신은 마이코에서의 결의가 재가된 뒤 곧바로 여순구旅順口로 출발하여 고마쓰미야小松宮 총독을 비롯한 휘하의 중신들에게 마이코에서의 결의에 관한 칙명을 전달한 다음 곧바로 교토로 돌아왔다.

이와 같이 겨우 17일 사이에, 황상은 히로시마에서 교토로 움직이셨고 그 전후에 각료들은 각 곳에 흩어져 있었기 때문에, 본 장의 기사 중 중요한 각의는 혹은 히로시마에서, 마이코에서, 또는 교토에서 열렸으나, 본 기사 중에 하나하나 그 장소 및 인명을 상세히 기록할 수 없다. 그러므로 여기서 기술한 그 사이 각료의 거취와 왕복한 시일을 따지면 본 장 중의 중요한 사건이 어느 곳에서 누구누구와 논의되었는지 알 수 있을 것이다.

제20장
러시아·독일·프랑스의 3국간섭(중)

3국간섭의 유래

3국간섭 전후 러시아의 형세

러[105]시아는 메이지 27년(1894, 고종31) 6월 30일, 자국 공사 히토로브 공사로 하여금 조선국 주둔 일청 양국 군대가 똑같이 조선에서 철수하도록 권고한 이래 이번 권고를 해오기까지 동양 국면의 이해利害에 대해 주목하기를 하루도 소홀히 하지 않았지만, 앞서 내가 말한 것처럼 러시아는 처음부터 우리나라를 적대시하고 청국에 동정적이었던 것 같지는 않았다. 다만 우리나라에 대한 논조가 청국에 비해 다소 엄격한 모습이었던 것은, 우리나라가 항상 전쟁에 승리한 나머지 그 위세에 편승하여 청국보다는 그들에게 비교적 강경한 정서였기 때문이었을 터이다.

무릇 러시아의 본래의 욕망은 원대했지만 지금 아직 그 준비가 정돈되지 않은 때이므로, 현재의 급선무는 동방의 이 구역을 어쨌든 현재의 형세形勢로 유지 존속시켜 두고 훗날 그 대망을 달성할 국면이 되었을 때 어떤 장해도 남겨두지 않으려고 기한 것 같았다.

그리고 일청 양국의 분쟁이 발생한 당초에는 러시아 또한 다른 여타의 구미 각국과 마찬가지로 이 분쟁이 특별히 큰 사건으로 되지는 않을 것이고, 또 최후의 승리는 청국이 거두어 동방의 현 형세상 현저한 변화가 생길 정도의 사태는 아니라고 생각하고 있었던 것 같다. 따라서 그들이 처음부터 조선 영토의 안정을 주장하고, 일청 양국 사이에 하루 빨리 평화가 회복되기를 기대하는 것 외에 별다른 일이 없었던 것은, 반드시 일시적으로 외면을 덮는 가면을 쓴 것이 아니고 내심 실로 그렇게 바라고 있었던 것이다.

그러므로 카시니 백작이 이홍장의 의뢰를 받고 러시아 정부가 이 요청을 수용하여 히트로보로 하여금 빈번히 도쿄에서 주선하도록 한 무렵에 러시아는 아직 순수한 일반적 외교상의 방법으로 일청 양국의 분쟁을 종식시키고자 했다. 그러나 평양과 황해 전투 이후 일청 전쟁이 그들의 예상보다 훨씬 중대한 결과가 생기게 되자 외교적 협상에 의한 일시 조정으로는 더 이상 그 효과를 거둘 수 없음을 깨달았던 것이다. 이 때부터 계속 동양에 함대 세력을 증대하고 다소의 육군을 블라디보스토크로 수송한 것은 유사시에 구설口舌로 시비하는 것보다 힘을 준비할 필요가 있다고 느꼈기 때문이었을 것이다.

요컨대, 일청 사건에 대한 러시아의 거동은 그 전반기는 순수하게 보통의 외교 수단에 의하여 목적을 달성하려 했고 후반기는 어쩌면 다소의 강력한 힘을 사용하는 것도 불사하겠다는 결의를 가지고 있었던 것 같다. 그리고 그 목적은 처음부터 장래의 대망을 성취할 위치를 점하고자 하는 데 있음은 물론이지만, 눈앞의 문제인 동방의 국면에서 현 형세를 잠시 존속시키고자 한 것에 다름 아니었다.

이상의 판단에 오류가 없다면, 일청 사건 전반기에 한 때 세간의 기이한 추측과 상상을 불러일으킨 영·러 연합이 혹시 이루어지지 않을까 하는 현상顯象이 있었던 것 또한 이상하지 않다. 본래 동방에서의 영·러 양국의 이해가 극에 달하면 반드시 큰 차이가 있을 것은 누구도 의심하지 않았다. 그러나 지금의 상황에서 말하자면, 영국은 이른바 근린무사주의近隣無事主義 정책을 바탕으로 동방의 평화를 계속 유지시키려 했고, 러시아는 본래 영국처럼 영원한 평화를 유지할 필요는 없다 해도 앞으로 수년간은 아직 이 국면에서 현재의 형세가 바뀌는 것을 달가워하지 않았다. 이것이 지금 영·러 사이에 궤를 같이 하면서 잠시 동양의 평화를 유지하고자 한 까닭이다.

작년 10월 8일, 영국 공사 트렌치가 각 강국이 조선의 독립을 담보하고 아울러 청국이 배상금을 지불하는 두 가지의 조건으로 전쟁을 종식시키는 것이 어떠한가를 권고해 왔을 때, 이 건에 대해서는 러시아 공사로부터도 같은 권고가 있을 것이라 분명히 말했다. 당시 러시아 정부는 그다지 열심히 영국의 제의에 찬성하지 않는 듯했지만 영국은 여전히 러시아가 영국과 제휴하여 일청 사건에 간섭하기를 바[106]라고 있음이 분명했다. 따라서 나는 당시 여러 차례 니시西 공사에게 전보를 보내 러시아의 상황을 탐색하도록 했다. 이에 니시 공사가 12월 1일 러시아 수도에서 나에게 다음 내용의 전보를 보내왔다.

11월 28일 러시아 외무차관이 은밀히 본 공사에게 말하기를, 1주일 전 러시아 주재 청국 공사가 전쟁의 중재를 러시아 정부에 의뢰했다 함. 이에 따라 러시아 외무차관은 "여러 강국이 모두 같은 방침을 취하지 않는다면 러시아 정부는 이에 동의를 표할 수 없다. 그리고 각 강국의 협동은 기대할 가망이 거의 없으므로 강화의 건은 일본국과 직접 교섭하는 수밖에 없지 않겠는가"라고 청국 공사에게 권고했다 함. 그러나 본 공사가 11월 30일 외무대신을 방문했을 때, 동 대신은 러시아 정부가 이번 전쟁에 대해 영국 및 기타 여러 나라와 함께 협동하여 움직일 것을 약속했다고 했음. 이에 본 공사는 바야흐로 지금 계속 전쟁 중인데 러시아 정부가 어떤 문제에 대해 협동하여 움직일 예정인가를 물었고, 동 대신은 "러시아 정부가 지금 바로 행동에 착수하려는 것은 아니다. 그러나 필요한 경우에는 전쟁이 종결되었을 때 여러 나라가 서로 그 이익이 침해되지 않았는가의 여부를 따져 자위自衛 차원에서 상호 협력할 것이다. 왜냐하면 일본 정부는 단순히 조선의 독립 및 배상금 지불로 만족할 것 같지 않다고 생각하기 때문이다"라고 대답했음. 이에 따라 본 공사는 한 발 더 나아가 "본 공사는 아직 우리나라의 요구가 어떠한지 모르지만, 일본국은 반드시 상당한 전승의 결과를 요구할 것이 틀림없다. 그러나 만약 그 요구가 타국의 이익에 영향을 주더라도, 그것이 러시아의 이익과 관계가 없을 경우에도 러시아 정부는 계속 영국과 제휴하여 이에 반대할 것인가"고 질문했음. 이에 러시아 외무대신은 잠시 주저하더니 이 문제는 그 때의 상황에 따를 것이라 대답했음. 또 본 공사가 가장 믿을 만한 곳에서 들은 바에 의하면, 이 나라 선제先帝의 붕어崩御 이래 여기에 머물고 있던 영국 황태자가 러시아 정부를 열심히 설득하여 영국 정부에 찬동할 것을 권고했고 러시아 정부도 마침내 이에 동의했다 함. 또 다른 풍문에 따르면 이 곳의 두세 신문은 최근 당국 계통으로부터 내명을 받고 위와 같은 의미의 기사를 실으면서 갑자기 그 논조를 바꾸어 전쟁 방지론을 주창함. 요즘 일본국에 대해 열렬한 마음으로 동정심을 갖고 있던 본 공사의 친구인 어떤 러시아인은, "일본국을 위해 생각하건대, 하루라도 빨리 전쟁을 수습하고 거액의 배상금을 받는 것이 상책이다. 만약 토지 할양을 요구하게 되면 아마도 타국의 간섭을 초래하게 되어 일이 매우 곤란하게 될 수 있다"고 알려줌. 본 공사는 이번 전쟁에서 과도한 결과를 무리 없이 취할 수 있을지 대단히 의문스러움. 그러나 우리나라의 이익을 도모할 때는 청국과 강화를 맺고, 가능하다면 군사적 보상 중에는 속히 대만의 양여를 추가할 기회를 만들어두는 것이 상책일 것임. 러시아 정부는 대만의 양여에 대해서는 이의가 없다고 생각함.

나는 이렇게 영국과 러시아의 관계가 점차 친밀하게 되는 것을 보고 사정이 허락하는 한 백방으로 손을 써서 이를 차단할 방책을 시도했다. 그 결과가 과연 다소라도 성과가 있었는지의 여부와 또 유럽 강국들의 다른 사정이 그들의 연합을 쉽사리 이루지 못하게 했는지는 모르겠으나, 그 뒤 러시아는 무엇 때문인지 영국과 서로 떨어져 별도로 그들 단독의 방침을 정한 것으로 보였다.

아마도 내가 말하는 러시아의 일청 사건에 대한 전반기와 후반기의 차이는 이 무렵부터 생긴 것이 아닐까 생각한다. 러시아는, 영국이 보통의 외교적 제의에 찬동하더라도, 도저히 그 목적을 달성할 수 없음을 깨닫고 오히려 외교의 배후에 강력한 힘을 갖추어 만부득이 한 때가 되면 과감히 단행할 행동을 취할 것도 불사한다는 결심을 하고 있었던 것은 아니었던가(금년 5월 3일, 『모스크바[莫斯科] 신문』은, "동아 문제에 관한 연합간섭 제의는 독일에서 나온 것이다. 그리고 이 사건은 서구 열강 사이에 실로 각종의 분쟁과 의심을 낳았다. ……러시아는 결코 서구 제국에게 공동 행동의 제의를 시도할 이유가 없다. 러시아는 이미 작년 가을부터 일본의 강화조건은 틀림없이 예사롭지 않을 것이고 이 때문에 자국(=러시아/역주)의 이해利害에 큰 관계가 생길 것을 예상했으며, 작년 겨울 이미 그 이익을 보호하기 위해 필요하다고 인정되는 방책을 취했다. 이 때문에 러시아는 다른 열강과 공동으로 행동할 필요가 없었다"고 하여 스스로 그 지위를 높이 올리고 다른 나라를 경시하는 논조였던 것은 이 신문의 종래의 위치로서는 당연하다. 그러나 작년 겨울 이미 자국의 이익을 보호하기 위해 필요하다고 인정되는 방책을 취했다는 것은, 이 무렵 마침 러시아 정부가 그 함대 세력을 동양에 증강하여 만일의 경우에 독단적인 행동을 취하고자 준비한 일면임을 알 수 있다)[107].

러시아 정부가 일·러 양국 정부 사이에 상호 의견 교환을 권유

작년 12월 23일 내가 마침 러시아 공사를 방문했을 때 히트로보가 나에게,

> 러시아 황제는 일청 양국의 강화조약 담판의 실마리가 마침내 풀리게 될 것이라는 말을 들으시고 매우 기뻐하셨다. 러시아는 일청 전쟁의 암운이 걷히고 하루속히 평화가 회복되기를 바라는 마음이 간절하다. 그리고 일본이 청국에 요구할 강화조건이 일찍이 일본정부가 맹약한 바와 같이 조선의 독립을 위태롭게 하지 않는다는 하나만 확실하다면 러시아는 그 외에 요구할 바가 없을 것이다.

고 은밀히 말했다. 이에 나는 그의 정성스러운 말에 감사함과 동시에 이 말이 과연 러시아 정부의 의향과 다르지 않은지를 캐물었다. 이에 대해 그는 이렇게 말했다.

> 실은 다만 지금 본국 외무대신으로부터 전신 훈령을 받았기 때문에 그 전훈의 의미를 자세히 전했을 뿐이다. 또 위 전훈 중에 "러시아는 양 교전국의 행동에 대해 국외局外國이 이에 간섭하지 않기를 바라기 때문에, 차제에 일·러 양국 정부가 서로 그 의견을 교환해 두는 것은 기타 외국의 간섭을 예방하는 데 이익이 될 것이라 믿는다. 러시아는 언제라도 일본의 이익을 위해 주선하고 진력하는 데 주저하지 않을 것이다. 또 강화조건에 관해서 러시아는 일본이 원하고 바라는 것에 하등의 시기

심을 품고 있지 않다는 뜻도 일본 정부에 말해 두라"고 했다.

그리고 특히 그 자신의 생각이라면서 러시아는 일본이 대만을 점유하는 것에 대해 아마 어떤 이의도 없을 것이라 했다. 마지막으로 그는 나에게, 영국이 청국의 어떤 도서(주산도舟山島[1]를 지칭하는 듯)를 담보로 하여 공채를 인수했다는 설을 아직 들은 바가 없는지 물었다.

나는 아직 확실한 보고를 듣지 못했지만 그러나 이후 이 건에 관해 무엇이라도 보고 듣게 되면 이를 알리겠다고 하고 이날의 회동은 끝났다.

나는, 그가 러시아는 동방의 평화가 속히 회복되기를 간절히 바란다고 하고, 일·러 양국 상호간에 의견을 교환해 두는 것이 제3국의 간섭을 막기에 편리하다고 하며, 또 특히 영국의 주산도 점령 의혹을 제기해 온 것을 보고, 러시아가 다른 구주 각국과 의견 교환 없이 오직 일·러 양국 사이에 뭔가 내밀한 의논과 묵인을 해두자는 의지가 있는게 아닌가 하고 의심했다. 그러나 그가 말한 바는 필경 일종의 논의에 그치고 아직까지 어떤 사실 문제라고 인정될 만한 것이 없었기 때문에, 우리가 자진하여 장래에 어떤 관계가 생길지도 모를 문제에 개입하는 것은 상책이 아니라고 판단하여 대체적으로 앞서 기술한 바와 같은 문답에 그쳤다.

러시아 공사 히트로보가 재차 일·러 양국이 의견을 교환할 것을 제의
그런데 그 후 금년 2월 14일, 히트로보는 외무성으로 나를 방문하여, 다시금 일·러 양국이 의견을 교환하는 것은 양국을 위해 매우 유익하

---

1 중국의 항주만杭州灣의 동남방, 절강성浙江省 동북부의 해역에 있는 약 476㎢ 면적의 섬. 절강성에서 가장 크고 중국 연해의 섬으로서는 세 번째 큰 섬이다.

다는 뜻을 주장했다. 때문에 나는 이 기회를 틈타 사실문제의 실마리를 조금 내보이고 그가 어떻게 대응하는지를 시험해야겠다고 생각했다. 즉,

오늘에 이르게 된 이상, 우리나라는 전쟁의 결과로 청국으로부터 토지의 할양을 요구하지 않을 수 없는 형편이다. 그러나 일본 정부는 이 때문에 다른 제3국과 관계되는 이해의 유무는 미리 알아 두려 한다. 그러므로 특히 러시아의 이해에 관한 것은 어떤 것이든지 숨김없이 들려주기 바란다.

고 했다. 이에 러시아 공사는,

지금 일본이 청국에 토지 할양을 요구하는 것은 당연하다. 그리고 러시아가 태평양 연안에서 자유로운 통로를 얻고자 하는 것이 하루 이틀이 아니다. 그러므로 일찍이 귀 정부가 선언한 것처럼 조선국의 독립을 저해하지 않는다는 한 가지가 확연하다면 다른 것은 구태여 말할 필요가 없다.

고 했다(본문에서 러시아 공사가 조선의 독립이 확고하기를 바라고 또 러시아가 태평양 연안에 부동항을 얻어 쓰기를 바라는 듯이 말하는 것은 매우 모순되는 말이다. 왜냐하면 뒷날 3국간섭이 발생했을 때 니시 공사가 러시아 외무대신에게 조선에서의 러시아의 이해를 물었는데, 그 때 로바노프 공작은 블라디보스토크도 최근에는 쇄빙기계가 있어 겨울에 교통이 완전히 끊기는 것은 아니기 때문이라 했고, 조선에서의 부동항을 원하는 의사를 숨기고 명언하지 않았을 정도였기 때문이다. 지금 히트로보가 일시의 화두에서 이

를 흘린 것은 아마도 그의 생각 없는 실언이었을 것이다). 그리고 그는 또 사적인 대화체로, 대만의 할지割地에 대해 러시아는 본래 이의가 없고 그러나 만약 일본이 섬나라의 위치를 버리고 대륙에 판도를 확장하는 것은 결코 일본을 위한 상책이 아니라고 했다.

따라서 나는, 오늘 서로 의논할 바는 러시아의 이해가 어떠한가를 들으려는 것이고 일본 스스로의 이해득실 문제는 우리 스스로 생각하고 헤아려야 할 바라고 했다. 그는 화두를 바꾸어 어쨌든 대륙의 할지에 관해서는 유럽 각국 중에서 이의를 제기할 나라가 있을 것이라고 했다. 나는 이에 대해, 과연 그렇다면 다른 때에 혹시 그것과 이해관계가 있는 나라와 직접 논의할 일이 있을지도 모르겠지만 지금 이를 논하여 궁구해둘 필요는 없고, 어쨌든 일의 대소와 관계없이 러시아 정부는 조선의 독립에 관한 문제 외에, 별도로 러시아의 이해에 관계되는 문제가 없겠는지를 물었다.

그는 현재로서는 따로 무엇을 말할 정도는 아니라고 했다. 다만 향후 만약 일본군이 직례성直隸省 지방으로 진격하게 되면, 이 때문에 청·러 양국의 차茶무역이 큰 방해를 받을지도 모르고, 이 차무역은 러시아의 일부 인민에게는 거의 생명 같은 사업이기 때문에 이 건은 미리 충분한 주의가 있기를 바란다고 했다.

그 후 2월 16일 나는 미국 공사를 경유하여, 청국 정부에게 배상금 및 조선의 독립을 확인하는 것 외에 또한 토지할양 및 통상조약의 기초를 의정할 수 있는 전권을 가진 사신을 다시 파견하지 않으면 그 협상 건은 다시 무효가 될 것이라(이 통신문은 시모노세키 담판에 관한 장에서 게재했다)고 예고했다. 특히 그 때 하야시 외무차관에게 러시아 공사를 만나 이 전신의 의미를 주지시켜 두게 하고 또한 이런 경위를 니시 공사에게도 전훈하여 러시아 정부에게 내밀히 알리도록 했다.

그후 같은 달 24일 히트로보가 외무성으로 나를 찾아와 종이 한 장을 꺼내고는 러시아 외무대신의 전훈이라며 그것을 읽었다. 그 전문은 다음과 같다.

각하의 전신電信(히트로보가 지난 16일 하야시 차관에게 들었던 바를 본국 정부에 전신 보고한 것을 말함) 및 니시 공사가 직접 말한 것에 의하더라도 일본 정부는 조선의 독립, 배상금, 토지 양여 및 장래 양국의 관계에 관한 조약을 체결할 전권을 가진 청국 사절의 파견을 원하는 것 같다. 또 니시 공사는 이 건을 통지함과 동시에 다른 강국에 누설하지 말 것을 요청했다. 이에 대해 만약 일본 정부가 명의상 및 사실상 조선의 독립을 인정하겠다고 선언하면 우리 정부는 위에 기재한 각 조건을 갖는 전권사절을 파견토록 할 것을 청국 정부에 권고할 수 있다. 또 다른 강국에게도 역시 우리 정부와 같은 방침을 취할 것을 권유할 수 있다. 우리 정부는 일본이 이미 전쟁에 승리한 후 더욱 무기한으로 전쟁을 계속하는 것은 그 이익이 아니라고 믿는다. 따라서 본 건에 관하여 일본 정부의 회답을 구하여 속히 답전해 주기 바란다.

이 선언은 그 의미가 약간 애매하여 러시아의 진의를 아직 헤아릴 수 없지만, 그는 마치 일본이 조선의 독립을 명실 공히 보증하면 러시아로서는 다른 것은 이의가 없다고 하는 것 같았다. 어쨌든 우리는 이렇게 해석하는 쪽이 매우 편리했기 때문에, 나는 이 의미를 확정해두기 위해 그달 27일에 특히 러시아 공사에게 다음과 같은 각서를 보냈다.

이번 달 24일 러시아 공사 각하가 구두로 개진한 것에 따라 제국 정부가 니시 공사에게 발송한 전신에 기재한 강화의 기초基礎는, 만약 일본국이 러시아 정부가 오직 바라고 있는 조선국의 독립을 인정한다면 청국에 위의 기초를 응낙할 것을 권고하고, 또 기타 강국을 권유하여 청국 정부에 같은 권고를 하도록 하는 것에 대해 러시아 정부의 협조를 얻을 수 있음을 알게 된 것이고 이는 제국 정부의 큰 기쁨이다. 러시아 공사 각하로부터 이 선언이 있었음에 관하여 제국 정부는 여기에서 일본국의 조선국에 대한 정략 방침을 다시 변경하지 않을 것이며, 제국 정부는 명실 공히 조선국의 독립을 인정하고 있음을 선언하는 데 주저하지 않는다.

본래 러시아 정부가 두 번씩이나 상호 의견을 교환하자고 제의해 온 것이 결코 외교상 하나의 의식儀式이 아니었음은 의심할 바 없다. 만약 우리가 지금 한 층 더 나아가 흉금을 터놓고 만사를 모두 꺼내어 내적 협의[內議]의 단서를 밝힌다면 혹시 장래 동방 국면의 형세상 대단히 흥미로운 결과를 얻을 것인지 혹은 상호 이해가 일찍 충돌하여 그로써 당시 이미 외교상의 갈등을 낳아 때늦게 뉘우칠 것인지는 공히 아직 알 수 없는 것이라 해도, 지금에 와서 이를 추측하여 억단하는 것은 필경 장례를 치른 후에 의사를 평가하는 것과 같은 종류의 일이다.

당시 나는 이미 정해진 국가방침[廟議]에 따라 가급적 사태의 국면을 일청 양국 밖으로 일탈시키지 말자는 주의를 견지하고 있었고, 러시아 공사에 대해서도 뒷날의 언질이 될 만한 언사를 피하고자 애썼다. 그러나 2월 14일의 회담 때처럼 그가 자진하여 내적으로 협의할 바가 있다고 했더라면 이를 충분히 환기할 기회가 있었겠지만, 그는 예의 조선국의 독립 운운 외에 별다른 새로운 안을 제시하지 않았다. 이는 러시아 정부도 이 때는 아직 솔선하여 행동할 만큼의 준비가 되어 있지 않았기 때문이었을 것이다.

그러나 히트로보는 물론[108]이고 러시아 정부로서도 이 두 차례 회견의 결과에 대해 신 신고 발바닥 긁는[隔靴搔癢] 듯한 아쉬움이 있었음에 틀림없다(3국간섭이 발생한 후 히트로보는 빈번히 안팎의 사람들에게, 원래 일본 정부는 여타 강국을 무시하고 매사를 은밀히 독단적으로 행동한 탓으로 피차의 정실情実이 서로 통하지 않고 이로써 허다한 오해가 생긴 것이라 하고, 특히 나의 행동을 비난했다고 한다. 대개 그가 운운하는 바는 즉 이 두 번의 회담을 가리킨 것이다. 그러나 본문에서 기술한 것처럼 2월 14일의 회담에서는 내가 오히려 히트로보보다 더 많이 흉금을 터놓고 말했으나 그는 결국 어떤 사실문제도 제출하지 않았다. 그런데 도리어 후일 러시아가 독일 프랑스와 동맹하게 됨으로 말미암아 돌연 종래의 언행에 현저한 변조變調가 생겼기 때문에 이를 변호하기 위해 오해 운운하는 말을 자락에 깔지 않을 수 없었을 것이다. 이 또한 깊이 탓할 것은 아니다). 이후 러시아의 정략은 그 외교적 후원인 강력한 힘을 다만 지나支那와 일본해(=동해/역주)에 집중하는 데만 급급한 것 같다.

그리고 3월 24일, 구리노 공사가 미국 국무대신과 사적으로 대화한 전말이라며 나에게 다음 내용의 급전을 보내왔다.

미국 국무대신은 상페테르스부르크彼得斯堡 주재 미국 공사의 전보의 대강을 내밀히 본 공사에게 말해 주었음. 근래 러시아의 욕망이 대단히 앙등하여 러시아는 지금의 갈등에 편승해서 그 세력을 청국에 증강시키고자 청국 북부 및 만주를 점령하려 하고 있으며, 일본이 동 지방을 점령하는 것과 조선의 보호자가 되는 것에 반대할 것임. 3만의 러시아군이 이미 청국 북부에 주둔하고 있으며 그 숫자가 점차 증가되는 형세임. 러시아 군부는 계속 자국 정부의 일본에 대한 우의적 의향을 번복시키려고 하고 있기 때문에 마침내 일·러 양국의 이해가 충돌하게 될 것 같음.

이 전보를 받기 이전부터 러시아의 정황이 매우 안심할 수 없었기 때문에 나는 종종 니시 공사에게 전훈하여 은밀히 러시아의 의향을 탐색하도록 했다. 그러나 당시 러시아 정부가 니시 공사에게 말한 바는 히트로보가 일찍이 내게 했던 말과 거의 동일했고 아직 어떤 이상도 발견할 수 없었다.

3월 20일, 니시 공사는 러시아 수도에서 다음의 전보를 보내왔다.

러시아 외무성 아시아 국장의 담화를 듣건대, 지난 번 청국 정부가 러시아 정부에 제출한 요청 및 이에 대한 러시아 정부의 회답은, 공히 그 의미가 매우 우원하고 불확실한 것 같음. 또 본 공사가 청국 대륙의 할양에 관하여 신임 러시아 외무대신에게 그 의견 여하를 질문했을 때 러시아 대신은, 본 건에 관한 러시아 정부의 의견은 아직 토로할 수 없으나 해당 지역의 할양에 대해서는 여타 강국이 항의할 우려가 있다고 했음. 그 외 동 대신의 담화 모양 및 아시아 국장의 말에 의해 이를 추측하여 살피건대 러시아 정부의 의향은 별 다른 변화가 없는 것으로 보임. 만약 우리의 토지 할양 요구가 대만臺灣 및 금주반도金州半島 밖으로 벗어나지 않으면 러시아는 구태여 이에 대해 이의를 제시하지 않을 것으로 믿음. 요컨대 러시아가 열망하는 바는, 현재의 담판으로 신속히 평화를 회복하고 전쟁의 종국을 보려 하는 것임.

이후 4월 11일 동 공사가 보낸 전보에도,

러시아 외무대신은 이번의 일청 담판으로 영속적 평화가 일단 타결되어도 그 조건을 이행하지 못하여 평화가 다시 깨지게 되지 않기를 바란다고 함. 이에 따라 본 공사는 우리나라가 요구하는 조건이 과중하다고 생각하고 있는 것이 아닌가를 물었음. 동 대신은 이에, 청국 공사는 대륙의 토지 할양은 청국의 가장 난감한 문제이며 배상금액 또한 너무 과대하다고 했다고 대답하면서 그러나 러시아 정부는 아직 이 사정을 상세히 모르기 때문에 어떠한 의견도 제시할 수 없다고 했음. 이번 달 9일에 본 공사가 러시아 주재 영국 공사와 면담했을 때 영국 공사는, 현재 동양의 사건에 관해 러시아 외무대신은 조금 당혹스러워 하고 있는 것 같은데 일본국의 요구는 물론 지당하며 영국 정부는 아마 이에 대해 어떤 항의를 하지 않을 것이라고 했음. 또 본 공사가 최근 전해들은 바로는, 일전에 러시아 육해군 협동위원회에서 만약 필요한 경우가 되면 러시아 해군력으로 일본군의 베이징 진입을 방지할 수 있을까의 의문이 제기되었다 함. 이 위원회는 이를 육상에서 방지할 수 없지만 러·프 양국 함대가 연합하면 해상에서 이를 방지할 수 있다고 결의하였다는 취지였음. 본 공사는 아마 러시아가 병력으로 간섭을 시도하지는 않을 것으로 생각하지만, 이를 예방하기 위해 충분히 힘을 다해 태만하지 않아야 할 것임. 무엇보다 만일의 경우를 위해 우리 해군에서 필요한 준비를 해 두는 것이 가장 긴요할 것임.

이라 했다.

이상 구리노, 니시 공사의 전신 보고는 모두 다 이홍장이 파견되어 온다는 것이 이미 세상에 알려진 때였기 때문에 유럽 각국 그 중에서도 러시아는 열심히 사태 국면의 진행에 주목하고 있었다. 특히 러시[109] 아 같은 경우는 일본이 끝내 청국 대륙의 토지 할양 요구를 절대로 단념할 기색이 없음을 보고 내심 아주 불안해하고 있었다. 그러나 이 때까지는 그에 대해 아직 어떤 방책을 취할 것인지 확정하지 않고 있었던 것 같았다.

실제로 4월 9일, 니시 공사가 러시아 주재 영국 대사와 면담했을 때 동 대사가 니시 공사에게, 현금의 동양 사건에 대해 러시아 외무대신이 좀 당혹해 하고 있는 것 같다고 알려준 것은 얼마간 그 사정을 들여다보기에 충분하다 할 것이다.

이렇게[110] 러시아 정부는 동방 국면의 정세에 위기적 상황이 닥쳐오고 있음을 봄과 동시에 또한 유럽 강국의 관계 여하를 고려하지 않을 수 없었다. 피차의 사정이 서로를 제어하여 그들로 하여금 더욱 참된 저의를 은폐하게 만들었던 것이다. 그러므로 우리나라에 대해 요동반도 할지가 잘못되었다고 말하려 해도, 히트로보는 나에게 해당 반도의 할지는 일본을 위해 불리할 것이라든가 혹은 유럽 강국 중에서 다른 말이 있을 것이라 하고, 또 로바노프 공작이 니시 공사에게 유럽 강국 중에서 저지가 있을 것이라든지 러시아 주재 청국 공사가 난감해 하고 있다고 하여, 그 저지의 이유를 완전히 타인의 일로 미루고 애써 자신의 본심을 드러내지 않았다. 그러나 시모노세키조약이 일단 세상에 알려지고 독일·프랑스 양국과의 제휴가 성립되자 그들은 맹연猛然히 가면을 벗어던지고 발톱을 드러낸 것이다.

이 경위는 5월 8일, 러시아 수도에서 니시 특명전권공사가 내게 보고한 기밀 서신이 매우 명료하고 상세하다. 그러므로 이 서신이 장문임에도 기재해 둔다.

니시 공사의 기밀 서신

그 동안 러시아가 프랑스 독일과 공동으로 우리와 청국의 전쟁 종식에 간섭해온 사건에 대해 졸관拙官(=니시 공사 본인/역주)도 이 곳에서 가능한 한 힘을 다하여 우리의 권리를 유지하려 노력하였으나, 마침내 그 뜻을 이루지 못한 것은 전신으로 틈틈이 보고해 드린 바대로 매우 유감으로 생각합니다. 그러나 일국의 운이 흥융興隆하여 백 가지 일이 진척될 때에 이 같은 곤란을 겪는 것 또한 드문 일이 아닙니다. 또 우리로서는 나아갈 데까지 나아가고, 있을 데에 멈추어 이미 여념이 없기 때문에, 지금에 와서 잘못된 지난 일을 설명하는 것도 소용없지 않을까 여깁니다만 러시아가 돌연 간섭을 결정한 것은 전적으로 독일의 동맹을 얻었기 때문이라 생각됩니다.

왜냐하면 그 때까지 영국은 이미 간섭할 뜻이 없었고, 프랑스 또한 일이 이미 늦었다며 머뭇거리고 있었고, 러시아 정부 내에서도 위해위威海衛가 함락될 때까지는 간섭할 작정이었으나 지금에 와서는 가령 프랑스와 함께 해군으로 일본을 압박해도 이를 뒷받침할 육군이 없는 이상 어쩔 수 없다고 주장하는 사람들이 많았던 것이 사실입니다. 지금 그들과 동료인 졸관의 지인 등도 대륙에 대한 우리의 토지 분할 건은 거의 기정사실로 받아들이고 있고, 또 외무대신 로바노프도 당시는 같은 모양이었습니다.

예를 들면, 요구조건의 대략에 관한 각하(=무쓰 외무대신/역주)의 전보가 이 곳에 도착한 것이 4월 4일이었습니다. 이를 로바노프 대신에게 보이고 훈령의 취지를 전달했을 때 그도 거의 이를 납득했으며 지도를 꺼내 금주金州반도가 어느 정도의 구역인가를 묻기에, 졸관은 금주청金州廳이라는 표식이 있는 북쪽의 깊숙이 들어간 바다가 있는 곳으로부터 동쪽을 손으로 긋고 대체로 그 위치임과 남부의 일부를 가리켰고, 이에 로바노프 대신은 조금 안심한 모양으로 그렇다면 그 뜻을 첨부하여 황제께 보일 것이므로 이 정도의 구역이라는 것을 졸관에게 문서로 적어달라고 했습니다. 그러나 졸관은 내심 실제로는 그것보다 더 많을 것이라 생각하고 있었기 때문에 그것은 머지않아 확정된 통보를 받을 것이므로 그 때 가서 하겠다고 미루어두었습니다(후에 금주金州 일부를 다틀 때에 이를 인용했듯이, 로바노프가 찬성은 하지 않았다고 대답하기에 묵인한 것은 틀림없지 않느냐고 힐문하였으나 말로만의 논쟁으로 끝났음). 이는 물론 로바노프 대신의 고의故意에서 나온 것이 아니었고, 당시 그도 이미 어쩔 수 없다고 완전히 체념하고 있었음을 보여주는 것이라 생각합니다.

그럼에도 그 때의 전보에 여전히 간섭할 것이라고 첨언해둔 것은, 육해군 내부에서 여전히 간섭을 주장하는 설이 있음을 들었기 때문에 확실히 해두기 위해 보고해 두었던 것입니다. 여하튼 시모노세키조약이 성사되었다는 전보가 도착하기까지 이 곳에서는 별다른 변화된 모양을 볼 수 없었습니다.

그런데 위의 전보가 도착한지 얼마 되지 않아 독일도 러시아·프랑스와 공동으로 이 조약에 항의할 것이라는 설이 또 유포되었고, 여러 신문들은 이에 기세를 얻어 한 목소리로 간섭의 필요성을 역설하며 애국적 감정을 자극해 반대설을 공격함으로써 졸관의 조화책도 이에 대해서는 어떤 효과도 거둘 수 없게 되었습니다.

그러나 4월 19일까지는 러시아 정부가 여전히 3국 상담 중인 것 같았고, 외무대신도 아직 결정한 바 없다고 했던 것은 당일 전보로 보고드린 대로입니다. 위의 상담도 급히 이루어진 것으로 보였고 그 날인가 그 다음 날 마침내 각각 도쿄 주재 공사에게 훈령을 전하게 된 것입니다.

위 간섭에 대해 졸관이 러시아 외무대신과 담판하던 중, 만약 러시아가 일본이 대륙의 토지를 할양받지 못하도록 결정했다면 지금까지 몇 번인가 이에 관하여 말한 적이 있었음에도 어째서 미리 진즉에 이에 대해 언급하지 않았는가라고 따져 물었습니다. 이에 대해 로마노프 대신은 일본이 그 땅을 실제로 강제 점령할 것으로 생각지 않았다고 대답했고, 아시아 국장은 이에 대해 히트로보 공사로 하여금 공식적으로 일본에

문의하게 했으나 도쿄에서는[2] 때가 되면 자진하여 대답하겠다며 이에 대해 언급하지 않으려 했다 합니다. 하지만 이는 모두 후일의 구실에 불과하며, 사실은 그들 스스로도 독일과 공동으로 간섭할 수 있는 힘을 갖출 것이라고는 생각지 못했기 때문에 일의 결과가 어떠할지를 예측하여 답할 수가 없었고, 따라서 이에 대해 말할 수 없었던 것이라고 졸관은 지금 믿고 있습니다.

위 독일의 거동이 의외였기 때문에 러시아인까지도 놀랐는데 지금 그렇게 결정한 까닭이라는 한 내용을 들으니, 독일은 애초부터 러시아와 프랑스가 동맹하여 친밀하게 됨을 달갑게 여지지 않고 있었고, 금년 여름 독일의 키일Kiel에서 개최된 신 운하 개통식에도 프랑스가 군함을 파견할 뜻이 없음을 알고 점점 이를 우려하고 있었는데, 러시아가 이를 주선하여 마침내 독일은 그 뜻을 이룰 수 있었습니다. 그런데 때마침 일청 전쟁 종식이라는 어려운 문제가 생기자 영국이 손을 떼고 러시아도 궁색해진 것을 본 독일이 이를 호기好機로 삼아 급거 가담하게 된 것은, 동서양의 이해관계의 대소에 따라 러시아와 프랑스에 사의를 표하며 한 편이 되겠다는 책략을 취한 것에 다름 아니었을 것이라는 설입니다만, 그 진위는 자세하지 않습니다.

현재 이 곳에서는 일본 정부의 영단으로 동방의 큰 문제도 무리 없이 종결되었다며 모두 안심하는 상황입니다. 그러나 정치가들은 일본이 요동반도 대신에 무엇을 요구할 것인가, 또 이를 포기하는 것은 명목뿐이고 사실은 그 땅을 영구히 점령하려는 계책을 갖고 있는 것이 아닌가 하는 문제에 여전히 신경 쓰고 있습니다.

또 우리에 대한 3국 공동의 관계도 아직 완전히 결말이 나지 않았을 뿐

2　여기서의 도쿄는 일본 정부가 아닌 도쿄에 주재하고 있던 히트로보 공사를 가리킨다.

아니라, 앞서 말한 키일에서의 각국 군함 회동식会同式(=觀艦式) 소문도 점차 화두에 오르고 있기 때문에, 어쩌면 독일의 동맹가입 수단이라는 앞의 주장도 사실이고, 그 뜻을 잘 달성하여 일단 공동으로 나가기로 한 동방론論에는 3국이 시종 서로 제휴하여 결국에는 조선 독립의 실행론까지도 참견하게 되지 않을까 싶습니다. 따라서 만약 우리가 결국 요동반도를 점령할 뜻이 있고, 조선도 어디까지나 우리의 위세로 단단히 묶어둘 작정이라면, 우리로서는 더욱이 필요한 군비를 갖추어야 함은 물론이고 원컨대 가능하다면 지금 영국과 결탁하고 나중에 그 도움을 얻도록 해야 할 것이라 생각합니다.

이번 담판 중에 졸관은 최후의 수단으로, 동방에서 러시아 장래의 이해까지 언급하며 뭔가 다른 소망이 있는지 들으려 했습니다. 그러나 로바노프 대신은 블라디보스토크에도 최근에 쇄빙계械를 만들어 동절기에도 해륙 교통이 완전히 두절되지 않는다면서 지금 조선에서의 부동항을 바랄 일이 없게 되었다는 뜻으로 대답하며 이에 넘어가지 않았습니다.

이를 액면 그대로 받아들이기는 어렵다고 생각합니다. 그러나 가령 지금 그런 기대가 없다 해도, 일본이 표면적으로 조선의 독립을 주창하면서 내실 자기의 위세를 조선에 굳히려는 것 또한 러시아로서는 달가워하지 않을 것입니다. 그리고 또 지금 별도의 계획이 없다지만 러시아 스스로 점차 만주의 동북부에서 남부의 해안까지 그들의 위세에 복속시키려 기도하는 것은 이번 사건으로 분명해졌습니다. 이로써 만약 조선의 독립에 대해 러시아에 뭔가 불리한 조항이 있으면 그 자세한 내용이 드러나는 대로 반드시 불편한 심기를 제기할 것으로 생각되므로 이러한 내용 또한 참고해 주시기 바랍니다. 이상 삼가 아룁니다.

이 편지는[111] 작년 5월 5일 우리 정부가 러·독·프 3국 정부에게 최종 회답을 한 후 불과 2, 3일 사이에 니시 공사가 보내 온 것이다. 편지에 논한 내용은 명석하며 자세했다. 추론에 의한 것이라 해도 지금 더욱 그 견해에 오류가 없음이 역력히 증명된 바, 과연 니시 공사의 숙련된 외교적 기량을 알 수 있다고 하겠다.

3국 간섭 전후의 독일의 형세

독일이 왜 이렇게 다른 사람을 위해 불 속에 있는 밤을 줍는 것 같은 행동을 하여 러시아로 하여금 갑자기 오랜 뜻을 거리낌 없이 폭발시키게 했느냐의 원인은 대개 니시 공사가 앞의 글에 언급한 것에서 벗어나지 않을 것이다. 그리고 지금 시국의 추세에 따라 약간 상술할 필요가 있는 대목이 있다.

본래 독일 정부는 일청 사건 초기부터 그 거동이 매우 애매모호했다. 그들은 때때로 우리나라에 대해 동정과 우의를 표하면서도, 그 신민은 속속 청국으로 전시금제품을 수입하고, 직을 떠난 사관들이 공공연히 청국의 군사 업무에 가담하는 자들이 있어도 독일 정부는 보고도 못 본 척 하는 것 같았고 그 사이에 순순히 자기의 이익만 계산하는 것 같았다.

그리고 작년 11월경 영국 정부가 연합하여 간섭할 것을 유럽 각국에 제의했을 때, 독일은 맨 먼저 이를 거절했다며 그 뒤 우리나라에 빈번히 생색을 냈다. 그러나 영국의 연합 간섭은 영국의 여론조차 이에 반대할 정도였기 때문에 도저히 실제로 성립[112]할 수 있는 일이 아니었다. 또 금년 3월 8일, 도쿄 주재 독일 공사는 하야시 외무차관을 면회하고(당시 나는 여행 중이었기 때문에 하야시와 면담한 것으로 알고 있다), 자국 정부의 훈령이라며 다음의 구상서口上書를 낭독했다.

독일제국 정부는 화약和約을 체결하고 또한 그 조건이 적당한 정도이기를 일본 정부에 권고한다. 청국은 유럽 여러 강국에 간섭을 요청하고 있다. 두세 강국은 대체로 이에 동의하고 또 서로 약속한 바가 있는 것 같다. 그리고 이들 제국이 그 간섭의 대가로 청국에 요구하는 것이 확대되는 만큼 일본이 얻을 바는 근소해질 것이다. 그러므로 일본은 이들의 간섭을 받지 않는 사이에 적당한 조약체결을 하는 것이 최상책일 것이다. 독일 정부가 접수한 보고에 의하면, 일본은 청국 대륙에 토지 할양을 요구하는 모양인데, 이는 반드시 간섭을 불러일으키는 매개물이 될 것이다.

이에 따라 나는 곧바로 하야시 차관에게 전신 훈령하여 독일 공사의 호의에 사의를 표명해두도록 했다. 그러나 이 때 이미 우리의 국가 방침으로서의 일청 강화조건이 확정된 후이기 때문에 이를 쉽게 변경할 수 없었을 뿐 아니라, 종래 일청 사건에 관한 독일 정부의 언행이 종종 신뢰하기 어렵다는 느낌을 갖고 있었을 때였으므로, 그 권고에 대해 그다지 중요하게 생각하지 않고 있었다. 그런데 그들은 이제 와서 일본이 이 권고를 성찰하지 않고 제멋대로 행동한 탓에 마침내 3국간섭을 초래하게 되었노라고 소리치고 있다.

그러나 당시 우리 정부에 이와 유사한 권고를 한 나라가 어찌 유독 독일뿐이었겠는가. 또 가령 우리가 독일의 권고에 대해 감사의 뜻을 표한 것이 혹시 부족했다 하더라도, 이 때문에 독일이 갑자기 3국간섭의 선창자가 되고, 러시아는 어찌되었든 구원舊怨이 깊은 프랑스와도 연합하여 일본에 반대하기까지 표변할 이유가 없었기 때문에, 나는 처음부터 독일의 돌변은 반드시 별개의 유럽의 정략적 관계에서, 이른바 등을 배로 대신할 수 없다(=당면한 큰일을 위해서는 딴 일에는 조금도 마음을 쓸 수 없다/역주)

는 속담에 해당하는 사정이 있었던 것이 아닐까 하고 의심했다.

또한 이 표변은 매우 급작스럽게 이루어진 모양으로, 4월 6일 아오키 공사는 나에게 강화조건이 이미 누설되었고 독일 정부는 별로 중요한 이의가 없다고 했다. 그리고 같은 달 12일에도 동 공사는 강화조약 조건이 유럽의 신문에는 평판이 좋은 편이며, 특히 배상금에 대해서는 한 층 더 거액이어도 결코 이의가 없을 것이라 했다. 또 토지 할양도 귀대신(=무쓰 무네미쓰/역주)은 그것을 고수하여 흔들리지 않는 것이 좋을 것이라는 전보까지 보내올 정도였다. 그 다음날인 13일에 동 공사는 나에게 다음 내용의 급전을 보내왔다.

만약 일본 정부가 청국으로부터 특별한 경제적 이익을 추구할 경우에는 독일조차도 이에 반대할 것임. 독일의 간절한 의사에 대해 일본은 제반 사항을 상세하게 독일 정부에게 통지해야 할 책무가 있음. 따라서 일반의 격앙된 감정을 누그러뜨리기 위해 본 공사에게 알려 주기 바람.

겨우 하루 만에 앞 뒤 전신電信의 의미가 이렇게까지 모순된 것은 대체 무엇 때문일까. 이는 정작 독일이 그 정략상 전기轉機의 필요성이 생긴 때문이 아니면 무엇이겠는가. 그리고 위 전문 중 특별한 경제적 이익 운운한 것은 요즈음 마침 폰 브란트 일파가 청국을 위해 독일 정부 및 사회의 어떤 계층에 대해 빈번히 자신들의 주장을 말하고 다니며 그 잘못된 설을 유포하던 때였기 때문에, 독일 정부는 우선 그 설을 이용함으로써 일시 가면을 써서 이를 덮은 것이다. 원래 동방의 아시아에서 항상 상업의 농단을 도모한 것은 영국을 따라갈 나라가 없다. 그런데 그 영국조차 이번 강화 조건을 보고 매우 좋다고 인식하고 있을 정도였으므로 독일이 통상상 하등의 장해가 있을 까닭이 없었음은 물론이다.

따라서 나는 그달 19일 아오키 공사에게, 일본이 청국으로부터 얻은 통상상의 이익은 최혜국 조관에 의해 각국과 동일하게 이익을 받는[均霑] 것이고, 그러므로 다른 나라들은 매우 좋게 인식하고 있다고 들었는데, 독일에서는 오히려 이 때문에 일반 국민이 경악해 마지않는다는 귀하의 전보를 받고 나는 심히 의아한 마음을 금할 수 없다고 회신했다.

독일의 표변에 대한 아오키 공사의 전신 보고

과연 독일이 통상상 운운하는 불평은 하나의 구실이었던 것이다. 그달 20일, 아오키 공사는 베를린에서 다음의 전보를 보내왔다.

> 귀대신의 전신을 받은 뒤 독일 외무대신을 만났으나 동 대신의 의향이 갑자기 표변한 것 같음. 동 대신은, "일본이 여순구를 강제 점령하는 데는 반드시 큰 장애를 받게 될 것"이라 했음. 이에 본 공사는, "봉천성奉天省 남부를 점령하는 것은 조선국의 독립을 공고히 하기 위해 필요한 조치일 뿐 아니라, 만약 일본이 그 군인의 선혈鮮血로 쟁취한 영토를 보유할 수 없다면 (일본 국민이/역주)크게 실망할 것이다. 그리고 독일은 일청교전 중 일본에 대해 항상 표창表彰했던 것과 같은 돈독한 정략을 이번에도 취해 줄 것을 바란다"고 했음.
>
> 동 대신은 다시 말을 이어, "독일은 작년 가을 이래 일본에 대해 이미 충분한 후의를 표하고, 유럽 제국諸国의 간섭 기도를 타파했고 기타 여러 방법으로 일본을 도와주었다. 그러나 일본은 이에 대해 어떤 보상도 하지 않았고 독일의 이익을 증진시키지 않았으며, 뿐만 아니라 독일 및 기타 열강의 청국에 대한 통상상의 관계를 고려하지 않고 마음대로 평화 조건을 오로지 정했다. 따라서 독일은 이제는 유럽 제국과 공동으로 움직일 수밖에 없다 ……또 일본은 평화조약 중의 통상상의 조건에 의

해 부당한 이익을 얻은 것 같다"고 했음.

본 공사는 각국이 공히 최혜국 대우를 향유하고 있기 때문에 청국에서 일본과 동등한 이익을 가지는 것은 당연하다고 대답했는데, 이에 독일 대신은, "일본은 다만 그 노동 임금이 저렴하다는 이점이 있을 뿐만 아니라, 국경이 서로 근접해 있기 때문에 이번의 조약에 따르면, 일본은 결국 청국에서의 유럽 제국의 통상무역에 대해 실제로 비교할 대상이 없는 경쟁자가 될 것이다. 또 일본은 원래 외교상의 관례를 어기고 제멋대로 조치했다"며 이를 크게 비난하고 세계가 결코 일본국의 희망과 명령에 의해 좌우되지 않을 것이라 했음.

본 공사가 생각건대, 우리 정부가 독일의 후의에 답하는 데 태만했기 때문에 독일은 이제 일본에 반대하여 기타 강국과 함께 움직이겠다고 언명하게 된 것임. 뿐만 아니라 독일은 앞서 이미 평화 조건을 경감할 것을 일본 주재 독일공사가 귀대신께 권고함으로써 청국을 보호했음. 지금 독일국의 태도가 매우 심상치 않음. 그러므로 이에 대해 상당한 조치를 취하기 바람.

위 전문 중에, 일본의 노동력이 저렴하고 일청 양국은 국경이 근접해 있으며 유럽 각국은 결국 경쟁할 수 없을 것이라는 불평은 거의 아이들 소꿉장난 같은 것으로 일고의 가치도 없었다. 그리고 독일이 작년 가을 이래 우리나라에 대해 호의를 베풀었음에도 우리로부터 충분한 보상이 없었다 하고, 우리나라가 독일 및 유럽 각국의 청국에서의 통상상 관계를 고려하지 않고 평화조건을 일방적으로 정했다는 것을 구실로 이제는 유럽 여러 나라와 공동으로 행동할 수밖에 없다고 한 것은 그 논거가 모순되며 매우 박약하다.

또 그들이 유럽 여러 나라의 연합간섭에 반대했다 하고, 도쿄 주재 독일공사로 하여금 일본 정부에 권고하게 했다는 것은, 앞에서 이미 논파한 것처럼 독일의 은혜라 하여 이를 깊이 감사해야 할 정도의 것도 아니다. 설령 우리나라가 이에 대해 감사하는 바가 충분하지 못했다 하더라도 이 때문에 독일로 하여금 러시아·프랑스와 제휴하여 병력으로 우리를 압박할 정도까지 분노하게 했을 터가 없는데 아오키 공사조차 우리 정부의 태만을 탓하는 듯한 말투였음은 아주 이해하기 어려운 일이었다.

내가 아오키의 이 전신을 받은 것은 마침 시모노세키조약 조인 후 히로시마로 돌아간 때이고, 아직 상세하게 유럽 각국의 근황을 다 알 수 없었지만 독일이 갑자기 이렇게 표변한 것은 표면적으로 운운하는 것 외에 반드시 별개로 뭔가 스스로 부득이한 사정이 있어서 그러지 않을까 의심했다. 때문에 지금에 와서 독일에 대해 그 결의를 번복시키려 해도 보람이 없을 것이며, 오히려 그들이 어떻게 나올 것인가를 잠시 기다리는 것이 최선이라 생각했다.

독일이 러시아·프랑스와 동맹한 것에 관한 다카히라高平 공사의 전신

과연 나의 의심은 평소 독일과 가장 친밀한 유럽의 다른 한 나라에서 폭로되었다. 즉 4월 27일, 이탈리아 주재 다카히라 공사는 나에게 다음과 같이 전신으로 보고했다.

본 공사는 강화조건에 반대하는 독일의 의향에 관해 이탈리아 외무대신과 장시간 회담했음. 그 때 동 대신이 본 공사에게 내밀히 말하기를, "독일은 처음에 이탈리아와의 협동을 희망하였지만 이탈리아는 이를 사절했다. 이번에 독일을 이렇게 변하도록 한 독일의 저의는 전적으로 구주 대륙의 정략상, 프랑스·러시아 동맹을 차단하여 결국 프랑스와 러[113]시아를 고립된 위치에 서게끔 하려는 데 있다. 그러나 독일이 너무 깊이 러시아와 결탁하여 위력을 떨치게 되는 것 또한 이를 묵과할 수 없는 노릇이어서 어느 정도 그 세력을 제한할 필요가 있다. 이런 사정으로 만약 영국·이탈리아·미국 세 나라를 합동하여 일본 편에 서게 한다면 간섭 문제 또한 중대하고 큰 일로 확대되지 않고 결말을 보게 될 것이다. 그러나 이 일을 성사시키려면 일본이 먼저 영국·이탈리아·미국의 협동을 요청하지 않을 수 없다. 그럴 때 이탈리아는 흔쾌히 영·미 양국을 끌어들여 권유할 것이다. 본래 이번 사건은 매우 희극적[3]이기 때문에 독일과 이탈리아는 추호도 3국동맹(트리플 알리안스 독일, 오스트리아, 이탈리아)[4]에 저촉되지 않고 피차 반대 위치에 설 수 있을 것이다"고 했음.

위 이탈리아 외무대신의 말은 매우 명료했다. 독일의 표변은 실로 러시아·프랑스 관계의 열기가 점점 더 달아오를 것을 우려한 나머지 스스로의 몸을 그 중간에 던져 그것을 냉각시키고자 함에 있었다. 이는 오히려 자기 자신의 사활에 관계되는 사정에 쫓기어 또 다른 것을 돌아볼 겨를이 없었기 때문인 것이다. 그러므로 이탈리아 외무대신이 독일, 오스트리아, 이탈리아 3국 동맹에 저촉되지 않고 피차 반대

---

3 본문의 표현은 '교겐狂言'으로 되어 있다. 교겐은 노가쿠能樂의 막간에 등장하는 희극. 무로마치 시대부터 발달했다.

4 1882~1915년 사이의 독일·오스트리아·이탈리아 3국 사이에 체결된 방어동맹. Triple Alliance, 혹은 Dreibund라 한다. 주된 내용은 가맹국이 다른 열강, 특히 프랑스로부터 공격을 받을 경우 상호 군사원조를 한다는 것이다. 1872년 독일과 오스트리아 사이에 2국동맹이 체결되었는데, 1881년 프랑스가 튀니지를 점령하여 보호국화하자, 일찍이 이 곳에 야심을 갖고 있던 이탈리아가 프랑스의 튀니지 점령을 인정하지 않고 1882년 5년을 기한으로 독일, 오스트리아와 동맹을 체결한다. 1890년 독일의 비스마르크Otto von Bismarck가 은퇴하기 전까지는 비스마르크 안전보장체제의 일환으로 중요한 역할을 했다.

하는 위치에 설 수 있다고 한 한마디는, 외견상 매우 기이하고 또 너무도 대담한 것 같지만 유럽 외교상, 허허실실이 존재하는 바의 형세에서 이 또한 있을 수 없는 것은 아니라 하겠다.

영국 주재 독일대사와 가토 공사의 담판에 관한 동 공사의 전신보고

독일이 러시아와 동맹한 희극적 외교는 이탈리아 외무대신 덕에 간파되었을 뿐 아니라, 또 독일 황제의 대표자 격인 영국 주재 독일 대사의 입을 통해 드러났다.

4월 30일, 가토加藤 공사의 전신 보고에 의하면,

영국 주재 독일 대사는 서기관을 보내 본 공사와의 면담을 요청했음. 이에 본 공사는 29일 어제 독일 대사를 방문했음. 그때 독일 대사는, "러시아의 감정이 점점 더 격앙되고 있고 프랑스는 오늘에 이르러 동맹에서 탈퇴하려 해도 이미 그럴 수 없는 위치에 빠졌다. 독일은 지금까지는 물론이고 지금도 여전히 일본에 대해 우의를 갖고 있으므로 본 건을 원만히 종료시키려는 뜻이 매우 간절하다"고 했음. 이에 본 공사는, 독일이 과연 그토록 일본에 대해 우정을 갖고 있다면 무슨 까닭으로 이번 간섭에 가담하게 되었는지 따져 물었음. 독일 대사는 그렇다고는 분명히 말하지 않았지만, 유럽 관계의 정략이 은근히 독일로 하여금 동맹에 가담하지 않을 수 없게 한 진정한 원인이라 하고, 동시에 독일이 이에 가맹한 것은 일본을 위해서 다행한 일인데 왜냐하면 독일은 러시아·프랑스 두 나라를 설득하여 그들의 요구를 크게 경감시켰기 때문이라 했음. 또 동대사는, 일본은 어쨌든 요동반도를 일시 점령하는 것으로 만족해야 할 것이라 함. 그리고 일시 점령은 장차 언제라도 영원한 점령으로 바뀔 수 있다면서 몇 가지 선례를 제시하며, 만약 일본이 요동반도를 영구 점령하는 것마저 단념한다면, 그 뒤 기타 어떤 조건이라도 일본이 승낙할 수 있는 처분에 대해서 동 대사는 본 공사와 함께 이를 종결하는 데 진력하겠다는 뜻을 본국 정부에 건의할 수 있다고 부언했음.

이라 했다.

전문 내용이 결코 독일 대사 한 사람의 사사로운 말이 아닌 것은 지극히 명백했다. 그러나 독일 정부가 무슨 이유로 적당한 경로를 통하지 않고 하필이면 그 주영駐英 외교관으로 하여금 주영 일본 외교관과 요동반도 문제를 협의하게 하였는가는 매우 의심스러운 일이었다. 뿐만 아니라 그는 그렇다고는 분명하게 말하지는 않았지만 유럽 관계의 정략이 은근히 독일로 하여금 동맹에 가담하지 않을 수 없게 한 진실한 원인이라 흘리고, 또 일본은 어쨌든 요동반도를 일시 점령하는 데 만족하라고 권고하고 일시 점령은 장차 언제라도 영원한 점령으로 바뀔 수 있다는 전례까지 제시한 조언은 독일이 당시 러시아의 한 동맹자 위치에서 본다면 거의 사자 몸 속의 벌레[5]와 비슷하지 않았을까.

3국간섭 전후의 프랑스의 형세

프랑스 또한 유럽 관계의 정략상, 아니 그야말로 그 국가의 생존상 하루라도 러시아와 결별할 수 없음은 오늘날 시작된 것이 물론 아니었

---

5 『梵綱經범강경』에 나오는 말이다. 사자를 죽음에 이르게 하는 사자 몸 속에 있는 벌레라는 뜻으로, 불자佛者이면서 불법佛法을 해치는 자를 비유한다. 즉 내부에서 분쟁을 일으키는 자를 비유하는 의미로, 사자 몸 안에 살면서 그 덕을 입는 벌레가 사자의 살을 파먹고 그를 해친다는 뜻에서 나온 말이다.

다. 그리고 일청 교전 초기에 프랑스가 우리나라에 대해 좋은 감정을 갖고 있었던 것은 독일에 조금도 뒤지지 않았다. 나는 프랑스의 언행이 오히려 어쩌면 독일보다도 훨씬 진지했던 것으로 판단했다.

프랑스 공사 아르망은, 수시로 장래 일본·프랑스 동맹의 필요성을 역설하고 있었을 뿐 아니라, 또 나에게 러시아 군함이 속속 수에즈[蘇士] 해협을 통과하여 이 쪽으로 집결하는 저의를 결코 소홀히 보아서는 안 될 것이라 암시하고 있을 정도였다. 그러므로 이번의 3국간섭도 프랑스 정부는 독일처럼 러시아의 뜻에 영합하여 솔선한 것이 아니었다. 처음에 약간 주저했던 모양은 니시 공사의 편지 중에서도 알 수 있었다. 그러나 바야흐로 독일이 돌연 러시아와 결탁할 낌새가 있음을 보고 물론 수수방관할 수 없었던 것은 실로 당연한 일이었다. 그 후 아르망이 나에게, 일본 정부가 프랑스의 이번 거동에 관하여 그 진의를 추측하여 살피지 않았던가라고 한 것은 참으로 그의 진실한 심정을 말한 것이었다.

이렇게 러시아는 의외로 독일의 동맹을 얻고 이에 더하여 종래 그 관계가 얕지 않았던 프랑스도 끌어들일 수 있었다(이 연합간섭 상담이 실로 4월 중순에 시작하여 겨우 닷새에서 이레 사이에 이루어진 것은 아오키, 니시 공사의 전신 및 서간에서도 알 수 있다).

이에 러시아는 단지 동방에서 자신들의 세력을 증강시켰을 뿐 아니라 유럽의 관계에서조차 추호도 그들 내부를 걱정해야 할 우려가 없게 되었다. 그러자 4월 23일 우리 정부에 이의를 제기해왔는데, 전일의 자세와는 일변하여 그 절도는 간결하나 태세는 험하여[6] 방

---

6 손자병법 「勢篇」에 나오는 '세험절단勢險節短'을 인용한 말. 즉 전투를 잘하는 자, 그 기세는 맹렬하고 절도는 간결하다는 뜻이다.

약무인하게 맹렬한 시위운동을 시작했다.

당시 일본 각 항구에 정박하고 있던 러시아 군함은 24시간 내에 언제라도 출범할 준비를 갖추라는 명령을 받자, 각 함 모두는 주야로 기관에 점화하고 그 승조원의 상륙을 금지하여 마치 전투가 당장에 벌어질 것 같은 형세를 보였다. 또 블라디보스토크에서는 예비병을 급히 소집하여 상인, 농민을 막론하고 강제로 군에 복역시켰고, 동부 시베리아[西伯利亞] 총독 관할 아래 현역과 예비역을 합해 5만의 병력을 모아 언제라도 출병할 준비를 갖추었다고 하며, 특히 블라디보스토크항의 군무지사軍務知事는 후타하시二橋[7] 무역사무관에게 블라디보스토크를 임전臨戰 지역으로 간주하라는 본국 정부로부터의 명령이 있었다고 통첩하면서 이에 동 지역에 체류하고 있는 일본인은 3웨르스트[8] 이내로 돌아와 거주하며, 재차 통지가 있을 때에는 언제라도 퇴거할 준비를 해두도록 하라고 전했다.

또 그 무렵 독일의 어떤 신문에 실린 풍문에 의하면, 독일 황제는 러시아 황제에게 특별히 전보를 보내, 러시아 해군 중장 치르토프Pavel P. Tyrtov의 해군에서의 기량과 경험을 짐이 잘 알고 있기 때문에 태평양에서의 독일 함대의 사령司令을 치르토프에게 맡기기를 바란다고 했다 한다. 그 허실은 물론 잘 알 수 없지만, 어쨌든 러시아는 이미 호랑이 등에 올라탄 형국이라 어떤 장애가 있어도 이를 물리치고 곧장 나아가겠다는 결심을 나타낸 것이다.

3국간섭의 유래는 위에서 적은 바와 같이 그 장본인이 러시아임은

---

7   후타하시 겐二橋謙(1857~1903)을 말한다. 무쓰노쿠니陸奥国(지금의 이와테현岩手県) 출신. 외교관. 메이지 30년(1897)부터 블라디보스토크 무역사무관으로 근무했다.

8   Verst. 러시아에서 쓰던 거리 단위. 1웨르스트는 1,067m.

물론이지만, 러시아로 하여금 이렇게까지 급격하게 그 맹렬한 기세를 떨치게 한 것은 사실 독일의 표변에 기인한다. 그러면 독일은 이런 고육지책을 실행하기 위해, 또 어떻게 내외로 각종의 계획을 꾸몄던가. 그들로서는 과연 당일까지 어떤 거짓말도 하지 않았던 일본과 느닷없이 반목한다는 것이 상당히 고심해야 할 일이었던 모양이다. 당시 독일의 각 신문은 빈번하게 독일은 원래 일본에 대한 호의가 있었고 지금도 여전히 갖고 있지만, 실제상으로는 부득이하게 다른 나라와 함께 일본에 충고하지 않을 수 없는 입장에 맞닥뜨리게 되었을 뿐이라든가, 또는 독일이 러·프 양국에 가맹함으로써 다른 나라가 지금 한층 엄중히 일본에 추궁해야 할 것을 경감시켰다든가, 기타 이와 유사한 논조로 은근히 우리나라의 원한을 달래려 했다.

그 뿐만 아니라 주영 독일 대사가 가토 공사에게 내밀히 말한 것과 독일 외무대신이 아오키 공사에게 일본이 요동반도 반환 조건으로 배상금을 청구하는 것은 당연한 일이며 독일 정부는 언제라도 이를 청국에 권고하는 수고를 아끼지 않을 것이라 한 것, 그리고 도쿄 주재 독일 공사가 하야시 외무차관에게 만약 일본이 본 문제를 열국 회의에 부칠 의향이 있다면 독일 정부는 거중 주선의 노력을 할 것이라 한 것들은 모두 러·프 양국이 굳이 말하지 않았던 것이다. 그들은 우리나라에 대해서조차 이와 같았다. 러시아에 대한 그 고육지책에 이르러서는 더욱 심했으리라는 것은 추측하고도 남음이 있다.

이 무렵 『모스크바 신문』이 비스마르크공比斯麥公/Bismarck의 거동을 논평한 글 하나는 매우 기발하고 재미있게 독일을 빈정거리며 꼬집었다.

이 신문은 비스마르크공의 지금까지의 정책에 대하여 어느 정도 칭찬과 비난의 평가를 내린 다음,

비스마르크공이 이번 3국간섭을 찬성한 것은 결코 극동에서 독일의 통상무역상 이익을 보호하고자 하는 차원의 진부한 설이 아니고, 진정코 독일의 행복을 위해 필요하다고 인정되는 러·독의 친교를 회복하고 이후 서로 제휴할 계제를 만들기 위해서다. 그러므로 공이 단언하기를, "독일은 러시아가 태평양 쪽에 부동항을 얻고자 조선을 경유하는 철도를 관통하려는 희망에 대해 조금도 반대할 이유가 없다. 즉 독일은 프랑스의 튀니지, 인도, 아프리카[亞弗利加]에 대한 정략에 동감을 표시한 것처럼 러시아의 동양 정략에도 동감을 표할 수 있다. 흑해黑海조차도 지금은 이미 독일로서는 이해관계가 그렇게 깊지 않은데 하물며 조선해朝鮮海에 있어서랴. 독일의 정략은 지금 모름지기 일정하여 흔들림이 없어야 한다. 요컨대 종래의 방침을 고수하여 끝까지 러시아와 공동 일치하는 행동을 해야 할 것이다"라고 했다. 과연 비스마르크공은 노련한 외교가이며, 이 큰 일에 대한 정략을 결정함에 자신의 러시아에 대한 호감과 영국에 대한 악감정을 기준으로 삼지 않고 한 뜻으로 오로지 독일의 이익만을 표준으로 삼았다.

고 칭찬했다. 그런 뒤 이 신문은,

대저 독일이 위태로운 상황에 처했을 때 그 흥망은 전부 러시아의 향배向背에 의해 결정되었다. 독일은 나라 기틀이 견고하기를 바란다면 오직 러시아에 의지할 수밖에 없다.

고 하여 러시아의 지위를 높이 올리고 있다. 또 비스마르크공이 라이프치히 모임에서 행한 연설 중 독일제국은 본세기 초로 복귀해야 한다고 권고한 말에 대해 이 신문은, 러시아는 바야흐로 다른 나라의 이익을 위해 자국의 민력民力을 피로하게 하지 않을 것임을 비스마르크 공 또한 잘 알고 있을 것이라고 조소하고 끝으로,

> 러·독 양국은 결코 서로 질시할 이유가 없다. 그러나 독일은 이에 대해 자국의 이익 때문에 러시아의 정략에 참견하고, 러시아로 하여금 러시아 특수의 정략을 바꾸어 오랜 친구(프랑스/역주)와 절교하고 다시금 독일의 이익을 위해 조력할 것을 바라서는 안 된다.

고 미리 경고함으로써 독일 정부 및 비스마르크의 흉중을 폭로함과 동시에 자신들의 본래 면목을 거리낌 없이 노출하기에 이르러서는 독일 정부도 비스마르크도 등에 식은땀을 흘렸을 것이다.

이는 러시아의 한 신문사가 비스마르크에 대해 논평한 것일 뿐이며, 물론 이를 곧바로 러시아 정부의 진의라고 볼 수는 없다. 그러나 원래 러시아·프랑스 동맹 성립 햇수가 상당히 오래되었음은 세상이 다 아는 사실임에도 아직까지 한 번도 양국 공히 이를 명백히 말한 바가 없었다. 그런데 금년 6월 10일, 프랑스 외무대신 아노트[9]는 의회의 질문에 대해, 일청 전쟁에 관하여 프랑스가 러시아와 그 방침을 같이 하는 것은 순전히 종래 양국 동맹의 결과에 의한 것이라고 아무 거리낌 없이 이를 공언했다.

러·프 양국 정부에서 양국 동맹의 사실을 공공연히 언명한 것은 대개 이 때가 그 시초다. 독일이 러·프의 밀접한 관계를 차단하고자 행한 희극적 가맹은 오히려 러·프 동맹을 견고하게 만든 것이 아니었을까.

---

9 가브리엘 아노트Gabriel Hanotaux(1853~1944). 프랑스의 역사가이자 정치가. 외무대신 시절 러시아와의 관계 개선에 힘쓰고 아프리카 식민 정책에 주력했다.

그리고 그 달 17일, 러시아 황제가 특별히 프랑스 대통령에게 가장 귀중한 산·타레도레노 훈장을 증정한 것은, 다만 『모스크바 신문』이 비스마르크를 조롱하는 논조에 비할 바가 아니고, 실로 프랑스 외무대신이 공공연히 러·프 동맹의 사실을 언명한 것에 대한 사의를 표의한 것이었다. 그 후 러·프 양국이 청국의 외채에 대해 합동으로 협력한 바가 있었다면서 독일이 구차스럽게 불평을 늘어놓은 것 또한 본래 늦은 것이 아니었던가.

이는 요컨대, 독일 정부의 희극적 외교와 오랫동안의 고육지책이 과연 그 목적을 달성했는지 아닌지는 장래의 문제이고, 특히 본편에서는 오히려 다른 일에 속하는 것 같아 이를 깊이 논급하지 않겠다.

제21장

러시아·독일·프랑스의 3국간섭(하)

결론

메이지 28년(1895, 고종32) 4월 23일, 러시아·독일·프랑스의 3국간섭이 시작되자 그 다음 날인 24일, 히로시마 행궁行宮에서 어전 회의가 열렸다. 그 회의에서 제3국과의 화친은 결코 깨트려서는 안 되며 새롭게 적국을 만드는 것은 결단코 상책이 아님을 확정했다.

한편 당시 나라 안의 일반적 상황은 어떠했는가 하면, 사회는 마치 일종의 정치적 공황panic이 엄습한 듯 경악이 극도에 달하여 침울한 분위기였고, 근심이 가득 차 당장이라도 우리나라의 중요한 곳이 3국의 포격을 받을 것을 걱정하는 것 같았으나 누구 한 사람도 목전의 큰 난국을 극복할 대책大策이 있다며 목소리 높이는 자는 없었다. 실제로 그 무렵 대외 강경파라 칭하는 일파에 속하는 중심인물들이 교토에서 이토 총리를 면담하고 화제話題가 3국간섭의 건에 이르렀을 때, 이토 총리는 그들에게, "지금은 제군들의 훌륭한 생각과 뛰어난 의견[名案卓說]을 듣는 것보다는 오히려 군함과 대포를 상대로 숙의해야 할 것이다"라고 익살스럽게 그러나 냉정하게 말했다.

이에 대해 그들은 평소의 다변가들답지 않게 조금도 거스름 없이 이에 순응하여 감히 한 마디도 항거하지 않았고, 또 그 흉중에 어떠한 타산打算이 있어도 말하지 못했다. 이런 자들이 그 정도였는데 하물며 일반인들은 말할 것도 없었다. 물정物情은 흉흉해져 오직 하루 빨리 국난이 제거되기만을 묵묵히 기도할 뿐이었다.

요동반도 반환 후 국민의 불평

이렇게 10여 일이 지나, 결국 러시아·독일·프랑스 3국에 요동반도 반환을 맹약하게 되었으며 일청 양국의 강화조약은 지부芝罘에서 성공적으로 비준 교환을 마치게 되었다.

이에 사람들은 비로소 사변이 돌발할 염려가 없음을 알게 되었고 오랫동안의 근심어린 인상을 점차 펴게 되었다. 그러나 그와 동시에 일찍이 그들 가슴 속에 쌓인 불평불만을 한꺼번에 분출하여, 다시 말해 어제까지 분에 넘친 교만을 품었던 것과는 반대로 오늘은 세상이 끝나는 듯한 굴욕을 입은 감정이 생겨 각자 그 교만이 꺾인 정도에 따라 굉장히 불쾌하게 생각했고, 그들의 불만 불쾌감은 조만간 어느 곳을 향해 토함으로써 스스로 위로하지 않으면 안 될 정도에 이른 것 또한 인지상정이라 하겠다.

그리고 평소 정부에 반대하던 당파들은 이 같은 사회의 추세를 보고 금세 이를 이용하려 했다. 즉 모든 굴욕과 모든 실착失錯은 오로지 정부의 조치에 기인한다면서 대대적으로 정부의 외교를 비난했고, 전쟁에서 승리했으나 외교에서 실패했다는 공격의 함성이 사방에서 일어났다. 그 메아리가 아직 귀에 쟁쟁하다.

본래 내가 본 편을 기초起草하는 목적은, 작년 조선 내란 이래 연이어 청국 정벌 전쟁에 이르고 마침내 3국간섭 사건이 있기까지의 분규와 지극히 복잡했던 외교의 전말을 개괄함으로써 훗날의 망각에 대비하고자 하는 것일 따름이다. 도도滔滔한 세상의 무리들과 함께 그 시비 득실을 논변하고 쟁의하는 것은 본래 나의 뜻이 아니다.

그러나 정부가 이런 비상시기에 처하여 비상한 방침을 단행함에, 내외의 형세를 깊이 짐작하고 멀리 장래의 이해利害를 비교하고 헤아리며, 정밀하게 생각하고 심의하여[審議精慮] 적어도 시행할 수 있는 계책은 하나라도 시도해보지 않은 것이 없었다. 드디어 위기일발의 순간에 처하자 시국의 어려움을 널리 구제하고 국가[114]의 안위와 국민의 이익을 온전하게 지켜 나갈 길이 여기에 있음을 자신함으로써 이를 단행하게 된 사유는, 나 또한 이를 덮어서 어둡게 할 수 없기 때문이다.

당시 내외의 형세

지금 같은 열국 할거의 형세는 이쪽이 바라는 것은 저쪽이 혐오하는 바였다. 이해가 서로 엇갈려 이른바 그 전쟁이 발발하는 것도 최종 결심은 단순히 총포와 창과 칼이 아니라 외교상의 수완이 민활하지 않으면 교전 당사자가 때때로 의외의 위험에 처할 수 있다. 그러나 요컨대 병력의 후원 없는 외교는 어떠한 올바른 도리에 근거하여도 그 종국에 이르러서는 실패를 면할 수 없게 된다.

이번 3국간섭이 갑자기 발생했을 당시 우리 외교의 배후에 어떤 믿을 만한 강력한 후원자가 있었던가를 생각해 보라. 지금 시모노세키 담판의 진행이 이미 반이 지나 강화조약 조인도 벌써 이룩되었을 무렵에, 고마쓰미야小松宮[115] 대총독은 휘하의 뛰어난 부하들과 더불어 거의 전국의 정예를 거느리고 여순구旅順口로 진군하고 있었다.

군사 전략의 득실은 물론 여기에서 논할 범위가 아니다. 다만 당시 군인사회의 기염氣焰은, 자기 몸이 한 번 황해의 파도를 건너지 않고 다리가 한 번 아이신가쿠라愛親覺羅씨의 땅(=청나라 땅/역주)을 밟지 않으면 같은 동아리의 한 패로 거의 사귀지 못하는 것 같은 양상이었다. 이 기염은 아마 당시 그 누구도 억제할 수 없는 사정이었는데 이에 대해서는 한마디 해둘 필요가 있다. 육군은 이미 그러했고, 더하여 우리의 우수한 함대는 연해沿海의 수비는 거의 비워두고 수백 리 밖으로 출정해 있었기 때문이다.

4월 24일의 어전회의는 실로 이런 형세 아래 결정된 것으로, 오늘에 와서는 이를 그 누구의 과실로 돌릴 수 없다. 게다가 작년 가을에서 겨울로 갈마들 때부터 유럽 강국이 짐짓 일청 전쟁 국면에 간섭하려 한 것이 한두 번이 아니었다. 만약 평양과 황해 전쟁 후나, 혹은 여순구와 위해위威海衛 함락 전에 유럽 강국이 갑자기 간섭해왔더라면 우리의 전국戰局은 어떻게 변형되었겠는가.

다행히 작년 7월 아산과 풍도의 육해전 이후 수개월 간, 특히 청국이 연이어 유럽 강국의 거중 간섭을 유도했음에도 마침내 적국으로 하여금 엎드려 머리 숙이고 토지 양도와 배상금으로 강화를 요청하기에 이르기까지, 우리의 청나라 정벌군은 추호도 다른 데를 돌아보지 않고 오로지 한 뜻 한 마음으로[一意專心]으로 북으로는 봉천奉天과 산동山東의 산하를 유린하여 직례直隸 지방으로 막 직진할 길을 열었고, 남으로는 팽호제도澎湖諸島를 점유하고 대만 전도全島에 닥쳐 그 주민들을 등짐 지고 도망치게 했지만, 그 사이에 유럽 강국으로부터 하등 방해를 받지 않았던 것이 어떻게 또 우연한 행운이었다고 할 수 있겠는가.

그건 그렇다고 할 수도 있다. 그러나 전쟁 국면을 수습할 즈음에 필경 유럽 강국 중에서 얼마간 간섭을 해 올 것이고 이를 피할 수 없으리라는 것은 우리도 예상하고 있었다. 올해 1월 29일의 어전회의에 이토 총리가 올린 상주上奏 보고에 이미 대략 그 뜻이 드러났으며, 특히 대륙의 토지 할양에 관한 러시아의 의향은 작년 이래 묵묵한 가운데 이를 추측하기에 충분했다. 게다가 이를 추측할 수 있었던 이상, 무슨 까닭으로 장래 결국 포기하게 될지 모르는 토지 할양을 군이 요구했는가라고 따지는 자도 있지 않았던가.

나는 이 점에서 우리가 미리 외국의 기분을 살펴서 스스로 전후戰後의 권리를 접을 필요는 없다는 말을 하지 않을 수 없다. 왜냐하면 기분을 살핀다는 말은 어폐가 있을지 모르겠지만, 이제 열국이 각각 공명과 이익을 두고 다투는 경우, 예리한 눈과 귀로 서로 상대의 심중을 헤아리고 미리 피아가 할 수 있는 대로 교섭을 다하여 서로 시샘하고 미워[猜忌]할 것을 피함으로써 훗날의 분쟁을 면할 토대를 만드는 것 또한 외교상의 중요한 임기적 조치[權宜]이기 때문이다.

그러나 당시 우리 국내의 대세가 과연 우리로 하여금 추호도 고려하지 않고 이런 임기적 조치를 시도할 수 있도록 하게 하였는가 하면, 내가 앞 장(일청 강화의 발단)에서 언급한 바와 같이 당시 일반 국민은 말할 것도 없고 정부 부내部內에서조차 청국의 양여는 오직 거창한 것만 바라고 제국의 광휘는 다다익선으로 앙양될 것을 기대했다. 실제로 히로시마 어전회의에서 내가 제출했던 강화조약안을 보고 요동반도를 할양받는 것 외에 산동성 대부분을 추가할 것을 희망한다고 발언한 자가 있었을 정도였으므로 기타 토지 할양이 광대하기를 바라는 자는 적지 않았다. 하물며 큰 깃발[大纛대독]을 금주金州 반도로 나아가게 하여 황군이 베이징 성을 함락시킬 때까지는 결코 강화를 허락해서는 안 된다고 주장한 사람조차 있었던 것이다.

전승戰勝의 열광이 사회에 가득 차서 들뜬 희망과 공상이 거의 그 절정에 달하고 있었는데, 강화조약 중에 특히 군인의 선혈을 뿌려서 약취한 요동반도의 할양 조항이 누락된다면 일반 국민을 얼마나 실망시키겠는가. 어찌 다만 실망뿐이겠는가. 기세가 목표에 차차 이르는 바,

이 같은 조약은 당시의 사정에서는 이를 실제로 시행함을 허용할 것인가의 여부를 의심해야 할 것이었다.

이렇게 내외의 형세가 서로 용납되지 않았으며 이를 조화하는 것이 매우 어려웠는데 만약 강제로 이를 조화시키려 한다면 당시 필연코 내부에서 발생하는 격동은, 그 위해가 오히려 뒷날 혹은 외부에서 터질 것으로 예상되는 사변보다 훨씬 중대함을 염두에 두지 않을 수 없었다.

정부는 실로 이 난처한 내외 형세에서, 시국의 완급과 경중을 비교하고 헤아려 항상 그 중요하고 급한 것을 위해 가볍고 완만한 것은 뒤로 미루고, 또 안의 어려움은 가급적 이를 융화하고 밖의 어려움은 가능한 한 이를 제한했다. 그리고 완전히 제한할 수 없다 하더라도 그 화근이 폭발할 것들을 하루라도 더 지연시키고자 노력한 것은 외교적 능사로서는 또한 다 할 수 없는 것이라 해야 할 것 같다.

산스테파노San Stafano조약

대개 이와 같이 내외의 형세가 곤란한 지경에 처한 경우는 세계 각국 또한 그 선례가 적지 않았다.

예를 들면, 1877~78년 러시아·터키[露土] 전쟁의 결과로 1878년 3월 3일 산스테파노조약[1][117]이 조인되었는데, 이에 앞서 영국과 오스트

---

1 산스테파노는 터키의 콘스탄티노플 서쪽 교외의 작은 마을이다. 이 강화조약은 터키와의 전쟁을 끝내기 위해 러시아가 오스만제국을 강요하여 체결되었다. 이 조약으로 터키는 세르비아·몬네테그로·루마니아의 독립을 승인하고, 러시아에 영토를 할양하며, 다르다넬스 해협 개방을 약속했다. 그 결과 불가리아 대大자치공국은 러시아의 세력권에 편입되었다. 이는 러시아의 발칸 진출과 범汎슬라브주의가 크게 진전되는 계기가 되는 듯 했으나 발칸에 중대한 이해관계가 있는 영국과 오스트리아가 강력 반대하면서 조약의 전면 개정을 요구했다. 특히 영국은 전쟁 불사의 입장을 견지하여 러시아는 오스트리아의 제안대로 이 조약을 국제회의에서 다시 다루기로 승인했다. 이후 1878년 6월 독일 비스마르크 재상의 중재로 열린 베를린회의에서 동조약은 폐기되었지만, 이것이 향후 발칸문제의 화근이 되었다.

리아 양국은 러시아 정부에게 나중에 간섭하겠다는 예고적인 말투로 만약 러시아·터키조약에 파리조약 및 런던조약[2]의 정신에 저촉되는 조항이 있다면 이를 정당한 조약으로 인정할 수 없다고 선언했기 때문에, 러시아는 진즉에 영국과 오스트리아의 의향이 어떠한지를 미루어 알고 있었을 것이다. 그럼에도 이 조약이 비준된 것은 무엇 때문이겠는가. 아마 러시아 정부도 당시 내외의 형세에 제약되어 이를 어찌할 수 없었기 때문에 그랬을 것이다.

역사가인 고르차코프 공작[3]이 이 때의 러시아의 고심苦心을 글로 남겨 "공公은 국민 일반의 격동을 우려했고, 그 격동에 거슬리는 것은 더욱 꺼렸다"고 한 것을 보아도, 당시 사정을 알고도 남음이 있다(그러나 고르차코프는 필연적으로 영국·오스트리아 양국의 이의가 있을 것이라 예상했음과 동시에 종래의 러시아·독일의 관계상 은연중에 비스마르크의 도움을 기대하고 있었지만 저 베를린회의와 같은 결과가 있을 것이라고는 생각하지 못했던 것 같다. 하물며 비스마르크가 해당조약 조인 날을 앞두

---

2   파리조약: 1856년 3월 30일 영국·프랑스·프로이센·러시아·오스만 투르크·오스트리아 및 사르데냐가 체결하여 크림전쟁을 종결시킨조약. 그 주요 내용은 터키(=투르크)의 독립과 영토보전의 보장, 흑해의 중립화와 흑해의 외국군함 항행금지, 도나우강 항행의 자유 등이었다. 이 조약으로 인해 러시아의 남하정책과 터키에 대한 세력침투가 저지된다.
    런던조약: 1871년 *프로이센-프랑스 전쟁 후 러시아가 독일의 지지를 얻고, 파리조약(1856) 중 흑해 중립 조항의 파기를 선언하여 영국·프랑스·프로이센·오스트리아·오스만 투르크 등이 이를 승인한 조약. 러시아의 흑해함대가 부활하면서 남하정책이 강화되었다.
    * 프로이센·프랑스 전쟁(1870~71): 일명 보불전쟁. 프로이센의 지도하에 통일 독일을 이룩하려는 비스마르크의 정책과 그것을 저지하려는 나폴레옹 3세의 정책이 충돌해 일어난 전쟁. 프로이센의 일방적 승리로 끝난다. 이 전쟁의 결과로 프랑스는 당시 금액으로 배상금 50억 프랑을 지불하고 알자스-로렌 지방의 대부분을 할양하였다.
3   알렉산더 미카일로비치 고르차코프Alexandr Mikhailovich Gorchakov (1798~1883)를 말한다. 제정러시아의 정치가, 외교관. 알렉산더 2세 러시아 황제 통치 때 외무대신(1856~1882)을 역임했다.

고 불과 며칠 전에 한 연설을 노골적으로 말살한 것은 더더욱 생각할 수 없지 않았겠는가. 비스마르크는 1878년 2월 19일, 즉 산스테파노조약 조인 일을 불과 2주일 앞두고 독일 국회에서 한 연설에서 다음과 같이 말했다. 즉, "어떤 나라는 무슨 까닭으로 러시아와 전쟁을 시작할 필요까지 있겠는가. 가령 전쟁이 시작된 뒤 그 나라가 승리했다 치더라도 그들은 도저히 터키[土耳其]의 권력을 만회할 수 없을 것이다. 과연 그렇다면 러시아는 본 문제에 관해 결정된 안[定案]을 다시 그들(=어떤 나라/역주)의 결정된 안으로 대치하지 않으면 안 될 것이다. 그러나 그들이 지금 어떤 결정된 안을 갖고 있을 것인가. 혹시 어떤 결정된 안이 있다 해도 누가 그 실행을 담당할 것인가. ……러시아가 만약 지금에 와서 1856년의 조약[4]에 조인한 여러 강국의 승인을 얻지 못하게 되면 아마 현재 점유하고 있는 토지를 그대로 점유하는 것에 만족해야 할 것이다"고 했다. 이는 당시 영국·오스트리아가 러시아와 전쟁을 해서라도 그 이의를 관철시키겠다고 단단히 마음먹은 것을 보고 이를 냉정히 평가한 것이며, 또 독일로서는 러시아가 전승의 결과로 현재 점유하고 있는 땅을 그대로 점유하는 것에 대해 이의가 없다는 뜻을 암시한 것이다. 그런데 그 후 독일의 경향은 예상과는 반대로 매우 기이한 양상을 보였을 뿐 아니라, 영국은 이미 베를린 회의의 조건에 이의를 제기하고 이에 동참하기를 거부했다. 이에 고르차코프는 다시 주영 대사 슈발로프Pyotr A. Shuvalov 백작에게 은밀히 훈령하여, 영국 외무대신 솔즈베리 후작[5]과 미리 협의하게 하고 산스테파노조약 중 수정해야 할 여러 조항을 비밀 각서로 기재하게 했다. 그러므로 베를린 회의의

---

4 1856년의 파리조약을 말한다. 앞의 주)2 참조.

5 제3대 솔즈베리 후작, 로버트 아서 탈버트 개스코인-세실Robert Arthur Talbot Gascoyne-Cecil, 3rd Marquess of Salisbury(1830~1902). 영국의 제44, 46, 49대 총리. 위에서 말하는 외무대신 경력은, 발칸반도 문제를 둘러싸고 러시아·터키 전쟁이 발발한 후 대対 러시아 개전에 반대한 당시 외무대신 더비 백작이 사임한 후 외무대신에 취임했을 때를 말한다.

결과는 사실은 일찍이 런던에서 영·러 사이에 내약內約한 바에 따른 것이 많다는 것이다).

그러므로 이번 시모노세키조약의 변경도 사후事後인 지금에 와서 볼 때 정부가 밖으로는 굴종한 모양이었지만, 사전事前의 대세로서는 사실상 내부적으로 고려할 바가 있었기 때문에 이렇게 되었다는 것이 오히려 사실의 참된 모습이라 하겠다.

요컨대 이번 3국간섭의 돌발은 그야말로 일청강화조약 비준교환 기일이 이미 임박한 때였다. 그리고 정부는 3국 및 청국에 대한 문제를 일시에 처리하기 위해 백방의 계획을 다 세운 다음, 마침내 난마처럼 얽힌 양쪽 끝을 과감히 잘라 피차가 각각 복잡하고 어지럽지 않을 방책을 취했다. 청국에 대해서는 전승의 결과를 온전히 거둠과 동시에 러시아·독일·프랑스 3국의 간섭이 다시금 동양의 치평治平을 교란하지 않도록 하여, 궁극적으로 우리로서는 그 나아갈 곳으로 나아가고 그 멈추어야 할 곳에서 멈춘 것이다.

나는 당시에 누가 이 국면과 마주쳐도 결코 또 다른 대책이 없으리라 확신한다.

내가 일찍이 『3국간섭의 개요』에서,

이토록 분규가 어지러이 섞인 외교 국면을 겨우 2주일 사이에 매듭짓고 위기일발의 액운이 금방이라도 터지려는 것을 막아 백전백승의 결과가 바야흐로 소실되지 않도록 수습한 것은, 오직 국가정책이 그 기회에 적절히 기능했으며 일의 마땅함을 얻음에 기인하는 것이다. 이는 즉 대조大詔(=조칙)에서 이른바 "지금 대국을 돌아봄에 관홍寬洪으로서 일을 처리하였으나 제국의 광영과 위엄에 있어서 훼손한 바 있음을 보지 못하겠노라"고 하신 황상의 뜻을 받들어 모신 것에 다름 아니다.

고한 것도, 또한 이 때문이다.

나는 본 편에서 조선의 내정 개혁을 3기로 나누고, 각각 그 적당한 순서에 따라 이를 기술하려 했다. 그리고 그 제1기 및 제2기는 이미 이를 기술하였으나, 제3기는 결국 생략하기로 했다. 다름 아니라 조선의 내정 개혁은 그 후 외부로부터의 여러 사정으로 가로막혀 지금 아직 완성되었다고 할 수 없고, 그러므로 이를 서술하고자 하면, 어쩌면 자연히 장래의 정략 여하를 언급하지 않을 수 없게 될 것이다. 이는 오히려 성급한 생각임을 면치 못할 것이라 여겼기 때문이다.

메이지 28년(1895) 제야除夜 탈고

백작 무쓰 무네미쓰陸奧宗光

해설:『건건록』간행 사정

▪ 나카쓰카 아키라

들어가는 말

들어가는 말

『蹇蹇錄건건록』은 일청전쟁(1894~95년) 당시 제2차 이토 히로부미 내각의 외무대신으로 외교의 중요 임무를 맡았던 무쓰 무네미쓰陸奧宗光(1844~1897)의 저서다. 그 내용은 무쓰 자신의 말을 빌면, "메이지明治 27년 4, 5월 무렵 조선에서 동학당의 난이 발생한 이래, 청나라 정벌[征淸] 거사의 공을 상주하고, 중간에 러시아, 독일, 프랑스의 3국간섭이 있었으나, 마침내 다음 해인 메이지 28년 5월의 일청강화조약日淸講和條約의 비준교환이 이루어지기까지의 외교 정략의 개요를 서술"(『건건록』서언, 1, 본서 5쪽)한 것이다.

후술하겠지만 『건건록』은 외무성에서 처음 인쇄하여 1896년(메이지29)에 간행되었다. 그러나 외교 기밀에 관련된 비밀문서로서 오랫동안 공간公刊되지 않았고, 33년 동안의 이른바 비본秘本시대를 거친 뒤 1929년(쇼와昭和4) 1월, 이와나미쇼텐岩波書店 출판사가『伯爵陸奧宗光遺稿백작 무쓰 무네미쓰 유고』를 전문과 함께 출판하면서 비로소 대중들이 접할 수 있게 되었다. 물론 그 비본시대에도 일부가 항간에 흘러나와 몇 종의 간본이 유포된 것도 이미 잘 알려져 있다.[1]

그런데 제2차 세계대전 후 1952년(쇼와 27), 무쓰가家에서 무쓰 무

---

1 이노 덴타로稻生典太郎, 「『蹇蹇錄』の諸版本について」, 『石田幹之助博士頌寿記念東洋史論叢』, 1965年, 수록. 뒤에 이노 덴타로, 『条約改正論の歷史的展開』, 小峯書店, 1967年, 수록. 제간본에 대한 기타 논고는 이노의 논문을 참조할 것.

네미쓰 관계 문서를 국립국회도서관에 양도했고 동 도서관 헌정자료실에서 정리, 공개하여 『陸奥宗光関係文書目錄무쓰 무네미쓰 관계문서목록』(1966年刊)도 공간되었다. 이리하여 『건건록』 초고인 『蹇々餘錄草稿綴건건여록초고철』을 비롯하여 이 책의 성립, 간행 경위를 알게 된 데다가, 중요한 사료를 우리가 직접 눈으로 볼 수 있게 된 것이다.

현재 국립국회도서관 헌정자료실 소장의 『陸奥宗光関係文書무쓰 무네미쓰 관계문서』에는 『건건록』과 직접 관계가 있는 다음과 같은 사료들이 있다.

1. 건건蹇々여록초고철(묵서墨書) 상·하 2책
2. 건건蹇々록(활판) 오두[2]서입鼇頭書込 원본 1책(이것이 외무성 제1차 간본이다. 이하, 제1차 간본이라 한다).
3. 건건록(활판), 사이온지후西園寺侯[3] 발문부跋文附 1책(이것이 외무성 제2차 간본이다. 이하, 제2차 간본이라 한다).

이 외에 건건록의 원고철·초고 단편斷片·영역초고 노트 등이 있다.[4]

이하에서는 『건건蹇々여록초고철』, 『건건蹇々록』(제1차 간본), 『건건록』(제2차 간본)이 각각 어떻게 성립되었는지 그 사정을 서술한다.

---

2 두주頭註. 일본책[和本]에서 본문 윗난欄에 써 넣은 주註나 그림/역주.
3 사이온지 긴모치西園寺公望(1849~1940). 교토 출신의 구케公家. 교육자(리쓰메이칸立明館대학 창설자), 정치가로 제12, 14대 일본 내각총리대신(1906~1908, 1911~1912)을 지냈다. 보신센소戊辰戰爭(1868~1869, 신정부군과 구막부군 사이에 벌어진 일본 내전) 참전 후 프랑스 유학을 거쳐 이토 히로부미의 심복이 된다. 이후 제2차 이토 내각(1892~1896) 때 문부대신 겸 외무대신으로 입각했으며, 제3, 4차 이토 내각 때에도 문부대신 등으로 활동했다. 이토의 뒤를 이어 입헌정우회 총재를 역임했으며 그 뒤 총리대신으로 취임한다/역주.
4 국립국회도서관, 헌정자료목록 제4, 『陸奥宗光関係文書目錄』, 58쪽 참조.

1. 『건건여록초고철塞々餘錄草稿綴』

무쓰 무네미쓰가 『건건록』을 저술하기 이전에 『露, 独, 仏, 三国干涉概要로, 독, 불, 3국간섭개요』를 썼고, 외무성에서 인쇄, 간행한 사실은 이미 잘 알려져 있다. 이 『3국간섭개요』는 공문서를 중심으로 한 것으로, 이미 1895년(메이지 28) 5월말에 간행되었다. 그 근거는 이를 열독한 내각총리대신 이토 히로부미伊藤博文가 무쓰를 타이르는 다음과 같은 편지를 쓴 날짜가 그해 6월 1일이었던 데서 분명하다.

> 그 후 병환은 어떠합니까. 꽤 요양되셨기를 바랍니다. 말씀드리자면, 송부해 주신 3국간섭의 개요는 반쯤 가늠하여 일독한 바, 이따금 내용에 온건하지 않은 곳이 좀 있다고 보이기 때문에 만약 보낸 사신에게 아직 배송하지 않았다면 보류해 두십시오. 뵙고 나서 차분히 의논하도록 하시지요. 언론이 기미를 챌 수 없도록 하는 것은 국가의 이익을 보호하는 데 더욱 필요하다고 생각합니다. 만일 새어 나가게 되면 아주 큰 일 이기 때문에 특히 내지内地(=일본/역주)에서는 지금은 반드시 비밀로 해야 하겠습니다. 이만 맺습니다.[5]

이토의 이 편지에 대해 무쓰는 다음날인 6월 2일, 속히 답장을 썼다.

> 화묵花墨, 배독拜読했습니다. 가벼운 병에 관심 가져주시어 감사하옵니다. 아직까지 변함은 없습니다. 다만 어젯밤 거듭 식은땀을 많이 흘렸고, 때문인지 오늘 아침은 피로가 조금 더 했습니다. 아울러, 심려 끼쳐

---

5   후카야 히로하루深谷博治, 『日清戦争と陸奥外交』, 日本放送出版協会, 1940年, 60쪽 참조.

드릴 정도는 절대로 아니옵니다. 저 3국간섭의 개요에 대한 주의의 취지는 알겠습니다. 그러나 위는 전적으로 기왕의 사실을 적은 것으로 추호도 그 사이의 논의를 끼워 넣은 것이 아닙니다. 내용 가운데 온건하지 못한 데 대해서는 몇 번 수정해도 지장은 없겠습니다만, 실은 해외 사신에게는 이미 송부한 것도 있고 해서, 지금 다시 어떻게 할 방도가 없습니다. 아울러 누설되어 큰 일이 벌어지게 되는 일은 결코 없을 것으로 생각합니다. 만나뵌 후 높으신 가르침을 받겠습니다. (후략)[6]

전면적으로 이토의 주의에 따르지 않고 오히려 "논의를 끼워 넣을" 새로운 저술에 대한 의욕조차 엿볼 수 있는 내용의 글이다.

이 편지에서도 알 수 있는 바와 같이 이 무렵의 무쓰는 유행성 감기로 폐병이 재발, 병세가 악화되어 오이소大磯에서 요양 중이었다(6월 5일, 사이온지 긴모치 문부대신이 임시 외무대신 대리가 된다).

그렇다면 『건건록』 저술은 언제 시작되었는가. 오이소에서 무쓰에게 딸린 비서관인 고케이타吳啓太가 1895년(메이지 28) 8월 6일 부로 하라 다카시原敬[7] 외무차관 앞으로 보낸 편지에는 "사자생写字生 한 명을 이 곳에 출장시켜 주실 것, ……반드시 지급至急으로 불러들이도록 앙망하오니, ……"[8]라 적혀 있다. '사자생'이란 『건건록』 저술을 위해 무쓰의 구술을 필기할 인물로 추측된다.

---

6   伊藤博文関係文書研究会編, 『伊藤博文関係文書』7, 塙書房, 1979年, 325~6쪽.

7   하라 다카시(1856~1921). 무쓰노쿠니陸奥国 모리오카번盛岡藩(지금의 이와테현岩手県 모리오카시) 출신. 외교관, 언론인, 정치가. 제19대 내각총리대신 역임 (1918~1921). 무쓰가 외무대신일 때 외무관으로 중용되었으나, 무쓰 사후 퇴임. 그 후 체신대신, 내무대신 등을 역임했다/역주.

8   『原敬関係文書』第1卷, 書翰篇1, 日本放送協会, 1984年, 547쪽.

그리고 10월 1일, 무쓰는 비서관인 나카타 다카노리中田敬義[9]에게 다음과 같은 편지를 보낸다.

예의 저술은 나날이 진척되어 병고를 크게 위로하고 있습니다. 노형의 수중에 맡기겠다고 말해 둔 원고(오토리大鳥 공사 부임 운운)는 아직 정서할 수 없다는 말씀 아닙니까. 만약 아무도 필사할 수 없다면, 일단 원고 그 대로 돌려주시기 바랍니다. 실은 매일 매일의 참고에 필요하기 때문에 이렇게 말씀드리는 것입니다.(후략)[10]

"오토리 공사 부임 운운"은 『건건록』 3장에 해당하는 부분으로, 무 쓰는 먼저 구술을 받아쓰게 하고 이를 손 본 뒤 다시 정서하도록 한 것 임을 알 수 있다.

열흘 후인 10월 11일, 무쓰는 나카타에게 다시 편지를 쓴다.

작년부터 오늘까지 베이징 주재 러시아 공사의 성명을 어떻게 부르는 지 잊었음. 조사하셔서 가타가나로 그 성명 및 작위를 전해주시기 바 람. ○그리고 작년 일청 교섭 시작에, 영국이 각국과 연합하여 간섭을 시도하려 하여 첫째, 독일과 기타 나라들이 따라서 거부한 일이 있었

---

9   나카타 다카노리(1858~1943). 가가쿠니加賀国(지금의 이시사카와현石川県)의
    가나자와金沢 출신. 1876년에 외무성에 들어간 뒤 베이징, 런던 등 재외공관을
    거쳐 1891년 7월부터 에노모토 다케아키榎本武揚 외무대신 비서관으로 발탁되
    었고 외상이 무쓰로 바뀐 뒤에도 계속 비서관으로 일했다. 이 시기 나카타는 무쓰
    외상을 수행하여 일청강화회의에 참석하는 등, 청일전쟁과 3국간섭, 조약개정
    문제 등 일본 외교의 난국 형세에서 일본 외교의 중심에서 일했고, 특히 무쓰의 신
    임이 두터워 무쓰가 병상에서 『건건록』을 집필하는 데 많은 도움을 주었다/역주.
10 『図録日本外交大観』, 朝日新聞社, 1936年, 149쪽. 편지 원문은 가타가나도 섞
    여 있으나 전부 히라가나로 고쳤고 구두점을 붙였다. 이하 같음.

음. 이는 대개 몇 월경이었는지 조사해 주시기 바람. 또 그 후 로즈베리 백작이 런던 지사知事 관사에서 한 연설 중에도 영국이 일청 양국의 중재를 시도 운운한다고 언급한 적이 있는데, 연설 전체를 알 필요는 없지만 그 대강의 뜻만큼은 조사해 주시기 바람. 만약 위 등이 노형兄의 기억에 없으시다면 '데니슨'에게 물어보아야 할 것임.

○이것은 노형에게만 하는 말임. 소생이 이제 와서 쓸 데 없는 말을 하는 것이 아니라, 오직 저술에만 관련되어 병고를 위로할 것이라 결심했음.[11]

1895년(메이지 28) 10월 11일은, 조선에서 일본 공사 미우라 고로三 浦梧楼[12]의 계획 하에 왕후 민씨(명성황후) 시해 사건이 일어난(10월 8일) 직후다. 그 제1보報는 이미 무쓰에게도 전해져 있었다.

주베이징 러시아 공사는 카시니 백작으로, 그의 이름이 『건건록』에 처음 등장하는 것은 7장, 「구미 각국의 간섭」안의 「러시아의 권고」부분이다. 또 영국 내각총리대신 로즈베리 백작의 연설 운운이란, 아마 14장에 보이는 1894년 12월 24일의 연설(본서 218쪽 참조)을 가리키는 것으로 생각된다. 그렇다면 이 10월 중순, 제14장 해당 부분까지 구술 작업이 진행되고 있었을 것이다.

게다가 11월 4일, 무쓰는 하야시 다다스林董(일청전쟁 중 외무차관이며 이때는 청국 주재 공사였다) 앞으로 편지를 보냈다. 거기에는,

소생, 최근 병중에 작년 이래 일·청·한韓에 관한 외교사를 저술하고 있

---

11   위 『도록일본외교대관』, 149쪽.

12   미우라 고로(1847~1926). 죠슈번長州藩 출신 무사. 막말 유신기 각종 사건에 무관으로 활동했다. 1895년 재조선 특명전권공사로 부임한 뒤 아다치 겐죠安達謙蔵(당시 漢城新報 사장) 구니토모 시게아키国友重章 등을 교사하여 명성황후 시해 사건을 주동한 핵심 인물이다/역주.

습니다. 요사이 그 대부분을 탈고했고, 초고는 세트 예행제行(제는 꿰인듯)
하여, 노형을 비롯한 관계자 여러 분의 평론 및 개정을 거쳐 다시 수정해
야 하겠습니다. 첫 부분은 최근 우송郵送해드렸습니다. 다만 이 역사는
결코 세상에 공표되어야 할 것이 아니고, 가급적이면 폐하 앞으로 올려
드리는 것과 외무성 기록과에 보존하는 것 외에는 소각할 결심입니다.
이와 같기 때문에 사실을 매우 명백히 기재할 예정입니다. 이토伊藤와 사
이온지西園寺도 대체로 찬성하는 바이므로, 요즈음은 매일의 과업으로
아오야마靑山에게 속기하도록 하여 대강 올해 안에는 전부 탈고할 예정
입니다. 그러므로 마땅한 재료가 있다면 전해주시기 바랍니다.(후략)[13]

이라 되어 있다. 그리고 계속된 부분에서, 고승호高陞号가 격침되었을
때 이토의 대응 등에 대해 묻고 있는 바를 보면 '거의 탈고'까지는 아
니지만, 현재 나돌고 있는 『건건록』의 10장 「아산 및 풍도 전투」 부분
까지 접어들고 있는 것 같다.[14]

---

13 다케우치 요시노부武內善信, 「『蹇蹇錄』執筆時期をめぐって― 林童宛陸奧宗光
書簡」, 和歌山市立博物館, 『研究紀要15』, 2001年, 34~5쪽.

14 위의 1895년(메이지 28) 11월 4일부로 무쓰가 하야시 다다스에게 보낸 서한
은, 본 이와나미문고岩波文庫, 『新訂蹇蹇錄』(제1쇄·1983년 부터의 와이드 판,
제1쇄·2005에 이르기까지)의 해설도 포함하여, 종래는 「(메이지 28년) 8월
30일부 서한의 '부계副啓'로 이해되었다. 그러나 다케우치 요시노부의 연구에
의해 그것이 잘못된 것임이 밝혀졌다.
다케우치의 연구가 공표되기 전까지는 이 서간에 대해서, 원본에는 없는 1936
년, 아시히 신문사가 간행했던 앞서의 『도록일본외교사대관』의 사진판(동서
137쪽 수록)을 이용했던 것이 보통이었다. 원본의 소재가 정확하지 않기 때문
이다. 그러나 와카야마和歌山 시립박물관이 원본을 고서점에서 구입했다. 하야
시 다다스 앞으로 보낸 무쓰 무네미쓰의 서간 16통을 옆으로 길게 맞붙여 두루
마리로 만든 권자본卷子本이다.
원본을 자세히 조사할 기회를 얻게 된 동 박물관 학예원인 다케우치 요시노부
는 '8월 30일'부 서간의 본문과 '부계' 부분의 서법과 묵의 농담濃淡에 차이가
있는 것에 의문을 갖고 원본을 상세히 조사했다. 그 결과, 이는 "원 서간을 두루
마리 본으로 만들 때, 잘못하여 다른 편지('8월 30일'부 서한)의 뒤에 첨부한"

따라서 무쓰가 『건건록』 서언 2에서 "나는 금년 6월 이래 요양[養痾]을 목적으로 휴가를 얻어 오이소大磯에 와 있었는데, 10월 중순 어쩔 수 없는 급무로 일시 귀경한 사이에 병세가 또 도졌고, 의사가 매우 엄중히 경고하여 다시 이 곳에서 요양하게 되었다. 이 글은 다시 온 다음, 병중에 초안을 잡고, ……"(본서 5쪽)과, 10월 중순 이후 비로소 원고를 쓰기 시작한 것처럼 말하는 대목은 사실에 맞지 않는다. 당시 무쓰 무네미쓰의 비서관이었던 나카타 다카노리의 회상에 따르면, "오이소의 별장에서 『건건록』에 손을 댔다는 것은 마이코舞子로부터 귀경한 다음의 일"[15]이라 한다. 아마 『3국간섭 개요』의 집필과 병행하여 『건건록』 저술을 위한 자료수집도 시작된 것 같다.

그리고 위의 11월 4일에 하야시 다다스에게 보낸 편지에 나오는 아오야마青山란 앞의 '사자생'으로, 당시 외무성 비서과에서 근무하던(전신과 겸무) 아오야마 아사지로青山浅治郎다. 아오야마 고료青山公亮, 전 메이지 대학 교수는 그의 부친인 아사지로가 『건건록』 필기에 종

것임이 판명되었다. 다케우치는 나아가 국회도서관 헌정자료실소장의 『무쓰 무네미쓰 관계문서』에 있는 '(메이지 28년)11월 26일'부로 무쓰가 하야시 다다스 앞으로 보낸 편지를 조사했다. 그 편지는 모두에 "이달 초 4일에 쓰신 서한을 어제 받았습니다(本月初四御認之貴翰昨日拝接)"라고 되어 있으며 무쓰의 「日清戦争記事御著述」에 찬성을 표시하고 고승호 사건 등 무쓰의 질문에도 회답했던 것이 판명되었다. 그 결과, 위의 '부계'는 '8월 30일'부의 편지에 붙은 것이 아니라 '(메이지 28년)11월 4일'에 무쓰가 하야시에게 보낸 서간의 '부계'임이 확실히 증명되었다(다케우치 요시노부, 앞의 논문).
다케우치의 치밀한 조사로 『건건록』의 저술과 관련한 현존하는 무쓰 무네미쓰의 여러 통의 편지를 전후 모순 없이 이해할 수 있게 되었다. 다케우치의 연구에 깊이 감사한다. 또한 다케우치는 위의 편지에 대해 고증만 한 것이 아니라 이 권자본의 다른 모든 편지에 대해서도 와카야마 시립박물관 『研究紀要』 16, 17에 해설을 써서 소개하고 있다.

15 中田敬義,「陸奥宗光伯を憶ふ」下,『外交』第437号, 外交新聞社, 1940年, 4月 1日, 週刊.

사했다고 한다.[16]

그리고 11월 4일, 하야시 다다스에게 편지를 보낸 다음 날인 11월 5일, 무쓰가 나카타 다카노리에게 보낸 편지에는 이미 인쇄를 재촉하는 대목이 나온다.

전략. 예例의 인쇄 건은 어떻게 되고 있는지요. 물론 외무성이 급할 것이기 때문에 그대를 방해할 리는 어렵겠지만, 좀 빨리 완성되었으면 하는 말씀입니다. 초고草稿도 이제 어지간히 완성되었으므로 형편에 따라 언제든지 내 줄 수 있습니다. 이를 아무쪼록 노형의 직무로 삼지 말고 자신의 일로 생각하고 노력해 주기 바랍니다. 만약 인쇄상 뭔가 기타 비용이 든다면(예컨대 직공 증원 같은 것), 하라原 차관과 상담한 뒤 기밀금에서 지출하겠습니다. 대충 언제쯤 완성될 것으로 보시는지요. 소식 좀 주시기 바랍니다. 형편에 따라 다시 속고續稿를 보내드리겠습니다. 바빠서 이만 맺습니다.[17]

이미 이 무렵 외무성에서의 본격적인, 즉 제1차 간본의 인쇄가 시작되었음을 알 수 있다. 그리고 여기에서 알 수 있는 것은, 이 제1차 간본의 인쇄가 완성 원고를 전부 넘겨 한 권으로 만든 것이 아니고 차차 원고를 보내 인쇄한 점이다.

이 편지에 대해 나카타로부터 어떤 회신이 곧 도착했던 것 같다. 다음 날, 무쓰는 나카타에게 다시 편지를 썼다.

---

16 『職員錄』메이지明治 28년판에는 浅次郎으로 되어 있는데, 浅治郎의 오식인 것 같다.

17 앞의 『도록일본외교대관』, 149쪽.

보내주신 편지[貴書] 배독拝読했습니다. 인쇄물 건은 결코 재촉하는 것이 아닙니다. 다망多忙하신 중에도 잊어버리지 않으시게끔 말씀드리는 것입니다. 노력해 주신다고 하니 욕보시겠습니다. 속고는 2, 3일 중 좋은 편으로 갖고 나갈 것이라는 말씀드립니다.(후략)[18]

그런데 무쓰 무네미쓰는 초고 말미에, "메이지 28년 제야除夜 탈고 백작 무쓰 무네미쓰 씀"이라 적고, 또한 서언緒言을 써, "메이지 28년 제야 오이소大磯 별서別墅에서 무쓰 무네미쓰 추기追記"라고 적고 있다.

그러나 교주校注 111에서도 지적한(본서, 429쪽 참조) 것처럼, "메이지 28년 제야 탈고"라는 표기가 문자 그대로 이 제야에 퇴고가 밀리지 않고 끝나 인쇄로 넘기는 완전한 원고가 모두 완성되었다는 것을 의미하는가 하면 그건 그렇지 않다. 해를 넘겨서 초고의 퇴고가 아직 계속되고 있었던 것이다. 『건건蹇々여록초고철』의 「제17, 시모노세키 담판(상)」의 난외欄外(=본문의 바깥 여백 부분/역주)에는 "1월 24일 보냄"이라는 붉은 색 글씨[朱書]가 적혀 있는데, 이는 정서淨書로 보낸 것인지 정서를 무쓰 또는 인쇄소로 보낸 것인지는 분명하지 않지만 어느 것이든 간에 '메이지29년'에 들어서서도 아직 퇴고와 정서의 과정이 진행 중이었음을 엿 볼 수 있는 증거다.

그리고 무쓰 무네미쓰가 최종 원고를 인쇄에 부치기 위해 나카타 다카노리에게 보낸 것은 1896년(메이지 29) 2월 11일이다. 이 해설을 쓰기에 즈음하여 비로소 발견한 나카타 다카노리에게 보낸 무쓰 무네미쓰의 편지에 '기원절紀元節'이라는 날짜가 적혀 있다.[19] 거기에는,

---

18 위『도록일본외교대관』140쪽.

19 이 서간 발견의 경위에 대해서는, 中塚明,「新たに見つかった陸奥宗光の手
    紙」,『図書』,岩波書店, 1983年 7月号 및 中塚明,『蹇蹇錄の世界』, みすず書房,
    2006年, 新裝版, 참조.

이것을 마지막 한 책으로 함. 관련하여 빈틈없으실 것이라 생각하지만, 될 수 있는 한 조속히 인쇄가 종료되도록 노력해주시기 바람.(후략)²⁰

이라 되어 있다. 그리고 계속하여 그날 저녁 무쓰는 나카타 앞으로 편지를 썼다. 그 전문은 다음과 같다.

별지別紙

서언 및 건건록 편차는 인쇄에 따라 초고 전체에 붙일 것. 단, 서언의 행문이 매우 볼 품 없음. 노형이 괘념치 말고 첨삭하실 것.

기원절紀元節 저녁 무네미쓰

나카다中田 노형²¹

다음 절에서 언급하겠지만 이리하여 제1차 간본의 견본 본이 3월 말에 완성된 것이다. 그런데 『건건蹇々여록초고철』이 그대로 제1차 간본의 인쇄를 위한 원고였는가 하면 그렇지 않다고 생각된다.

『건건록』초고는, "병중에 글쓰기가 불편하여, 속기자에게 구수口授하여 원고를 쓰게 했고 직접 수차례 자구를 고쳐 겨우 완결하게 되었다"고 무쓰 히로키치陸奥広吉²²(무네미쓰의 장남)도 적고 있다.²³ '자구를 수차례 고쳤다'고 밝히고 있듯이 구술한 뒤, 퇴고하고 정서하는 과정이, 사견으

20　나카다 다카노리 손孫, 히라야바시 도미코平林富子氏 씨 소장.

21　히라야바시 도미코씨 소장.

22　무쓰 히로키치(1869~1942). 무쓰의 장남. 화족華族으로 외교관, 교육자(가마쿠라鎌倉 여학원 창설자, 교장). 백작. 주벨기에 특명전권공사를 지냈다. 1887~1894년 사이 영국에 유학하여 캠브리지 대학과 런던 법학원에서 수학 법정변호사 자격을 취득했다/역주.

23　앞의 『백작 무쓰 무네미쓰 유고』序, 1쪽.

로는 적어도 두 번 이상은 반복하여 퇴고가 완성되었다고 생각한다.

현재, 초고는 다음과 같은 것이 알려져 있다.

1. 가나자와문고金沢文庫 소장所蔵의 단편斷片 두 장[葉].[24]

2. 국립 국회도서관 헌정자료실 소장의 『건건蹇々록초고(단편)』[25]

3. 위 자료실 소장의 『건건蹇々여록초고철』 상·하.[26]

4. 위 자료실 소장 『건건록원고(육철六綴)』[27]

5. 나카타 다카노리(무쓰 무네미쓰 비서관, 외무성 정무국장) 소장 『건건록(고본稿本)』[28]

여기서 이들 여러 초고에 대한 상세한 고증은 생략하지만, 먼저 퇴고하고 정서하는 과정이 적어도 2회 이상 반복되었다고 주장하는 것은 다음과 같은 이유에서다.

즉, 위 1의 가나자와 문고 소장의 두 장[葉]의 수정 후 문장과 『건건蹇々여록초고철』의 수정 전의 원문을 조사하면 거의 일치한다.[29] 또 2.

---

24 위 『백작 무쓰 무네미쓰 유고』와 백작 무쓰 무네미쓰 유저遺著, 『건건록』, 岩波書店, 1941年에 각각 한 장씩 사진이 게재되어 있다. 또 『秘錄維新七十年図鑑』, 東京日日新聞社, 1937年에는 위 두 장 함께 게재.

25 앞의 『무쓰 무네미쓰 관계문서목록』, 66-6.

26 위의 목록, 66-2, 3.

27 위의 목록, 66-5.

28 앞의 『비록유신칠십년도감』에 표지만 게재. 이것이 고본稿本인 것은, 야마모토 시게루山本茂, 「蹇々錄考」—『警察研究』 5, 6, 7호, 1940年 5, 6, 7月— 에 고본이라 적혀 있고, 앞의 이노 덴타로의 논문도 그것을 계승하고 있다. 다만, 양자 공히 이 고본이 어느 단계의 것인가를 비롯하여 그 내용에 대해 하등 언급하지 않고 있다. 도쿄 아오야마青山의 나카다가家는, 제2차 세계대전의 전화戰火로 인해 소장 장서와 사료 대부분이 소실되었기 —히라야바시 도미코씨의 교시敎示에 의함— 때문에 아직 그 실물을 볼 수 없는 것은 유감이다.

29 『건건록』 제9장 중의 두주頭注 형식의 소제목 「양이적 보수론의 유행」의 일부를 내용으로 하는 한 장[一葉]은 양자 사이에 약간의 차이가 있으나, 제17장의 시작인 「청국 두등전권대신 이홍장이 찾아 옴[來朝]」의 일부를 내용으로 하는 다른 한 장은 완전히 일치한다.

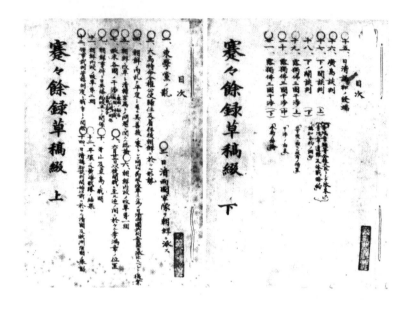

『건건蹇々록초고(단편)』은 「아산 및 풍도의 해륙전」, 「일청 강화담판 개시 이전의 내외의 사정을 개론함」, 「히로시마 담판」 등과 표제가 명기된 것 외에, 제2차 간본의 5, 9, 10, 11, 13, 15, 16, 17 등의 각 장에 해당하는 부분의 초고 단편斷片이 「건건蹇々록초고지일괄」이라 적힌 봉투에 들어있던 것이고 수정 후의 이 문장은 『건건蹇々여록초고철』의 수정 전의 원문과 일치한다.

즉, 이는 1. 가나자와문고 소장 단편 두 장[二葉] 및 2. 『건건蹇々록초고(단편)』은 공히 선행한 구술 초고를 수정한 것이고 그 수정 후 문장을 정서한 것이『건건蹇々여록초고철』의 수정 전 원문이라는 의미다.

지금 우선 이『건건蹇々여록초고철』의 원문을 제1차 정서원고라 해두자. 무쓰는 이 제1차 정서원고를 더욱 철저하게 퇴고했다. 그것이 지금 볼 수 있는 3. 『건건蹇々여록초고철』이다. 그리고 이『건건蹇々여록초고철』을 수정한 뒤의 문장과 외무성 제1차 간본의 그것과는 약간의 차이는 있으나 거의 일치하고, 또 무쓰가家에 이 초고철이 오랫동안 보존

되어 있었던 것으로 보아,『건건蹇々여록초고철』은 제1차 간본의 원고가 된, 무쓰 무네미쓰가 일단 완성한 원고[定稿]라 해도 좋은, 원고의 예비본으로서 무쓰 무네미쓰 눈앞에 두었던 것으로 보인다.

그러나 이것이 그대로 인쇄로 넘겨진 것은 아니었던 것 같다.『건건蹇々여록초고철』의 문장과 제1차 간본의 그것이 반드시 일치하지 않는 곳도 있고(이는 나카타 다카노리의 첨삭 때문 일수도 있다), 또 이 초고철의 수정이 곳에 따라서는 복잡하기 짝이 없고, 써 넣은 글자도 적지 않아서 이대로는 인쇄 원고로서 적당하지 않다고 생각된다.『건건록』저술 과정에서 보아도 무쓰에게는 세심한 주의를 기울이는 꼼꼼한 데가 있었다. 따라서 인쇄로 돌리기 전에『건건蹇々여록초고철』을 한 번 더 정서하게 했을 가능성이 크다.

위의 4.『건건록원고(육철六綴)』은 서언 및 편차[緒言及篇次] 외에 시모노세키 담판(상·하), 러독불 3국간섭(상·중·하)의 다섯 장 분의 원고에 지나지 않으나 이 가운데 한 장 분을 제외하고는 3의『건건蹇々여록초고철』의 수정 후 문장을 정서시킨 것으로, 거기에다 붉은 글씨로 약간의 수정을 가한 것이다. 수정을 가한 이들 원고의 문장과 제1차 간본의 그것은 일치한다. 이 원고를 우선 제2차 정서원고라 해 두자. 그런데 이 제2차 정서원고는『건건록』의 전부에 대해서는 현재 보이지 않는다. 그러나 이 4.『건건록원고(육철六綴)』의 묶음 안에는 어떤 목적으로 썼는지는 불분명하지만, '목록'이라는 문서 한 장이 있고 거기에는 위 여섯 철의 원고 각각의 표제 외에,

1, 건건록인쇄원본　일부一部

1, 건건록인쇄본　일부一部

라 적혀 있다. 어쩌면 1929년(쇼와4),『건건록』이 공간된 후 어떤 행사 때의 전시목록인지, 어쨌든 인쇄원본 형태의 것이 존재했음을 알

수 있게 해주는 문서다. 그러나 실제 문건은 발견할 수 없다. 인쇄 임무를 맡은 이가 나카타 다카노리였기 때문에 이 제1차 간본의 인쇄 원본을 소지하고 있었던 가능성은 있고, 위 목록 인쇄원본이 위의 5. 나카타 다카노리 소장의『건건록(고본稿本)』일 수도 있다.

2. 『건건록蹇々綴』 — 외무성 제1차 간본

특히 위에서 기술한 바와 같이 정성들인 퇴고를 거쳐 원고가 만들어져 외무성에서 인쇄된 다음 제1차 간본인 화지和紙에 인쇄된『건건록』의 견본 본이 나온 것은 1896년(메이지 29) 3월 말이었다. 국회도서관 헌정자료실 소장의『건건록蹇々綴』(활판活版) 오두鼇頭 기입 원본이 이 제1차 간본 중 한 책이다.

1896년(메이지 29) 4월 2일, 무쓰 무네미쓰는 나카타 다카노리에게 보낸 편지에 다음과 같이 적고 있다.

○건건록蹇々綴 견본을 보내주시어 일람한 바, 체재가 좀 재미없고 또 지면이 너무 크지 않은가 생각됩니다. 그래서 모레 귀경한 다음 일단 상의할 수 있을 것이므로 그 때까지는 착수를 보류함이 마땅하다고 봅니다. 위 지급至急을 요하는 건, 회답바랍니다.[30]

미농지美濃紙(28.8cm×19.5cm), 표지 공히 560쪽 —단 쪽수 인쇄 없음— 봉철縫綴/袋綴[31]인 임시 일본식 장정본[仮和装本]『건건록蹇々綴』은

---

30 앞의『도록일본외교대관』, 154쪽.
31 봉철(袋綴, 후쿠로토지), 종이를 반으로 접고 접히지 않은 쪽을 철하는 동양식 제책법/역주.

이노 덴타로도 지적하는 바와 같이, 당시 외무성에서 인쇄된『露独払三国干渉概要러독불3국간섭개요』,『日清韓交渉事件記事일청한교섭사건기사』,『日清媾和始末일청구화시말』 등과 같은 체재의, 그야말로 가장 본仮裝本이었다. 또 목차는 「건건蹇々록편차」로서, 제2차 간본과 숫자는 동일하지만, 제 몇 장이라 되어 있지 않고, (1)~(21)의 숫자가

씌어져만 있는 것으로, 본문 중의 제목에는 숫자도 없고 머리에 ○가 붙여져 있을 뿐이다. 게다가 제2차 간본에는 본문의 상란 공백에 소제목이 붙어 있고, 제1차 간본에는 그것이 아직 없다.

견본 본에 만족하지 않은 무쓰는 거듭 만족할 만한 체재로 판본을 고칠 의향이 있었다. 국회도서관 헌정자료실 소장의 제1차 간본에는, 제2차 간본 이후의 판본에 보이는 두주의 소제목이 각각 묵서墨書되어 있고(그 때문에 표지에 오두서입鼇頭書込원본이라고 크게 묵서되어 있다), 또 본문에도 문장의 수정은 극히 한정되어 있으나 오식誤植의 교정까지 포함하면 100군데 이상 수정되었는데 이는 무쓰의 판본 개정 의향을 보여준다.

그 외에 본문의 내용 자체도, 제1차 간본과 제2차 간본 사이에는 거듭 대폭 수정되었는데 이 변화에 대해서는 다음 절에서 다룬다.

3. 『건건록』 — 외무성 제2차 간본

그런데 비본秘本 시대부터 오늘날 이 이와나미 문고에 이르기까지 세간에 돌고 있는 『건건록』의 저본은 모두 외무성 제2차 간본이다. 1982년(쇼와 57), 사우스 캘리포니아대학교의 역사학자 고든 M.버거 Gordon M. Berger 교수가 최초로 『건건록』 전문을 영어로 번역하여 국제 교류기금The Japan Foundation에서 간행했다(같은 체재와 내용을 도쿄대 학출판부와 프린스턴대학출판회에서 시판). 이것도 제2차 간본을 저 본으로 한 이와나미쇼텐岩波書店, 1941년(쇼와 16) 간刊의 『건건록』에 의 한 쥬오고론샤中央公論社, 1973년 간, 『日本の名著·35·蹇蹇錄』(하기 라라 노부토시萩原延寿 책임편집)을 텍스트로 하여 영역된 것이다.

제2차 간본은 제1차 간본에 비해 판형은 조금 작고(23.7cm×18.2 cm), 양지洋紙에 인쇄된 서언 3쪽, 편차 7쪽, 본문 420쪽의 양가장본洋 仮裝本이다.

그러면 이 제2차 간본은 어떻게 성립되었는가. 초고 작성 과정과 제1차 간본의 간행은 그 경위를 들여다 볼 수 있는 무쓰와 제3자의 서 한 등이 있는데 비해, 이 제2차 간본의 성립 과정을 헤아릴 사료는 지 금 찾을 수 없다.

지금, 제1차 간본과 제2차 간본을 비교해 보면 장章으로 되어 있으며 두주로 소제목이 붙어 있는 것에 그치지 않고, 양자의 문장에는 상당히 큰 차이가 있음을 알 수 있다. 현재까지 양자를 대조, 교합을 시도한 연 구는 없다. 따라서 이 제2차 간본은 "앞의 제1차 간본의 자구를 약간 정 정하고 동시에 책으로서의 체재를 전면적으로 정리"한 것이라 논한 바 도 있다.[32] 이렇게 논한 것에 대해 야마나베 겐타로山辺健太郎는 생전에

---

[32] 이노 덴타로, 앞의 논문 참조.

양자의 차이에 주목하여 『건건록』
의 성립 과정을 계통적으로 밝히는
연구를 공표할 계획이었으나 성취
하지 못한 채로 1977년 타계했다.

제1차 간본에서 제2차 간본까지
의 수정 흔적을 대소 빠짐없이 수를
세어 보면 약 3,900군데가 넘는다.
수정의 첫째 특징은 전 권에 걸쳐 문
자와 용어의 통일과 수사修辭에 치밀
한 손을 가한 점. 둘째는, 내용상에서도 중요한 삭제, 개변改變이 가해진
곳이 적지 않다는 점이다.

첫째 특징과 관련해서는 무쓰 자신이 처리했다기보다 문장에 뛰어
난 누군가에 의뢰하여 퇴고한 것인지도 모른다. 구리하라 겐栗原健[33]에
의하면, 시마다 다카히코島田俊彦 전 무사시武蔵 대학 교수가 생전에 구
리하라에게 "자신의 조부가 『건건록』 문장에 손을 댔다고 들었다"고
여러 번 말했다고 한다. 시마다 다카히코의 조부는 메이지 한학계의 태
두인 시마다 죠레이고손島田重礼(篁村)이다.[34] 메이지 유신 후 도쿄사범학
교, 도쿄여자사범학교, 도쿄대학 문과대학 등에서 교편을 잡고, 1892
년(메이지 25)에는 도쿄학사회원学士会院 회원으로도 뽑힌 인물이다. 무쓰
가 의뢰했든 아니면 무쓰의 뜻을 받아들여 나카타 다카노리가 인선했

---

33 구리하라 겐(1911~2005). 외무성 관리. 문학박사, 역사학자. 아키비스트
    archivist(=영구 보존할 가치가 있는 정보를 조사하고 수집하여 이를 정리, 보존
    및 관리하여 열람할 수 있도록 정비하는 전문직)/역주.

34 시마다 죠레이(고손)(1838~1898). 메이지 시대의 한학자. 특히 도쿄대학 교수
    때 가토 히로유키加藤弘之에 건의하여 도쿄대학 문학부에 고전강습과 한서과
    를 설치한 것으로 유명하다/역주.

든 간에 『건건록』 완성을 위해 최후의 문장 정리를 누군가에게 맡겼다면, 시마다 죠레이가 바로 그에 해당하는 인물임에 틀림없다. 그리고 만약 시마다 죠레이가 손을 댔다면, 그것은 순서에 따라 인쇄로 돌려진 초고 단계의 것이 아니고 이 제1차 간본에서 제2차 간본으로 수정할 때였을 것이다.

다음으로 수정의 두 번째 특징을 언급하자면, 이는 내용과 관련된 것이기 때문에 당연히 무쓰 자신 및 무쓰의 지시에 의해 행해진 것이 분명할 터이다. 내용상, 어떤 변화가 있었는지에 대한 전부를 거론하는 것은 매우 번잡하여 불가능하나 특징적인 예는 다음과 같다.

1894년(메이지 27) 6월 2일의 각의에서, 야마가타 아리토모山県有朋가 추밀원 의장으로서 출석했다는 것(교주 4 참조), 청한 종속 문제를 일청 개전의 이유로 한다는 것에 특히 이토 총리가 반대했다는 것(교주 34 참조) 등의 제1차 간본의 기술이 삭제되어 있다. 또 조선의 내정 개혁에 즈음하여 만들어진 군국기무처의 인적 구성을 논한 곳에서, 메이지 유신 초기에 일본에서도 있었던 민간 지사를 기용함으로써 여론을 거두는 일[人心收攬]과 그 결과에 대해 무쓰가 감회를 피력하고 있는데(교주 57 참조), 이런 것도 같이 삭제되어 있다. 한편, 제1차 간본에는 없는, 아마도 그 후의 정보에 근거했을 제2차 간본에 새로 삽입된 것도 있다(예를 들면 교주 53 참조). 그리고 주일 청국공사관과 일본에 온 청국 강화사절의 본국과의 교신 기밀전보가 일본정부에 의해 해독된(교주 15 참조) 때문인지, 제1차 간본에서는 그 전보가 전부 한문漢文의 전문인 채로 게재되어 있던 것이 제2차 간본에서는 모두 일본어로 의역된(교주 25 참조) 것도 특징적인 변화의 하나다.

이렇게 문자와 용어의 통일, 수사와 내용을 수정하여 대폭 고치는데 어느 정도의 시간이 걸렸을까. 수많은 수정에 따라 판형을 바꾸고 새롭게 다시 인쇄했기 때문에 제2차 간본의 완성까지 보통이라면 시일이 상당히 필요했을 것이다.

야마나베 겐타로는 "유포본(제2차 간본)은 무쓰 이외의 사람이 손을 댄 것 같고, 출판된 것도 아마 그의 사후일 것이다"는 소견을 피력하고 있는데[35], 이는 제1차 간본과 제2차 간본의 교합을 진행하여 그 변화의 크기에 주목하고 상당한 시일을 요하는 것이라 추정한 결과일 것이다.

그런데 제2차 간본은 위의 서술처럼 상당한 수정, 전면적인 개정 작업에도 불구하고 뜻밖에도 제1차 간본 간행 후 두 달이 채 안 되어 1896년(메이지 29) 5월 하순에 완성되었다.

국회도서관 헌정자료실 소장의 『무쓰 무네미쓰 관계문서』에 다음과 같은 서간의 사본이 있다.

> 니시西, 아오키靑木, 소네曾祢, 다카히라高平, 가토加藤
> 구리노栗野, 하야시林 각 공사 앞
>
> 백작 무쓰 무네미쓰
>
> 인사드립니다[拜啓]
> 말씀드리는 별책 건건록蹇々錄은 소생이 작년 오이소大磯에서 요양하던 중 후일의 비망備忘을 위해 집필한 기사記事로, 이번에 우선 인쇄하게 되어 한 부[一部] 올려드립니다. 무엇보다 글 중에는 비밀의 건도 기재했으므로 각하閣下만 보시기 바라며, 또한 이는 미완성 원고[未定稿]라 당연히 오류가 있을 것으로 생각됩니다. 하여 열람하시는 중에 생각나시는 것도 있을 것이므로 교정 자료로 삼을 수 있도록 개의치 마시고 그 점을 들어서 써 보내주시기 바랍니다.
>
> 감사합니다[敬具]

---

35 『山辺健太郎·回想と遺文』, みすず書房, 1980年, 290쪽.

5월 26일 부

니시西 공사 앞의 분分(朱書)

이어서 별책 두 부二部를 올려드리옵니다만, 한 부는 본문의 차례가 덧붙여졌고, 야마가타 대사에게 전해주었으면 합니다.[36]

무쓰는 1896년(메이지 29) 4월 3일, 외무대신으로 복귀(사이온지 긴모치의 외상 임시대리 해소)했으나, 병세가 다시 악화되어 5월 30일 마침내 외무대신에서 물러났다. 위의 서간은 사임 직전에 쓴 것으로, 아마『건건록』을 재외 공사들에게 송부하는 데 첨부된 외무대신의 반공식 서신의 사본(혹은 원고)일 것이다.

문면文面으로 보아 이 서간과 같이 송부된『건건록』은 「제1차 간본」이었다고 잘못 보고 있을 뿐이다. 나도 이와나미 문고의『신정건건록』제1쇄(1983년 7월)의 해설에서는 "아마도 제1차 간본이었을 것으로 보인다"고 했었다.

그런데 본 문고의 제1쇄가 출판된 뒤 사케다 마사토시酒田正敏의 지적으로, 각 공사 앞으로 보낸『건건록』은 제1차 간본이 아닌 제2차 간본이었음이 밝혀졌다.[37] 사케다는 이 논문에서『건건록』의 집필 의도와 간행 시기 등에 대해 흥미로운 논점을 제시함과 동시에, 위의 '메이지 29년 5월 26일부'의 재외 공사 등 앞으로 보낸『건건록』발송 통지서의 부본을, 제1차 간본의 발송에 관계된 것으로 추정한 사견私見이 잘못되었다고 했다. 야마가타 아리토모와 야마가타가 주도하는 군부에 대한 비난을 다소 포함하는 제1차 간본을 야마가타 등에게 보낸 것

---

36 앞의『무쓰 무네미쓰 관계문서』66-5『건건록원고(육철)』꾸러미 중에 수록.

37 酒田正敏,「『蹇蹇錄』考」,『日本歷史』1985年, 7月號, 참조.

이 아니라, 특히 무쓰가 보내어 주영 공사 가토 다카아키加藤高明가 비로소 읽은『건건록』이 제2차 간본이었다는 사실을 들었다.

1896년(메이지 29) 10월 2일부로 무쓰 앞으로 보낸 가토의 이 서한(『무쓰 무네미쓰 관계문서』14-2)에는 받았던『건건록』의 독후감을 적고, 그 안에는 무쓰가 논한 조약개정에서 오쿠마 시게노부大隈重信에 대한 평가(본서 123쪽)에는 납득할 수 없다는 것이 스며들어 있다. 이와 관련된 부분의 가토 서간에, "혹은 글 중에(117장[葉]) '오쿠마 백작 같은 이는 권변權變이 종횡하는 재주를 떨쳐서 당시 여론의 역조逆潮에 저항하여 그 뜻[志望]을 달성하려 했지만 그런 형세는 여전히 실패로 끝났다' 운운하고 있고……", 이(117장)것이 제2차 간본의 해당하는 곳과 정확히 합치하고 있는 것에서, 사케다酒田는 가토가 처음 읽은『건건록』이 제2차 간본이었음이 거의 확실하다고 지적한 것이다.

나는 사케다의 이 교시敎示를 정당하다고 보고, 본 문고 제2쇄 이후 와이드판 제1쇄까지 해설 말미에 사케다의 이 지적을 보태 독자에게 소개했다.

재외 공사에게 보냄과 동시에 이 무렵 극히 친한 사람들에게도 읽힌 것 같다.

같은 해 6월 5일자로, 사이온지 긴모치가 무쓰 앞으로 보낸 서간이 앞서의『무쓰 무네미쓰 관계문서』(27-22)에 있는데, 그 한 절에,

……별지別紙는 지난 날 대화에서 말하신 귀저貴著에 소생이 인지해둔 것입니다. 이는 서문이나 비평 등이 아니고, 오직 각하 자신의 저술임을 확인해둘 정도로 소지한 책에 기록까지 한 것입니다. 본래 비서의 일은 타인에게 보여주기 위하기를 바라는 것이 아니므로, 심히 체재와 문장이 되지 않아서 한 번 웃을 가치도 없다고 생각됩니다만, 위로 차

원에서 드리오니 읽어 보시기 바랍니다. 단, 소생이 귀서를 존중하고 있는 마음이라 추찰해 주시기 바랍니다.

라고 한 것이 보인다.

위 서간의 '별지'란 현재, 국회도서관 헌정자료실 소장의 「蹇蹇錄, 附, 西園寺公望跋文(明治29年 5月 29日)건건록, 부, 사이온지 긴모치 발문(메이지 29년 5월 29일)」[38]의 그 발문에 해당하는 것임이 아마 틀림없으리라 본다. 그 전문은 다음과 같다.

이는 복당福堂(=무쓰를 말함/역주)이 친히 구수口授하여 속기자로 하여금 필사하게 한 것이다. 간결하고 명백하여 한 글자도 결코 다른 이가 대신 기록할 수 있는 것이 아니다. 대저 책을 읽을 수 있는 눈이 있는 자 이를 한 번 보면 알 것이다. 나의 후세 혹은 막료의 속리屬吏가 명을 받아 찬찬撰할 바가 될 것을 우려하는 까닭에 기록한다.

명치29(년)朊 5월 29일 도암陶庵 수기手記[39]

현재 이 염서念書(실물)가, 책의 마지막에 첨부되어 있는 전기前記, 국회도서관 헌정자료실 소장본은 외무성 제2차 간본이다. 사이온지 긴모치는 제2회 유럽 순방 이래의 맹우盟友이며, "내가 죽더라도, 너희들은 사이온지의 후의를 잊지 말아라. 열매를 맺지 않고서 헛되이 이름을 떨치고자 한 것, 지기知己(=사이온지/역주)가 아니면 할 수 없었다"[40]라고 가족들에게 말했을 정도로, 당시 무쓰가 가장 신뢰한 인물이었다.

---

38 앞의『무쓰 무네미쓰 관계문서목록』66-1.

39 이 전문의 사진은 앞의『백작 무쓰 무네미쓰 유고』에 수록된『건건록』말미에, 「西園寺公爵念書」로 수록되어 있다.

40 와타나베 기치로渡辺幾治郎,『陸奥宗光』, 改造社, 1934年, 395쪽.

무쓰는 사이온지의 이 엽서를 제2차 간본의 말미에 붙여 곁에 두었다.

위에서 서술한 바와 같이 1896년^(메이지 29) 5월 하순 제2차 간본이 완성되었다. 이 사실은 앞서 서술한 제1차 간본에서 제2차 간본까지의 여러 가지 공정이 겨우 50여 일이라는 짧은 시일에 이루어진 것이고, 무쓰가 제2차 간본의 간행에 비상한 집념을 갖고 있었음을 보여주는 것이다.

또한, 제2차 간본에 첨부된 '5월 26일'자로 각 공사 앞으로 보낸 「発送通知書控^{발송통지서공}」에 쓴 "위는 미정고未定稿에 부쳐, ……"라는 말도 문제가 된다. 문자 그대로 받아들이면, 제2차 간본 자체가 아직 '미정고'였고, 무쓰는 이에 개고改稿·개판改版을 고려하고 있었으나 이 무렵 이후의 무쓰의 생활에서 이를 시사하는 흔적은 지금으로서는 보이지 않는다. 그렇다면 무쓰는 제2차 간본을 아직 '미정고'라고는 하지만 자신으로서는 '정고'라고 결심하고, "하여 열람하시는 중에 생각나시는 것도 있을 것이므로 교정 자료로 삼을 수 있도록, 개의치 마시고 그 점을 들어서 써 보내주시기 바랍니다"라고는 쓰고 있으나 전적으로 수정할 작정은 아니었다.

이에서도 『건건록』을 집필할 당시 다른 사람을 근접시키지 않으려한 무쓰의 속마음을 읽을 수 있다. 『건건록』이 왜 저술되었는가를 생각할 때 고려해야 할 중요한 포인트 중 하나이다.

『건건록』을 왜 저술했는가라는 문제를 밝히고자 할 때 고려해야할 또 다른 하나는 그것의 유포 문제다. 무쓰는 앞에 든 1895년^(메이지 28) 11월 4일부로 하야시 다다스林董 앞으로 보낸 편지에서, 『건건록』이 완성되면 "폐하 곁에 올려두는 것과 외무성 기록과에 보존하는 것 외에는 소각해버릴 결심입니다"라 적고 있다. 그러나 실제로 완성되자 무쓰 자신의 손으로 여기 저기 유포한 것 같다. 하야시 다다스에게 보낸 위의 편지에 적은 것과는 큰 차이가 있다.

무쓰는 '메이지 29년 10월 2일'부로 아들 히로키치^{広吉}에게 다음과 같은 편지를 보낸다.

……건건록 열 부 정도가 필요하다. 단, 결코 급하다는 말이 아니므로 다른 날 거기서 여기로 올 때나 또는 기타 행편^{幸便}으로 보내줄 수 있을 것이다.[41]

물론 이 열 부 정도의 목적지가 어딘지는 알 수 없다. 그러나 앞의 하야시 다다스 앞으로 보낸 편지에 적은 무쓰의 '결심'과는 달리 무쓰가 여러 사람들에게 『건건록』을 주려고 한 사실은 틀림없다. 이렇게 제2차 간본이 간행된 후 얼마 되지 않아 『건건록』이 민간에 나돌았던 흔적이 상당히 많다.

1898년^(메이지 31), 무쓰에 대한 최초의 본격적인 전기로서 주목받은 사카자키 빈^{坂崎斌[42]}의 『陸奥宗光^{무쓰 무네미쓰}』(博文館)가 출판되었는데, 사카자키는 이 책에서,

각설하고 군^君이 오이소^{大磯}에 있었는데, 올해 10월 중 부득이한 외교상의 일대 긴급 사건이 있어 귀경했기 때문에 병세가 더욱 심하여, 다시 재차 오이소로 와 요양할 뿐으로 다른 일이 없었어도, 군은 무료한 나머지 붓과 벼루를 베개 삼으면서, 작년 조선 동학당의 난으로부터 올해 5월 8일의 강화조약비준교환에 이르기까지의 실제 겪은 일을 쓰고,

---

41 『무쓰 무네미쓰 관계문서』 54-33.

42 사카자키 빈(1853~1913). 메이지 시대의 언론인. 고단시^{講談師}(=야담가), 소설가, 역사연구가. 사카자키 시란^{紫瀾}이라고도 한다/역주.

제야除夜가 되어서야 간신히 그 원고를 끝낸 것이 쌓여 많게는 420페이지에 달한다. 군은 이를 『蹇々錄』이라 이름 짓고 외무성의 비밀판[秘版]에 부쳤다 한다……(293~4쪽)

고 적고 있다. 이는 『건건록』 서언 문장에 따른 것이 명백하다. 또 "420페이지"는 제2차 간본의 쪽수와 완전히 일치한다. 사카자키가 직접 무쓰로부터 받았는지의 여부는 어쨌든 간에 이미 이 전기를 집필할 때, 사카자키가 『건건록』(제2차 간본)을 읽고 있었음은 틀림없다.

이리하여 『건건록』이 무쓰 무네미쓰의 손에 의해서도 유포된 것은 이미 분명해졌다.

그러나 무쓰에게는, 이 『건건록』이 외무성의 비밀판으로 간행되는 것에 여전히 일말의 불안감이 있었던 것 같다. 정치가가 어떤 사건을 담당한 직후에 비망록을 간행하는 습관은, 『건건록』 간행 이전에도 이후에도 이 일본에서는 일반적이지 않았다. 그것만으로 '외무대신 무쓰 무네미쓰'의 저작이라는 점은 실은 공식적인 것이고, 실제로는 외무성의 관리가 집필한 '정부간행물'의 하나로 비칠지도 모른다는 불안이다. 이 불안을 미리 해소해두기 위해 1896년(메이지 29) 5월 하순의 어느 날, 깊이 신뢰하고 있던 사이온지와 상의하여 앞의 「明治 29年 5月29日 陶庵手記도암수기」의 사이온지의 증서를 받고, 무쓰는 자신의 소장본(제2차 간본)에 붙여 보존한 것이다. 일청전쟁을 승리로 이끌었던 그 기록을 다 쓰고 인쇄에 올린 지금, 이례적으로 제3자의 '염서'에서 "무쓰 무네미쓰의 저작"임을 확인시키고 그것을 자신의 소장본에 붙이는 등 세밀한 데까지 신경을 쓰고 있었던 것이다. 이것도 무쓰의 습성이라 해야 할까. 무쓰 무네미쓰가 『건건록』을 어떤 생각으로 썼는가를 살필 때 이것을 잊어서는 안 된다고 본다.

4. 이와나미 문고의 교주校注에 대해

무쓰 무네미쓰는 1897년(메이지 30) 5월의 『世界之日本세계의 일본』 제15호에 「諸元老談話の習癖제원로의 담화버릇」을 쓰고, 자기 자신에 대해 다음과 같이 서술하고 있다.

> 무쓰가 담화를 좋아하는 것은 이토伊藤, 오쿠마大隈와 거의 같다. 그러나 그는 자칫하면 다변에 빠지고 또한 그 담화 중에 이토처럼 강석講釈같은 담화는 아니지만, 그는 오히려 논의 습관[癖]이 있어 왕왕 입에 게거품을 물고 타인과 논쟁하고 이기는 것을 좋아하는 폐단이 있었다. 그러나 이긴 것에 편승하여 궁지에 빠진 적을 추격하기를 싫어했다. 그러므로 그의 담론은 인증引証이 명석하고 논지가 정확하여 대담자로 하여금 감히 반박할 말을 허용할 틈을 주지 않기는 해도 이 때문에 경우에 따라서는 사람들로 하여금 심히 불평 불만족한 마음을 품게 하지 않을 수 없었다. 그러나 그는 이처럼 종론방담縱論放談하는 습관이 있음에도 불구하고, 그 동안 매우 신중함을 유지하여 결코 그 가슴 속의 비밀[胸秘]을 타인에게 드러내지 않고 또 어떤 언질 때문에 뒷날에 곤란함을 야기하는 등의 일은 애써 피했다. ……그의 가슴 속 비밀에 속하는 이른바 외교 기밀에 이르러서는 어떠한 경우에도 이를 누설하지 않도록 했다. 그러므로 그와 장시간 대화를 마친 후 과연 그는 어떤 외교상의 비책으로 이 중대 사건의 담판을 종료시킬 작정인지 누구도 추찰할 수 없었다. ……그는 대담한 듯하면서 매우 소심한 인물이다.[43]

『건건록』 초고부터 제2차 간본까지, 구술로 시작하여 수차례에 걸

43　『伯爵陸奥宗光遺稿』 수록. 같은 책, 613~4쪽.

친 퇴고 다음을 보아도 무쓰 자신에 의한 자신의 '담화벽' 비평은 참으로 적절하다.

와타나베 슈지로渡辺修二郎는 『건건록』에 대해, "이 책은 먼저 조선 사건에서부터 설명하기 시작하여 청국과의 시말始末 및 타국과의 관계에 이르고 있으나, 요컨대 요동(반도) 환부還付가 부득이했다는 변명이 전편의 골자인 것 같다"[44]면서, 오직 3국간섭 처리에 대한 변명을 위해 쓴 것이라 주장하는데 이는 일면만 본 것이다.

번벌藩閥 바깥에 있었고, 막말 고난의 생활을 한 다음 메이지가 되어서도 감옥에 갇히는 생활을 맛본(1878~82) 무쓰 무네미쓰는, 바야흐로 '원훈총출元勳總出'의 제2차 이토 히로부미 내각의 외무대신이라는 중요한 직위에 올라, "권력의 계제에 오르는 레이스에서도, ……이제는, 메이지 10년대의 '늦음'을 만회한 감이 있었다."[45] 이 때 일본은 가까스로 불평등조약에서 벗어날 돌파구를 열고 잇달아 일청전쟁에서 승리하여 조선과 중국을 희생양 삼아 제국주의 열강에 합류하는 데 결정적인 길을 열었던 것이다.

무쓰는 외무대신으로서 이 조약개정과 전쟁 지도에 핵심적 역할을 했다. 그가 사인으로서도 공인으로서도 공히 기억했을 그 내적인 흥분이 그로 하여금 단숨에 『건건록』의 저술로 향하게 했을 것이다. 그 것만으로 그의 '담화를 좋아함', '의론벽', '이긴 것에 편승하여 궁지에 빠진 적을 추격하는' 풍이 『건건록』의 초고에서 간행에 이르기까지 도처에 드러나 있다. 근대 일본의 정치가·외교관의 수많은 회상록 중

---

44 무호외사비평無号外史批評, 『外交始末塞塞録』, 東陽堂支店, 1898年 발매, 193쪽. 무호외사는 와타나베 슈지로임.

45 하기하라 노부토시, 「陸奧宗光」, 가미시마 지로편神島二郎編, 『現代日本思想大系, 第10卷, - 權力의 思想』 수록, 筑摩書房, 1965年, 146쪽.

에 『건건록』처럼 솔직한 —그것이 어느 경우에는 '주관적'이고 '일면적'인 곳이 있기는 해도— 기록에 다름 아니라 일컬어지는 까닭이기도 하다.

동시에 "그 동안 매우 신중" "또 어떤 언질 때문에 뒷날에 곤란함을 야기할 것 같은 일은 애써서 이를 피하"는 "대담한 듯하면서, 매우 소심한 인물"인 대목도 퇴고 뒤에 생생하다.

『건건록』은 일청전쟁 외교의 전부를 빠트리지 않고 적은 저작이라는 견해가 많다. 그러나 오늘날 『무쓰 무네미쓰 관계문서』를 비롯하여 밝혀진 외교관계 기록 등을 보면 무쓰가 결코 숨기지 않고 모든 것을 말한 것은 아니다. 일본의 '불리不利'를 자아내는 듯한 사항에 대해서는 언급하지 않고 있다. 또 『건건蹇々여록초고철』의 수정 전의 원문에서 제2차 간본에 이르는 동안 구체적인 인명—특히 이토 히로부미, 야마가타 아리토모, 사이고 쥬도西鄕從道, 가와카미 소로쿠川上操六, 가바야마 스케노리樺山資紀 등이 일청전쟁 중에 한 언동에서, 나중에 해당 인물 또는 그것을 기사로 남김으로써 무쓰 자신에게 누가 될지도 모른다고 생각된 경우는 모두 삭제되어 있다. 이와 같은 것들은 나카타 다카노리도 시사하는 것 같은데, 오히려 무쓰의 타고난 성정에 의한 것으로 보인다.

물론 이 해설에서 언급한 바와 같이 초고부터 제2차 간본에 이르는 사이의 수정의 흔적은 극히 여러 갈래에 걸친다. 결코 구체적인 인물의 언동에 관계되는 것만이 아니다.

따라서 이 문고의 교주에서는 『건건록』의 완성에 이르는 과정(『건건蹇々여록초고철』-제1차 간본-제2차 간본)에서 삭제되었고 개변된 부분의 원문장을 재현하는 데 주력했다. 독자가 무쓰의 퇴고의 흔적에서 미묘하게 흔들리는 무쓰의 심정을 추적하고, 또한 일청전쟁기에 일본외교의 기미를 해명하는 데 도움이 된다면 다행이다. 물론 퇴고의 흔적을 모든 대목에 걸쳐 밝히는 것은 문고 책자에서는 아무래도 불가능하여, 교주는 주요한 것에 한했다.

교주의 중점이 위와 같으므로 인물과 사건, 단어의 주석 등은 일체 생략했다. 또 『건건록』에 기술되어 있는 사정을 보다 깊이 해명하기 위해, 인용된 외교문서 등의 원본과 맞춰보는 것과 또 그와 관련된 외교문서 및 관계 사료를 보충하는 것도 방대한 지면이 요구되기 때문에 근소한 예외 외에는 모두 할애했다.

마지막으로.

이미 서술한 바와 같이, 초고와 여러 간본의 동이同異의 조사·교정 등을 통하여, 『건건록』을 고찰하는 기초 작업을 진행한 것은 생전의 야마나베 겐타로가 계획한 것이다. 이 문고에서, 나의 독자적인 조사와 책임으로 새로이 간행 사정을 서술하고 교주를 단 것도 야마나베의 유지를 이은 작업의 하나다. 야마나베 겐타로에게서 받은 학은學恩을 새삼스레 회고하면서 이를 부기附記한다. 또 이 해설 및 교주를 작성하는 데 선학의 여러 업적에서 배운 것은 물론이고, 무쓰 가의 당주(무네미쓰의 손자) 무쓰 요노스케陸奧陽之助 씨(2002년 작고) 및 동 부인 스가코壽賀子 씨를 비롯하여, 아리이즈미 사다오有泉貞夫·이노 덴타로稻生典太郎·우에다 사나에上田早苗·우스이 가쓰미臼井勝美·구리하라 다케시栗原健·구와바라 신스케桑原伸介·시마다 구니히코島田邦彦·니시다 다케토시西田長寿·하기하라 노부토시萩原延寿·히라바야시 도미코平林富子·후쿠다 유미福田由実·미야다 세쓰코宮田節子·야스오카 아키오安岡昭男·유이 마사오미由井正臣·요시이 센이치芳井先一·요시무라 미치오吉村道男 등 여러분을 비롯한 많은 분들, 그리고 국립국회도서관 헌정자료실·외무성 외교사료관·외무성 기록과·가스미가세키카이霞関会·와세다대 도서관 등에 신세를 졌다. 새기어 감사하는 바다. 와이드판 제2쇄에 즈음하여, 본 문고 『신정新訂 건건록』 제1쇄(1983년) 이후, 새로 판명된 사실을 바탕으로 해설을 대폭 고쳐 썼다.

2007년 4월 10일 적음

나카쓰카 아키라

교주校注

▪ 나카쓰카 아키라

교주 범례

- 이 교주는『건건록』이 완성되는 과정에서 삭제되었거나 고친 부분의 원 문장을 복원하여, 독자가 그 변화의 자취를 알 수 있도록 하기 위한 것이 주목적이다. 물론 그 전체가 아닌 주요한 것에 한정했다.

- 문장 복원에 즈음하여, 대상인『건건록』관계 사료는 국립국회도서관헌정자료실소장国立国会図書館憲政資料室所蔵의『건건여록초고철蹇々余録草稿綴』상·하 및 화지和紙(일본 고유의 기법으로 만든 종이)로 인쇄한 외무성의 제1차 간본『건건록蹇々録』(별두서입원본鼇頭書込原本)이다. 즉 비본秘本 시대의 유포본에서 이 이와나미 문고본에 이르기까지 세간에 전해지는 모든『건건록』저본인 외무성 제2차 간본(양지洋紙로 인쇄한 양가장본)과 앞의 두 가지와의 다름을 분명히 한 것이다.

- 교주 기술에 즈음하여,『건건여록초고철』의 수정 전 원문은 〈草〉의 원문, 수정 후 문장은 〈草〉, 외무성 제1차 간본 문장은 〈和〉, 외무성 제2차 간본 문장은 〈洋〉으로 각각 약기했다. 그리고 교주의 원칙으로서,

  (1) 〈洋〉에는 없고 〈和〉·〈草〉에 있는 것은 〈和〉의 문장을 가리키고,

  (2) 〈洋〉에도 〈和〉에도 없고 〈草〉에 있는 것은 〈草〉의 문장을 가리키며,

  (3) 〈洋〉·〈和〉에는 없고 〈草〉에도 수정·퇴고 과정에서 말소된 것은 수정 전 〈草〉의 원문을 가리키는 것으로 했다. 다만 〈草〉의 어떤 곳에서 말소되었어도, 다른 곳에서 그 문장이 거의 살아 있는 경우에는 복원하지 않았다. 기타, 〈洋〉의 명백한 오기에 대해서는 그대로 두고 교주에서 그 잘못을 지적했다.

- 문장을 복원함에, 한자를 상용한자로 고치고, 명백한 오자를 고친 것 외에는 모두 원문 그대로 두었다.

- 모든 주의 모두冒頭 숫자는 본문 중에 있는 *표시가 있는 곳을 가리키며, 위가 본문의 쪽수이고 아래는 그 쪽수의 행수다. 다만 할주割注 부분은 한 행으로 세었다.

* 교주에서 인용한 〈草〉, 〈和〉의 문장은 모두 한자/가타카나 혼용문이다(역주)

* 본 역서에서는 나카쓰카가 표시한 원서의 쪽수와 행수(예 8·4)를 삭제하고 주 번호로 처리했다. 주 번호는 본문의 글자 위에 별도로 적었으며 고딕체로 처리했다(역주).

1 　서언, 4는 〈和〉에는 다음의 문장으로 되어 있다.

　　"본서의 기사는 대체로 외무성의 공문기록에 기초함은 물론이다. 단지 모든 외교상의 공문인 것은 일종의 함축의 의미가 글 외에 있어 겉모양을 그리지 골격을 드러내지 않는다. 한 번 읽어서는 밀랍의 느낌이 없을 수 없다. 본서는 모든 사실의 전말을 해부하고 또한 그 깊숙이 숨겨진 것을 감추지 않는다. 이를 비유하면 공문기록은 오히려 실측도면처럼 산천의 고저심천高低深淺이 그 척도를 잃지 않아도 어쩐지 정신이 부족하다. 본서는 오직 사세회화寫勢繪畵 같은 산상수자山相水姿 보다 오히려 산세수정山勢水情을 그려내고자 함에 힘썼다. 그러므로 본서를 읽는 자는 공문기록을 읽고 피차를 대조하지 않으면 산수의 모습과 그 정세를 아울러 얻지 못할 것이다."

2 　"스기무라 후카시가 조선에서 근무한 것이 전후 수년"은, 〈和〉에는, "스기무라는 그 인물됨이 중후 치밀하고 또 조선에서는 전후 다년 근무하고"로 되어 있어, 스기무라의 인물 평가를 함께 기술하고 있다.

3 　"6월 1일에 …상주안을 의결하였기 때문에"는 〈和〉에는 다음과 같이 되어 있다. "6월 1일이 되어 중의원은 내각의 행위를 비난하는 상주를 봉정함에 이르렀기 때문에"

　　또 역사적 사실로서는 〈和〉의 기록이 옳고, 상주안의 의결은 5월 31일의 일이다. 〈和〉를 수정할 때 잘못하여 〈洋〉의 기술로 된 것이다.

4 　"회의에 가서"와 "회의가 시작될 때"의 사이에 〈和〉에는 다음과 같은 문장이 할주割註로 들어가 있다.

　　"이 날은 의회 해산의 중요 사건을 의논하는 각의였으므로 야마가타山縣 추밀원장도 동석해 있었다."

5 　"우리 정부의 결심은 이와 같았다"는 〈和〉에는 다음과 같이 되어 있다. "우리 정부는 일찍이 묘산廟算을 확정하고 어디까지나 평화의 수단을 다 한 다음 만부득이한 경우를 맞이하게 되면 병기[干戈]의 힘에 의뢰하는 것도 피할 수 없다고 결심했다."

6 　"긴요했다고 생각했기 때문이다"는 〈和〉에는 다음과 같이 되어 있다. "긴절하다고 생각했으므로 당시 청국이 어떻게 이 텐진조약의 정신을 인정하고 있는가의 여부를 알고자 한 것이다."

7 　"평화가 아직 파탄나지 않았고" 이하는 〈和〉에서는 다음과 같이 되어 있다. "평화가 아직 파탄나지 않고 상황[事局]이 아직 개전에 이르지 않았는데 겨

우 한 편의 행문行文 중에 이미 피아가 그 보는 바가 같지 않아 갑론을박의 상태가 드러난 것은 이미 이 때부터로 뒷날의 상황이 바야흐로 일변할 우려가 분명히 있었지만, 우리 정부는 여전히 이 위기일발의 순간에도 현재의 평화를 깨트리지 않고 국가의 명예를 온전히 할 길을 찾는 데 급급했다."

8 "항목 하나를 추가했다"에 이어 〈和〉에는 다음의 문장이 들어가 있다.

"따라서 오토리 공사로 하여금 어떤 행위든 임기응변으로 집행할 수 있는 여지를 준 것이다."

9 "일청 양국 군대는" 이하는 〈和〉에는 다음과 같이 되어 있다.

"일청 양국 군대는 아직도 흘겨보며 상대하느라 서로 상당한 시의猜疑와 상당한 희망을 품고 있었기 때문에 외교적으로 담판하는 사이에 피아가 깨끗하게 공히 그 파견한 군대를 조선국에서 철수시키는 일은 바랄 수 없었다. 그렇다고 여기에서 급박한 원인과 이유 또는 외관상으로 지당한 구실도 없이 서로 교전하기에는 아직 허다한 일의 모임을 거치지 않을 수 없어, 일종의 외교정략을 써서 무언가 사태의 국면을 일변할 길을 강구하는 것 외에 도저히 다른 대책이 없었다."

10 "하루 동안 고려할 시간~밤새도록"은 〈草〉의 원문에서는 "하루 동안의 고려할 시간을 얻기를 청하고 곧바로 위의 이토 총리가 기초起草에 관여한 글 하나를 갖고 돌아와도 밤새"라고 되어 있다.

11 "도쿄 주재 청국 특명전권공사~3개조의 제의를 해왔다"는, 〈草〉의 원문에는 다음과 같이 되어 있다.

"광서 23년 5월 18일, 즉 우리 메이지 27년 6월 21일부로 청국 정부는 재도쿄 동국同国특명전권공사 왕봉조로 하여금 우리 제안에 대해 회답하도록 했다. 그 취의는 과연 예상한 것처럼 우리 제안에 동의하지 않음에 있고 그가 말한 바."

12 "왕봉조에게 훈령~그 첫째로"는, 〈草〉의 원문에는 다음과 같이 되어 있다.

"왕봉조에게 훈령시킨 것은 물론 추찰하고도 남음이 있다. 어쨌든 우리 정부가 처음부터 예상한 것처럼 청국은 우리의 제안을 거절했다. 첫째로"

13 "청국 정부 특히 이홍장이~깨닫지 못하고서"는, 〈草〉의 원문에는 다음과 같이 되어 있다.

"청국 정부 특히 이홍장은 당초의 미몽을 각성할 수 없었다. 그들은 구래의 관습인 자존 오만한 풍을 아직 그 가슴속에서 못 버리고, 일본 정부가 어떤 의도에서 최후의 결심을 확정했는가를 깨달을 수 없어서"

14 "음으로 조선의 개혁을~항상 우리의 권력 하에"는, 〈草〉의 원문에는 "음으로 조선의 개혁을 명분삼아 이를 침략해서 우리의 판도를 확장할 것인가 그렇지 않으면 조선을 거의 우리의 종속국[附庸國]처럼 삼아 우리의 권력 하에"

15 "이 무렵 도쿄 주재 왕공사는~는 의미의 전신을 이홍장에게 보냈다고 들었다"라고 무쓰가, 주일 청국공사의 본국에로의 전보내용을 마치 엿들은 것처럼 적고 있는데, 실은 일청 전쟁 때 청국 정부와 주일 청국공사 및 체일滯日 중이던 청국 강화사절 사이의 전보는, 개전 전부터 일본 정부에 의해 해독되고 있었고, 무쓰는 물론 그 내용을 속속들이 숙지하고 있었던 것이다. 그 전말은 나카타 다카노리中田敬義(당시, 무쓰 외무대신의 비서관)述述『日淸戰爭ノ前後』(1938年 10月, 口述, 타이프, 国会図書館憲政資料室所蔵, 『憲政史編纂会収集文書目録』550)에 다음과 같이 적혀 있다.

사토佐藤 전신과장의 공적

전쟁이 나면서 이는 공식적으로 남길 것은 아니지만 실로 큰 공로가 있는 사람은 이전의 외무대신이었던 사토 나오타케佐藤尙武 군君의 아버지 아이마로愛麿 군君이다. 당시 동 군은 전신과장이었는데 지나支那의 전신을 발견했다. 그것이 전쟁 중 우리에게 아주 큰 이익이 되었다.

메이지 19년에 지나의 어떤 수병이 나가사키에서 소동을 부린 사건이 있었는데, 그 때 구레 다이고로吳大五郎라는 사람이 지나의 전신을 발견한 적이 있었다. 지나는 알파벳이 없는 나라이므로, 자전字典에서 그다지 사용되지 않는 문자를 제외하고, 잘 사용되는 문자에 1, 2, 3, 4의 숫자를 방기하여 이를 사용하는 것이다. 즉 자전이 작기는 하지만, 그것이 저쪽의 전신부電信簿였고, 그 책이 외무성에 있다. 메이지 27년 6월 22일, 무쓰 외상이 주일 공사 왕봉조에게 보낸 편지가 있다. 이는 처음에 데니슨이 영문으로 쓰고, 대신大臣 관저에서 이토 미요지伊東巳代治가 일본어로 번역하고 다시 그것을 내가(=나가타 다카노리/역주) 한문으로 옮겨 왕에게 보냈던 것이다. 이것을 그 다음 날인 23일, 왕봉조가 상당한 장문의 전신을 총리아문 앞으로 타전했다. 그래서 사토 전신과장은 이것이 바로 어제의 편지를 타전한 것임에 틀림없다고 보고 여러 가지 조사를 해 본 결과 마침내 그

키를 발견한 것이다. 지나 측에서는 그 후 키를 전혀 변경하지 않았기 때문에, 상대방의 모든 전신은 이 쪽에서 읽을 수 있어서 매우 편리했다. 선전 포고를 한 것은 8월 1일인데 상대방도 바로 같은 날 했고, 담판 때에도 극히 형편이 좋은 운이었다. 이는 말로 전할 수 있을지 모르겠으나 기록으로는 남기지 않는다. 공표하기 좀 어렵지만, 이와 같은 것은 새겨두면 좋을 하나의 숨겨진 사실이라 생각된다.

일청전쟁의 논공행상 때에 무쓰의 명령으로 내가 조사한 바, 사토는 특별상을 받았고, 그 외에는 연금을 받은 자는 없었는데, 사토는 삼등의 훈공으로 연금을 받았다.

한편 나카타가 말하는 무쓰가 왕봉조에게 보낸 편지, 이것의 한역 및 주일 청국공사·청국강화사절과 청국 정부와의 사이의 암호해독 전보문은, 이토 히로부미 편伊藤博文編『機密日淸戰爭기밀일청전쟁』(原書房刊, 1967年, 山辺健太郎「資料解說と增補자료해설과 증보」)에 수록되어 있다. 또, 사토의 서훈은 「勳四等旭日小綬章훈사등욱일소수장」이 옳다.

16 "하나하나 상세한 주해를 달아두었다"와 뒷 문장 사이에, 〈草〉의 원문에는 다음의 문장이 있다.

"나는 이 훈령을 오토리 공사에게 보내기 전에 당연히 이를 각의에 제출하고 각료들의 의견을 구했다. 내각은 누구든지 세상 일반의 여론인 의협적인 십자군을 일으켜야 한다는 식의 생각을 가진 사람이 없는 것은 물론이지만, 그 개혁 조항의 세목에 이르러서는 의견이 각각 달랐다. 그러므로 지금 앞 단에서 열거한 조항은 내가 처음 각의에 제출한 것에 다소 수정을 가한 것이다. 그러나 이를 조선 정부에 권고할 때 가장 신중한 방법으로 구미 각국의 시기를 초래하지 않도록 힘써야 했다. 또 위의 개혁 조항 중에는 전부 실행될 가망이 없어도 부산, 경성 및 인천 사이를 관통하는 전신과 철도를 가설 등 실리적인 사업은 우리나라의 이익에 맞게 확정하도록 힘써야 한다는 데에 이르러서는 각료들의 의견이 거의 부합했다. 그러므로 나는 이른바 「교통을 편히 해야 함」이라는 조항의 주석으로 전신 및 철도건설의 사업을 십분 부연했다."

17 "언제까지나 이 부정확한 ~ 이 때에 어떻게 해서라도"는 〈草〉의 원문에는 다음과 같이 되어 있다.

"언제까지나 이와 같은 부단부정不斷不定한 정세가 계속되어서는 도저히 다시 제3국의 간섭을 초래하는 사유가 된다고 생각했기 때문에 어떻게 해서라도"

18 "(1) 경부 간 ~ 스스로 착수한다"는 〈草〉의 원문에는 다음과 같이 되어 있다.
"(1) 당시 조선 정부에 여전히 이의가 있었음에도 경부 간 군용전신 가설은 일본의 조약상의 권리로서 일본 정부 스스로 착수한다."

19 "용산에 주둔하고 있는"과 "약간의 병력"의 사이에 〈草〉의 원문에는 "보병 일개 연대 및 포공병"이라는 문자가 들어가 있다.

20 "더구나 얻을 수 있었겠는가"의 뒤에 〈草〉에는 다음의 문장이 계속되고 있다.
"우리는 자화자찬을 꺼리는 편이지만 소위 한 마디 말로 천하의 대사를 정함은 대개 이 같은 시기를 이르는 것이다."

21 "절박했기 때문에 ~ 협의한 다음 바로"는 〈草〉에는 다음과 같이 되어 있다.
"절박했기 때문에 이 기회를 틈타 일단 청국과의 관계를 단절하는 것이 상책이라 확신하고 이토 총리와 협의한 뒤 바로"
또 〈草〉의 원문은 다음과 같다.
"절박했기 때문에 이렇게 좋은 기회가 온 것을 놓치지 않고 이토 총리와 협의한 다음 바로"

22 "조선에 있는 일청 양군이 어느 때 교전할지 헤아릴 수 없는 형세였으므로"는 〈草〉의 원문에는 다음과 같이 되어 있다.
"경성의 일본군이 혹은 나아가 아산에 있는 청군을 공격하게 되지 않으리라는 것도 헤아리기 어려움에"

23 "하나의 증거라 하겠다 ~ 또 7월 22일"은 〈草〉의 원문에는 다음과 같이 되어 있다.
"하나의 증거로 보아야 함에 대해 나는 이 기회에 편승하여 영국의 청구를 받아들임은 곧 영국을 정면의 적으로 삼지 않는 이유라 생각했기 때문에 이토 수상과 기타 각료와 협의한 다음 바로 동 정부의 청구를 허락했다. 또 7월 22일"

24 "구경꾼에 불과했다"와 다음 쪽 첫 대목의 "이후 영·러 정부는"의 사이에 〈草〉에는 다음의 문장이 줄을 바꿔 들어가 있다. 그러나 이 부분은 〈和〉에도 들어있지 않다.
"그러나 영국이 시종 일개 구경꾼으로서 비평하는 데 그치고 실제 연기자로서 무대에 출현하지 않는 것이 일본을 위해 요행인지 아니면 불행인지를 따졌을 때, 연기 진행에 각자의 이해를 중히 여기는 시절이 있기 때문에 이를 개략적으로 단정할 수 없지만, 나는 오히려 일본을 위해 요행이라고 말하는 데 주저하지 않았다. 왜냐하면 일본 정부는 가급적 사태의 국면을 일청 양국 사이로 한정하는 것이 당초의 정부 방침이었기 때문이다. 특히 일청평화조약 비준 후에 저 유명한 3국간섭이 일어났을 때처럼 영국이 그 연기자로서가 아닌 고립 방관자였던 데는 삼국으로 하여금 다소 안을 돌보도록 하게 한 세력이 있었다고 볼 수 있다."

25 "러시아 황제가 이미 ~ 보고하라"라는 전문은, 〈草〉·〈和〉에는, "俄皇已論駐倭使. 函勸倭与華商同時撤去. 再妥議善後. 望密探所言如何(러시아 황제가 이미 주일본 (공)사에게 말하기를, 일본 및 중국과 상의하여 동시에 철수할 것을 권하고 선후책을 다시 온당하게 논의하라. 은밀히 그 말하는 바가 어떠한 것인지 탐지하기 바란다)"(〈草〉에는 독점)이라 되어 있다. 이 전문을 비롯하여 이 이후 『건건록』에 인용되어 있는 청국 정부와 주일 청국공사관 및 체일 중인 청국강화사절과의 사이에 오고 간 전보는, 일일이 주기注記하지 않지만 〈草〉·〈和〉에는 모두 위와 같이 구점句点 혹은 때로는 반점返り点(한문의 훈독에서 (일본어로) 읽는 순서를 표시하기 위해 글자 왼쪽 상단에 조그맣게 붙이는 부호. 一, 二, 三, レ, 上, 下 등이 있다/역주)을 붙인 한문으로 읽고 있다. 이는 제6장의 교주 15에서도 언급한 바와 같이, 위 전보가 모두 일본 정부에 의해 해독되고 있었고, 그 전문을 입수할 수 있었던 무쓰가 전문을 〈草〉·〈和〉에서 그대로 인용한 것이라 생각된다. 전문 전후에 "들은 바에 의하면"이라든가 "전훈했다 한다" 등으로 쓴 것은 전보 해독 사실을 노출시키지 않기 위한 표현에 다름 아니다. 인용된 한문 전보가 〈洋〉에는 모두 일본어로 되어 있는 이유는 확실하지 않지만, 암호 전보를 해독한 내용이, '그것'임을 가늠하게 하는 인용 방법은, 몇 몇 부외비部外秘의 출판물에서도 지장이 있다고 판단한 결과가 아닐까.

26 (이는 7월 2일 ~ 은밀히 알린 것임에 틀림없다)의 할주 안의 "은밀히 알린 것임에 틀림없다"는 〈和〉에는, ("……은밀히 알렸을 것인 전문 중 '찰察'이하의 문자는, 왕汪은 일본이 쉽게 철병할 것을 수긍하지 않을 것임을 탐지하고, 겨우 러시아의 조정에만 의지하는 것이 상책이 아님을 건의한 것이다")고 되어 있다. 한문 전보를 일본어로 고쳐서 '찰'이라는 글자가 없어진 까닭에, 이 부분이 〈洋〉에서는 삭제된 것으로 보인다.

27 "이토 총리는"과 "매번 그가 말하는 바를 듣고"의 사이에 〈和〉에는, "그 지위

상에서 외국의 사신과 직접 최종 결과에 대한 이야기를 해야 할 입장이 아님은"이라는 문장이 들어가 있다.

28 "한 가닥 희망을 걸고 있는 것 같았다"와 "그러므로 뒷날"의 사이에 〈草〉의 원문에는 다음의 문장이 들어가 있다.

"이를 요약하여 말하면, 이홍장은 외교상 자주독립의 정략 없이 오로지 제3자인 강국으로부터의 원조에 의뢰하고 군사상으로 허세를 부려 사태의 국면을 수습하고자 하는 것 외에 아직 최후에 총칼의 비극을 연출함까지 피하겠다는 결심이 없는 사람 같아."

29 "상하이는 외국인 거류지여서"부터 8행 뒤의 "그 쉽고 어려움은 아주 달라서 비교할 수 없다"까지는 〈和〉에 할주로 그 전후는 다음과 같이 되어 있다.

"……등에 비하면 훨씬 운이 좋았고(상하이는 외국인 ……)또 후일 산동성에……"

30 "기다리던 군인들이기 때문에 ~ 분위기였을 터이다"는 〈和〉에서는 "기다리고 있는 군인이기 때문에 저절로 살기 분분하여 왕왕 평인을 뇌쇄惱殺할 것 같은 기풍이었던 것이다"로 되어 있다.

31 "이 무렵 나는 ~ 불안감을 갖고 있었다"는 〈草〉의 원문에는 다음과 같이 되어 있다.

"내가 여러 고심 끝에 내 놓은 계획도 거의 수포로 돌아갈 뻔한 것도 적지 않았고."

32 "본래 어떤 날이었는가"의 뒤에 〈和〉에는 다음의 문장이 할주로 들어가 있다.

"내가 전신을 접한 것은 아오키가 전신을 보낸 다음날, 즉 조약에 조인해야 한다고 한 바로 그 날이다."

33 "호의에 감사의 뜻을 전하라"고는 〈和〉에는 "고"는 없고, 여기에 할주로 다음의 문장이 들어가 있다.

"일청조약개정의 전말은 외무성이 편집한 일영조약개정 기사가 상세하다."

34 "당시 내각의 동료들"과 "은 이 종속문제를 이때의"의 사이에 〈和〉에는 "특히 이토 총리"라는 글자가 들어가 있다.

35 "그의 말은"은 〈和〉에는 다음과 같이 되어 있다.

"그가 전문 중에 「我保護属邦. 旧例前事. 歴々可証. 天下各国皆知우리의 보호 속방은 과거의 사례와 앞의 일이 역력히 증명하며, 천하 국가들이 다 안다」라고 적은 것은"

36 이 공문의 뜻은 다음과 같다.

"조선은 본래 중국의 속방이나, 내치와 외교는 종래 모두 대조선 국주의 권한 아래 집행되어 왔다. 지금 대조선국이 모국某國과 서로 맹약을 체결하고자 할 경우, 두 나라 사이의 외교는 모든 면에서 서로 대등하다. 대조선 국주는 조약 각각의 조항이 반드시 독립국가 공통의 공례에 의거하여 참되이 처리될 것임에 성실하다. 대조선국은 중국의 속국이며 그 종속 관계의 결과로, 조선이 중국에 대해 당연히 다 해야 할 어떤 사항도, 지금 맹약을 체결하려는 모국과는 모두 관계없다. 따라서 관원을 파견하여 조약을 교섭 의정하는 것은 물론이고 그 외에 상응해야 할 문서를 갖추어 통첩하라. 이상, 이 공문을 송부하는 바다."

37 "제기하는 것은 참으로"와 "진부하기 이를 데 없음에"의 사이에 〈草〉에는, "이토 총리의 말처럼"이라는 글자가 들어가 있다.

38 "미루도록 했다. 그러나 이 무렵"은 〈和〉에서는 다음과 같이 되어 있다.
    "유예시키도록 했다. 그러나 내가 최후의 훈령, 즉 "어떠한 구실을 사용해서라도 실지의 운동을 시작해야 함"이라 한 전훈을 발송한 무렵은"

39 "청국 군대를 나라 밖으로 ~ 된 것이다. 따라서"는 〈草〉의 원문에는 "청국 군대를 그 국외로 몰아낼 것을 청구토록 한 것도"로 되어 있다.

40 "일청 양국 사이를 ~ 특별한 의의가 없었으나"는 〈草〉의 원문에는 다음과 같이 되어 있다.
    "일청 양국 사이에 한바탕 파탄을 촉발시키지 않고서는 선후책을 시행할 까닭이 없다는 의견은 나의 지론과 조금도 다를 바가 없었으나"

41 "먼저 조선 국왕을 우리 수중에 두지 않으면"은 〈和〉에는, "조선 국왕을 먼저 우리 손 안에 가두어 두지 않으면 안 된다"고 되어 있다.

42 "동 공사는 이제는 어떤 ~ 실행했는지도 알 수 없었다"는 〈草〉의 원문에는 다음과 같이 되어 있다.
    "동 공사는 이제는 어떤 구실을 택할 자유를 가진 다음에, 불행히도 이 때 마침 한지韓地의 전선이 단절되어 통신에 의하지 않고 …. 어떤 급속한 훈령을 요해도 또 [한지의 통신은 경부선도 의주선도 오토리 공사가 병대를 인솔하여 왕성王城에 닥치기 수일 전부터 단절되었는데, 아산 전첩 뒤에 겨우 개통되었다] 그러므로 좌상座上의 의론은 어쨌든 실지는 금후에 발생할 일에 상응하여 상당한 임기의 처분을 내리는 수밖에는 없어서 나는 이 때에 오히려 이런 와중에 좀 한가함을 얻을 수 있을 것 같은 마음이었다"

[ ]는 무쓰의 할주를 가리킨다.

43 "오늘"과 "의 급선무이므로"의 사이에 〈草〉의 원문에는, "피할 수 없는"이라는 문자가 들어가 있다.

44 "조선 정부에 대해"와 "'보호속방'"의 사이에 〈草〉에는 "나는 주재병을 위해 영소營所를 지을 것을 요구하고[이는 제물포조약에 의함] 또"라는 문장이 들어가 있다.

45 "부언했다. 이어"와 "7월 23일 오전"의 사이에 〈草〉에는 다음의 문장이 들어가 있다.
"7월 22일에 '본사本使는 조선 정부에게 곧바로 청한 제 조약 중 조선의 독립을 방해하는 것이면서 조선 정부가 종래 인정하고 있는 것은 일한 양국의 조약상의 권리를 멸시하는 것이다. 그러므로 속히 이를 폐기해야 한다고 요구했다'고 전신 품의하고, 또"

46 "강력한 수단의 처분을 시행했다고 하고, 또 그 날 오후의 전신에는,"은 〈草〉에는 다음과 같이 되어 있다.
"'강력한 수단의 처분을 시행하지 않을 수 없음에 이르렀기에 오늘 새벽[즉 7월 23일] 이를 집행했을 때, 조선 병사가 우리 병사에게 발포하여 결국 조그만 싸움이 일어났다'고 하고 또 같은 날 오후에 온 전보에는"

47 "잠잠해졌으며"와 "본 공사가 곧바로 왕궁으로"의 사이에 〈草〉에는, "외무 독변은 왕명을 받들어 본관本館에 와서 본사에게 속히 참내參內(대궐 안으로 들어옴)할 것을 요청했다"는 문장이 있다.

48 "그 후, 며칠이 지나지 않아 ~ 아산과 성환 전투의 승리를 전신 보고해"는 〈草〉의 원문에는 다음과 같이 되어 있다.
"그 후 수일이 되지 않아 오토리 공사가 나에게 7월23일 사변의 전말 및 외교상의 고수적高手的 성공을 전보했고, 이어 동 공사 및 오시마 여단장이 각각 그 계통에 아산 성환 전첩을 전보하고."

49 "환성이 들끓는 듯한 ~ 찌푸렸던 인상을 펼 수 있게 되었다."는 〈草〉에는 다음과 같이 되어 있다.
"솥의 물 끓듯 하는 환성[歡声鼎沸] 중에 매몰되어 공히 오랜만에 찌푸렸던 인상을 펼 수 있게 되었다. 그러나 이 때부터 우리나라와 청국의 관계는 외교가 선구이고 군대가 후원하는 국면이 일변하여 완전히 군대 독단의 무대로 되었다."

50 "외교상의 순서로서는 ~ 즉, 내가"는, 〈草〉의 원문에는 다음과 같이 되어 있다.

"외교상의 순서로서는 하등의 지장이 없다지만, 나는 어지간하면 저들로 하여금 먼저 싸움을 걸게끔 하는 위치를 쥐는 것이 상책이라 답했다. 사이고 해군 대신은 이 의미를 짐작하여 함대사령장관에게 훈령했다고 한다. 즉 내가."

51 "7월 27일"은 〈草〉·〈和〉에도 7월 27일로 되어 있으나, 7월 25일의 오류다.

52 "행동은 자유롭지 못했음."의 뒤에 〈草〉에는 다음의 문장이 할주로 들어가 있다.

"이 때 선장은 이미 직무를 행하는 자유를 빼앗겼고, 동 선박이 영국 선적에 속해도 실제는 청국 군관이 지배하는 바였다고 했다."

53 "그리고 영국 외무대신 킴벌리 백작은"부터 (이 건은 인도……보고에 보인다)의 할주까지는 〈草〉·〈和〉에는 없다.

54 "외교 관계를 야기할 것이라 한 사안도 ~ 실로 명예롭다 할 것이다"는 〈草〉의 원문에 다음과 같이 되어 있다.

"외교관계를 일으킬 것이라 한 사안도 다행히 우리 해군 장교의 처음의 처치부터 그 마땅함을 얻어 국제공법상 하등의 결점이 없었고, 또 고승호의 지주가 이런 사건을 예상하여 청국 정부와 결약상 만일의 손해에 대해서는 배상하여야 한다는 계약이 있었기 때문에, 중요 피해자가 국외자를 격동시킬 정도의 괴로운 사정을 들고 나올 여지가 없었다. 그리하여 영국 정부의 당초의 기세도 어쩐지 사라져, 드디어 이 중차대한 외교관계 또한 무사히 종국을 고했다. 참으로 운이 좋은 일이라 해야 할 것이다."

55 "왜 일한공수동맹조약을 체결할 필요……"부터 158쪽 11행의 "일한 양국 맹약은"까지는 〈草〉의 원문에는 다음과 같이 되어 있다.

"왜 일한공수동맹의 조약을 정결訂結할 필요가 있었는가 하면, 대저 이번의 일청의 분의紛議는 본래 조선 문제에 기인하고, 또 현재 일청 양군이 자국 영내에서 교전하고 있음에도 불구하고, 본래 한 독립국으로서 평시와 전시에서 어떻게 세계 국제 사이에 그 나라의 지위를 두어야 할 것인가를 알지 못하는 암흑시대에 살고 있는 사람들의 상성常性으로서, 그들의 목전에서 일청 양군이 교전하는 것을 보고, 오히려 진나라 사람이 초나라 사람의 살찌고 마름에 대해 무관심한 것 같음에 머물지 않고, 왕왕 전후의 분별도 없이 몰래 재경성 구미 강국의 대표자와 은밀히 대화하여 일청 양국 군대를 그 나라 안에서 철퇴撤退시키려는 주선을 구하기에 이르러 ……(중략. 이 부분은 158쪽 5행부터의 본문의 할주 중의 독일 상선 조주호에 대한 부분과 거의 같으므로 생략했다. —나카쓰카)……조선으로 하여금 이런 애매한 위치에 존재하게 하는 것은 장래 만반의 장해를 양출釀出할 연원이므로 잠시 우리의 수중에 계류시켜 감히 달리 바라는 바가 없도록 하고 아울러 표면상으로도 독립국가의 지위에 서게 하는 것을 목하의 상책으로 했다. 일한양국 맹약은"

56 "이 사이 왕비는 그 일신조차 거의 위험했으나"는 〈草〉의 원문에는 "왕비의 일신조차 거의 시역弑逆의 화를 입게 됨에 이르렀으나"라고 되어 있다.

57 "금일의 조선 역시 예외일 수 없었다."의 뒤에 〈和〉에는 다음의 문장이 할주로 들어가 있다.

"나는 또한 우리나라에 유신이 시작될 당시의 조정이 소위 좌막당佐幕党을 제거한 다음 여러 번의 유사有司 또는 민간의 지사들을 자주 등용하고 각 부의 관직을 내려주어 일시 인심을 수람收攬(거두어 잡음)했음에도 그 결과는 그 후 수년 사이에 이 무리를 떨쳐내기 위해 정부가 몇 번의 개혁을 단행하여 왕왕 반동의 소요를 일으킨 것을 기억한다."

58 "내각을 조직했으나, 이 외에도 당시 조선에는 따로 개혁파, 개화파"는 〈和〉에는 다음과 같이 되어 있다. [ ]안은 할주.

"내각을 조직하는 외에[모든 어떤 나라에도 정계에서 온화 점진파 또는 불편중립파라 칭하는 자들은 왕왕 자가의 일정한 식견 없이 우유부단 하고 당시의 형편을 보아 진퇴하고 항상 스스로 책임의 국면에 당함을 피해 헛되이 번식하는 연총淵叢이어서, 본래 이 무리들에게 반근착절盤根錯節을 할단하기를 바라는 것은 거의 연목구어 같음을 면치 못한다] 당시 조선에서 개혁파 개화파"

59 "김옥균, 박영효 등의 ~ 일본당이라는 명칭 아래"는 〈和〉의 원문에는 다음과 같이 되어 있다. [ ]안은 할주.

"김옥균, 박영효 등이 잔당이었고[이들 인물은 많게는 일본 혹은 미국 등에 관리로 파견되거나 혹은 유학하여 조선인 중에서는 얼마간 근세 내외의 사정과 구주적 문명 사상을 이해할 수 있는 자들이다. 또 이들 중 다수는 메이지 17년 이래 민당閔党 때문에 매우 군궁해진 자들임을 알 수 있다] 오래도록 조선 정계 밖으로 추방되어 있었으나, 지금은 그들이 그 자칭 일본당이라는 제목의"

60 "둘째, 온화 ~ 김굉집, 어윤중"은 〈草〉의 원문에는, "둘째로는 온화 점진당
　으로 국민의 중망重望이 있다고 일컬어지나 실제로는 서수양단鼠首兩端 주
　의인 김굉집, 어윤중"이라 되어 있다.

61 "조선 정부는 ~ 서로 알력"은 〈草〉의 원문에는, "지금 조선 정부는 대원군을
　주재主裁로 김, 어 온화파로 내각을 조직하고 개화파의 합의체인 군국기무
　처를 개혁입안 기관으로 하여 피차 서로 알력"으로 되어 있다.

62 "원인의 하나였음은 또 의심할 수 없다."의 다음에 〈草〉의 원문에는 행을 바
　꾸어 다음의 문장이 들어가 있다.

　　"다른 날 이노우에 백작이 조선에 건너간 후 권고한 예산 기타 개혁을 아울
　러 실지로 단행코자 노력했을 뿐 아니라 더욱이 완명頑冥 무식한 조선 관리
　들에게 다소의 정치적 이상을 가르친 효과를 낳았다. 따라서 실무 진보의 실
　마리를 열기는 했어도, 그들은 필경 어둠 속에서 코끼리 만지기라 조금도 밝
　은 선견 없이 오로지 타력에 의뢰하여 음으로 자기들의 편리를 꾀하는 외에
　어떤 일도 하려 하지 않고 또 할 수도 없는 자들이므로, 우리 정부가 단순한
　권고만으로 다음의 어떤 실효를 거둘 수 없음은 본래 상식을 가진 사람이면
　쉽게 알 수 있는 바였으나, 세상의 몽매한 무리들은 일의 실상을 생각지 않고
　다만 조선 조정의 행위를 비난함에 그치지 않을 뿐 아니라 우리 정부의 용단
　없음을 비난하기에 이르렀다."

63 "모든 비용은 국고에서 지출 ~ 국고의 공금으로"는 〈草〉의 원문에는 다음
　처럼 되어 있다.

　　"일체의 비용을 국고에서 지출해야 한다는 의론이 일었다. 특히 첫째, 이 문
　제에 대해서는 당초 정부 부내에서도 아주 열심히 이를 주장한 사람이 있었
　음에도 이를 실행하려 함에 국고의 공금으로써."

64 "조선에 관한 사무를 ~ 오토리 공사의 후임을"은, 〈草〉의 원문에는 다음과
　같이 되어 있다.

　　"조선에 관한 사무를 전결 단행시켜, 정부로 하여금 다른 것을 돌아보지 말
　고 군사와 외교의 대사大事에 전력을 기울일 필요가 있어 오토리 공사의 후
　임으로"

65 "메이지 27년 8월 17일 각의"는 여기서는 장章의 끝에 있으나 〈草〉의 원문에
　서는 본문 중의 (갑), (을), (병), (정)(165~6쪽 참조)의 각각에 [ ] 괄호 안에 무
　쓰의 주해로서 의문점이 기록되어 있다. 그 문장은 〈和〉·〈洋〉과 약간 다르지

만 큰 차이는 없어 생략한다. 또 ⟨和⟩에는 ⟨洋⟩과 마찬가지로 장의 끝에 배치했는데 활자의 크기는 본문과 동일하다.

66 "메이지 27년 9월 중순 경"부터 넷째 줄의 "검토 규명하는 것으로 족하다고 생각한다"는, ⟨草⟩의 원문에는 다음과 같이 되어 있다.

"메이지 27년 9월 중순에 세계의 이목을 거의 동시에 끈 것은 황해 해전 및 평양 전투 대첩의 쾌보다. 이 해륙 양 대전의 승리는 일청 양국 최후의 운명을 결정짓는 큰 관건이 되었고, 후일 영국의 모 석학은 극동에서의 대전쟁의 결과는 실로 한 제국의 명예를 발양했음과 동시에 한 제국의 명예를 실추시켰다고 말했는데 그 틀은 여기서 배태된 것이다. 종래 구미 각국의 정부와 국민은 최후의 승리가 결국 청국으로 돌아갈 것이라 억측하고 있었으나 지금 장래의 승패는 누구도 이를 의심하지 않고, 다만 일본군이 언제 베이징에 들어갈 것인가 하는 시간 문제만을 남길 뿐이라 했다. 본래 작전의 계획과 전투의 진퇴를 기술하는 것은 물론 본서의 목적이 아니다. 다만 나는 지금의 양 대전 승리 및 이후 봉천奉天 산동山東의 각지에서 아군이 해륙에서 연전연첩連戰連捷한 결과가 어떤 식으로 우리 국내외 관계에 영향을 미칠 것인가를 찾아 밝히려 함에 있어."

67 "러시아가 호시탐탐 ~ 바로 이 시기다. 요컨대"는 ⟨草⟩의 원문에는 다음과 같이 되어 있다.

"러시아 정부는 그 때 호시탐탐 적어도 시종일관 자신들의 이익을 잃지 않으려 했다. 러시아 공사 '히트로보'는 당시 누구이 나에게, 혹은 자신만의 의견이라 하고 또는 본국 정부의 내훈이라면서, 동양의 이 국면의 형세에 대해 일·러 양국이 서로 의견을 교환할 필요가 있다면서 우리 정부의 최종 의견을 듣고자 청했다. 나는 러시아 정부의 저의를 충분히 간파했지만, 정부의 방침은 처음부터 가급적 구주 각국과의 관계를 피해야 했기 때문에 러시아 공사에게 실시간으로 상당한 회답을 했다. 그러나 도저히 이런 표면적이고 의식적儀式的 회답으로서는 러시아 정부의 대망을 만족시킬 수 없었다. 나중에 그는 빈번히 일본 정부는 만사를 비밀리에 결행하기 때문에 피차 오해를 낳는다며 간섭의 구실이 된다고 했다. 요컨대"

68 "나쁜 전례를 만든 쪽은 청국이다"라는 문장은 ⟨和⟩에는 없고, ⟨洋⟩에 처음 들어가 있다. ⟨和⟩에는, "이번 전쟁의 결과가 또한 그 기인이었다고 하지 않을 수 없다"라며 이 단락을 끝맺는다.

69 〈草〉·〈和〉 공히 "10월 11일"이라 적혀 있으나, 슌보 고쓰이쇼카이春畝公
追頌会 저, 『伊藤博文会·下卷』에 수록된 동 서간은 10월 8일로 되어 있다(이
책, 142~6쪽 참조).

70 "이들을 풀어 주었다"의 뒤에 〈草〉의 원문에는 "그리고 귀국 여비로 약간의
금액을 지급했다"라는 할주가 들어 있다.

71 "栃木城"이 부분의 교주는 맨 뒤의 추기追記에 별도로 적혀 있음(역주).

72 "12월 16일"은 〈草〉·〈和〉·〈洋〉 공히 12월 16일로 되어 있으나, 이는 11월
26일의 잘못이다.

73 이 공문의 의미는 다음과 같다.
"다음의 내용을 전한다. 먼저 우리 대大청국의 관례로는 각국과의 교제는 본
래 평화를 지향해 왔다. 그러나 귀국과는 지금 얼마간 분쟁 상태다. 통상의
우호 관계가 전쟁 상태로 바뀌니 지금 인민은 도탄의 괴로움을 면치 못하고
있다. 지금 양국은 우선 육해군에 명령하여 정전을 도모해야 할 것이라 생각
한다. 본 대신(이홍장)의 이런 의향을 황제 폐하에게 상주한 바, 황제 폐하로
부터 다음의 성지가 내려왔다. "데트링은 오랫동안 중국 관官에서 일한 충실
한 인물이다. 따라서 처치해야 할 일을 상세히 데트링에게 통고하니, 그를 속
히 일본에 보내 지체 없이 처치하도록 할 것을 이홍장에게 명한다. 또 데트링
은 수시로 교섭의 정황을 이홍장을 경유하여 내밀하고 신속하게 전신으로
상주하라. 이 뜻을 준수할 지어다." 황제 폐하의 이 성지에 따라 두품정대頭
品頂戴의 견서肩書를 지닌 데트링을 즉시 도쿄로 보내며, 공식 문서를 갖도록
해주게 된 것이다. 조정 작업으로 양국 간에 다시 평화를 회복하는 건에 대해
서는 귀 총리대신과 데트링이 잘 협의하여 좋은 결과가 도출되기를 바란다.
이상, 공식 문서를 보내는 바이다. 부디 검토해 주시기를"

74 이 사신私信 말미의 의미는 다음과 같다.
"한 번 헤어진 이래 긴 세월이 지났으나, 이토 총리대신은 확실히 옛 일을 잊
지 않고 계시리라 생각한다. 서로 마음을 하나로 하여 (톈진조약에)조인했
기 때문이다. 이상 의중을 말씀드린다."

75 "호소하려 했다. 그리고 데트링 그 사람이"는 〈草〉의 원문에는 다음과 같이
되어 있다.
"호소하려 했다. 그 사서私書는 여기에 인용하여 논구할 가치는 없다 하겠지
만, 이른바 그 공문은 당대의 국제공법상 도저히 이와 같은 경우에 적용할 규

정에 부합하는 것이 아니다. 첫째 '데트링' 그 사람."

76 "소환할 것을 요구"의 뒤에 〈草〉의 원문에는 다음의 문장이 할주로 들어가 있다.

"이는 청국의 습관적 수단이어서, 외교상 모름지기 있어야 할 신의를 중시하지 않고 갑에게 의뢰하는 도중에 또 을에게 의뢰하여 피차 불쾌감을 부르는 것은 앞서 일청 전쟁 전 러시아·영국 양 공사에게 같은 조정을 의뢰한 바와 똑같다."

77 "기다리는 것과 같았다"의 뒤에 〈草〉의 원문에는 다음의 문장이 할주로 들어가 있다.

"러시아 공사 '히트로보'는 그 재능 상에서 말하는 것보다 역시 그의 유명한 불가리아勃爾俄利亜 사건에 비추어 보아도 러시아 정부의 신임이 결코 얕지 않은 인물이다. 그러나 뒤에 요동반도 간섭 사건이 일어남에 그는 거의 본국 정부의 깊은 뜻을 예지하지 못한 것 같았는데 그 증거가 매우 많다. 이는 러시아 정부가 시모노세키조약이 타결되는 것을 보고, 또 독일이 불시에 동 조약에 대해 이의를 제기하기까지는 일본에 대해 일격을 가한다는 각오를 예정했을 뿐임을 알아야 한다."

78 "11월 16일"의 교주는 추기에 별도로 적혀 있음(역주).

79 "휴전 개시 ~ 건의한다"는 〈草〉에는 다음과 같이 되어 있다.

"휴전 개시 기일을 결정해 주기 바람. 또 나가사키를 회동지로 할 것을 건의함."

80 "정부 당국의 각부 책임자가 ~ 경우도 얼마 있었다. 예를 들면"은, 〈和〉에는 다음과 같이 되어 있다.

"정부 당국 각부의 책임자가 각자 희망하는 바를 분석해도, 혹자는 적국으로부터 모종의 조건부 양여를 주로 하고 기타 양여는 종從으로 하는 것 같은 흉중을 스스로 발택拔択하는 바가 없지 않았다. 예를 들면"

81 "대만 전체의 양여가 필요하다고 했다"의 뒤에 〈草〉의 원문에는 다음의 할주가 들어가 있다.

"사이고 해군 대신의 당초의 주장과 같다는 말은 이것을 의미한다."

82 "우리 판도에 귀속시키지 않으면 안 된다고 했다."의 다음에 〈草〉의 원문에는 [ ] 속에 다음의 할주가 들어가 있다.

"가바야마樺山 해군 중장이 일찍이 이 주장이 있다고 들었다."

83 "이를 영유해야 한다고 주장했다."의 뒤에 〈草〉의 원문에는 [ ] 속에 다음의 할주가 들어가 있다.

"야마가타山県 육군대신의 당초의 설은 이와 같았다."

84 "이렇게 중론이 분분한 가운데 몇 사람의 식자는"부터 이 할주의 마지막 "대세에서 또 이를 어떻게 할 수 없었음은 물론이다"까지는 〈草〉에는 없고, 〈和〉에서도 이 부분만 별지로 인쇄하여 첨부되어 있다. 결국 이 부분은 〈和〉가 먼저 인쇄된 뒤, 다시 무쓰가 추가했음을 의미한다.

85 이 할주에 이어 본문으로 〈草〉의 원문에는 다음의 문장이 들어가 있다.

"그러나 당시 내외 형세가 갑자기 이를 세간에 노출함을 허용치 않음으로써 나는 이를 손궤 밑바닥 깊이 감추어 두고 나중에 시기가 도래하기를 기다렸다."

86 "그리고 총리의 이 의견은"은 〈草〉·〈和〉에는 없다.

87 "야마가타 육군대신"은 〈草〉·〈和〉에는 "야마가타 육군대장"으로 되어 있다. 육군대신 겸임은 1895(메이지 28)년 3월 7일이므로 대장이 맞다.

88 "성찰해 주시기 바랍니다"의 뒤에, 〈草〉의 원문에는 다음의 문장이 [ ] 속에 할주로 돌어가 있다.

"본 조약안에 대해서는 열석한 문무 중신 누구도 이의가 없다는 뜻을 명언했다. 다만 가바야마 해군 중장은 그 바람으로 평화조약은 전쟁의 결과와 연행聯行해야 할 필요가 있음으로써, 할지割地에 대해 본 조약이 규정하는 것 외에도 가능하므로 오히려 산동성 태반을 할양할 수 있기를 희망한다 했다. 그러나 이는 오직 동 중장의 희망을 말한 데 그친다."

89 "전쟁에 싫증내는 ~ 이 때 유럽의 각 강국"은 〈草〉의 원문에는 다음과 같이 되어 있다.

"전쟁에 싫증내는 기색이 없고, 이보다 앞서 각 당파에 속하는 귀 여러 양원 의원議員은 각각 그 당파를 대표하는 위원으로서 히로시마로 파견되어 이토 총리와 나의 여관에서 유세한 바에 따르면, 일반 민심은 강화가 아직 이르다 하고, 또 가령 오늘은 강화가 부득이한 시기라 하더라도 청국의 흉사譎詐(=기만)는 예측할 수 없음을 의심하고, 어쨌든 청국에 대해 지금 한 층 더 굴욕을 입힘으로써 스스로 기뻐함을 바라는 외에, 이 때 유럽 각 강국"

90 "권력이 있어 보이지는 않았다. 잘라 말하면"은, 〈草〉의 원문에는 다음과 같이 되어 있다.

"권력이 있어 보이지는 않았다. 필경 그들은 우물쭈물 하는 사이에 먼저 우리나라가 요구하는 강화조건을 탐지하여 본국에 통보하는 사명만을 띠고 있는 것이 아닌가 의심스러웠다. 이를 간단히 말하면"

91 "충고하도록 했다. 또 『타임즈』지는"은, 〈草〉의 원문에는 다음과 같이 되어 있다.

"충고하도록 했다. 이 충고는 모두 추상적인 언어로, 하나도 구체적인 실건實件을 요구하는 것이 아니었으나, 그 가운데 어떤 공사는 거의 사적인 어투로 일본이 청국 대륙에서 할지를 요구하게 되면 유럽 강국 중 반드시 이의가 있을 것을 면치 못할 것이라 말하는 일이 있었다. 이 무렵 마침 『타임즈』지는"

92 "그것이 완전함을 인정하고"는 〈草〉·〈和〉에는 없다.

93 "일본의 모든 군사비용을 ~ 그 휴전 실행 세목"은, 〈草〉의 원문에는 다음과 같이 되어 있다.

"일본 군사비용은 청국이 부담해야 한다는 등 교전 중지로 생길 피차의 편리를 균등하게 하기에 족한 조건을 부가하여 휴전하는 데에 청국이 이의가 없다 하면 그 휴전 실행 세목."

94 "예기치 않은 위해가 생길지도 ~ 교전이 계속되는 것을 허용할 수 없는 시기로"는, 〈草〉의 원문에는 다음과 같이 되어 있다.

"예측할 수 없는 재해를 낳을지도 헤아리기 어렵다고 생각했다. 우리가 가장 우려한 바는 유럽 강국이 이 기회에 편승하여 무언가의 구실로 간섭해 오지 않을까 하는 데 있었다. 그리고 이홍장의 생사 여하는 이 일의 기틀을 재촉함에 대단히 완급이 있을 것이라 생각했는데, 의사의 진단에 따르면 이李의 부상이 다행히 급소를 피했기 때문에 아마 생명에는 위험이 없을 것이라 했다. 그러므로 다음으로 우려하는 바는, 이홍장이 부상을 참지 못하고 혹은 부상을 참지 못하겠다는 핑계를 대서 급히 귀국하게 되는 데 있었다. 내외의 형세를 보건대 지금은 이미 이 이상 언제까지도 일청전쟁을 계속하기를 허용할 수 없는 시기로"

95 "유럽 두세 강국 ~ 이런 시기에"는 〈草〉의 원문에는 다음과 같이 되어 있다.

"유럽 두세 강국이 반드시 참견해 올 것은 거의 하나도 의심할 수 없었다. 그리고 이런 일에."

96 "우리 군이 마음대로 청국을 ~ 이토 전권은"은, 〈草〉의 원문에는 다음과 같이 되어 있다.

"우리 군이 마음대로 청국을 유린하여 계속 공격하면 도덕상 다소 결여되는 바가 없을 수 없다. 따라서 이에 휴전을 단행함과 동시에 어떻게 해서든 그의 귀국에 대한 생각[만약 있다고 한다면]을 잘라 속히 강화조약 담판을 계속하는 것이 상책이라는 뜻을 말했다. 이토 총리도."

97 "청국 사신의 형편에 따라 ~ 이홍장의 얼굴의 반은 붕대로 감겨"는 〈草〉의 원문에는 다음과 같이 되어 있다.

"청국 사신의 형편에 따라 언제라도 열 것이라 말했다. 또 이 구술한 순서를 하나의 각서로 만들어 교부하고, 차제에 나는 이홍장이 이에 대해 어떻게 회답할 것인가를 매우 주의 깊게 생각했다. 왜냐하면 만약 그가 과연 우리가 의심하듯이 조약 체결 업무[使事] 중도에 귀국하여 다시 외국의 강력한 원조를 구하는 등의 속뜻을 드러내고, 혹은 지금 다시 휴전조약을 정결訂結함을 가장 급요한 일로 하지 않을 수 없기 때문에 자신의 답변 중에 그 말투를 흘릴 것이라 생각했기 때문이다. 그는 부상이 아직 치유되지 않아 얼굴 절반을 붕대로."

98 이 전보도 교주 25에서 서술했다시피 〈和〉에는 한문으로 적혀 있으나, 이 전보는 〈和〉에서는 여전히 다음의 전문이 뒤를 잇고 있다.

"上電諭想已在ㄴ途, 明日午当ㄴ到, 鴻不ㄴ至失ㄴ信, 庶無ニ決裂ㄧ"

(그리고 다음날 낮 당도[明日午当ㄴ到]는 이토 히로부미 편『機密日淸戰爭』에 수록된 동 전문에는 다음 날 오전 당도[明日午前当到]로 되어 있다)

즉, 上電諭… 이하의 부분은 〈洋〉에서는 번역되어 있지 않다. 이 부분의 의미는 다음과 같다.

"전신에 의한 상유上諭(황제의 유지)는 이미 전송 도중이어서, 다음 날 오전 중에는 도착할 것입니다. 나(이홍장)는 아직 신용을 잃지 않았다고 생각합니다. 강화회의가 결렬되지 않도록 부탁합니다."

99 〈草〉의 원문에는 이 장 본문 모두에 다음의 문장이 들어가 있다.

"강화조약은 이미 조인을 마쳐 전쟁 국면이 막 수습되었다. 동양에서 다시 상서로움이 돋는 천지를 본 것이다. 우리나라 조야 공히 국가의 광영을 기뻐하고 영구한 평화를 기대하게 되었다. 전국 각소에 군가가 조용한 소리로 바뀌고 태평의 곡을 부르려 함에 즈음하여, 한 굉음의 벽력천霹靂天이 일각에서 울리는 것 같으니, 세간이 적막해져 소리가 없고 사람들이 깊은 근심을 안고 화해禍害가 하루아침에 박두하는 생각을 드러내었다. 정계가 일종의 공황을 낳는 것은 러시아·독일·프랑스 삼국 정부가 요동반도 할양에 대해 돌연 이의를 제기해 온 것의 한 사건이다."

100 "시모노세키조약에 대해 무언가 ~ 이토 총리에게 전신으로"는〈草〉의 원문에는 다음과 같이 되어 있다.

"시모노세키조약에 대해 간섭해 올 모양임을 통찰했기 때문에 4월 23일에 나는 이토 총리에게 전신으로 보고하여"

그리고 '4월 23일에'의 오른쪽 하단에 [이는 아직 하야시 차관의 전신 품의에 접하기 전으로 안다]고 추기된 붉은 글씨의 할주가 있다.

101 "이를 듣고 싶다고 했다 ~ 나의 병상 주위에"는〈草〉의 원문에는 다음과 같이 되어 있다.

"이를 듣고 싶다고 했다. 이보다 앞서 나는 이토 총리가 오늘 아침 마이코에 도착한다는 급보를 접하고 곧바로 교토에 있는 마쓰가타松方 및 노무라野村 양 대신에게도 와서 모일 것을 요구했음에 이에 양 대신은 마침 이토 총리와 동시에 마이코로 와서 모여 나의 병상 주위에."

102 "어쨌든 나는 모든 ~ 이번 간섭의 장본인인 러시아의"는〈草〉의 원문에는 다음과 같이 되어 있다.

"어쨌든 나부터 모든 흉금을 열고 사태의 국면을 폭로하여 그 원조 청구를 시도하는 것 또한 한 방책이라 생각하고 이에 나는 먼저 이번 간섭의 장본인인 러시아의"

103 "요동반도 반환에 대해 ~ 3국에 대한 회답은"은〈草〉의 원문에는 다음과 같이 되어 있다.

"요동반도 반환에 대해 하등의 조건을 덧붙이는 것을 허락하지 않을지 알 수 없다. 과연 같이 된다면 장래 우리의 청국에 대한 외교를 속박하기에 이르게 되는 까닭에, 지금은 3국에 대한 회답은."

104 "뒷날 외교상 자유스러운 여지를 ~ 이토 총리는"은〈草〉의 원문에는 다음과 같이 되어 있다.

"뒷날 외교상 자유스러운 여지를 존치해야 하고, 또 오늘날 3국 관계도 영구히 계속될 것이라 생각되지 않으므로 즉 지금 일시 그들의 예기銳氣를 피해 두는 것은 훗날 일의 조우에 따라 우리를 위한 편의의 운이 열린다고 할 수 있다고 함에 이토 총리는"

105 이 장의 본문 모두는〈草〉의 원문에는 다음과 같이 되어 있다.

"러시아는 조선 사건의 처음부터 의심의 눈초리로 일청 양국의 거동을 주사注射하여, 만약 그들의 오랜 동안의 대망을 방해할 일은 극력 배제시키고자 각오하고 있었던 것 같았다. 즉 메이지 27년 6월 30일……"

106 "바라고 있음이 ~ 니시西 공사에게 전보를 보내"는 〈和〉에는 다음과 같이 되어 있다.

"바라고 있음이 분명했다. 그래서 나는 원래 일청 교전의 결과에 따라 조만간 유럽 각국 중에서 다소의 간섭이 있을 것이라는 생각을 갖고 있었지만, 동방의 국면에서 영·러 연합 간섭은 다만 하루라도 현재의 전쟁 판국에 현저한 불편을 초래할 뿐 아니라, 실로 동방 장래의 대불행일 것이라는 의견을 갖고 있었음은 당시 누누이 니시 공사에게 전보를 보내."

107 이 할주에 계속되는 본문은, 〈草〉의 원문에는 다음과 같이 되어 있다.

"이 무렵 잠시 '히트로보'는 나와 면회할 때 매번 간접적으로 영국의 제의를 냉소하는 외에 지금까지와 같이 갖가지 질문을 마련하여 우리 정부의 의지를 탐문하려는 형적 없이 잠시 일청 문제에 대해서는 일시 침묵하고 있었음에, 12월 20일……"

108 "물론이고 러시아 정부로서도 ~ 아쉬움이 있었음에 틀림없다"는 〈草〉의 원문에는 다음과 같이 되어 있다.

"물론 러시아 정부로서도 닿는 곳에 손이 닿지 않는 감이 있었을 테고, 따라서 그들이 이 국면에 다른 강국을 섞지 않고 곧장 일·러 양국의 내락과 묵인으로 마무리 하고자 하는 희망을 끊어, 나는 이른바 러시아가 일청 전쟁 후반기에서의 움직임은 대개 이 때부터 시작한 것이 아닌가 했다. 그러나 러시아가 우리에게 2월 14일의 선언을 하기에 이른 것도 또한 피아 문답 즈음에 그가 청국 대륙의 할지에 대해 어떠한 감정을 품고 있었는지, 또 그들이 조선의 독립을 명실 공히 확인시킬 것을 요구하면서 도리어 그 부동항을 몹시 탐내는 참된 저의를 누설하기에 이른 것도 필경 위의 두 차례 회동의 결과라고 말하지 않을 수 없다."

109 "러시아 같은 경우는 일본이 끝내"는 〈和〉에는 다음과 같이 되어 있다.

"러시아 같은 나라에서 군인 사단의 세력이 그 정부를 어떻게 움직일 수 있는가는 추찰함에 남음이 있다. 그렇다면 러시아 정부는 그 군인의 기염이 나날이 왕성하자 일본이 마침내."

110 "이렇게 러시아 정부는 ~ 또한 유럽 강국의 관계"는 〈和〉에는 다음과 같이 되

어 있다.

"이렇게 러시아 정부는 안으로 그 군인의 열기찬 움직임을 진정시키기 곤란했고 밖으로는 다만 동방 국면의 위세가 핍박하고 있음을 볼 뿐 아니라 또한 유럽 강국의 관계"

또 이 부분부터 3행 뒤의 "히트로보는 나에게 해당 반도의 할지는"까지 〈草〉의 원문에는 다음과 같이 되어 있다.

"이렇게 러시아 정부는 동방의 사태에 대해 이제는 보통의 외교 수단에 의하지 않고, 그 필요한 경우에는 다소 강한 힘을 사용할 결심을 갖고 있었으나, 그들은 아직 그 강한 힘을 어떤 방법으로 사용해야 할 것인가를 확정하지 않은 것 같았다. 그들은 안에서는 그 군인의 열기찬 움직임을 진압하는 데 곤란했고 밖으로는 다만 동방 국면의 형세 여하를 주의하는 것은 물론 유럽 강국의 관계 여하만 생각하는 것 같았다. 또 그들은 당분간 동방 국면의 현 형세가 존속되기를 희망한 까닭에, 어떤 수단으로도 일청 전쟁이 하루라도 빨리 종식되기를 바라고 있었다. 그러나 일본이 요동반도를 약취하는 것을 보고 흡사 침상 곁 타인의 코고는 소리를 듣는 것처럼 대단히 질투심을 참을 수 없었던 것이다. 이런 내외 사정에서 돌아 볼 바가 있었기 때문인지 그들은 이 무렵까지는 아직 그 손톱과 어금니[爪牙]를 감추고 그 욕망의 진면목을 드러낼 수 없었다. 그 요동반도의 할지의 고장故章 운운에서도 일찍이 '히트로보'가 해당 반도의 할지는"

111 "작년"은 〈草〉·〈和〉·〈洋〉 모두 "작년"으로 되어 있으나, 무쓰가 『건건록』을 문자 그대로 "메이지 28년 제야에 탈고"했다고 한다면, "금년"의 오기·오식이다. 말할 것도 없이 일본 정부가 러·독·프 3국에 요동반도를 반환하겠다는 뜻을 통고한 것은 1895(메이지 28)년 5월 5일의 일이고, 또 '이 서면' 즉 주 러시아 공사 니시 도쿠지로西德二郎의 기밀 서신은 같은 해 5월 8일 발신한 것(『일본외교문서』 제28권, 제2책, 805호 문서)이기 때문이다. 〈草〉에는 "이는 니시 공사가 5월 5일……"이라 적힌 원문이 붉은 글씨로, "위 니시 공사의 서면은 작년 5월 5일……"로 수정되어 있다. 해설에서도 밝힌 바와 같이(본서 385~6 쪽 참조), 무쓰는 1896(메이지 29)년에 들어서서도 여전히 초고의 퇴고를 계속하고 있었고, 그 때 무쓰 자신 혹은 아랫사람의 손에 의해 그만 무심코 "작년"으로 적어 넣고 인쇄할 때도 그대로 알아차리지 못했던 것 같다.

112 "성립할 수 있는 일이 아니었다."와 "또 금년 3월 8일"의 사이에 〈和〉에는 다음의 장문의 할주가 들어가 있다.

"독일이 이 때 영국의 제의를 거절한 것은 그들의 공언처럼 단순히 일본을 위해 헤아릴 만한 것인지 아니면 따로 스스로를 위해서 하는 바인지 그 흔적을 의심해야 할 대목이 없지 않았다. 근래 독일은 동양과의 통상에서 자주 영국과 경쟁했으나 물론 아직은 영국을 능가할 수 있는 지위에 이르지 못했다. 그러나 영국이 동방의 국면에 그 세력을 증장시키고자 하는 것은 어떤 일이 있어도 독일이 이를 차단시키려 하는 것 또한 자연스러운 형세다. 그렇다면 지금 영국이 마치 동방문제의 맹주인양 위치를 점하여 일청의 전쟁 국면에 참견해 오려는 것을 보고 음으로 질투심이 드는 것은 참으로 당연한 일이다. 이에 반해 러시아가 정치적 관계에서 그 세력을 동방에 떨치고자 해도 독일 때문에 하등의 장애가 없을 뿐 아니라 러시아로 하여금 계속 동방의 사국事局에 분주하게 한 것은 도리어 그 유럽의 균등한 세력상 상책이라는 희망을 품지 않을 수 없었기 때문이다. 그들이 앞서 이 영국의 제의에 반대한 것은 바로 금일 러시아라는 준마의 꼬리에 붙게 된 까닭이 아니겠는가. 이는 요컨대 피차 공히 자리적自利的 동기에서 발동되어 온 것으로서, 그 사이 우리나라에 대한 은원의 감정이 있어 충분히 움직일 수 없는 것이었다."

113 "프랑스와 러시아"는 〈洋〉의 오식. 〈和〉·〈草〉 공히 "프랑스仏国"라 썼고, 이것이 옳다.(『일본외교문서』 제28권, 제2책, 718호 문서에도 仏国으로 되어 있다).

114 "국가의 안위와 국민의 이익을 온전하게 지켜 나갈 길 ~ 이를 덮어서 어둡게 할 수 없기 때문이다."는 〈草〉의 원문에는 다음과 같이 되어 있다.

"국가의 안위와 국민의 이익을 유지하는 길은 이 외에 없다고 자신하여 처음부터 중대한 직책을 맡아 이를 단행한 것이므로, 그 사이 과실이 있었음에 대해 아직도 전혀 의심할 바 없다. 그 사후의 포폄훼예褒貶毁譽 같은 것은 본래 예기한 바고 또한 감히 돌이켜 생각할 바가 아닌데 하물며 지금에 이르러 천하 도도한 무리들과 시비득실의 변론을 해야 한다고는 생각지 않는다."

115 "고마쓰미야小松宮 대총독은 휘하의 뛰어난 부하와……"부터 8행 뒤의 "작년 가을에서 겨울로 갈마들 때부터"까지 〈和〉에는 다음과 같이 인쇄되었고, 게다가 그 인쇄문을 후게後揭와 같이 묵(일부, 주서朱書)으로 수정하고 있다.

"고마쓰미야는 휘하의 뛰어난 부하와 함께 거의 전국의 정예를 거느리고 여순구로 진군하기에 이르렀다. 군기 전략의 득실은 물론 여기서 논할 바가 아니다. 다만 당시 군인 사회의 기염은 몸이 한 번 황해의 파도를 넘지 않고 다리가 한 번 아이신가쿠라 씨의 땅을 밟지 않으면 군인 사회에서 한 패로 취급받지 못하는 듯한 추세였다. 이 세력을 아마도 누구도 억제할 수 없는 바임은 당시의 사정에서는 그렇다고 해도, 하물며 이 시기에 이미 우리의 우세한 함대는 내해의 수비를 거의 공허히 하고 수백 천리 밖으로 출정하고 있었음에랴. 이 형세는 4월 24일 어전회의의 묘모廟謨를 결정한 한 원인으로, 또한 이를 누구의 과실이라고 할 수 없다. 다만 시운이 아니라고 체념하는 수밖에 없다. 그리고 작년 가을에서 겨울로 접어들 때부터"

위의 〈和〉의 묵서(일부, 주서) 수정 후의 문장은 다음과 같다.

"고마쓰미야는 휘하의 뛰어난 부하와 함께 여순구로 진군했다. 군기 전략의 득실은 물론 여기서 논할 한계에 있지 않다 해도(주서) 육군은 이미 그 정예가 바깥 정벌에 종사했고, 더하여 우리의 우세한 함대는 연해의 수비를 거의 비워두고 수백 리 밖으로 출정해 있었기 때문이었다. 즉(주서) 4월 24일의 어전회의는 실로 이 형세 하에서 결정된 것이고, 오늘에 와서는 이 과실을 누구에게도 돌릴 수 없다. 게다가 작년 가을에서 겨울로 갈마들 때부터"

또, "수백 리 밖으로 출정하고 있었기 때문이었다. 4월 24일의 어전회의는"의 부분은 〈草〉에는 다음과 같이 되어 있고, [ ] 안은 삭제되어 있다.

"수백천 리 밖으로 출정하고 있었음에랴[이토 총리가 시모노세키 체재 중에 특히 가와카미 중장을 불러 국내 수비의 필요를 협의했어도 기실은 이미 제어할 수 없는 형세 또한 이 때문이었다. 그러나 고마쓰미야 진군 후 내국은 겨우 후비군 수단數團이 지킬 뿐] 이 형세는 4월 24일 어전회의의"

116 "정부 부내部內에서조차……"부터 3행 뒤의 "희망한다고 말한 자도 있었을 정도였으므로"까지는 〈草〉의 원문에는 다음과 같이 되어 있다.

"정부 부내에서조차 청국의 양여는 다만 클 것을 생각하여 바라고, 제국의 광휘는 다다익선으로 앙양될 것만을 기대하여, 가바야마, 가와카미 양 중장은 어전회의에서 내가 제출한 강화조약안을 보고 그 요동반도 할지 외에 또한 산동성 대부분도 추가할 것을 희망한다고 말했을 정도가 아니었는가."

117 "산 스테파노조약이 조인되었는데, 영국과 오스트리아 양국은"은 〈草〉에는 다음과 같이 되어 있다.

"'산 스테파노'조약이 조인되었다. 이 조약은 '이그나치프' 장군이 붓과 검을 양 손에 들고 순간적으로 타결시킨 것이다. 영국 오스트리아 양국은"

118 "나는 본 편에서……" 이후 마지막의 "이는 오히려 성급한 생각임을 면치 못할 것이라 여겼기 때문이다."까지는 〈和〉에는 "메이지 28년 제야 탈고 백작 무쓰 무네미쓰 씀"의 뒤에 자리하고 있다.

(추기)

* 199·8 〈草〉·〈和〉·〈洋〉 공히 "柝木城"으로 되어 있으나, "析木城석목성"이 옳음.
* 216·7 〈草〉·〈和〉·〈洋〉 공히 "11월 16일"로 되어 있으나, 주일 미국 공사 던이 미국 국무장관의 일청 양국간 조정에 관한 "11월 16일부" 전신을 극히 내밀히 무쓰 외상이 열람토록 제공하고 싶다고 표시해 온 것은 11월 8일이다(『일본외교문서』제27권, 제2책, 813호 문서 참조).

한국인에게 익숙한 일본인 이름

세대차를 불문하고 우리나라 사람들이 가장 잘 알고 있는 일본인 이름은 안중근 의사(1879~1910)가 응징한 이토 히로부미伊藤博文(1841~1909)라 생각한다. 1905년「을사늑약」체결을 강요하고 스스로 초대 조선통감朝鮮統監으로 부임한, 일본의 한국 병탄 최중심 인물이다. '이등박문'으로도 널리 알려져 있다.

그러면 2등은? 아마 도요토미 히데요시豊臣秀吉(1537~1598)가 아닐까. 1592년(선조25) 임진왜란과 1597년의 정유재란. 다수의 일본사람들은 그를 위인으로 생각할지 모르나—왜곡된 역사 교육에 의한 역사인식 부재로 인해— 우리로서는 분노와 치욕과 결기가 한꺼번에 뒤섞여 떠오르는, 너무나 잘 알려진 일본인 이름이다.

3등은? 모르긴 해도 도쿠가와 이에야스德川家康(1543~1616)가 아닐까 생각한다. 이에야스는 히데요시 사후 5대신大臣 자격으로 정무를 담당하며 기회를 엿보다 1600년 10월, 그 유명한 '세키가하라関ヶ原 전투'에서 히데요시 측의 서군西軍을 물리치고 정권을 장악, 1603년 스스로 세이다이쇼군征夷大将軍직에 올랐다. 그리고 마침내 1615년의 오사카大阪 여름 전투에서 히데요시 잔존 가문과 그 세력을 완전히 섬멸하고 일본 최고의 통치자로 등극했다. 이 때부터 현 일본 사회 거의 전 분야의 초석이 구축·형성된 에도江戶시대(1603~1868)가 전개된다. 에도시대는 결과론적이지만, 동시대 말부터 고양된 내우외환의 위기의식이 근대국가 형성 기운으로 이어지고, 그것이 메이지明治 유신이라는 왕정복고의 중앙집권 국가체제로 재편되면서 서구적 근대화가 급속히 진행된 메이지 시대(1868~1912)와 필연적으로 연결되어 있다.

그러면 4등은? 역자가 보건대 이른바 평화헌법을 개정하여 일본을 다시 전쟁할 수 있는 나라로 바꾼 아베 신조安倍晋三(1954~) 전 일본 총리라 생각한다. 아베는 야마구치山口 출신이다. 야마구치는 막부 말의 죠슈번長州藩이다. 사쓰마번薩摩藩(가고시마현鹿児島県), 도사번土佐藩(고치현高知県)및 히젠번肥前藩(사가현佐賀県) 즉 삿쵸도히薩長土肥라 불리는 4대 도자마번外様藩과 함께 메이지 유신을 성공시킨 웅번이다. 죠슈는 유신 후 이른바 번벌藩閥 중심으로 일본의 근대화가 추진될 때 정권의 중심을 장악한 주요 인물들을 배출한 번이다. 정한론을 외친 존왕파 중심인물이자 이토 히로부미를 비롯한 메이지 유신 주동 하급 사무라이武士들의 정신적 지주 요시다 쇼인吉田松陰(1830~1859)이 죠슈 출신이다. 이들은 공교롭게도 모두 정치·외교와 관련되어 있다.

물론 센고쿠戰国 시대(1467~1590)를 끝내고 통합 근세 일본의 문을 연 오다 노부나가織田信長(1534~1582)도 잘 알려진 이름이다. 메이지 시대 대표적 계몽사상가로, 갑신정변 실패 후 일본에 망명한 김옥균을 후원했으며 우리나라 최초의 근대 신문 「한성순보」 발간을 지원했고, 게이오기주쿠慶応義塾 대학 설립자면서 일본 지폐 1만엔 권 모델인 후쿠자와 유키치福沢諭吉(1834~1901)도 우리에게 널리 알려져 있다. 노벨문학상을 받은 가와바타 야스나리川端康成(1899~1972)나 오에 겐자부로大江健三郎(1935~), 전후 일본문학계를 대표하는 소설가이자 반

문명적 할복자살로 충격을 준 황국주의자 미시마 유키오三島由紀夫
(1925~1970), 소설가 무라카미 하루키村上春樹(1949~), 이른바 국민 작가
라는 시바 료타로司馬遼太郎(1923~1996)도 익히 알려져 있다. 물론 일본
에니메이션의 거장 미야자키 하야오宮崎駿(1941~) 역시 충분히 손꼽힌
다. 그러나 이들은 위의 인물들만큼은 아닌 것 같다.

　역자 후기에 뜬금없이 『건건록』및 '청일전쟁'과 무관한 웬 일본인
이름 서열 매기긴가라고 의아해 할 수도 있다. 맞는 말이다. 그러나 위
에 거명한 인물들은 많은 일본 사람들이 무비판적으로 당연히 받아들
이고 심지어 숭배하고 있는 이른바 '일본혼日本魂' 즉 '야마토다마시
이'를 체현한 사람들로 인식되면서 일본의 사회·문화·정치의 이념적
정체성을 다졌다고 평가되기도 한다. 이들의 한반도에 대한 기본적
태도와 이데올로기만 잘 분석·파악해도 우리 대일 외교 정책의 대강
과 방향이 정립될 수 있겠다는 생각에서 역자 해제에 이들의 이름부
터 적게 되었다.

　한편 4위 안에 든 인물을 포함하여 그 외 일부는 자의건 타의건 '조
선 낙후·정체관' 혹은 '조선멸시관'을 갖고 있었고(후쿠자와의 『탈아
론』을 보라!) 일본 중화주의자였다는 것도 공교롭다. 이하에서 검토
할 무쓰 무네미쓰陸奥宗光(1844~1897)도 때는 달리하지만 이러한 면에
서 이들과 거의 같은 역사의식의 기반에서 조선을 인식했던 조선멸
시·낙후·정체론자였다고 해도 과언이 아니다. 아울러 그에 대한 현
대 일본 사회의 평가는 아직도 여전히 긍정적이다. 이는 오늘의 우리
에게 어떤 의미인지 되묻고 우리가 그에 대한 해답을 찾아야 할 과제
라 생각한다.

잘 모르는 무쓰 무네미쓰와 '청일전쟁'

이토 히로부미가 너무도 귀에 익은 우리나라 사람들에게 무쓰 무네미쓰陸奧宗光가 누군지 물으면 대다수가 모른다고 대답할거라고 생각한다. 일본 역사와 메이지시대 일본 정치외교사에 밝지 않은 보통의 한국인에게는 낯설고 생소하며 그리 잘 알려지지 않은 인물이기 때문이다. '청일전쟁(1894~1895)' 당시 일본의 내각 총리대신이 이토 히로부미다. 그리고 2차 이토 내각의 외무대신이 무쓰 무네미쓰다. 무쓰가 청일전쟁 발발과 경과, 그리고 3국간섭 등의 수습을 외교적으로 '지도指導'한 전말을 기록한 것이 이 책『건건록』이다. 건건蹇蹇은 한 쪽 다리를 절름거린다, 즉 어렵고 힘들다는 뜻이다. '건건蹇蹇'은『역경』의 제39괘인「건괘蹇卦」에서 "왕신건건, 비궁지고王臣蹇蹇, 匪躬之故[임금과 신하가 험난한(절름거리는) 것은 자신의 개인적 이유를 두지 않음이다(제 몸을 돌보지 않고 나라에 충성을 다하기 때문이다)"이라는 글에서 따 온 것이다. 말하자면 청일전쟁을 전후한 어려운 시기에 일신을 돌보지 않고 오로지 일본의 이익을 위해 군주와 나라에 충성을 다 한 과정을 기록한 것이 이 책이라는 말이다.

무쓰 무네미쓰를 아는 한국인이 별로 없다는 것은 다음과 같은 이유 때문이 아닐까 한다.

첫째, 역자의 과문 탓인지 모르겠으나 '청일전쟁'의 발발 과정 그리고 그 본질 및 의의와 관련하여 그 전쟁의 직접적 피해 당사자인 우리나라 사람들이 대체로 잘 모르고 있다고 생각되기 때문이다. 둘째, '청일전쟁' 전 과정에서 무쓰 무네미쓰가 어떻게 외교적으로 임하고 대응하며 수습했는지, 이른바 '무쓰 외교'라며 현대 일본이 칭송하는 그의 '리얼리즘'적 외교적 수완과 당시 조선·중국의 상황이 어떻게 맞물려 있는지, 그리고 특히 당시 조선에 대한 일본 지도부와 그의 시각이 어떠했으며 조선을 어떻게 취급했는지를 우리가 제대로 인식하지 못하고 있을 뿐 아니라 혹여 안다 하더라도 역사적 반성이 상당히 결여되었기 때문이라 생각한다.

일본 외무성 구내에는 일본 역대 외무대신 중 유일하게 무쓰 무네미쓰의 동상만 서 있다고 한다.(中塚明, 1992:1) 이는 무쓰의 근대 일본 외교사에서 점하는 위치와 근·현대 일본에서의 무쓰의 역사적 평가를 상징한다. 말하자면 일본 입장에서 볼 때 근대 일본을 제국주의 국가로 끌어 올리는 데 탁월한 능력을 발휘한 정치가라는 의미다. 그 '영예'를 칭송하여 일본 외무성에 동상이 서 있는 것이다.

이를 좀 더 부언하면, 패전 후 혼란기의 일본을 정리하고 전후 일본의 초석을 다진 정치인으로 평가되는 요시다 시게루吉田茂(1878~1967) 전 총리 겸 외무대신은 무쓰 무네미쓰 70주기 기념법요회에서 그의 업적을 이렇게 송덕頌德한다.

메이지 유신은 근세 일본의 대업으로 지금도 그 기반에 서 있다 해도 과언이 아니다. 거룩하신 천황을 모시고 충성을 다툰 공신과 이름 없이 사라진 지사·열사도 모두 하나 같이 신시대 건설의 영예를 차지한다. (중략) 이토 내각에서 외무대신의 중책을 맡아 유신 이래 거국 대망의조약개정에 불멸의 대공을 세웠으며 일청전쟁 및 3국간섭에 혼신의 영지英智를 경주하여 국난을 없애고 대일본의 진로를 열었다.

이 칭송은 이른바 현대 일본의 무쓰 무네미쓰에 대한 '국가적 평가'라고 할 정도로 현재 일본에서 널리 받아들여지고 있다.(中塚明, 1992:1~2) 이처럼 무쓰 무네미쓰는 청일전쟁 당시 '기략'을 종횡으로 휘두르는 민완한 외교 수완과 지도력을 발휘하여 그의 외교를 '무쓰 외교'라 칭할 정도로 일본 외교사에서 아직도 회자되는 인물이다.

그러나 역자는 『건건록』을 번역하면서 과연 정말 그러한가, 이를 좀 더 객관적인 사실에 근거하여 분석해 볼 필요는 없는가라는 의문이 들었다. 그 의문에 대한 해답을 찾아 가는 과정에서 청일전쟁과 『건건록』의 권위자이며 본 역서의 저본 『신정건건록』을 교주校注한 나카쓰카 아키라 교수(이하 존칭생략)의 『蹇蹇錄の世界』(1992, みすず書房)를 읽게 되었다. 그리고 나카쓰카가 일찍이 청일전쟁의 본질과 조선 민중의 항일투쟁을 재조명한 『日淸戰爭の硏究』(1968, 靑木書店) 및 현대 일본의 '일본 근대 역사인식의 문제'를 제기한 다수의 저작을 참고도서로 읽는 가운데 그 동안 간과해 왔거나 몰랐던 많은 역사적 사실들을 새로이 인식하게 되었다. 역자 후기 형식이나 이 글이 나카쓰카의 연구 결과와 견해를 다소 인용하고 의존하는 것도 이 때문이다.

메이지 영광론(?)과 '무쓰 외교'의 리얼리즘

현대 일본의 입장에서 볼 때 청일전쟁에서 승리한 일본이 구미 제국주의 각국과 어깨를 나란히 하는 중요한 1보를 쌓았기 때문에 이러한 '무쓰 외교'에 대한 평가가 생겨난 것도 당연하다 할 것(나카쓰카 아키라/박맹수, 2014:226)이다. 그리고 지금까지도 그 제국주의 외교를 '예술'로까지 떠받드는 논의가 떠들썩하다. 그러나 이런 논의는 당연히 일본 제국주의의 조선 및 중국을 비롯한 아시아 침략문제를 간과하고 있다(나카쓰카 아키라/성해준, 2005:272)고 본다.

역자가 볼 때 이는 이른바 '메이지 영광론'에 기초하는 해괴한 논리다. 예를 들면 위에 거명한 시바 료타로의 '러일전쟁'을 소재로 메이지라는 '소년 국가' 및 시대에 직면했던 청년 군상들을 그려 NHK 대하드라마로까지 방영된 장편소설 『坂の上の雲언덕 위의 구름』

(1968~1970 산케이신문 연재) 역시 '메이지 영광론'을 대표하는 작품이다. 앞의 요시다 시게루 전 수상은 태평양전쟁에 이르는 일본의 파탄은 메이지의 '유산'이 아니라 '배신'이라는 흔들림 없는 신념을 갖고 있었다. 역시 '메이지 영광론'에 바탕한 역사인식이다. 일본 외무성 관계자는 청일·러일 전쟁을 포함하여 그 때까지의 일본의 전쟁에서는 과오라고 할 만한 문제는 없었고, 오히려 성공한 전쟁이었다는 시각에 입각해 있다(나카쓰카아키라/박맹수, 2014:23)는 것이다.

말하자면 메이지 시대는 일본이 청일·러일 전쟁에서 승리함으로써 세계 각국에게 아시아에도 일본 같은 훌륭한 나라가 있다는 것을 인식시켜 세계로 약진하는 영광스러운 시대였는데, 다이쇼大正와 쇼와 시대에 들어서면서 일본은 군부를 위시하여 자신들이 당당한 세계 속의 강국이며 구미 강국들과 어깨를 나란히 할 수 있게 되었다는 우쭐함과 자만심에 지나치게 흥분하여 전 세계를 상대로 전쟁을 벌여 결국 패망하게 되었다는 얘기다. 이것이 '메이지 영광론'의 골자다. 즉, 메이지의 청일·러일 전쟁 때 조선 및 중국 침략은 정당했고 아무런 잘못이 없다는 거다. 이를 더 구체적으로 표현한 문장이 있다.

1931년(쇼와6)의 만주사변부터 제2차 세계대전에서의 패전(1945년=쇼와20년)에 이르는 쇼와시대 전반기는 중국을 비롯하여 동남아시아와 태평양의 섬들까지도 확대된 무모한 전쟁으로, 일본 내외에 많은 희생을 낳은 참혹한 시대였다. 이에 비해 청일전쟁(1894~95년·메이지27~28년)이나 러일전쟁(1904~1905년·메이지37~38년) 당시의 '메이지 일본'은 훌륭한 시대였다. 정치와 군사 지도자도 제대로 서 있었고 국가를 잘못 지도하지 않았다. 그 결과 일본은 세계 대국의 일원이 될 수 있었다. 국제법도 잘 지켜 포로를 학대하는 것과 같은 일도 없었다.(나카쓰카아키라/

박맹수,2014:15)

　과연 그러한가. 청일전쟁 당시의 메이지 일본이 그럴 정도로 훌륭했던가의 여부는 이『건건록』을 조금만 유심히 잘 들여다보면 충분히 알 수 있다. 무쓰 자신이 승리자의 입장에서 서술한 기록임에도 불구하고 말이다. 그 정도로 '무쓰 외교'가 훌륭했고 냉철한 판단에 의거한 '리얼리즘'에 바탕했던가.

　『건건록』에서 볼 수 있다는 '무쓰 외교'의 이른바 '리얼리즘'이 칭송의 대상인지 아니면 무쓰 자신의 표현대로 조선을 삼키기 위한 '위협수단[脅嚇手段]'(본서 70쪽) '교활할 수단[狡獪手段]"(본서 140쪽) '고수적 외교수단高手的外交手段'(본서 144쪽)인지 나카쓰카의 분석을 통해 살펴보자. '무쓰 외교'의 실체를 이해하기 위해 장문이지만 인용해둔다.(방점 역자)

　그러나 '무쓰 외교'의 '리얼리즘'은 도대체 무엇에 대한 '리얼리즘'인가. 재음미할 필요는 없는가. 그것은 주로 열강이 어떻게 움직이는가에 대해 열심히 신경을 쓴다는 것이었고, 조선과 중국, 특히 조선에 대해 어느 정도의 것을 알고 있었던 것일까.

　주지하는 바와 같이 막말 이래 일본에서는 열강에 대한 '자존자위'를 위해서는 나가서 조선과 만주를 일본의 세력 하에 두어야 한다는 주장이 유력했다. 메이지 정부의 외교정책도 기본적으로는 그런 인식에서 진행되었다. 즉 조선은 일본으로서는 이른바 '약취'의 대상이었고 조선의 주권 등은 일본의 외교정책에서는 대구미열강과의 관계에서 고려되는 점은 있어도 기본적으로는 존중할 가치가 없는 것으로 생각했다. 그러나 조선의 민족적 주권에 대한 고려 등은 '낭만적 환상'이었고 그런 생각을 갖지 않았던 것에 정말 '무쓰외교'의 진면목이 있다는 반론이 반드시 있을 것이다.

무쓰 자신도, "나는 본래부터 조선 내정 개혁은 정치적 필요 외에는 어떠한 의미도 없는 것이라 했다. 또 의협義俠 정신으로서 십자군을 일으킬 필요가 추호도 없다고 보았기 때문에, 조선의 내정 개혁은 무엇보다도 우리나라의 이익을 주안점으로 하는 정도에 그치고, 이를 위해 굳이 우리의 이익을 희생할 필요가 없다고 했다. ……나는 처음부터 조선 내정의 개혁 그 자체에 대해서는 각별히 무게를 두지 않았다. 또 조선 같은 나라가 과연 능히 만족스러운 개혁을 잘 완수할 수 있을지 여부를 의심했다"(『蹇蹇錄』62頁)라고 말했다. 이것이 바로 '무쓰외교'의 '리얼리즘'이고 '제국주의적 외교'란 이런 것을 말하는 것이라는 반론이다.(中塚明, 1992:242~243)

말하자면, 냉철한 판단에 기초한 '무쓰 외교'의 리얼리즘이란 다름 아닌 자국 이익 극대화 추구를 위해서는 타국의 주권·인권 침해 등은 조금도 고려할 가치가 없다는 반국제적·반평화적·반인도적·반민족적 외교 인식의 현실화다. 중앙집권적 봉건체제를 붕괴시키고 근대국가의 형태를 취한 메이지 유신 후 25년, 일본은 어떻게 해서든지 그들을 제국주의 열강과 대등한 지위로 격상시킬 방법과 계기를 모색하며 열강의 동아시아에 대한 움직임과 특히 중국과 조선의 상황을 예의주시하고 있었다. 그러던 차에 1894년 조선에서 발생한 갑오농민전쟁(무쓰와 일본은 '동학당의 난'으로 표현)과 청국 군의 조선 출병은 그야말로 그 호기였다. 무쓰는 이토 총리와 긴밀히 협력하면서 휴가차 본국에와 있던 조선 공사(=대사) 오토리 게이스케大鳥圭介를 다시 조선에 파견하고 지휘, 당시의 국제적·역사적 조건을 교묘히 이용하여 그 호기를 현실화하는 민완한 외교적 솜씨를 발휘했던 것이다. 백번 양보하여 이것을 '무쓰 외교'의 '리얼리즘'이라면 그럴 수도 있을 터다. 그러나 이를 '메이지 영광론'에 입각하여 칭송하는 '무쓰 외교'의 '리얼리즘' 으로 받아들일 수 없는 것은, 그 '리얼리즘'의 이면에는 조선의 반일감 정 심화 및 항쟁으로 이어지는 또 다른 국면이 잠복되어 급기야 폭발 함으로써 조선과의 민족적 모순 문제를 야기 —이는 중국과도 마찬가 지다— 했다는 사실이 간과되어 있기 때문이다. 그리고 그 '리얼리즘' 으로 인한 증후군과 그 후유증이 아직 완치되지 않은 채 한일 양국의 미래에 걸림돌이 되어 있는 것은, 나무만 보고 숲을 보지 못한 '무쓰 외교' 리얼리즘의 민낯이라 할 것이다.

무쓰의 조선 낙후·정체·멸시관

막말과 메이지 이래 일본에서는 기본적으로 조선멸시관과 조선정체 내지 낙후론을 바탕으로 조선을 일본의 이익 하에 두어야 한다는 인 식이 있었고, 이는 청일전쟁 당시의 무쓰도 예외는 아니었다. 메이지 초중기의 정한론은 사상적으로는 요시다 쇼인의 정한론을 계승한다. 일본 지도층은 천황부터 시작하여 기본적으로 조선을 자기 집의 뒤뜰 정도로 밖에 여기지 않는 인식(中塚明, 1992:279)이 만연해 있었다고 해도 크게 틀리지 않다. 무쓰 역시 다른 일본 지도자와 마찬가지로 '일 본의 안전을 위해서'는 조선의 내정에 마음대로 간섭해도 좋다는 조 선관을 갖고 있었다.

무쓰는『건건록』곳곳에서 조선에 대한 자신의 인식을 노골적으로 드러내고 있다. 조선멸시론에 근거하여 일본의 자위를 위해서 강제 적으로라도 조선을 일본의 수중에 넣어야 한다는 것이다. 이는 결국 조선을 속방이라 주장하는 청국을 무력으로라도 조선에서 몰아내고 조선을 일본의 지배하에 두려는 계략, 즉 의도적 청일전쟁과 연결된다. 그 속내를 밝힌 몇 가지만 예를 들어보면 다음과 같다(방점 역자).

조선처럼 그들 스스로 그 나라의 적폐積弊가 얼마나 심한지를 깨닫지 못하고, 따라서 또 스스로 이를 교정하고 개선할 필요성을 느끼지 못하는 나라 모양에 대해, 다른 나라에서 이를 권고하고 장려하는 것은 마치 엄청난 홍수를 취약하고 낡은 제방으로 막으려는 것과 같아, 겨우 한 귀퉁이를 복구하면 금세 다른 한 쪽이 범람하게 되어, 모처럼 우리 정부가 달래어 권고한 개혁안도 그 정신은 항상 똑같지만 그 모양은 때때로 변경되지 않을 수 없게(본서 62쪽)

이는 약소국이 그럴 수밖에 없는 일반적 형태라 하겠지만, 그들[조선조정]은 역시 처음부터 국가 계책을 잘못 세워 분별없이 바깥의 원조를 구함으로써 결국 저절로 후회가 남을 것을 깨닫지 못했던 것이다.(본서 66쪽)

조선 조정 같은 경우는 사대 관념에 사로잡혀 어떤 경우라도 일본이 청국을 이긴다는 것은 꿈에도 생각하지 않았고, 속담에 이른바 큰 배에 올라 탄 것과 같은 편안한 마음으로 청국만을 의지하고 있는 것 같았다. 대체로 이와 같은 잘못된 인식에 빠져 있으면서 청한 양국 조정 공히 평양과 황해 전투가 끝날 때까지 추호도 이를 깨달을 수 없었던 것은 참으로 어쩔 수 없는 바라 하겠다(본서 26쪽)

일본은 일찍이 조선과의 오랜 교제와 선린을 중시하고 또한 동양의 대국에서 생각하는 바 있어 다른 나라에 우선하여 수호조약(=강화도조약/역자)을 체결하여 하나의 독립국임을 열국에 명백히 밝혔다. 그러나 조선은 헛되이 옛 제도와 문물에 매달려 아직도 오랜 폐단을 제거하지 못하고 있고, 내란이 연속하여 일어나 마침내 자주독립의 근간이 와해되어, 자주 그 누累가 이웃 나라에까지 미치게 되고 나아가 동양 전체 국면의 평화를 소란스럽게 할 우려가 있다. 이에 우리나라는 이웃 나라의 정의情誼를 생각해서도 또한 자위自衛의 방도에서도 이를 수수방관할 수 없다. 따라서 조선 정부는 잘못된 정치를 개혁할 길을 강구하여 속히 자주 독립의 실적을 거양하고 왕국의 영광을 영원히 유지할 장구한 계획을 모색해야 한다.(본서 67~68쪽)

메이지 27년(1894) 7월 23일 사변(=경복궁점령사건/역자) 후의 조선은, 마치 낡아서 허물어지고 창문이 다 부서진 집이 거친 바람과 큰 비를 만난 뒤에, 하늘은 불현듯 쾌청한데도 집안은 아직 풍비박산이 극에 달한 것과 같았다. 이제부터 어떻게 이 나라의 독립을 확립하고 내정 개혁을 거행할 것인가. 몽매하고 무식한 조선 정부는 어떤 정견定見도 물론 없었고, 우리 정부가 이끌어 도와주려 해도 착수할 바가 거의 어딘지 알 수 없는 형국이었다.(본서 155쪽)

조선처럼 오랫동안 기강이 퇴폐하고 나약하여 부진不振하며, 관민 공히 독립 지향적이지 못한 나라의 모양으로서는, 가령 일시의 외부의 자극으로 그 내정에 다소의 개혁을 가했다 해도 이를 영구히 유지하고 또 때에 맞춰 이를 개진시키는 일은 심히 의심스럽다고 아니할 수 없음.(본서 172쪽)

조급하게 벼슬하려는 무리[躁進黨조진당]들 즉 지식과 이해가 어중간한 개화자들을 규합한 합의체의 군국기무처를 신설하고 이 군국기무처가 모든 개혁안을 기초한 탓에 처음부터 완고하고 편협한 대원군과 그의

견이 일일이 충돌할 것은 불 보듯 뻔한 일. 그 중간에 있는 김·어 내각은 어느 한 쪽을 편들거나 제어할 수 없는 ……조석으로 헛되이 탁상공론만 일삼고 생사를 걸고 투쟁하여 실무 하나 제대로 되는 바가 없었다. 설상가상으로 조선인의 특색인 시기심 짙은 사념邪念과 음험한 수단을 가리지 않는 악덕은, 그 싸움이 피차 함정에 빠트리는 결과를 낳았다. 서로 원한이 날로 달로 커져 아침의 친구가 저녁에 적이 되는 상태가 되어 도저히 일치 협동하여 일을 처리할 가망이 없는 쪽으로 고질화 되었는데,(본서 161~162쪽)

조선반도가 항상 붕당 투쟁과 내홍 및 폭동이 빈번하며 사변이 자주 일어나는 것은 오로지 그 독립국으로서의 책무를 다 할 요소를 결여하고 있기 때문이라고 확신한다. ……일본 제국帝国의 조선국에 대한 각종의 모든 이해는 아주 긴절緊切하고 중대하다. 때문에 지금 조선에서의 참상을 수수방관하여 이를 바로 잡을 모책謀策을 시행하지 않은 것은 이웃 나라의 우의를 저버리는 것일 뿐만 아니라, 실로 우리나라의 차위의 길과도 어긋난다는 비난을 면치 못할 것이므로, 일본 정부는 조선국의 안녕과 평온을 구할 계획을 담당함에 추호도 의심하여 주저할 바가 없다. 이로써 일본 정부는 장래 이 나라의 안녕과 평온을 온전하게 유지하고 올바른 정도政道의 정착을 보증하기에 충분한 규범을 확정하지 않고서는……(본서 54쪽)

조선 조정은 사대당 세력이 왕성하여 밖으로는 청국의 의지를 두려워했고 본래 내정 개혁을 달가워하지 않았다. 그렇기는 해도 일본 공사의 배후에 강력한 병력이 있고 또 그 권고하는 것 또한 조리에 지극히 합당하여 이를 준엄히 거부할 기력이 없었다(본서 78쪽)

오히려 이 때에 어떻게 해서라도 일청 사이에 어떤 충돌을 촉발하는 것이 최선책(본서 73쪽)

일청의 충돌을 일부러 일으키는 것이 오늘의 급무(본서 142쪽의 할주)

조선 정부가 완전히 우리 제국의 수중으로 들어오게 되었다는 쾌보가 (본서 144쪽)

그들=조선이 하나의 독립국으로서 공연히 어떤 나라와도 공수동맹을 맺을 권리가 있음을 밝힘과 동시에 다른 한편으로는 그들을 굳게 우리 수중 안에 붙들어 매둠으로써 감히 다른 데를 돌아보지 못하게 한다는 일거양득의 방책에서 나온 것일 뿐(본서 158쪽)

지금 다시 읽어 보아도 모골이 송연하다는 것은 역자만의 느낌이 아닐 것이다.

그러면 청일전쟁은 어떻게 기획되어 어떤 명분으로 시작되었는가를 보자.

『건건록』에서 드러난 청일전쟁의 실상과 본질: 전쟁은 '경복궁 점령'에서 시작

'청일전쟁' 그 자체를 모르는 우리나라 사람은 별로 없다. 그러나 앞서 언급했듯이 적지 않은 사람들이 그 전쟁을 먼 옛날 중국 청나라와 일본 사이에 벌어진 두 나라만의 싸움 정도로만 인식하고 있는 것 같다. 그 '청일전쟁'. 19세기 말 일본과 중국이 조선을 영유永有하기 위해 싸웠다는 사실. 그 전쟁이 이 강토의 평택과 성환, 아산과 그 앞바다, 평양, 신의주 등에서 이 나라와 민중의 삶을 짓밟고, 민중의 재산과 노동력을 강제로 수탈하여 그 결과 일본이 조선을 식민지화 하는 기반을 구축한 사실을 아는 이가 그리 많지 않다는 게 문제라면 정말 문제다. 그 '청일전쟁'의 가장 큰 근본 원인이 무엇이었는지에 대한 자각적 반성의 결여 역시 오늘날 다시 되짚어 보아야 할 정치외교적 이슈가 아닌가 생각한다.

국가 존립의 근거는 국토를 보전하고 국민의 재산과 생명을 보호하는 것이며 그것이 바로 진정한 국익이다. 대한제국이 망한 이유, 우리가 일본의 식민지가 된 이유가 어디에 있는지 오늘에 다시 되새겨 보아야 하는 까닭이다.『건건록』을 다시 번역한 이유가 여기에 있다.

무쓰는 동학혁명 때 조정 지도자의 한 사람인 민영준의 예를 들면서 이렇게 말한다(방점 역자).

민영준은 왕실의 외척으로 세도를 누리는 직책에 있었고 그 권력이 정점에 올랐음에도 불구하고 동학당 난이 일어나 관군이 번번이 패해 안팎의 공격이 자신의 한 몸에 집중되어 힘들게 되자, 한편으로 활로를 구하여 청국 사신 위안스카이와 결탁하여 청국 군대의 파출을 요청하는 미봉책을 꾸몄다. ……조선 정부 대신 중에 특히 국왕까지도, 청국 군대가 조선에 들어오게 되면 이에 대해 일본 또한 출병하게 될 것이므로 청국의 원조를 구하는 것은 아주 위험한 길이라며 민영준의 건의를 비난하는 자가 있었다고 한다. 그렇다고 해서 따로 스스로 나아가 책임지고 감히 난국을 맡겠다고 할 정도의 용기 있는 자도 없어서, 민영준은 마침내 (조선)국왕으로 하여금 청국에 대해 신하라 칭하고 출병을 간청하도록 하게 되었다고 한다.(본서 25쪽)

조선의 중국 사대를 힐난하는 내용이다. 다시 읽어도 말문이 막힐 따름이다. 국방과 내치를 책임지는 정부가 내치에 실패하여 자원해서 외세에 의존한 결과가 어떻게 될지 한 치 앞도 내다보지 못하는 그 단견도 놀랍지만, 한 나라의 왕을 다른 나라의 신하라 칭하게 했다는 사실은 국가의 주권을 스스로 포기한 것이나 다름없다. 일본은 조선의 이런 나약하고 줏대 없는 정권을 외교·군사적으로 이용하여 강압적으로 국권을 약취한 것이다.

널리 알려져 있듯이 조선은 1882년 임오군란 후 청국과는 「조중상민수륙무역장정」, 일본과는 「제물포조약」을 불과 일주일 사이에 체결했다. 이 두 조약의 핵심은 이렇다. 전자는 청·조 관계를 종국宗國과 속방屬邦으로 규정했고, 후자는 일본의 대조선 정치·군사·경제적 영향력 강화다. 이런 대청·대일 불평등 정치외교 상황 및 내치의 문란이 곪아 터져 급기야 갑오농민전쟁이 발생하자 동학농민군 진무 능력을 이미 상실한 조정이 청국에 출병을 요청했고, 일본도 이에 질세라 「텐진조약」에 근거하여 자국민 보호를 명분으로 조선에 파병한다. 청일전쟁은 이렇게 전개된다. 그러나 이면을 들여다보면 일본의 궁극의 의도가 어디에 있는지 알 수 있다. 이를 일본 후세들은 '무쓰 외교'의 리얼리즘이라며 칭송하고 있는 것이다.

그토록 맹신했던 조선 정치의 근본이념인 주자학, 그 주자학의 근거인 사서四書 중 『맹자』 정치철학의 기본인 '여민동락與民同樂'과 '민본民本'의 참 뜻만 잘 실천했어도 조선은 흔들림 없는 어엿한 독립국가로 자리 잡았을 터이다. 그러나 바깥 형세는 오불관언이었고 민중의 삶과 이익에는 억지로 눈감고 그들을 지배층을 위해서만 존재하는 도구와 수단 정도로 밖에 여기지 않는 반사회적 행태와 자신들의 정치·경제적 야욕 극대화 추구를 위한 파당 정치에만 골몰했던 구한

말 지배층의 국정운영 결과가 어떠한지는 한국 근대사가 똑똑히 실증한다.

21세기 현재 우리의 현실도 구한말 조선 상황 못지않다. 미국과 중국 G2가 세계질서를 재편하려는 각축 현실에 우리의 분단 상황이 가로놓여 있고, 일본과 러시아는 자국 이익 극대화를 위해 대미중對美中 전략 외교 정책을 구사하고 있다. 국가의 진정한 안위와 발전을 생각한다면 철지난 이념보다는 자국 이익의 최소한의 안전 담보를 경계해야 하고, 그 자국에서 살아가고 있는 일반 국민의 삶 하나하나가 중요하다는 인식을 해야 한다고 생각하며, 일본이 의도적으로 벌인 청일전쟁의 본질을 재음미해본다.

경복궁을 점령하라

청일전쟁 경과에서 일본군이 처음 행사한 무력은 청국군과의 교전이 아니라 그 '독립을 위한다'던 조선의 왕궁, 즉 경복궁 점령을 둘러싸고 벌어진 조선 정부군과의 충돌이었다. 이는 무엇을 의미하는가.

일반적으로 청일전쟁은 1894년 7월 25일의 풍도 해전이 그 시작이라 한다. 그러나 이틀 전인 7월 23일 새벽, 일본군은 경복궁을 무력 점령하여 청일전쟁의 도화선에 불을 댕겼다. '조선독립'을 위한다던 전쟁이 조선의 경복궁 점령에서 시작된 것이다. '조선독립' 운운은 명분일 뿐이었다. 속내는 일본이 조선을 손아귀에 넣어 러시아 등의 위협으로부터 일본을 지키고 나아가서는 만주까지 경략한다는 목적이었다.

메이지 일본은 이미 조선침략을 목적에 두고 있었다. 그 증거 하나를 들어보자. 죠슈번 출신의 무사로, 요시다 쇼인의 제자이며 메이지 유신 3걸의 하나로 일컬어지는 기도 다카요시木戶孝允도 1868년 12

월 14일 정부 최고 간부인 이와쿠라 도모미岩倉具視에게 다음과 같이 말한다.

> 곧바로 국가 방침을 분명히 결정해야 한다. 사절을 조선에 파견하여 조선의 '무례'를 물어야 한다. 만약 조선이 불복할 때는 그 죄를 들어 국토를 공격함으로써 신주神州 일본의 위세를 떨치기 바란다(『木戸孝允日記』, 나카쓰카 아키라/이규수, 2003:65)

일반적으로는 기도가 이와쿠라 사절단 일원으로 구미를 시찰하고 돌아온 뒤 사이고 다카모리西鄕隆盛와의 정한론征韓論 논쟁에서 오쿠보 도시미치大久保利通 등과 함께 우선은 내치에 치중해야 할 때이고 정한은 시기상조라며 사이고의 정한 주장을 물리친 것을 두고 그를 정한론자가 아닌 온건합리주의자인 것으로 알고 있다. 그러나 기도는 요시다의 가르침을 받았다. 근본적 정한론자였다. 요시다 쇼인이 누군가. 메이지 유신에서 정권의 중심을 장악한 삿쵸薩長 하급 사무라이들의 정신적 지주로 죠슈번 출신의 존왕파 사무라이이자 사상가 아닌가. 허구인 진구神功 황후의 삼한 정벌을 사실이라 믿었고, 몽고를 물리쳤다는 호조 도키무네北条時宗와 조선을 침략한 도요토미 히데요시를 호걸로 칭송하며 과거처럼 조선을 공략(=征韓)하여 조공을 바치게 만들어야 한다고 주장했던 자다. 이토 히로부미도 그에게 배웠다. 이토와 무쓰의 관계는 재삼 설명할 필요가 없다. 막말 메이지 초 일본 정계를 움직인 인물들은 하나같이 모두 조선을 이른바 '밥'으로 생각하고 있었던 것이다.

청일전쟁 발발 경과

역자가 보건대 청일전쟁의 성격을 한 마디로 정의하면 "일본 국익 증대를 위해 청국과 싸운 조선침략 전쟁"이다.

청일전쟁의 배경을 잠시 살펴보자.

일본은 메이지 유신 7년 후인 1875년 9월, 조선 서해안 측량을 명분으로 강화도 초지진에서 고의로 무력 충돌 사건을 일으켰고(일명 운요호雲揚號 사건), 그 책임을 조선에 물어 그 다음 해인 1876년 2월 무력으로 협박하여 「조일수호조규」 즉 일명 「강화도조약」을 맺어 조선을 개국시킨다. 일본은 역사교과서 등을 통해, 1854년 미국 페리 제독이 인솔한 구로후네黑船의 위력에 굴복하여 불평등조약을 맺어 개국했고, 강화도 사건 처리를 위한 「조일수호조규」가 비록 불평등하나 이는 막말 일본이 구미제국으로부터 강요받은 불평등조약과 동일한 것이라 강변한다. 과연 그러한가.

메이지 초 일본의 조선과의 국교를 위한 교섭도 사실은 '정한'의 구실을 쌓기 위한 것에 불과하다. 「조일수호조규」 제1조는 "조선은 자주국가로 일본국과 평등한 권리를 보유한다"고 되어 있다. 그러나 이는 일본 정부가 조선과 대등·평등한 조건으로 국교를 맺는다는 것이 아니라, 주요 목적은 당시 조선을 종속국으로 보던 청나라를 조선으로부터 배제하기 위함이었다. "조선국은 자주국이다"라고 굳이 조약에 명시한 것이 후의 청일전쟁의 개전에 중요한 의미를 지니게 된다. 이를 좀 더 설명하면 다음과 같다.

일본의 왜곡된 역사교과서에 따라 보통의 일본인들은 청일전쟁을 '조선의 독립'을 위해 치른 전쟁이었다고 배우고 또 그렇게 알고 있다. 청일전쟁의 목적을 적시한 선전조칙宣戰詔勅에도(방점 역자),

(전략)조선은 제국帝国(=일본)이 처음에 가르치고 이끌어 열국의 대열에 들게 한 독립된 나라다. 그럼에도 청국은 조선을 속방이라 칭하여 음으로 양으로 그 내정에 간섭해 왔으며, 내란이 발생하자 속국의 위기를 구한다는 구실로 조선에 출병했다. (중략)청국의 계략은······제국(=일본)이 솔선하여 제 독립국의 대열에 들게 한 조선의 지위를, 그것을 '명시한 조약'(=톈진조약)을 몽매함 속에 매몰시켜 제국의 권익에 손상을 입혀 동양의 평화를 영속적으로 담보할 수 없게 하는 데 있으며, 이는 의심할 여지가 없다. (청국의)행위에 대해 그 계략의 소재를 깊이 헤아려보면 실로 처음부터 (조선의)평화를 희생시켜 그 비상한 야망을 이루려 하는 것이라 말하지 않을 수 없다. 사태는 이미 이에 이르렀다. ······공식적으로 전쟁을 선포하지 않을 수 없다."

라고 했다. 즉, "청국의 야망으로부터 조선을 지키기 위해" 전쟁한다고 안팎으로 포고한 것이다. 그러나 사실은 "조선을 지키기 위해서"가 아니라 강압적으로 조선으로부터 청국을 나라 밖으로 몰아내 달라는 위탁을 받는 형식을 취해 청국을 몰아내고 조선을 일본의 세력 하에 두기 위해서였다.

이 조칙은 청일전쟁이 한창이던 1894년 8월 1일에 발표되었다. 선전포고는 상대국에 대해 지금부터 이러이러한 이유로 전쟁을 한다는 통고다. 그런데 위 선전조칙에는 "국제법에 저촉되지 않는 한···" 등의 표현이 있다. 그토록 국제법을 따지는 일본이 왜 전쟁이 시작된 후 선전포고를 했는가. 이는 전쟁이 벌어진 것을 합리화하기 위한 자기변명에 불과하다. 말하자면 이 조칙은 "이번 전쟁은 조선이 '독립국'이라는 일본과, 자신의 '종속국'이라는 청국 사이의 전쟁이다. 조선을 자신의 속국이라는 청나라는 '야만국'이며 일본은 평화를 사랑하는 '문명국'이다. 이 전쟁은 문명이 야만을 몰아내기 위한 전쟁이다"라고 내외에 떠벌리기 위한 그야말로 선전용 조칙에 불과한 것이다.

그러나 위 조칙을 발표하기 전에 경복궁점령으로부터 전쟁은 이미 시작되었다. 일본의 저의를 보자.

역대 조선 왕조가 생존 전략으로 중국을 사대事大하는 외교 정책을 계속 유지한 것은 사실이다. 하지만 중국과 조선의 관계는 식민지처럼 조선이 완전히 중국에 편입 종속되어 지배당하는 관계는 아니었다. 중국의 눈치는 보았으나 정치는 조선 독자적으로 펼쳐나갔다. 그러나 메이지 일본 정부는 일본이 조선에 세력을 확장하려는 데 조선과 중국의 종속국이라는 애매한 관계가 걸림돌이 된다고 여겼다. 1876년의 「강화도조약」에 "조선은 자주국가"라고 일부러 못 박은 것도 청·조 관계에서 청국이 본국이고 조선이 속국임을 인정하지 않겠다는 입장을 의도적으로 표명한 것이다.

청일전쟁 개전 도화선 경복궁점령 경과와 청일전쟁 본질

이를 이해하기 위해서는 그 때까지의 조·일·중 사정을 잠시 살펴볼 필요가 있다.

조선에서는 1876년의 「강화도조약」—물론 불평등조약이다— 을 근거로 세력을 넓히려는 일본에 저항하는 움직임이 일어난다. 1882년 임오군란이 그 대표적 사례다. 이 사건으로 민중의 기대를 안고 대원군이 복귀했으나 청국의 이홍장은 군대를 파견하여 한성(=서울. 이하 서울로 표기)을 점령하고 대원군을 체포하여 청국으로 압송한다. 그리고는 그 동안 진행해 왔던 「조중상민수륙무역장정」을 체결한다. 물론 조선에 대한 종속관계를 재확인한 불평등조약이다. 한편 군란으로 공사관이 습격당하고 호리모토 레조堀本禮造 조선군 훈련관 및 다수의 일본인 피살 등의 피해를 입은 일본도 조선에 책임을 물어 「제물포조약」을 강압적으로 맺고 피해보상 및 서울에서의 상시 주병권駐兵權을 성사시킨다.

당시 조선의 내정과 외교는 난마처럼 얽혀 있었다. 이런 와중에 1884년 급진 개화파 김옥균, 박영효 등을 중심으로 갑신정변이 일어난다. 개화파는 청국이 대프랑스 전쟁 등으로 어지러운 틈을 타 일본의 정치군사적 원조를 이용하여 정권을 일시 잡았으나, 청국이 다시 개입하여 사흘 만에 신정권은 붕괴되고 김옥균 등은 천신만고 끝에 일본으로 망명한다.

청일 양국은 갑신정변 다음 해인 1885년 톈진天津에서 이토 히로부미와 이홍장이 「톈진조약」을 맺고 서울에서 양국 군대를 철수하는 데 합의한다. 즉 차후 다시 출병할 때는 상호간에 통지하고 출병 이유가 없어지면 철수하기로 약속, 일시적으로 타협한 것이다.

이런 과정에서 삼정문란 등 극에 달했던 조선 조정의 통치 난맥상과 지방 관리들의 가렴주구 등이 얽혀 당시 인구의 대부분을 점하던 농민들의 대정부 항쟁인 대규모 농민반란, 즉 갑오농민전쟁이 1894년 2월 전라도 고부군에서부터 시작되어 급기야 전주까지 농민군이 접수하는 상황이 된다. 당시 조선 정부군이 농민군을 진압하기에는 역부족이었다. 마침 조선에는 위안스카이袁世凱가 서울에 주재하고 있었고, 그는 종속 논리를 내세워 청국군의 조선 출병을 조선 정부에 요청한다. 전주가 농민군의 수중에 들어가자 조선 정부는 할 수 없이 위안스카이의 요청을 받아들여 청국군의 조선출병을 인정하는 실수를 다시 범하게 된다. 이 소식이 일본에 알려지자 일본은 이를 중국의 영향력을 배제하고 조선을 자신의 세력 하에 둘 수 있는 절호의 기회라 생각, 재한 공사관과 거류민 보호를 명분으로 병력을 파견하기로 결정했다. 이것이 무쓰가 이 책에서도 밝히고 있듯이 각의를 통과하여 천황의 재가를 얻은 6월 2일의 일이다. 그리고 드디어 6월 9일 오토리 게이스케 공사가 일본군을 이끌고 인천에 입항한다. 이때 청국군은 전주와 가까운 아산에 진을 치고 있었으나 상황을 관망 중이었다.

그러나 청일 양국 군대가 들어온다는 것을 안 농민군은 조선의 독립이 외세에 침해당하는 것을 우려, 양국의 간섭을 피하기 위해 조정과 화약(=전주화약)을 맺었고 동학농민전쟁은 잠정적으로 막을 내렸다(제1차 동학농민전쟁).

조선 조정도 양국군의 주둔 명분이 사라진 이상 청일 양군에게 철수를 강력히 요구했다. 청국도 「톈진조약」에 의거, "위안스카이에게 훈령하여 양국 군대가 서로 조선에서 물러날 것을 오토리 공사와 내밀히 회담하도록"(본서 44쪽) 했으며, 도쿄 주재 왕봉조 청국 공사도 무쓰와의 면담에서 양국 동시 철병을 주장(본서 42쪽)했다.

그렇지만 일본 정부는 어떻게든 이 좋은 기회에 조선에서 청국 세력을 축출하고 조선을 자신들의 지배하에 두기로 작심하고, 일본군 주둔의 갖가지 구실을 붙인다. 동학농민 반란이 일어난 것은 잘못된 조선의 내정 탓이니, 일청 양국이 공동위원을 파견하여 조선의 내정을 개혁하자고 제안한다. 물론 청국의 거부를 예상한 제안이다. 청국이 거부하면 혼자서라도 조선 내정을 개혁하겠다면서 군대를 철수하지 않을 속셈이었다. 결국 일본은 갖가지 구실로 일본군을 조선에 주둔시켰다.

이 때 일본 정부가 가장 우려한 것은 조선의 반발이나 청국의 대응이 아니라 러시아를 비롯한 구미 열강의 움직임과 간섭이었다. 일본은 조선 영토에 야심이 없다면서 이 같은 간섭을 피하려 애썼다. 특히 영·러의 대립을 이용하여 영국의 동조를 구했다. 무쓰는 그 과정에서 7월 12일 베이징에서의 영국 조정 공작이 실패로 돌아가자 "청일 사이에 어떤 충돌을 촉발하는 것이 최선책"이라 생각하고(본서 73쪽), 즉 전쟁을 벌일 결심을 굳히고 조선 공사 오토리에게 단연한 처치를 할 것을 명령한다. 그러면서도 영국과의 조약개정에 양보를 거듭하여 7월 16일 조약개정에 간신히 성공한다(본서 129쪽). 무쓰의 이 외교적 움직임의 결과 일본은 영국의 개입이 없을 것으로 확신한다. 그러나 중국과 전쟁을 벌이는 데 구미 열강을 납득시킬 더 확고한 명분이 필요했다.

그리하여 무쓰와 오토리는 청국의 이른바 청한 종속 문제를 구실로 삼았다. 그런데 이를 청국에게 묻지 않고, 거꾸로 조선정부에게 묻는, 이른바 교활한 방법을 취한다. 「강화도조약」에서 "조선은 자주의 나라"라 명시한 것을 들어, "지금 청국 군이 '속방 보호'를 명분으로 주둔하는 것은 조약위반이다. 조선은 청국의 속국인가 독립국인가"를 묻고, "독립국이면 청국 군을 나라 밖으로 몰아내야 한다. 만약 조선이 이를 단행할 수 없다면 일본이 대신 청국 군을 몰아내겠으니 조선 국왕은 공식적으로 '청국군 구축'을 의뢰하는 문서를 보내라"고 조선 정부를 압박하여 위협한다.

이는 무쓰 무네미쓰 그 자신 스스로 '교활[狡獪교회]한 수단'(본서 140쪽), '고수적 외교수단'(본서 144쪽), 오토리 공사의 '협박[脅嚇협혁] 수단'(본서 70쪽)이라 적었을 정도다. 무쓰가 이 책에서 「강화도조약」 체결에 앞서 이미 "일본 정부는 청국과 조선 사이에 존재하는 애매한 종속관계를 분명히 할 필요를 느꼈다"고 적고 있는데, 이것(본서 30쪽)이 무쓰 스스로 말한 교활한 외교수단에 의한 경복궁점령 사건

전 청국세력 구축 기도 증거라 할 수 있다.

　마침내 오토리 공사는 1894년 7월 20일 조선 조정에 최후통첩을 들이대고 22일까지 회답하라고 압박한다. 그러나 아무리 위약한 조선 정부라도 이를 순순히 받아들일 리 없었다. 그러자 일본군은 사전에 치밀하게 준비된 군사작전에 따라 7월 23일 새벽 경복궁을 무력으로 점령, 국왕 고종을 포로로 삼는 동시에 서울의 조선 군대를 무장해제 시켰다. 그리고는 주저하는 대원군을 반강제로 정권에 앉히면서 사실상 고종을 손아귀에 넣고 조선 조정으로부터 청국 군을 몰아내달라는 위탁을 강제로 받아내게 된다. 이를 무쓰는 "'보호속방'을 명분으로 아산에 주둔하는 청국 군대는 일한조약 조문을 유린하는 것이라 결론지어, 마침내 7월 23일 사변에 편승하여 아산에 있는 청국 군대를 나라 밖으로 몰아내는 위탁을 조선 조정으로부터 강압적으로 취[強取]하게 된 것이다"(본서 140쪽)라고 적고 있다. 그리고는 이미 남하하여 벌인 아산 전투 결과 "조선 정부가 완전히 우리 제국의 수중으로 들어오게 되었다는 쾌보"(본서 144쪽)를 무쓰는 본국에서 접하게 된다.

　이것이 청일전쟁의 시작이다. 다시 한 번 더 간단하게 정리하면, 청일전쟁은 외면적으로는 조선에서의 권력 패권을 둘러싼 일본과 청국 사이의 전쟁이다. 그러나 그 본질은, 메이지 초기 이래 대조선정책인 구미 열강으로부터의 일본의 자위를 위한 조선침탈(「강화도조약」)의 연장선상에서, 일차적으로 조선에서의 청국 세력 제거를 위한 전쟁이다. 그 출발은 동학농민전쟁을 계기로 청일 양국군이 출병하게 되자, 고수적 외교 수단, 즉 교활한 외교 수단에 의해 무력을 지원받아 행사한 조선 국왕을 포로로 삼기 위한 경복궁점령 사건이다. 왕궁을 점령하고 국왕을 포로로 삼은 뒤 조선을 협박하여 청국을 몰아내달라는 의뢰를 강제적으로 받아 낸다. 이 때 이미 일본군은 아산의 청군을 치기 위해 남하 중이었다. 7월 25일 풍도 해전에서의 승리와 7월 28일의 아산전투 승리 이전의 일본의 '경복궁 강제 무력 점령'. 이것이 청일전쟁의 시작이자 본질인 것이다.

맺으며

논형 소재두 대표의 번역 권고로 『건건록』을 접하고 많은 시간이 흘렀다. 옮긴이는 역사학도가 아니다. 일본근세사상사에 관심 있는 일개 서생일 뿐이다. 당연히 한국사를 포함한 동아시아 근대사에 대한 통시적通時的이며 미시적微視的인 그리고 객관적 관찰과 성찰이 부족하여 번역은 처음부터 무리였다.

그러나 책장을 한 장씩 넘기며, 나카쓰카 아키라의 「해설」과 교주校注 및 관련 참고도서를 읽으며 생각이 달라졌다. 『건건록』 한역은 단순한 글귀 번역에 그칠 것이 아니라, 청일전쟁의 본질과 대한제국 멸망의 의미를 지금 똑똑히 목도하기 위해서라도, 당시 일본 외무대신이 청일전쟁 전후 전 과정을 기록한 외교 비사를 다시 한 번 더 정확하게 세상에 제대로 알리는 것이 옳다는 생각이 들었다. 옮기는 과정에서 알게 된 사실은 그야말로 충격적이었다. 메이지 일본의 거대한 야욕과 당시 조선 조정의 통탄스러울 정도의 무능이 교차되면서 가중되었을 민족적 고통을 새삼스레 체감하며 애꿎은 책만 집어던진 적이 한두 번이 아니었다.

이 책을 읽을 때 오늘의 우리에게 의미 있고 중요한 것은 청일전쟁의 원인과 조선에 대한 일본의 거동 부분이다. 즉, 당시 구미 열강의 냉엄한 제국주의적 국제정치 현실에서 일본이 취했던 자국 이익 우선의 외교의 본질을 파악하는 것이다. 아울러 오늘날에도 적용되는 사실이지만, 민생 우선의 국내 정치의 안정과 강력한 국방력과 기술력, 그리고 외교력 없이는 주변국과 대등한 위치에서 협력 또는 우호 관계를 유지해 나갈 수 없고 결국은 음으로 강국에 종속될 수밖에 없음을 깨닫게 해 준다는 데 이 책의 의미가 있다 하겠다.

한편 3국간섭과 시모노세키조약 체결 과정은 전쟁 승리 후의 처리 과정을 낱낱이 기록한 과정에서의 무쓰 자신의 외교적 수완에 대한 자부심 부각 같은 면도 곳곳에 묻어 있다고 보이므로 독자의 판단에 따라 읽기를 권한다.

이 역자해제 겸 후기가 『건건록』 그 자체에 대한 해제가 아님은 물론이다. 『건건록』의 간행 사정과 초고를 비롯한 간본들 내용의 상위 및 무쓰 무네미쓰의 입장과 태도 등에 대해서는 옮긴이의 능력 밖의 일이므로 청일전쟁의 최고 권위자인 나카쓰카의 연구 결과 및 세부 내용에 많이 의존하여 따랐음을 재삼 밝혀 둔다. 자세한 내용은 본문에 수록한 나카쓰카의 「해설」을 참조하기 바라며, 나카쓰카의 『『蹇蹇錄』の世界』(みすず書房, 1992)를 일독하기를 권한다. 역자 해제 겸 후기에서는 나카쓰카의 견해를 충분히 존중하면서 다만 청일전쟁의 본질과 의의에 대해서만 초점을 맞추려고 했다.

관련하여 부언해 둘 것은 나카쓰카 아키라의 객관적 역사인식 및 해석에 대해서다.

나카쓰카 아키라는 일본의 대표적 지한파 역사가로, 한국의 입장에서는 일본의 양심적 지식인이라 불린다. 그러나 일본의 일부에서는 그의 역사관을 비판한다. 이는 무엇을 말하는가. 즉, 역사를 어떻게 보느냐에 따라 세계관이 구축되고 나아가 인생관이 형성되어 그 개개인들의 삶 자체의 방향성이 정해지며, 그런 사람들이 집단성을 가질 때 심각한 문제가 야기된다는 사실이다. 앞서 언급했지만 정한론을 주장한 요시다 쇼인과 그 추종자들의 역사관과 행위가 대표적이다. 그런 경향을 나카쓰카는 문제 삼는다. 그 중의 하나가 무쓰의 『건건록』이라 생각된다. 『건건록』은 청일전쟁의 전 과정을 비교적 사실대로 잘 서술하고는 있다는 견해가 있으나, 나카쓰가는 책의 곳곳에서 중요한 사실이 상당히 왜곡되어 있음을, 『건건록』의 여러 판본을 정밀하게 비교 검토하는 고증 작업과 관련 문서 등의 조사를 통해 발견했다. 대표적인 사례가 경복궁 점령 사건 당시 "조선 병사가 먼저 발포함에 따라 우리 군은 이를 추격하여 성문을 밀어 열고 궐내로 진입했다"(본서 76쪽)는 것이다. 이는 완전히 사실을 뒤집어 왜곡한 것이다. 나카쓰카는 「해설」에서, 『무쓰 무네미쓰 관계문서』를 비롯하여 밝혀진 외교관계 기록 등을 보면 무쓰가 결코 숨기지 않고 모든 것을 말하고 있었던 것은 아니라면서 일본의 '불리不利'를 자아내는 듯한 사항에 대해서는 언급하지 않고 있다고 한다. 특히 이토 히로부미, 야마가타 아리토모, 사이고 쥬도, 가와카미 소로쿠, 가바야마 스케노리 등의 청일전쟁 중의 언동에서, 나중에 해당 인물 또는 그것을 기사로서 남김으로써 무쓰 자신에게 누가 될지도 모른다고 생각된 경우는 모두 삭제되어 있다고 한다(본서 404쪽). 이는 무엇을 의미하는가. 왜곡이고 숨김이다.

역사는 왜곡의 대상이 아니다. 역사는 있는 그대로의 객관적 사실이다. 나카쓰카는 여러 저술을 통해 청일전쟁의 배경과 전 과정, 나아가 일본의 잘못된 역사관, 역사인식을 있는 그대로 객관적으로 서술하고 있다. 나카쓰카 아키라의 불편부당不偏不黨한 역사 연구태도와 업적에 적잖이 간접적 학은을 입었음을 고백하며, 그의 역사관과 사실을 중시하는 태도는 마땅히 존중되어야 한다고 생각한다.

생각과 일들, 그리고 상황과 감정의 표현 방식에서 일본어가 우리 말과 정말 많이 다르다는 것을 이번 번역 작업에서 다시 한 번 더 절실히 깨달았다. 때문에 청일전쟁 당시 무쓰를 비롯한 일본 정부의 대한 対韓·대청対淸 인식 및 태도와 당시의 현실을 있는 그대로 전하기 위해 번역은 가급적 직역 위주로 하되 현대 한국어에 근접하도록 노력했다. 초고와 간본을 상세히 비교 검토하여 교주한 나카쓰카가 "저본의 구자체와 역사적 가나仮名 쓰기를 원칙적으로 신자체와 현대 가나 쓰기로 고쳤다"고는 했으나, 원문 자체가 난삽한 문체인데다 1890년대 메이지 시대 일본어 원어로 되어 있기 때문에 원뜻을 살리는 의미와 독자의 이해를 돕기 위해서다.

　　특히 원문에 나오는 조선, 일본, 중국, 기타 외국의 인물 및 관련 지명, 역사적 사항 등은 독자의 가독성 편의를 고려하여 각주를 붙여 역자로서 최대한 친절을 베풀고자 애썼다. 왜냐하면 이런 조그만 노력들이 모여 19세기말 20세기 초의 초지구적超地球的 격변 시대에 동아시아 및 세계사 전반을 통시할 수 있는 계기가 마련되고 나아가 21세기 우리 대한민국이 나아갈 바에 대한 조타 역할을 하면 좋겠다고 생각하기 때문이다.

　　이 번역본 이전에 같은 제목으로 두 권의 책이 이미 번역되어 있다. 하나는 김태욱이 1988년에 완역한 것이고 다른 하나는 동학혁명 100주년을 기념하여 1993년 김승일이 번역했다. 이번 번역에서는 선행 서적에서 일부 오역과 오류, 오식이라 생각되는 부분을 바로 잡았다. 동시에『건건록』출판과정 및 초고와 간행본 사이의 차이를 세밀하게 비교하여 청일전쟁의 본질을 냉철하게 꿰뚫어 본 나카쓰카 아키라의 상세한 「해설」과 교주를 추가했다. 교주를 통한 나카쓰카의 치밀한 대조로 인해『건건록』의 내용과 의미가 보다 명확해졌으리라 생각한다.

이종욱 선생의 정성어린 가르침과 조언으로 격조 높은 한글판으로 재탄생될 수 있게 되었다. 선생의 노고에 감사드린다. 논형 소재두 대표의 의지와 열정 그리고 어려운 결단이 없었다면 이미 번역 출판된 책이 새로이 독자와 만나지 못했을 것이다. 역사와 사상이 따로 떨어져 있지 않음을 새삼 일깨워준 소재두 대표께 다시 한 번 감사드린다. 옮긴이의 게으름을 질책하지 않고 끈질기게 참고 기다려준 편집부 소재천 팀장께 끼친 폐는 뭐라 드릴 말씀이 없다. 책이 나오기까지 묵묵히 응원해 준 아내 정수에게 고맙다는 말을 전한다. 수차례 교정했지만 완벽한 번역은 기대난망이다. 모두 옮긴이의 책임이다. 독자 제현의 질정을 기다린다.

2021년 6월
이용수 삼가 씀

색인

건건록蹇蹇錄
일본의 청일전쟁 외교비록

초판 1쇄 인쇄 2021년 8월 10일
초판 1쇄 발행 2021년 8월 20일

지은이 무쓰 무네미쓰
교   주 나카쓰카 아키라
옮긴이 이용수
펴낸곳 논형
펴낸이 소재두
등록번호 제2003-000019호
등록일자 2003년 3월 5일
주소 서울시 영등포구 당산로 29길 5-1 502호
전화 02-887-3561
팩스 02-887-6690
ISBN 978-89-6357-251-2 94910
값 27,000원